JN173720

イエズス会士と普遍の帝国

在華宣教師による文明の翻訳

Jesuit Missionaries and Universal Empire

新居洋子 著
Yoko Nii

名古屋大学出版会

イエズス会士と普遍の帝国――目　次

序章　在華イエズス会士と文明の翻訳

はじめに

これまでの思想史は、おもに「中国思想」や「日本思想」、「西洋思想」など、国家あるいは地域の単位で区切られて語られてきたといえる。たとえば中国であれば、現在の中国という国家がもつ領域を範囲として、ここで古今に生起した思想とそれにまつわる人物や出来事が、そのおもな内容を構成している。少なくとも一九世紀以前の世界では、しばしば地理的な近さが或る言語の共有される範囲を決定づけていたため、その意味では思想史がこのような枠組みで語られてきたのは自然なことであった。なぜならこれまでの思想史がおもな対象としてきたのは、多くの場合なんらかの点で（しばしばもっとも不可欠な要素として）言語を用いた表現であり、思想に関わる営為においてひとまとまりの歴史として抜き出されるような連続的要素は、言語の共有される範囲においてもっとも見出されやすかったからである。この点は、近年注目の高まっている「グローバルヒストリー」が思想の領域ではなぜ叙述されにくいのかという問題をめぐって、フェデリコ・マルコンによって指摘されたところでもある。[1]

しかし従来の国家や地域単位での思想史では捉えきれなかった現象が存在することも、また事実である。本書における主題は、まさにそのような現象のひとつである。本書が対象とするのはおもに一八世紀という時代だが、これは従来の思想史においてきわめて重要視されてきた時代であった。本書が関わる中国とヨーロッパという二つの地域に引きつけてごく簡潔に述べてみよう。まず中国に関しては、とくに梁啓超（一八七三～一九二九）の『清代学術概論』（一九二〇）以降、清朝考証学の発展を中心として語られることが多く、そのなかで清朝による士大夫の統制や出版文化の隆盛、士大夫ネットワークの形成などについても明らかにされてきた。(2) また最近の先行研究において論じられたように、胡適（一八九一～一九六二）が戴震（一七二四～一七七七）の学問に科学的哲学を見出そうとするなど、(3) 近代化との関係において重視された時代でもあった。そしてヨーロッパの一八世紀は、啓蒙哲学者（フィロゾーフ）の時代として取り上げられることが多く、また最近ではとくに「科学の普遍的な共和国」が構想された「アカデミーの時代」(4) としても描かれている。このように中国とヨーロッパそれぞれの思想史叙述はますます多様化し、厚みを増しつつあるが、その一方で中国とヨーロッパの「あいだ」に眼を転じてみると、そこにもまことに生き生きとした思想的営みの展開を見出すことができるのである。

たとえば一六世紀以降、キリスト教の教理とともにさまざまなヨーロッパの科学や技術が「西学」という形で中国にもたらされ、明清時代の士大夫や皇帝の関心を引きつけ、さらに一般民衆にも受容された。なかでも明朝および清朝による暦や地図の編纂事業において、このような西学の知識が不可欠であったという点では、西学はいわば中国における時間および空間の画定に大きな役割を果たしたといえよう。(5) また川原秀城によれば、当時ヨーロッパから伝わった天文学や医学は、中国における「天観」「地観」「人観」それぞれに対し大きな変化をもたらしたという。(6) このような西学の影響をめぐっては、清朝考証学の形成との関わりがとくに注目されているほか、(7) 近年ではキリスト教や科学だけでなく、文学の分野における西学受容についても研究が進んでいる。(8) 西学の影響は近代の思想家にもおよんでおり、たとえば康有為（一八五八～一九二七）が中国の変革にあたって「普遍真理」を構想する際、明代に伝わった西学のひとつであるユークリッド幾何学の「公理」の概念が重要な役割を果たしたことが、先行研究によって明らかにされている。[9]その一方で、よく知られているようにフランスのヴォルテール（Voltaire 一六九四～一七七八）やケネー（François Quesnay 一六九四～一七七四）は比較的肯定的、そしてモンテスキュー（Charles-Louis de Montesquieu 一六八九～一七五五）やディドロ（Denis Diderot 一七一三～一七八四）は否定的な立場をとったという違いはあるにせよ、彼らが来るべき新しい政治や社会そして人間のあり方について構想する際、つねに中国が重要な参照先となった[10]ことは確かである。

このような互いの思想の導入や接触については、これまでさまざまな先行研究によって取り扱われ、多くの成果があげられてきた。しかしここでひとつの事実、すなわち一九世紀以前におけるヨーロッパと中国のほとんどの人々にとって、互いの思想に直接到達する手段や技術が無かったという点にも、目を向ける必要がある。中国では、たとえば徐光啓（一五六二～一六三三）をはじめとする明清時代の士大夫は、彼ら自身西学書の翻訳の現場に深く関わっており、ヨーロッパからやってきた宣教師たちとの直接的あるいは間接的対話のなかでヨーロッパ思想の漢文もしくは満文による解釈のプロセスを経験していた。ヨーロッパの知識人たちも、自分たちの手にする中国情報がつねに宣教師によるラテン語やフランス語などへの翻訳を経た内容であることを確実に認識しており、本書で述べるように、こうした翻訳には宣教師による過度に理想化された中国像が反映されているという批判が、しばしばなされた。このように原資料とそれらの翻訳との緊張関係は中国でもヨーロッパでも強く意識されていたが、漢字の形象とエジプトのヒエログリフとの類似性が問題になったり[11]、中国の六十四卦が二進法の着想を与えたりする[12]ような場面を除けば、実際に原資料が参照される場面はきわめてまれであった。

つまり彼らと中国とのあいだには、つねに不可欠な存在として翻訳者がいたことになる。まさにこれらの翻訳者こそが、中国において題材を取捨選択し、翻訳し、ヨーロッパの読者へ向けて解説を加えるという作業を経て、中国の思想をヨーロッパへ向けて開いてみせたのである。すなわち中国とヨーロッパ、それぞれにおける互いの思想に対する理解は、このような翻訳という営みによって大きく方向づけられていたことになる。しかしこれまでの思想史においては、中国とヨーロッパの思想交流につねに介在していた、このような翻訳者の存在がもっぱら透明化され、それ自体検討すべき思想課題としてはほとんど取り扱われることがなかった。

一八世紀以前における中国とヨーロッパの思想交流において、質的にも量的にも圧倒的優位を占めた翻訳者は、中国で活動していたイエズス会宣教師、いわゆる在華イエズス会士であった。彼らの多くは三十代の青年から壮年にいたる時期に中国に入り、この世を去るまでの数十年間にわたって中国に滞在した。その間、中国の人々のあいだで生活しながら、ヨーロッパにいる自分の家族、イエズス会聖職者、そして中国文明に強い関心を抱く学者たちとの連絡も欠かさなかった。そのため在華イエズス会士が残した膨大な著述には、彼ら自身が当時接していた、中国とヨーロッパの双方における政治や宗教、思想的潮流が複雑に絡み合いながら反映されている。つまり在華イエズス会士による翻訳は、それ自体が彼らと中国、ヨーロッパにおけるさまざまな要素との接触と交渉のなかで生み出されたものなのである。

このような視角から、本書では中国とヨーロッパの「あいだ」に焦点をあて、そこで営まれた翻訳という行為をひとつの思想課題として捉え直すことを試みる。その際、とくに一八世紀を中心に検討していくが、その理由はこの時代が中国とヨーロッパとの思想交流においてきわめて重要でありながら、これまで研究が著しく不足していたという点にある。そこで以下、研究史の整理を行ったうえで、本書の課題についてより具体的に述べることにしたい。

1　研究史

（1）初期の研究とその問題点

中国とヨーロッパとの文化的・思想的交渉をめぐる最初の議論は、一九世紀フランスの中国学者に見られる。一九世紀フランスでは、ヨーロッパにおける正式な学科としての中国学（シノロジー）が発祥した。具体的には、パリ東洋語学校が創立され（一七九五）、コレージュ・ド・フランスにおいて「中国とタタール満洲の言語および文芸講座」が創設された（一八一四）。なお第7章で述べるごとく、この場合の「タタール満洲の言語」とは満洲語のことであり、この講座では同時代中国におけるもっとも主要な言語である漢語と満洲語ならびにそれぞれの言語による文芸が取り扱われた。この講座の初代担当教授、レミュザ（Abel Rémusat）は自著において、一三世紀末にイル・ハン国第四代君主アルグンからフランス王フィリップ四世に送られた書簡を紹介し、併せて中国で発明された羅針盤、火薬、鈔（紙幣）、活版印刷術などが、モンゴル人を通じてヨーロッパへ伝わったと述べている。[13] 以来ヨーロッパでは、これらの発明が中国でなされたという説の真偽ならびにそのルネサンス期ヨーロッパの科学技術に対する貢献をめぐって、クラプロート（Julius Heinrich Klaproth）やシャヴァンヌ（Édouard Chavannes）ら中国学者をはじめとする東洋学者、さらに科学的社会主義の主唱者として世界的に知られるエンゲルス（Friedrich Engels）のような人物も巻き込んだ議論が繰り広げられた。[14]

こうした議論は、中国文明が近代ヨーロッパの形成に果たした役割への関心を、大いに高めたものと思われる。こうした関心の高まりは、第一に物質的側面に注目した議論として結実した。その初期の代表は、一七〜一八世紀のシノワズリに関するアンリ・コルディエの論文である。コルディエ論文の主旨は、各東インド会社およびイエズス会宣教師らによってもたらされた中国製磁器や絵画が、ヨーロッパ王侯の邸宅を中心に歓迎され、デルフト陶器やセーブル磁器、またユエ（Christophe Huet）ら装飾家や画家に影響を与えたという点にあった。[15]

このような物質的側面だけでなく、思想的側面への中国からの影響についての議論も、活発に展開した。こちらの議論は当初、おもにフランス文学を専門とする研究者によって担われた。この主題をめぐる初期のもっとも重要な研究は、一九三二〜三年にフランスと日本で相次いで出版された。すなわち、ヴィルジル・ピノによる『中国と啓蒙思想家的精神のフランスにおける形成——一六四〇〜一七四〇年（*La Chine et la formation de l'esprit philosophique en France (1640–1740)*）』と、後藤末雄の『支那思想のフランス西漸』である。[16] ピノは、フランス国立図書館と国立中央文書館をはじめとするフランス各機関所蔵の手稿を中心に、関連するヨーロッパの史料を広く渉猟している。彼がこの方面の研究に赴いたきっかけのひとつは、ソルボンヌ在学中にあったようである。ピノは、著名な文学史家で文芸批評家のギュスターヴ・ランソンの講義で、一八世紀フランス思想の発展における中国の重要性を学んだことが、自身の研究にとって大きな契機となったと述べている。[17] ほぼ同時期、後藤末雄の研究も世に出ている。[18] こちらはおもに出版史料が用いられたが、やはり原典史料にもとづく実証研究を行い、一七世紀から一八世紀にいたるフランス思想の歴史を、中国思想に対する反応を大きな軸として再構成している。

すこし遅れて、中国でも朱謙之が『中国思想のヨーロッパ文化に対する影響（中国思想対於欧洲文化之影響）』を一九四〇年に出版している。時期からすると、朱が日本留学を経て、広州中山大学にて歴史哲学の講義に従事していたときに編まれたものと思われる。[19] ヨーロッパや日本の先行研究を多く参照し、ピノや後藤の著作も引かれており、内容的に重なる部分が多い。ただし二人の先行者がほぼ中国とフランスの関係に終始しているのに対し、朱はフランス革命後の一九世紀ドイツにおける観念論・弁証法への中国思想の影響にも大きな紙幅を割き、「フランスが見た孔子とは唯物論者、無神論者だったが、ドイツが見た孔子は弁証法論者、観念論者だった」とヨーロッパ内における中国思想理解の多様性をも明らかにした。[20]

ピノ、後藤末雄、朱謙之の研究が明らかにしたのは、一六〜一八世紀のヨーロッパの多くの思想家が、中国をヨーロッパ文明の近代化を推し進めるうえでの重要な思想課題として捉えたことである。すなわち当時のヨーロッパにおいて、中国をめぐる議論は異国趣味などの一過性的かつ特殊な範囲で閉じたものではなく、ある種の普遍性を帯びて流通していたということである。もちろん、先にも述べたように、たとえば一八世紀の啓蒙思想家のなかにも、ケネーやヴォルテールのごとくおおむね中国文明を肯定的に評価した者もいれば、モンテスキューのように否定的に論じた者もいた。しかし賛否のいずれをとるにせよ、中国をいかに捉えるかという問題が、ヨーロッパ文明の近代化を推し進めるなかでの真剣な議論から発していたことは確かである。

もうひとつ、これらの研究によって明らかとなった重要な点がある。それは当該期の中国とヨーロッパの思想交流において、在華イエズス会士がもっとも重要な担い手であったということである。在華イエズス会士は一六世紀末に活動を開始し、一八世紀後半〜末にイエズス会が解体して中国における活動も停止に追い込まれるまで、一貫してカトリックのみならずヨーロッパの科学や技術をも中国に伝える一方で、中国の歴史や文化、政治体制など幅広い話題に関する報告をヨーロッパに送り続けた。もちろん当時、中国とのあいだを往来したヨーロッパ人は、イエズス会の宣教師だけではない。第1章で述べるように、そもそもイエズス会士が中国に入ることを可能にしたのは、新しく「発見」した土地での貿易・植民とカトリック宣教を一体として行うという布教保護権のもとでの、ポルトガルという後ろ盾の存在であった。一六世紀に明朝からマカオの居住権を与えられたポルトガルは、この地への植民と同時に、貿易と宣教の両方を進めた。やがて一七世紀には、新興国オランダやフランスの東インド会社の船も中国との貿易を盛んに行うようになる。またイエズス会とほぼ同時期、フランシスコ会やドミニコ会といった他のカトリック修道会も、中国への宣教師派遣を開始し、中国の各地方での宣教において一定の影響力をもった。

しかし当時ヨーロッパの人々が、中国とはどのような国か、中国人とはどのような人々かを理解するうえで、圧倒的に多く参照したのが在華イエズス会士の報告であったことは否めない。これに対し、イギリス提督アンソン（George Anson　一六九七〜一七六二）や一八世紀末のマカートニー（George Macartney　一七三七〜一八〇六）使節団の団員らによる旅行記などは、在華イエズス会士による報告以外でヨーロッパにおいて広く流通した数少ない例である。これらの旅行記は、在華イエズス会士の報告に対し、中国を過剰に美化していると批判し、在華イエズス会士とは大きく異なる中国像を提示したため、大きな反響を呼んだ。[21] しかし裏を返せば、当時ヨーロッパにおける中国理解が、ほとんど在華イエズス会士の報告に依存しているという状況があったからこそ、このような批判が成り立ったのであり、共感を得たのだといえる。

こうした在華イエズス会士の活動について、最初期に研究を進めたのはおもにイエズス会に所属する人々であった。すなわち、一九世紀のド・バッケル兄弟や、中国宣教に赴き徐家匯蔵書楼で文献の整理にあたったルイ・フィステル、そしてカミーユ・ド・ロシュモンテクスらである。[22] 彼らは、イエズス会文書館やローマ布教聖省文書館、上海の徐家匯教会蔵書楼における教会所蔵史料を広範、詳細に調査し、それをもとに在華イエズス会士の経歴や事績を整理した。そのため彼らの著作は、その後に出てきたピノや後藤末雄らによって引用されただけでなく、現在にいたるまで貴重な基礎文献として動かしがたい重要性を保っている。しかしこうした最初期の研究とは異なり、ピノや後藤末雄、朱謙之の研究には、いわばイエズス会の外から在華イエズス会士を取り上げ、宣教というカトリック的使命とは異なる面において彼らを評価するという新しい傾向がみられる。つまり啓蒙思想の形成という、いわば世俗的側面において在華イエズス会士が果たした役割に光をあてたのである。この点において、中国とヨーロッパの思想交流に対する研究は新しい局面を迎えたといえる。

ただし、ピノらの研究には大きな限界もある。彼らは、一六〜一九世紀のヨーロッパ人が描いた中国像のみを俎上に載せ、その中国像が果たして現実の中国とどう関わっているのかという問題は、ほとんど看過した。言い換えれば、彼らは在華イエズス会士の報告がヨーロッパにとっての重要な情報源だったことは確実に認識していたが、そもそもこのような情報源がいかに形成されたのか、すなわち在華イエズス会士が中国で何を、どのように参照して個々の報告を作成したのか、という問題を論じることはほとんどなかったのである。そのためピノらの研究では、ヨーロッパ側史料が豊富に用いられる反面、中国側史料への言及はきわめて乏しい[23]。このような研究の問題点は、中国における元の情報、および在華イエズス会士による翻訳について問うことをしていないため、結果としてヨーロッパの人々の中国観の輪郭、独自性も解明しそこなっていることにある。すなわち、ヨーロッパの人々が自らのものとして示した中国理解が彼らの依拠した情報源そのものによっていかに、またどの程度方向づけられたものなのか、という問題は取り残されたままになっているのである。

（2）二〇世紀後半における変化

ピノらの研究が含んでいた問題点は長らく解消されなかったが、戦後を迎え、また文化大革命の大動乱を経て、改革開放へと向かうなかで、国際的な研究動向にも徐々に変化が生じるようになる。在華イエズス会士がヨーロッパへの報告を作成する際に、中国におけるどのような性質の情報に依拠したのかという点に着目した研究が現れ始めたのである。そもそも中国では、現在明らかになっている限り約五千年前の良渚文化ではすでに文字が用いられ、各王朝の日々の政務や皇帝の起居、儒家や道家らのさまざまな教え、そして詩文や小説にいたるまで、あらゆる分野で膨大な記録が残されてきた。宣教師もこれらを大いに利用していたのである。こうした新しい潮流を代表するおもな研究者として、ここではデヴィッド・マンジェロ、井川義次、ニコラス・スタンデルト、ティエリー・メイナード、イザベル・ランドリ＝ドゥロン、中砂明徳、呉莉葦を取り上げることにする。

まずマンジェロ、井川義次、メイナードは、一七世紀の在華イエズス会士による共同著作で、きわめて大きな影響力をもった『中国の哲学者孔子（*Confucius Sinarum Philosophus*）』（一六八七）の研究において、大きな成果をあげた。なかでも同著の思想的研究を飛躍的に前進させた井川の論考によって、その成果と意義を示しておこう。『中国の哲学者孔子』は『孟子』を除く四書のラテン語訳を中心とするが、四書の翻訳および解釈では、とくに明の万暦帝のとき内閣首輔となった張居正（一五二五～一五八二）による『直解』シリーズが選択された。これは基本的には元明清代を通して正統教学であった朱子学の書といえる。ただし『論語』などに現れた「天」の解釈において、朱熹が「天即理」とし、信仰や崇拝を超越した存在としたのに対し、張居正は人が崇拝し、仕える対象として、また人の善悪に報いる人格性をもった存在として、天を捉えた。こうした違いにより、張居正の解釈は、在華イエズス会士にとって人格をもつ創造者としての神を最高存在とするカトリックの教理と、調和させやすいものになったという。『中国の哲学者孔子』を通してヨーロッパへ伝わった儒教とは、実質的にはこのように朱子学の形式と内容を備え、かつ張居正というほぼ同時代の中国人による改変を経たものだったのである。井川はさらに、『中国の哲学者孔子』を通じてヨーロッパへ伝わった朱子学が、ドイツ啓蒙思想を牽引するヴォルフ（Christian Wolff 一六七九～一七五四）に深甚な影響をおよぼしたことを明らかにするにいたっている。[24]

またスタンデルトや中砂明徳、呉莉葦は、在華イエズス会士が中国の歴史についてヨーロッパへ伝える際、『資治通鑑』系統の官撰書をおもな参考文献とするだけでなく、明清時代の中国で流行した『綱鑑』などの通俗史書をも活用したことを明らかにした。[25] ランドリ＝ドゥロンは、ヨーロッパ在住のイエズス会士デュ・アルド（Jean Baptiste Du Halde 一六七四～一七四三）が著し、当時ヨーロッパで広大な読者を得た『中国およびタタール中国の地理、歴史、年代学、政治、そして自然に関する地誌（*Description géographique, historique, chronologique, politique, et physique de l'Empire de la Chine et de la Tartarie chinoise* 以下『中国地誌』）』（一七三五）を取り上げた。デュ・アルドは、おもに在華イエズス会士から送られた報告を情報源として利用し、この著作を完成させた。ランドリ＝ドゥロンは、デュ・アルドの著作（およびその情報源となった在華イエズス会士の報告）において引用された膨大な中国文献のほとんどを、その版本にいたるまで特定している。[26]

こうした二〇世紀末以降のさまざまな成果は、従来未開拓であった中国文献への道を切りひらいただけではない。在華イエズス会士自身が、意識的もしくは無意識的に、当時の中国における思想状況に沿った文献選択を行っていたことを明らかにした。このことは、当時ヨーロッパへ伝わった中国思想が、他ならぬ同時代の中国における思潮の影響下にあったこと、すなわち間接的な形ではあるが一六〜一八世紀のヨーロッパと中国が、同時代的な思想上の繋がりを有していたことを、示唆したのである。

2 本書の目的——普遍をめぐる問い

（1）研究史上における空隙

本書は、基本的にはこれまで述べてきた先行研究の成果、とくに二〇世紀末以降の潮流を、継承しようとするものである。しかし二〇世紀末以降の研究には、ひとつ大きな空隙がある。それは在華イエズス会士最後の世代ともいうべき、一八世紀後半の時期をめぐる研究が、ほとんど見当たらないことである。この時期を取り扱う研究が欠落していることに関して、もっとも大きな理由と考えられるのは、カトリックや西洋科学伝達の先駆者としてのリッチ（Matteo Ricci 利瑪竇、一五五二〜一六一〇）の生きた一六世紀末、すでに触れた『中国の哲学者孔子』やル・コント（Louis le Comte 李明、一六五五〜一七二八）の『中国の現状に関する最新報告（*Nouveaux Mémoires sur l'état présent de la Chine*）』（一六九六）といった在華イエズス会士による有名著作が続々と現れた一七世紀、ブーヴェ（Joachim Bouvet 白晋、一六五六〜一七三〇）らフランス出身の在華イエズス会士と康熙帝（一六五四〜一七二二）とのいわば蜜月時代、さらにその後の典礼論争の激化、雍正帝による禁教といった重大事件を含む一八世紀前半に比して、一八世紀後半にはこれまで特段の独自性が見出されてこなかったことである。

ヨーロッパにおける正式な学科としての中国学（シノロジー）は、一九世紀初めに成立したとすでに述べたが、マンジェロはこの正式な中国学の前に「原基的中国学（proto-sinology）」があったと論じている。そして「原基的中国学」の形成にとって決定的な役割を果たしたのが、一七世紀の在華イエズス会士だとするのである。

広範囲にわたる興味と、探究における素人らしい大胆さの混合は、一七世紀ヨーロッパの大きな特徴であり、我々はこの時代の文献に散見される語 curious において、こうした態度が反映されているのを見出す。この時代のヨーロッパ人にとって curious の語は、二〇世紀における用法のごとく、ただ単に注意を引くとか詮索好きなといった意味を有するのではなかった。むしろこの語は、徹底した精密さや細部への注意、熟練を要する探究を表すラテン語の形容詞 curiosus に近い意味において用いられた。一七世紀の学者（savants）にとって中国は、とりわけ詳細にして熟練の、そして精密なものとしての curious な探究を必要とする、遠隔の地だった。curious のもつこうした意味は、高い知性を有し中国において適応政策（accommodation）を企てたイエズス会士たちと、ヨーロッパの原基的中国学者（proto-sinologists）とのあいだに歴史的連関をもたらす点において、私の研究に欠くことのできないものである。[27]

上に引いたマンジェロの言説は、一九世紀におけるヨーロッパ中国学確立の立役者のひとりであるレミュザによって補強される。

この世紀〔一七世紀半ば〕には、幸運な偶然が重なり、在華宣教師の中に、敬虔さの点においてだけでなく科学（science）の点においても十分推薦に値する人々が集まった。さらに特筆すべきは、彼らがすべてフランス人だということである。ブーヴェ、ジェルビヨン、ル・コント、クプレ、ゴービル、ヴィドルー、プレマール、パルナン、そのほか多くの神父が、宣教団にそれまで無かった科学の輝き（éclat scientifique）を与えた。彼らの著作は、中国に関するさまざまな驚異について語り、大衆と知識人の注目を中国に引きつけた。〔中略〕一言でいえば、中国の文芸がヨーロッパで初めての成功を収めたのは、我々の国出身の宣教師たちのおかげであり、またフランスのおかげである。[28]

ここで列挙されている名前は、すべて一七世紀後半に中国へわたり、一八世紀前半にかけて活躍したフランス出身の在華イエズス会士である。

しかし、一七世紀後半から一八世紀前半にかけて、いわば「科学（science）」としての中国学、マンジェロいうところの「原基的中国学」が始まったのだとしても、そこから一直線に一九世紀におけるシノロジーの誕生へと向かったのだろうか。つまりこの二つの時点にはさまった一八世紀後半という時代は、単なる継ぎ目であり、特筆すべきなにものをも残さなかったのだろうか。また大野英二郎は、一七七三年のイエズス会解散（本書第1章第3節にて述べる）以後、宣教師からもたらされる情報は「途絶し」、一九世紀初頭にマカートニー使節団の報告記録が刊行されるまでは「中国について意味のある情報がほとんど途絶えていた」と断定しているが[29]、この見方は果たして正当なものといえるだろうか。

実際のところ、一八世紀後半〜末においても在華イエズス会士からの報告が途絶えることはなく、またそれらの報告のなかで、当時ヨーロッパで出版にいたったものも少なくない。そして筆者の見方では、この時期の在華イエズス会士による報告は、その前後の時期におけるものに劣らず特異であるだけでなく、一六世紀以降における中国とヨーロッパとの思想交流の歴史におけるひとつの極点を刻んでいる。そしてこのことを可能にした歴史的条件は、本書の表題にも掲げた普遍というキーワードと深く関わっている。しかもそれはいくつかの普遍であり、中国とヨーロッパの両方にまたがっているのである。

（2）複数の普遍

第一に言及しなければならないのはカトリックである。カトリックとはそもそも、普遍的、世界的を意味するギリシア語 katholikos に由来する。カトリック教会は、中世以来、西ヨーロッパにおいて強大な普遍性を体現したが、教会内の動きとしてはトリエント公会議、外からは宗教改革によるプロテスタントからの挑戦などを契機として、自己の変革へと向かっていくことになる。そのなかでとくに力が注がれたのが海外宣教だったが、これはまさに自らの普遍性を現実のものとし、世界に拡張するという動機によって貫かれていた。こうした海外宣教においてしばしば先頭に立ったのが、ロヨラ（Ignatius de Loyola 一四九一〜一五五六）を中心に立ち上げられ、一五四〇年に教皇の認可を獲得して正式に発足したイエズス会である。

ところがカトリックの勢力を広げるため、海外での活動に力を入れていたイエズス会は、ひとつの大きな問題に直面することになる。それはカトリックと現地の文化や習俗との衝突あるいは妥協という問題である。この問題は彼らが宣教に赴いた各地で持ち上がったが、とくに顕在化したのは中国においてであった。在華イエズス会士がとった適応政策は、イエズス会内外から、中国に過剰に妥協しカトリックの本来の教義を歪めるものとして激しい批判を引き起こし、やがて典礼論争へと発展していくことになる。このときイエズス会に対して批判的立場をとった人々は、いかに異なる地域や文化においてもカトリックの教えは唯一不変の姿において押し広められるべきだとしたが、それに対し在華イエズス会士はむしろ中国文明にカトリックと相補的な要素を読み込み、やがてカトリックとの同源性を見出そうとさえ試みた。いずれの側もカトリックの普遍性を前提とした態度だが、在華イエズス会士のほうははるかに大胆に踏み込んだ形で、それを異なる文明の内側にまで追い求めていったといえる。こうした在華イエズス会士の過激ともいえる方針は典礼論争によって痛烈な批判を浴び、一八世紀半ばにはいったん穏健化へ向かう。ところがその後の時代、中国宣教の最前線にいた在華イエズス会士において、カトリックの普遍と中国文明をめぐる問いに或る変化が現れることになる。それはいかなるものであったか。また、どのような仕方で現れたのか。この問題について、第1章および第2章で論じたい。

第二に論じるべきは「科学（science）」の問題である。science の語は、現在日本語では一般に「科学」と訳され、とくに自然科学や数学を含意することが多いが、もともとはラテン語で「知識」、すなわち知と経験の総合としての体系を意味するスキエンティア（scientia）であり、かつこの意味を現代にいたるまで持ち続けている。中世以来のスコラ学は、大きく分けて「神の学（scientia divina）」すなわち神学（theologia）と、「人の学（scientia humana）」すなわち哲学（philosophia）という二本の柱に支えられ、後者には狭義の自然科学（physica）や数学（mathematica）に連なる学問も含まれ、かつこの神の学と人の学は互いに密接に関わり合っていた[30]。この点は第1章で言及するイエズス会の学事規程にも、明確に反映されている。しかしこのような知の体系＝scientia は、一六〜一七世紀に大きな転換を迎えることになる。いわゆる一七世紀科学革命[31]を準備した時代として、「一六世紀文化革命」という枠組みを提唱した山本義隆によれば、一四〜一七世紀初頭のヨーロッパでは「スコラ学とはほとんど無縁のところで、精密な観測にもとづき込み入った計算によって論証される新しい科学としての天文学が形成されていった」のであり、そこで起こったのは、古代ギリシア以来の「哲学的な宇宙論」と「数学的な宇宙論」のうち、長らく下位に置かれていた後者が、上位に置かれていた前者の「原理を否定することであり、それまでの学問の序列を転倒させることであった」という[32]。このような天文学における転換に代表されるように、この時代のヨーロッパは、数学と自然科学を中心とした「新しい科学」の勃興と、それによるスコラ学の権威の動揺を経験しつつあった。なお、このような科学をめぐる思想的変化について総体的に捉えるには、一六〜一七世紀ヨーロッパで展開した宗教的闘争や、デカルト哲学の定式化において大きな役割を果たした懐疑主義など、さまざまな要素を併せて考える必要があろう[33]。

ただしその一方で、ニュートンが錬金術に熱中していたというよく知られた話があるように、この時代における「新しい科学」が旧来のいわば魔術的あるいは秘教的、異教的、そして神学的な関心や手法によって強く促され、進展を遂げていたという側面も見過ごすことはできない。さらには近年のカピル・ラジによる研究が示しているように、これまでヨーロッパ発の近代科学とされてきたものには、実際にはそれ以外の世界との「間文化的な「接触領域」[34]」によって生み出されたものが多く含まれている。まさにジョゼフ・ニーダムが述べるように「科学は幾何学的に理論化する以外の多くの様相をもつもの」であり、ユークリッド幾何学やプトレマイオスの数理天文学よりも「もっと多くの河川が近代科学という海のなかに注ぎこんだ」のである[35]。

こうして、一六〜一七世紀のヨーロッパでは、「新しい科学」が普遍性の体現者となるべく動き出していたが、それ自体もまた新旧、さらにヨーロッパ内外におけるさまざまな要素が絡み合いながら形成されたものだった。ヨーロッパでこのような「科学」の領域をめぐる大きな転換が生じていた同じ時期、中国文明に直面していた在華イエズス会士の叙述にも新しい傾向が現れる。すなわち彼らは一六〜一八世紀初頭まで、科学に関しては、もっぱらヨーロッパの先進的なものを中国へ移入するという方向性をもっていたが、一八世紀に入り、とくに後半になると全く逆の思想が見られるようになる。つまり、中国のなかに「科学」を発見していくのである。このような変化がいかにして起こったのか。またその際、中国におけるどのような思想が大きな役割を果したのか。この問題について、第3章および第4章で論じる。

第三に、清朝という帝国もまた、一八世紀後半の在華イエズス会士にとっては、ある種の普遍の体現者として立ち現れていた。一八世紀前半における禁教以降、公式には在華イエズス会士が居住を許されたのは北京内城のみであり、また清朝宮廷に仕えうる技能をもつことが絶対条件であった。つまり彼ら自身が清朝の官僚機構の一部として取り込まれていったのである。このとき彼らは、自身が実際に生を営み、直接対峙していた清朝という帝国をどのように経験、理解し、そして翻訳したのか。とくに一八世紀後半は乾隆帝の統治時代であり、『四庫全書』編纂をはじめとする大規模文化事業が精力的に進められただけでなく、それらと表裏一体となった文字獄や禁書の実施といった、おもに漢人に対する思想文化統制も強力に推し進められた。その一方で、満洲語や騎射といった満洲的伝統の奨励、ならびに満洲語の厳格な使用を義務づけ、民間における勝手な漢文小説の満文訳を取り締まるといった管理統制もはかられている。そして拡張していく版図が『大清一統志』などを通して公に情報化され、さらに明朝以前の中国との連続性が、大規模な歴史叙述の形で編み上げられていくことになる。

一八世紀後半の在華イエズス会士は、清朝によるこれら一連の事業についてつぶさに観察し、ヨーロッパへ報告しただけでなく、そこにある「普遍」を見出そうと試みている。この点は第7章で論じる「文芸共和国（république des Lettres)」の普遍語としての満洲語や、第9章で取り上げる「普遍史」としての中国史叙述に端的に表れている。当時の在華イエズス会士は清朝という帝国のありようをどのように認識し、そこにいかなる普遍を見出したのか。この問題について、おもに清朝の政治体制、言語、そして空間と時間（地誌と歴史叙述）を軸として、第5〜9章にて論じる。

3　アミオという人物について

（1）北京到着までの道のり

ここまで述べてきたように、本書は一八世紀後半という時代に焦点をあて、この時代に在華イエズス会士が中国をめぐっていかなる翻訳活動を展開したのかを論じていこうとするものである。その際、この時代にもっとも多く、またもっとも広範な主題をめぐる報告をヨーロッパへ送った、フランス出身の在華イエズス会士アミオ(Jean-Joseph-Marie Amiot 銭徳明、一七一八〜一七九三）の報告を中心に分析する。本論に入る前に、このアミオという人物について経歴と研究史を整理しておくことにしよう。

一八世紀後半の在華イエズス会士の事績については、ロシュモンテクスの著作において整理された後、エマニュエル・ダヴァン、また最近になってミシェル・エルマンの論文によって補われた[36]。ただしこれらは、ヨーロッパ語で記された各種史料を渉猟して書かれており、中国文献への言及はほとんど見られない。そこで以下、ロシュモンテクスらの先行研究を参照しつつ、中国側の史料を補うことで、アミオの経歴をあらためて整理しておきたい。

アミオは一七一八年二月八日、一〇人兄弟の長男として、フランス南東部プロヴァンス地方の港湾都市トゥーロンで生まれた。父親は国王公証人（notaire royal）[37]である。彼はアヴィニヨンのイエズス会修練院で過ごした後、ブザンソン、アルル、エクサンプロヴァンスのコレージュで文法や人文学を教えつつ、若い職人の同業者信心会を指導した。イエズス会の修練生は、学業の最終段階として自らも教えるという経験を積み、また学業の一環として学生の信心会などに参加するよう求められた。こうした経験は、中国におけるイエズス会士の宣教活動にも少なからぬ影響を与えたという[38]。アミオも、こうしたいわば正統的な修学の過程を経験したわけである。その後もアミオは、ニームのコレージュで修辞学を教えながら、学生の信心会やギリシア語研究会の指導にあたった。そしてドールで司祭職に叙階され、また三年間の神学課程で学業を締めくくっている。

学業を終えるにあたって、アミオは海外宣教に従事することを希望している。その後パリから、当時ナントと並ぶ重要な貿易港でフランス東インド会社の所在地であったロリアン[39]へ向かい、そこから一七四九年一二月二九日、中国へ向かうヴィルフリックス（Villeflix）号に乗り込んだ。同乗者としてパリのイエズス会コレージュ、ルイ大王学院（Louis le Grand）に留学していた二人の中国人イエズス会士、リウ（Paul Liu 中国名不明、一七一七～一七九四）とカン（Philippe Stanislas Kang 中国名不明、一七二八～一七五〇）を伴ったという[40]。一七五〇年七月二七日にマカオに到着したアミオは、ここからデ・エスピニャ（José de Espinha 高慎思、一七二二～一七八八）とデ・マットス（Manuel de Mattos 羅啓明、一七二五～一七六四）という二人のポルトガル人イエズス会士と共に、北京へ向かった。これらのうちデ・エスピニャは、イリでの地図作成に従事した後、欽天監監副、さらに監正に登用された[41]。

来華直後のアミオらを北京に呼び寄せるにあたって、当時乾隆帝（一七一一～一七九九）の宮廷画家として仕えていたカスティリオーネ（Giuseppe Castiglione 郎世寧、一六八八～一七六六）らは、次の上奏文（乾隆一五年一一月一八日）を提出している。

臣どもは、今マカオからの連絡を受け、今年七月〔一七五〇年八月〕にポルトガリヤ国の洋船が到来し、西洋人で天文算法に通じた高慎思、律呂〔音楽〕に通暁した銭徳明、外科や調薬の知識をもつ羅啓明がいることを知りました。三人は北京へ上り力を尽くさんと願っておりますので、もし皇帝陛下のお許しをいただけますならば、広東督撫〔両広総督と広東巡撫〕に勅令をお下しになり、人員を派遣して北京まで伴送させるよう、伏してお願いいたします。[42]

上の史料は、管見の限り、アミオの中国名「銭徳明」の初出である。じつは上記の上奏文の内容は、アミオ自身の報告（一七五二年一〇月二〇日付）にも引用されている。

一七五〇年一二月一六日、この地に在住するイエズス会士たちは、皇帝に請願書を提出し、彼らの同志三名（二名のポルトガル出身イエズス会士と私）の到着を告げ、我々がヨーロッパの科学、なかでも数学、音楽そして薬学について有している知識は、もし陛下のお気持ちが向いて我々にその首都へ来させるならば、なんらか有用でありましょうと付け加えた。[43]

この上奏が認められ、まもなく官員が広州からマカオへ到着し、アミオら三人をともなってマカオからまず広東、さらに北京へと向かうことになる。この旅程、すなわち彼らが初めての中国服を仕立て、終着点の円明園で乾隆帝に向かって三跪九叩頭の礼を行うまでの期間は、アミオたちが中国の儀礼に適応し、いわば「中国人になる」ための過程としても作用した。この点については第1章にて詳しく取り上げることにする。

（2）清朝宮廷への登用

上に引いたカスティリオーネの上奏文では、アミオがもともと音楽の技能によって推挙されたことになっている。ところが後に出された檔案（作成の年月日は不明）によれば、アミオは結局、北京宮廷で翻訳に従事することになったようである。

銭徳明は律呂〔音楽〕の素養があり、内閣蒙古堂にてオロス〔ロシア〕語、ラティノ〔ラテン〕語を翻訳している[44]。

「内閣蒙古堂」での「繙訳」という職掌に関しては、『大清会典事例』巻十五・内閣五・職掌三に「繙訳外藩各部落文字」、すなわち外藩各部に属する諸言語を、どのように翻訳すべきか規定した項目があり、そのなかに「蒙古房」について言及されているのが参考になる。なお『会典』とは、明〜清時代に繰り返し編纂された大規模な行政法典で、官庁ごとに関連する法令を集めたものである。それらの実施の事例を集めたものが『会典事例』である。本書第8章で詳しく取り上げるが、清朝という帝国の版図拡大に伴って、そこに外藩各部や朝貢国として属する人々はじつに多様化し、中央や漢地で公式に用いられる満洲語や漢語以外に、さまざまな諸民族の言語に対応する必要があった。このような必要のため設けられた部署のひとつが蒙古房（堂）と思われる[45]。その記述には、「内札薩克及喀爾喀四部落」すなわち内ジャサクおよび外ジャサクのうちハルハ四部落などに関しては「蒙古字」＝モンゴル語を用い、「科布多」や「和碩特」すなわちホブドやホシュートは「托忒字」＝トド語、「各回部」すなわち新疆のウイグル人イスラームは「回子字」＝ペルシア語、「西蔵」すなわちチベットは「唐古特字」＝タングートあるいはチベット語、「俄羅斯」すなわちロシアはロシア語、「緬甸、南掌」すなわちビルマやラオスは「緬字」＝ビルマ語、そして「西洋諸国」すなわちポルトガルをはじめとするヨーロッパ諸国は「拉体諸字」＝ラテン語を用いる、とある[46]。ただし、モンゴル語からビルマ語にいたるまでの諸言語はすべて、それぞれ該当する館[47]に伝え、「蒙古房にて翻訳させる」一方で、西洋諸国のラテン語だけは「西洋堂」すなわちおそらくは北京内城にあり、宮廷に仕える宣教師たちの住居であった東西南北四つの教会＝北京四堂[48]の者に伝え翻訳させる、という[49]。これに従えば、アミオは必ずしも蒙古堂に所属していたとはいえず、今後に考証の余地を残している。

また、アミオの同僚ドリエル（Jean-François d'Ollières 方守義、一七二二〜一七八〇）が兄弟に宛てた手紙（一七八〇年一〇月一五日）によれば、彼とアミオはロシア元老院と清朝理藩院との交渉における通訳に携わったという。

我々の隣国モスコヴィト〔ロシア〕が〔清〕帝国に、あるいは帝国が彼らに何か用事があると、彼ら〔ロシア〕はラテン語で書き、その用事に応じて、アミオ氏と私、あるいはどちらか一人が、宮廷の大臣の所に呼ばれる。我々はそのラテン語を満洲語に訳し、それが皇帝に差し出される。〔すると〕簡潔で要点を押さえた皇帝からの返事、および大臣による説明が、満洲語で示される。〔そして〕我々がそれをラテン語にしたものは、モスコヴィトに渡される。(50)


清朝とロシアの交渉に在華イエズス会士が関わることは、康熙帝の時代におけるネルチンスク条約締結（一六八九）以来の慣習だと思われる。ネルチンスク条約のときはポルトガル出身のペレイラ（Tomás Pereira 徐日昇、一六四五〜一七〇八）とフランス出身のジェルビヨン（Jean François Gerbillon 張誠、一六五四〜一七〇七）という、北京宮廷に仕える二名が随行した。またフランス出身のパルナン（Dominique Parrenin 巴多明、一六六五〜一七四一）は、キャフタ条約（一七二七）をめぐる清朝—ロシア間交渉の通訳、およびこうした通訳のための人材を満人子弟の中から補充する目的で雍正帝が設立した繙訳館（一七二九）における教授という職責を負っていた。この職責は、パルナンのあとゴービル（Antoine Gaubil 宋君栄、一六八九〜一七五九）に引き継がれ、ゴービルからアミオへと引き継がれた。(51)

なお、上に引いた檔案において述べられているような、ロシア語能力がアミオにあったことを示す史料は、管見の限り残されていない。上掲のドリエルの報告が明確に示しているように、おそらく実質的にはラテン語—満洲語間の翻訳が主要な役割だったものと思われる。

（3）ヨーロッパとの連絡と報告の作成・送付

アミオは、中国に関する膨大な報告をヨーロッパへ送った。これらの報告の目録と書誌は、一九世紀から二〇世紀初めにかけて、イエズス会士ド・バッケル兄弟やフィステルによって整理されている。[52] これらの報告を、アミオはどのような人物に送ったのか。もっとも多くの文通を行ったのは、フランス国務卿ベルタン（Henri-Léonard Jean Baptiste Bertin 一七一九～一七九二）である。ベルタンとアミオをはじめとするフランス出身在華イエズス会士とのあいだで文通が行われるようになった経緯については第1章で述べる。ベルタンのほか、現在のフランス国立図書館の前身で一四八〇年に設立された王室図書館の司書主幹、ビニョン親子（Armand-Jérôme Bignon 一七一一～一七七二；Jérôme-Frédéric Bignon 一七四七～一七八四）、[53] 碑文・文芸アカデミーやアカデミー・フランセーズの会員で、政府からの要請によって、フランス史の編纂のためにロンドンでの史料調査に従事したブレキニー（Louis-Georges Oudard Feudrix de Bréquigny 一七一四～一七九四）、ヘブライ語や中国語の研究者として著名なフールモン（Etienne Fourmont 一六八三～一七四五）の弟子にして、コレージュ・ド・フランスのシリア語教授ド・ギーニュ（Joseph de Guignes 一七二一～一八〇〇）らが、アミオの文通相手となった。

注目すべきは、これらの人々が、それぞれ碑文・文芸アカデミー、アカデミー・フランセーズ、パリ王立科学アカデミー（Académie des Sciences de Paris）、ロンドン王立協会（Royal Society）、サンクトペテルブルク・アカデミー（Sankt-Peterburg Academy）といった諸アカデミーの会員だった点である。[54] こうした人々を文通相手としてもったことは、アミオの報告の学術的質を高め、また宣教に関する内容から遠ざかるよう作用するとともに、アミオが中国にいながらにして、ヨーロッパにおける最新の学術思想的潮流にほぼ同時代的に触れることを可能にした。

そのひとつの証左が、ヨーロッパ側史料に残っている。フランス国立図書館に収蔵された、フランス政府からアミオらフランス出身の在華イエズス会士に支給された物資に関する、一種の帳簿である。アミオたちはベルタンらと文通を行っていたが、これはフランス王室ならびに政府に対する情報提供という意味をもっていた。そのためアミオに対し、フランス政府から一五〇〇リーヴルの年金が支給されている。年金のみならず、おそらくは報告作成に資するため、ヨーロッパにおける最新文献なども送られた。まず一七八七年一〇月の帳簿から、一部品目を抜粋する。

①動物磁気（Magnétisme）に関する著作。
②三年分の『エスプリ・デ・ジュルノ（*L'Esprit des journaux*）』紙。
③『ゾロアスター、孔子、マホメット（*Zoroastre, Confucius, Mahomet*）』。
④原始言語（langue primitive）に関する二つのパンフレット。
⑤二年分の『政治新聞（*Journal politique*）』。
⑥電気機器一式（machine électrique avec assortiment）。
⑦自然学に関するシゴー（Sigaud）、カヴァロ（Cavallo）、エピヌス（Aepinus）の著作[55]。

まず①「動物磁気」とは、本書第4章で詳しく取り上げるが、医師メスマー（Franz Anton Mesmer 一七三四〜一八一五）が考案し、治療に用いたある種の普遍物質で、一七八〇年代当時ヨーロッパで社会現象を引き起こしていた。そもそも磁気や電気は、ヨーロッパでは一八〜一九世紀に新しい実験や発見が相次ぎ、当時のヨーロッパ知識人をもっとも引きつけた対象のひとつだが、⑦のシゴー（Joseph Aignan Sigaud de la Fond 一七三〇〜一八一〇）、カヴァロ（Tiberius Cavallo 一七四九〜一八〇九）、エピヌス（Franz Maria Ulrich Theodor Hoch Aepinus 一七二四〜一八〇二）は、まさに当時電気や磁気に関する著作を出版した自然学者である。⑥「電気機器一式」が具体的に何を指しているのかは不明だが、当時ヨーロッパでライデン瓶（蓄電器）などを使った電気実験が見世物として流行していたことから、これらの実験器具である可能性も考えられる。また④「原始言語」もまた一八世紀末のヨーロッパで注目を集めた概念である。エジプトや中国を含む古代世界に関心をもち、言語の起源に遡ろうと試みたクール・ド・ジェブラン

（Antoine Court de Gébelin 一七二八〜一七八四）らによって、盛んに取沙汰された。

さらに②と⑤すなわち『エスプリ・デ・ジュルノ』紙（一七七二〜一八一八）と『政治新聞』すなわち『ガゼット・デ・ガゼット、もしくは政治新聞（*Gazette des Gazettes ou Journal politique*）』（一七六四〜一七九三）も、やはり当時のヨーロッパで流通していた定期刊行物である。残る③『ゾロアスター、孔子、マホメット』すなわち『宗教家、立法者、道徳家としてのゾロアスター、孔子そしてマホメット（*Zoroastre, Confucius et Mahomet : comparés comme sectaires, législateurs et moralistes*）』は、フランスの政治家パストレ（Claude Emmanuel Joseph Pierre Pastoret 一七五五〜一八四〇）の著作で、一七八七年に出版されたばかりだった。

本書第2章で取り上げるように、ヨーロッパで初めて出版された孔子の詳しい伝記は、アミオの『孔子伝』であり、その元となった報告は一七八六年にヨーロッパへ送られている。また第4章で詳しく述べるように、アミオは一七八三年から動物磁気を主題とした報告をたて続けに記し、ヨーロッパへ送っていた。すなわち上の帳簿に記された動物磁気に関するさまざまな著作や、『ゾロアスター、孔子、マホメット』などは、アミオが送った報告と密接に関わる題材を扱った、ヨーロッパにおける最新著作といえる。つまりアミオは、ヨーロッパ最新の思想潮流との継続的な接触のなかで、中国に関する報告を編み出していたのである。

（4）報告の輸送経路

それでは具体的に、アミオの報告はどのような経路でヨーロッパまで運ばれたのか。じつはこの点に関しては、史料的限界から、明確なことはわかっていない。ひとつ注目される史料は、乾隆帝による『御製盛京賦』をアミオがフランス語に翻訳し、それをヨーロッパへ送ったあと、その編纂と出版を手掛けたド・ギーニュの著述のなかに見られる。

王室図書館は周知のとおり、あらゆるジャンルに属する東洋の書籍、なかでもとくに膨大な中国書籍を収集している。去年〔一七六九〕北京在住の宣教師アミオ神父は、王室図書館の財産を増やす目的のもと、ビニョン氏宛にきわめて興味深い幾冊かの書籍を含む箱を送った。これらの書籍のなかには、現在の統治者である乾隆帝の詩〔『御製盛京賦』〕の漢文および満文の原本が、同じアミオ神父によって作成された翻訳とともにあった。しかしこの本を送る時になって突然障害が広東の海関にて生じた。なぜなら中国人は、外国人が彼ら〔中国人〕の言語や文芸について学ぶことを望まないからである。この障害により箱は差し押さえられ、年内に〔フランスに〕到着しないものと思われる。広東の東インド会社長官は、差し当たり箱から詩のフランス語訳を取り出し、その宛先のビニョン氏へ送ると同時に、残りの箱の中身全部を翌年（一七七〇）フランスへ向けて〔海関を〕通過させることを保証しなくてはならないと考えた。[56]

少なくともこの史料が示しているのは、アミオがヨーロッパ宛てに送ろうとした書籍を収めた箱が、広東の海関で止められたこと、そしてその際、広東駐在のフランス東インド会社長官が、その箱を取り戻し、かつ適切な処置を施したのちに再度送り直すことが可能な立場にあったことである。アヘン戦争以前の中国において、唯一ヨーロッパに対して開かれていた広東の海関については、岡本隆司の研究にくわしい。[57]

じつは、フランス東インド会社は設立（一六六四）以来、宣教師を無料で乗船させていた。[58]実際、一七世紀後半以降、フランスから中国へ向かったイエズス会士で、フランスの各港からフランス籍の船に乗り、広東に到着したことが明らかな例がいくつかある。[59]なおアミオも、前に述べたごとく、フランス籍の船に乗って中国へ向かっているが、まず広東に到着した可能性が高い。その後マカオで二名のポルトガル出身者と合流したあと、両広総督と広東巡撫の引率によって再び広東へ移動し、そこからあらためて北京へ向かったものと考えられる。このように物資および人員の輸送という面で、アミオらフランス出身宣教師とフランス東インド会社は密接な関係を保っていた。

ただし、フランス東インド会社は一七六九年にいったん活動を停止しており（したがって前に引いたド・ギーニュの著述は活動停止間際のものと推測される）、その後は「経営国王顧問（conseil royal de direction）」がフランスの広東における権益を守る任にあたり、さらに一七七六年には広東に領事職が設けられたようである[60]。

またアミオが、王室図書館に収めるための中国語や満洲語の本を送っていたことも、上の史料からわかる。以前から、フランス人在華イエズス会士は中国で多くの本を購入し、王室図書館へ送っていたが、一八世紀後半はこの役割をおもにアミオが担ったものと思われる[61]。こうした王室図書館における中国関係蔵書については、王室図書館が一七九五年にフランス国立図書館となった後、レミュザによって調査された[62]。

こうして、アミオら在華イエズス会士からベルタンへ送られた手紙や本、また中国のさまざまな楽器[63]などを含む収集品は、フランス革命の際没収に遭い、売却され、所有者を何度か変えたあと、フランス国立図書館手稿の部や、フランス学士院図書館に蔵されるにいたっている[64]。こうして現在、アミオが中国から送った手紙の手稿や本の大部分は、フランス国立図書館手稿の部およびフランス学士院図書館に蔵されているが、そのほかヨーロッパ各地にもアミオの手紙の手稿が分散している[65]。

（5）報告をめぐる反響

それではヨーロッパへ送られたアミオの報告は、ヨーロッパの人々にどのような反応をもって迎えられたのか。たとえばすでに触れた、乾隆帝による『御製盛京賦』のフランス語訳（*Éloge de la ville de Moukden*）は、比較的大きな反響を引き起こした。このフランス語訳が一七七〇年に出版されると、これに大いに触発されたヴォルテールは、同年「中国の王への書簡体詩、出版された彼の詩集に寄せて（“Epître au roi de la Chine, sur son recueil de vers qu'il a fait imprimer”）」と題する文章を発表した。またアミオが『孫子』や『呉子』などを翻訳紹介した『中国の戦術（*Art militaries des Chinois*）』（一七七二）が、ナポレオン一世（Napoléon I 一七六九～一八二一）に愛読されたことは、よく知られている。[66] これらの例は、アミオの報告が当時ヨーロッパで大きな関心をもって受け止められたことを端的に表している。

さらに二〇世紀以降も、アミオの著作は一定の影響力を発揮し続けている。邸報（邸抄もしくは邸鈔とも。中国の唐代〜清末に定期発行された官報で、朝廷の布告や動静を記録し、中央から地方へ伝達する役割を担った）に基づいて書かれた、当時の清朝の情勢に関するアミオの報告は、現在でもしばしば欧米の中国研究者の典拠として引き合いに出される。またアミオの満洲語関係著作が、当時の満洲語の様態を示す手掛かりとして用いられることもある。

さらに現在にいたる在華イエズス会士研究や、中国・ヨーロッパ交流史研究においても、アミオに関する言及が多く見られる。そのなかには「プレマールとゴービル以降、アミオ以上に科学と文芸に貢献したフランス人宣教師はいない」、「カトリック教会、フランス、そしてイエズス会の名声を高めたこの学者たちの世代（cette génération de savants）の、最後の末裔」、「北京で最後のイエズス会士中国研究者」といった評価が見える。[67] ここでアミオと並んで記されたプレマールとゴービルは、レミュザから、一七、一八世紀在華イエズス会士の中で「文芸の友の記憶において、とりわけ卓越した地位を占めるに値する」[68] ともいわれ、学術的な評価のとくに高い二人であった。

（6）先行研究

こうした重要性にもかかわらず、アミオに関する研究は、そのほとんどがロシュモンテクスやエルマンのような伝記的研究か、アミオの報告の翻刻紹介や引用のみにとどまっている。ヨーロッパ各地に蔵された一次史料に関しては、二〇世紀末から、ミシェル・ブリやイヴ・ルノアール、スタンデルトが少しずつ翻刻紹介を行っている。またフランソワ・ピカールはおもに民族音楽学的見地から、アミオがフランスに送った中国音楽に関する報告や楽器、楽譜について研究し、アミオが編んだ讃美歌集などの演奏再現にも取り組んでいる。[69] そのほか、中国の治療法に関するアミオの手紙に関しても、中国や日本、ベトナムなどさまざまな地域の医学を研究したピエール・ユアールらによって翻刻、紹介がなされた[70]。

上に挙げた先行研究は、いずれも海外からは接触しにくい一次史料を掘り起こして公開するという大きな役割を果たしたもので、アミオ研究にとって非常に重要である。ただし先行研究によって取り扱われたアミオの報告は、全体のなかのごく一部であり、中国をめぐるアミオの思想的全体を明らかにするにはいたっていない。

そうしたなか、最近発表された竜雲の研究はアミオによる報告そのものを分析し、フランス各機関に所蔵されたアミオの手稿についても幅広く参照しており、アミオ研究としては画期的なものといえる[71]。ただし竜雲の研究では、ヨーロッパ側史料が比較的充実しているのに比して、中国側文献に対する調査は甚だ不足しており、アミオが書名を明示した文献以外は、ほぼ使われていない。とりわけアミオが漢文と同じく頻繁に用いた満文文献に関しては、ほとんど視野に入っていないようである。その結果として、中国文献との比較を通じて初めて知ることができる、中国文献に忠実な部分と、アミオ自身の意見や主張が現れた部分の区別が、不明瞭なまま議論が展開されている。さらにアミオによる中国文献の選択や翻訳の仕方から引き出すことのできる、明清時代中国における思潮との関わりについても明らかにされていない。もうひとつの問題は、議論の対象がほとんどアミオの報告のみに終始している点にある。アミオ以外の在華イエズス会士や、同時代ヨーロッパにおける思潮に関しては、概説の形で少しずつ言及はされているが、それらとアミオの報告とのあいだにいかなる相互関係があるのかについては論じられていない。そのため全体としては、アミオによる報告の歴史的位置づけを明らかにするにはいたっていない。

（7）本書における分析方法

ここで本書における分析の方法についても、簡潔に述べておこう。アミオをはじめ、一八世紀後半の在華イエズス会士による報告は、しばしば中国文献に対するかなり忠実な翻訳をおもな内容としている。そのため彼らの思想的独自性を把握するには、まず彼らが用いた中国文献との詳細な比較対照が必要となる。しかしここにはひとつ困難がある。アミオらは、自らが参照した中国文献の多くを明示していないのである。しかもアミオは、一七世紀後半から一八世紀の北京宮廷に仕えた多くの在華イエズス会士がそうであるように、漢文文献だけでなく、清朝の第一公用語（国語）ともいうべき満文の文献をも多用している。加えて話題の豊富さゆえ、参照する中国文献の内容も多岐にわたっている。そのため本書では基礎作業として、アミオが参照した中国文献を翻訳内容から特定している。その上で両者を比較対照し、異同を区別するという手続きを踏んでいる。

本書で扱う史料について、詳しくは各章にて述べるが、本書の大きな目的はアミオが報告を作成する過程での、元来の意図を解明するという点にあるため、各報告の手稿と出版物の両方を用いた。両者を比較し、単なる誤記などを除く、重大な差異のある場合は手稿に拠った。また史料を含め、本書で引用する文献の翻訳はすべて、とくに断りの無い場合は新居自身の訳によっている。なお、新居による補足については〔 〕で示した。

翻訳の仕方については、とくに次の点に留意した。アミオは中国の事物について言及するとき、他の多くの在華イエズス会士と同じく、おもに二種類の方法をとっている。ひとつは、中国語（漢語）もしくは満洲語の音をアルファベットに転写する方法である。たとえば Kien long（乾隆）、Fou hi（伏羲）、Chou king（書経）などである。もうひとつは、フランス語の用語に転換する方法である。たとえば Chinois（中国人）、Conseil（会議）、progression triple（三倍数列）などである。これらの語は、文脈によってはそれぞれ「漢人（満人などに対する）」、「九卿会議」、「三分損益法」として解釈すべき場合がある。このように原文の直訳からは飛躍せざるを得ない場合を含め、とくに原文での表記を示す必要があるときは、カッコ内に併記する形をとった。また必要と判断される場合、フランス語史料から原文を引用した。おもに一八世紀以前の史料であるため、現在とは表記の異なる単語（temps が tems、connaissance が connoissance など）が多く含まれるが、原文を重んじてそのまま示した。

第Ⅰ部　中国文明とカトリック・科学との接続

第1章　適応政策と中国研究の展開

はじめに

この章では、本書における中心的な議論への導入として、一六世紀～一八世紀末における在華イエズス会士の活動初期から末期にいたるまでの歴史を概観していく。ただし、単に時間を追って在華イエズス会士の活動を追っていくのではなく、彼らが掲げた宣教方針である適応政策の展開を基軸として見ていきたい。なぜなら適応政策は、これまで東アジアにおけるイエズス会の宣教活動のもっとも大きな特徴とみなされてきただけでなく、在華イエズス会士が中国という国について理解しヨーロッパへ向けて翻訳するという行為と、つねに互いに作用を及ぼし合ったと思われるからである。

イエズス会の中国進出にあたって、東インド巡察師ヴァリニャーノ（Alessandro Valignano 一五三九～一六〇六）がさかんにとなえた現地社会への「適応（Accomodatio）」の理念は、現地における思想や文化、慣習に対する深い洞察と体得を要求するものであった。こうした要求こそが、一七世紀後半において、序章で引用したマンジェロの言葉を借りれば「原基的中国学（proto-sinology）」の創成を促した大きな要因であった。それでは、一七世紀後半から一八世紀前半にかけてヨーロッパでは典礼問題が激化し、中国では禁教体制が固まっていくなかで、従来の適応のあり方が致命的な危機にさらされると、在華イエズス会士と中国との関わり方はどのような変化を遂げていったのか。本章ではこの問題を中心に検討していくことにする。

1 適応政策の確立

（1）在華イエズス会士の出現以前

ヨーロッパにおいて、中国に関係する明確な言説が現れるのは、紀元前四〜五世紀のことである。古代ギリシアの歴史家ヘロドトス（Hērodotos 前五世紀頃）の著述によれば、当時のギリシアではすでに世界を「エウローパ（ヨーロッパ）」と、その他者たる「アシア（アジア）」、そして「リビュア（アフリカ）」に分ける認識が普及していた[1]。これにとどまらず、ヘロドトスの著作には「アルギッぺーン（Argippeens）」、同じくギリシア著述家のクテシアス（Ctesias 前四世紀頃）の著作には「セレス（Seres）」といった、とくに中国人を指すと思われる語が出現する。さらに、中国という国を指す語としては、古来「海路系統」と「陸路系統」の二種類が流通し、前者は「シナ（Sina）」あるいは「シナエ（Sinae）」で、紀元前四世紀頃にマレー諸島から海を渡ってきた人々が、広東沿海周辺を指すのに使い始めた、という。後者は「セレス（Seres）」あるいは「セリクム（Sericum）」で、アルタイ語系諸族の絹商人など、陸経由で中国に接触した人々が用いた[2]。このような二つの異なる経路による異なる中国観は、遅くとも二世紀にはローマ帝国に流布し、ギリシアの天文学者にして地理学者のプトレマイオス・クラウディオス（Ptolemaios Klaudios 八三頃〜一六八頃）による『地理学（*Geographia*）』にも反映された[3]。

その一方で、古代中国で編纂された史書にも、西洋世界に関する記述が散見される。たとえば中国最初の正史、すなわち司馬遷（前一四五頃～前八六頃）による『史記』や、班固（三二頃～九二頃）らによる『漢書』には、西方にある国々のひとつとして「黎軒」（『史記』巻一百二十三・大宛列伝）あるいは「犛靬」（『漢書』巻六十一・張騫李広利伝）という地名が現れる。これは現在のピンインではそれぞれ li xuan と li qian という発音になる。この発音の類似などの点から、先行研究では、アレクサンドロス大王の東方遠征によって建設され、のちプトレマイオス朝の首都として東西文化交渉の要地となったアレクサンドリア、あるいはアレクサンドロス大王の名そのものを指すという説が有力である。(4)

このように紀元前の時代から、中国とヨーロッパとのあいだには、おそらく直接の往来ではないにせよ、なんらかの形で互いの情報のやりとりが存在した。それを可能にしたのは、上記のごとく海陸をわたって東西を往来する商人の存在のほか、アレクサンドロス大王の東方遠征や、前漢の時代における張騫（?～前一一四）や李広利（?～前九〇）の西域遠征といった、王朝主体の遠征事業であっただろう。

ただしこの時点では、互いの情報はごく断片的なものにすぎなかった。そのおもな要因は、当時中国とヨーロッパのあいだの交通が未発達であり、著者が自ら互いの地へ赴いて調査するのではなく、わずかな伝聞に頼らざるを得なかったためであろう。これに対し実際に中国に赴き、自らの体験にもとづいた中国情報がヨーロッパへ向けて発信されるようになるのは、マルコ・ポーロやクルス、ラーダらからである。マルコ・ポーロ（Marco Polo 一二五四～一三二四）はヴェネツィアの商人で、父、叔父とともに教皇親書を託され東方への旅に出て、一二七四年にドロンノール（上都開平府）に到着、モンゴル帝国（大元）第五代皇帝クビライに謁見した。以来イル・ハン国までコカチン姫を護衛する任務を負ってクビライの宮廷を出発するまで、一七年間にわたって中国に滞在し、その間クビライの使者として雲南、東南アジア、インドへ派遣された。またクルス（Gaspar da Cruz 一五二〇頃～一五七〇）はポルトガル出身のドミニコ会宣教師で、東インド宣教を目指してゴア、マラッカ、カンボジアを経由し、一五五六年には広州に到達し、数年滞在したのち一五六九年にリスボンへ帰還した。最後に、ラーダ（Martín de Rada 一五三三〜一五七八）はスペインのアウグスティヌス会宣教師で、フィリピンのスペイン政庁の使者として、前年マニラに来襲した海賊林鳳（もしくは林阿鳳、一六世紀）対策を福建当局と打ち合わせ、さらに布教・通交の道を開拓するため、[5]一五七五年に福建へ赴いた。彼は同年中にフィリピンへ戻っている。彼らの中国見聞記録は、中国の地理や歴史、宮廷やそこに住まう人々、儀礼や風習、政治体制などさまざまな方面にわたり、また従来とは比較にならない詳しさで作られている。[6]

（2）最初期の在華イエズス会士と適応政策

周知のごとく、一五〜一六世紀ヨーロッパでは、ルネサンス時代における遠洋航海技術の発達を背景として、海外における土地の獲得、スパイス類をはじめとする東方諸産品の生産地および輸入ルートの確保などを目的とした海上覇権争いが激化した。そのなかでもっとも勢力を伸ばしたのはポルトガルとスペインである。ローマ教皇はこの両国国王に対し、「布教保護権（Padroado）」を与え、新しく「発見」にいたった土地における宣教の推進と経済的負担を義務づけるとともに、世俗的事業、すなわち航海、征服、植民、貿易をも一体的に進める権利を与えた。[7]さらに、両国間において過熱していく海上覇権争いを調停するため、一四九四年にトルデシリャス条約が結ばれた。これは、アフリカ最西端ヴェルデ岬諸島の西三七〇レーグワを通る経線を境界とし、東をポルトガル領、西をスペイン領と定めたものである。ローマ教皇によって承認されたこの区分は、「デマルカシオン（Demarcacion）」[8]として発効することになり、カトリック中心の見方においては、世界が大きくポルトガル側とスペイン側に二分されることとなった。

ただしデマルカシオンは、基本的に大西洋上に設けられた区分であるため、東半球の扱いは不明瞭なままであった。そのため一六世紀初めから、ポルトガルはゴアとマラッカを、スペインはフィリピンを、それぞれおもな拠点として東アジアへと勢力伸長をはかった。しかしポルトガルがマカオと長崎に貿易拠点を獲得できたのに対し、スペインは結局、台湾北部を一七世紀前半のごく短期間占領したのを除けば、東アジアに継続的な拠点を築くことができなかった。ポルトガルは、当初は明朝の海禁政策のためもっぱら私貿易に従事したが、のち明朝とのあいだで倭寇の駆逐への貢献に対する評価や、賄賂の授受などがあり[9]、一五五七年に明朝からマカオの居住権を与えられた。これによってポルトガルは正式に中国との貿易を開始し、それと一体的にイエズス会の宣教活動に対する保護を行ったのである。そのため、在華イエズス会士のなかではポルトガル出身者が圧倒的多数を占め、支配的勢力をもった。

一五八二年、イエズス会士ルッジェリ（Michele Ruggieri 羅明堅、一五四三～一六〇七）は、カトリック宣教師として初めて中国内地に滞在した[10]。ルッジェリは一五七八年、リスボンにてアジア宣教の辞令をうけ、同地を出港しインドに到着した。そしてゴアで神学課程を修了したあと、南インドの漁夫海岸（Fishery Coast）における宣教に従事するため、タミル語の習得に励んでいる。しかし東インド巡察師[11]ヴァリニャーノは、ルッジェリを中国宣教に従事させる計画をもっていたため、ルッジェリはほどなくしてコチンの港から出港し、一五七九年にマカオに到着した。その後まもなく、彼は中国宣教に関するヴァリニャーノからの指示を受け取った。それは中国語と中国文化の習得を命じるものだったという。とくに現地の人々との交流をはかるうえでもっとも重要な言語に関しては、マカオや広東の一般民衆が使う方言である広東語ではなく、中国士大夫の言葉である南京官話[12]を、ヨーロッパにおける知識階級の言語であるラテン語に対応するものとして、その習得を指示した。この指示をうけ、ルッジェリはマカオ滞在の三年間もっぱら官話の習得に励み、苦闘の末獲得した語学力を携え、一五八〇年にマカオから広東へ、ポルトガル商人とともに入った。次いで両広総督の陳瑞と親交を結ぶことに成功し、陳瑞の計らいによって肇慶府の天寧寺に住むことを許され、ここをレジデンシア（司祭の住院）と定めるにいたった。

その後ルッジェリの要請によって、ヴァリニャーノは新たに二名のイエズス会士を中国内地に送り込んだ。イタリア出身のパシオ（Francesco Pasio 一五五四～一六一二）とリッチである。パシオはリスボンを出港しゴアに到着した後、当地のコレージュなどでしばらく活動し、マラッカを経て、一五八二年にマカオに到着した。そのあと肇慶に短期間滞在してから、マカオへ戻っている。(13) なおパシオは一五八三年に来日し、堺、平戸、豊後、長崎などで宣教活動を行い、日本イエズス会準管区長となった後、徳川家康および徳川秀忠に謁見している。こうしてリッチがルッジェリとともに中国に残り、広東肇慶府の住院に滞在することになる。彼らの住院には、福建出身のある秀才が四~五か月滞在し、二人の中国語教師を務めたという。

以上見てきたように、ルッジェリやリッチは巡察師ヴァリニャーノからの指令をうけ、中国語および中国文化の習得に力を注いだ。こうして得られた能力を駆使して、彼らは現地士大夫と親交を結び、さらにこの親交を通じて宣教活動の拡大をはかっていくことになる。こうしたなかでヴァリニャーノが打ち出し、最初期の在華イエズス会士が確立したとされるのが、いわゆる適応政策(Accomodatio)(14) である。この政策の基本理念は、ヴァリニャーノ『日本諸事要録(*Sumario de las cosas de Japón*)』(一五八三)第一六章に見られる以下の文章に表れている。

主なる神の愛により、我等は日本人を援ける為に、郷里を棄て、幾多の苦労を経て来たのであるから、我等が日本人に順応するのを嫌うことによって、成果や事業を破滅させてはならない。日本人にとっては、彼等の習慣、儀礼、態度、挙動は最上のものなのであるから、それを(我等が)守ってこそ、最大の統一とキリスト教徒に対する最大の成果が得られ、イエズス会や聖なる信仰の評判が増大する。もし守らねば、まったく反対の結果となる。(15)

上の文章から明らかなように、ヴァリニャーノによる適応政策の構想には、日本宣教の経験が大きな影響を与えていた。

ちなみにイネス・ズパノフによる、一六~一七世紀インドにおけるカトリック宣教をめぐる研究では、一六世紀インドに入ったイエズス会宣教師と、古代から続くいわゆる「聖トマス信仰のキリスト教徒(Saint Thomas Christians)」との出会いが、ヴァリニャーノらに適応主義の着想を与えた可能性がある、との興味深い指摘がなされている。[16]

（3）中国的「適応」

以上のように、中国宣教の開始期にヴァリニャーノが打ち出した適応の方針は、日本（およびインド）における宣教経験にもとづいたものだった。ただしもちろん、日本における実践がそのまま中国にも転用可能だったわけではなく、中国の文化や習俗に合わせた「適応」の仕方を模索する必要があった。[17] それぞれの宣教初期の状況を比較してみよう。まず日本宣教の開祖ザビエル（Francisco de Yasu y Xavier 一五〇六～一五五二）は、日本人アンジロー（あるいはヤジロー、生没年不詳）にマラッカで出会い、洗礼を授けた。アンジローは、一五四九年にザビエルを案内して鹿児島への帰還を果たすが、この日本進出にあたって、ザビエルのためにさまざまな日本情報を与え、カテキズム（公教要理、教理問答書）の日本語訳にも従事した。日本における布教当初、ザビエルはキリスト教の「神（Deus）」の訳語として、真言宗の教宗である大日如来から「大日」を借用したが、この方法を彼に勧めたのはアンジローだといわれる。

しかしやがて宣教師たちは、この訳語によってキリスト教が仏教の一宗派だと誤解される危険性に気づき、ラテン語の音写「デウス」に改めた。それだけでなく、一六世紀半ばには、「有害となりうる仏教用語五〇語を原語（ラテン語とポルトガル語）に変更した」。[18] ただしまたその一方で、宣教師は「日本人が仏教を有していなかったならば彼らがキリスト教を容易に理解することは困難であったろうというようなことを述べ」てもおり、「仏教について学習・研究することが宣教にいかに有益であるかを強く認識し」ていたため、仏僧に付いて仏典の講義をうけていたという。[19]

このように日本宣教においては、現地への「適応」と正統のキリスト教を伝えなければならないという使命とのあいだで、仏教との距離をいかにとるかが宣教師たちにおける重要課題として存在し続けることとなった。

それでは中国ではどうだったのか。最初期の在華イエズス会士は、日本宣教師と同様、当初は自らを仏僧に擬す努力をした。ルッジェリはその漢文著作において自らを「天竺国僧」と称し、ヴァリニャーノの指示で起草した明朝皇帝にあてた書簡では、ローマ教皇を「天竺国」の「都僧皇」と称し、教皇が「慈悲を推広し、世人を普済せん」との意図により、自分たちを派遣したと述べている[20]。リッチも当初は仏僧の袈裟を帯び、剃髪していたようだが、よく知られているごとく、瞿汝夔（号は太素、一五四九～一六一一）との交遊によって大きく方向転換した。瞿汝夔は蘇州府常熟の出身で、父の瞿景淳（一五〇七～一五六九）は礼部左侍郎、翰林院学士などを歴任し、『永楽大典』の総校官を務め、没後に礼部尚書を贈られた人物である。汝夔は万暦一七年（一五八九）、恵州と広州の境界にある羅浮山（嶺南四大名山のひとつに数えられる）に遊んだ際、新任の両広総督で旧識の劉継文に面会を求めた。このとき、マカオへ強制送還されそうになっていたリッチに遭遇したのが、最初の出会いである。その後、送還を免れ韶州に移住したリッチのもとを汝夔が訪れ、本格的な交際が始まる。汝夔はリッチから西洋数学や科学器械について学んだ。その一方で、汝夔はリッチに対し、身なりを仏僧から儒者のものに改めるよう助言し、さらに自らの人脈を駆使して、リッチを士大夫の交遊圏に参入させようと努力したという[21]。

（4）補儒易仏、天主即上帝

上記のごとく、日本宣教における「適応」という課題が、しばしば仏教との関わり方の問題を伴ったのに対し、中国における「適応」は、おもに儒教と自らの調和という問題のなかで模索されたのである。この問題を解決しようと試みるなかで生み出されたのが、補儒易仏という思想である。この考え方においては、儒教とキリスト教は対立するのではなく、むしろキリスト教は儒教を補完しうる教えであり、仏教を排斥すべしという共通の目的によって結ばれている、という。李天綱によれば、この説はもともと、徐光啓がリッチと問答を交わすなかで打ち立てられ、一六一六年に南京礼部侍郎の沈漼が「参遠夷疏」「再参遠夷疏」「遠夷三疏」を上奏し、宣教師が中国侵略を企んでいるなどとして弾劾したのに対し、宣教師側が反論を展開するなかで公に発表された[22]。このような補儒論の中核となったのは、儒教の五経に記録された「天」や「上帝」に対する皇帝祭祀をめぐって、「天」や「上帝」は「天主」すなわちキリスト教の神に等しく、上古中国では真の神に対する崇拝が存在していた、とする説である。これがいわゆる天主即上帝説であり、リッチが主唱者となって広めた。さらにリッチらは、中国のキリスト教信者が儒教的な儀礼（孔子祭祀、祭天儀礼、祖先祭祀）の実践を行うことも容認した[23]。

しかしこのようなリッチの方針は、ドミニコ会やフランシスコ会など他の修道会から激しい批判を浴びることになる。それればかりか天主即上帝説は、在華イエズス会士内部における論争の発端ともなった。リッチの死後、在日イエズス会宣教師ロドリゲス（João Rodrigues 一五六一～一六三三）が、日本から追放されたのを機に、一六一三～五年に中国国内を訪れ、在華イエズス会宣教師や天主教徒となった中国士大夫に対する調査を行い、彼らが用いる「上帝」などの語はキリスト教の教義を正しく伝えるものではない、と批判した。リッチを継いで在華イエズス会宣教長となったロンゴバルド（Niccolò Longobardo 竜華民、一五六五～一六五五）は、ウルシス（Sabatino de Ursis 熊三抜、一五七五～一六二〇）と共にロドリゲスの批判を支持し、リッチ路線の踏襲を主張するイエズス会士と対立した。リッチ路線について、福島仁による言を借りて要約すれば、儒教の五経に見られる「上帝」を、人格神としての性質をもつキリスト教の Deus＝「天主」と同一とみなし、「上帝を利用し、キリスト教の天主の性格をそれに付与していく」ものだといえる。これに対し、ロンゴバルドらは「経書の解釈には『五経大全』『四書大全』『四書集註』などの新注を参照し、その解釈に従うべき」という立場をとった。彼らの主張とは「新注に従えば上帝は人格神ではなくなる」うえ、上帝より上位の概念として理や太極があるのだから、「『上帝』と天主とは全く異なることを明らかにし、天主教の独自性を確立すべき」というものだった[24]。

2 「適応」のもとでの西学とヨーロッパ中国学

(1) 在華イエズス会士による西学と中国研究

すでに繰り返し指摘されてきたように、在華イエズス会士は適応政策の一環として、ヨーロッパ天文学や数学、地理学など科学的知識を漢語あるいは満洲語に翻訳、出版し、皇帝や士大夫の関心に訴えることによって、宣教の促進をはかった。これがいわゆる西学東漸である。ただしこうした科学と信仰との一体的推進は、そもそもイエズス会における学問理念に由来するものでもあった。この点を考えるにあたって、徐光啓や楊廷筠(一五五七~一六二六)とともに明末を代表する天主教信者の士大夫、李之藻(?~一六三一)輯の『天学初函』(一六二六)[25]を眺めてみることは有効である。

『天学初函』は漢訳西学書の記念すべき一大叢書だが、ここに収録された西学(「天学」)は、大きく「理編」と「器編」に区別されている。「理編」にはリッチ『天主実義』をはじめとするキリスト教の教義書のほか、形而上学や世界地誌が含まれ、「器編」にはリッチ『幾何原本』などヨーロッパの数学のほか、天文学や水力学の解説が含まれる。すなわちイエズス会がもたらしたヨーロッパの学問・教育体系が、この叢書という形をとって表現されているのである。イエズス会の学問理念は、ヨーロッパの高等教育の基礎となったカリキュラム『イエズス会学事規程』(一五九九)[26]に明確に反映されている。その基本的な内容は、初級学科としての人文学(ギリシア・ローマ古典)と修辞学によって入門し、哲学(論理学、自然学、形而上学、数学、倫理学)を経由して、最終課程としての神学へといたる厳密な階梯式の教育計画である。その中核はアリストテレス哲学とトマス・アクィナス(Thomas Aquinas 一二二五頃~一二七四)のスンマ(総合的著述、大全)にもとづくスコラ学であり、つまり哲学=科学(人間理性による認識)と神学(宗教的真理の啓示)の総合がイエズス会の教育理念における究極目的だった。

このような課程を通して培われた、哲学＝科学に関する彼らの知識や技能は、中国の士大夫だけでなく皇帝も引きつけ、清朝入関（一六四四）後、ドイツ出身のシャール（Johann Adam Schall von Bell 湯若望、一五九一～一六六六）やベルギー出身のフェルビースト（Ferdinand Verbiest 南懐仁、一六二三～一六八八）をはじめ、歴代のイエズス会士が、天文観察や暦の作成を行う欽天監などの官署に任用された。とくに康熙帝（一六五四～一七二二）は、天文学だけでなく、地図作成などもイエズス会士に行わせ、数学や医学、音楽などについても在華イエズス会士に満洲語での進講を行わせた。

在華イエズス会士が媒介したのは、ヨーロッパから中国への知の移動だけでない。彼らは中国に関する情報についても次々に翻訳し、ヨーロッパへ送った。なかでもイントルチェッタ（Prospero Intorcetta 殷鐸沢、一六二五～一六九六）やクプレ（Philippe Couplet 柏応理、一六二四～一六九二）ら一七世紀後半の在華イエズス会士たちは、とくに四書の研究を組織的に進め、その成果をヨーロッパへ送った。この報告は『中国の哲学者孔子』（一六八七）としてパリで出版された[27]。これ以外にも、マガリャンイス（Gabriel de Magalhães 安文思、一六一〇～一六七七）の『中国に関する最新報告（*Nouvelle relation de la Chine*）』（一六八八）、そしてル・コントの『中国の現状に関する最新報告』（一六九六）など、在華イエズス会士による報告が続々とヨーロッパで出版された。このように在華イエズス会士たちによって次々と繰り出される豊かな叙述、中国の思想や歴史、地理、政治、産業など多方面にわたりじつに広範に展開される新しい知識の群れは、序章でも触れたマンジェロの研究に従えば、ヨーロッパ知識人が中国を curious な対象として捉える大きなきっかけとなり、「原基的中国学」が形成される素地を作ったのである。

（2）フランス出身者の勢力拡大

ところで一六七〇年代に入ると、在華イエズス会における人員不足という慢性的問題が深刻化し、当時欽天監監正であったイエズス会士フェルビーストの後継者が見つからないという事態が訪れた。そのためフェルビーストはヨーロッパ各地に呼びかけ、来華希望者を募集した。これに応じたのが、フランスのルイ一四世（Louis XIV 一六三八～一七一五）である。

フェルビーストは、クプレにプロクラトール（管区代表）の肩書を付して、ヨーロッパに派遣した。一六八二年にオランダに到着したクプレは、まずローマへ向かい、教皇に謁見した。そして在華イエズス会士が中国で出版した、約四〇〇点にのぼる漢訳西学書の献呈などを済ませると、フランスへ赴いた。ルイ一四世は、一行をヴェルサイユにて迎えただけでなく、彼らのために晩餐会を開いた。この一行は、フランス政権やアカデミーの人々における、中国への関心を非常に高めた。たとえば、当時軍事最高責任者として権勢をふるったルーヴォワ（François-Michel Le Tellier de Louvois 一六三九～一七九一）は、中国の歴史や科学、自然、産業などに関する三五の質問をクプレに送ったという[28]。

こうした接待の様子からは、中国に対するフランス王室ならびに政府の高い関心が窺える。その背景には、一五～一七世紀のヨーロッパにおける、勢力図の大きな変化がある。もともとイエズス会による東アジア宣教は、ポルトガル王室を後ろ盾として進められていた。そのため在華イエズス会士においても、ポルトガル出身者が圧倒的多数を占め、支配的勢力となっていたことは前述のとおりである。ところが、一七世紀ヨーロッパにおけるイベリア両国の衰退、新興国の勢力拡大という勢力図の変化は、東アジアをめぐる海上覇権にも影響をおよぼした。まずオランダが、長崎に東インド会社（一六〇二年設立）の商館を置き、対日貿易権益を清と二分したほか、台湾をも一時的に占拠し、貿易の拠点とするにいたっている。こうしたなか、フランスも東アジアに対する関心を高め、イギリス、オランダに続いて東インド会社を設立した。一六〇四年に設立されたフランス東インド会社はまもなく解散したが、ルイ一四世のときに再建されている。

このような東アジアに対する高い関心は、フェルビースト／クプレの要請に彼らを呼応させた。ルイ一四世は「国王の数学者たち[29]」、すなわちフォンタネー（Jean de Fontaney 洪若翰、一六四三～一七一〇）、ジェルビヨン（Jean

François Gerbillon 張誠、一六五四〜一七〇七)、ル・コント、ヴィドルー(Claude de Visdelou 劉応、一六五六〜一七三七)、ブーヴェという、おもに数学・自然科学に精通する五名のフランス人イエズス会士を派遣した。[30] その経路からして、従来ポルトガル国王の庇護のもとリスボンからゴア、そしてマカオへ移動したルートとは異なっている。彼らは一六八五年にフランスのブレストから、第一次シャム派遣フランス使節とともにフランス軍艦オワゾー(Oyseau または Oiseau)号に乗って出発し、シャムを経て、[31] 一六八七年七月二三日に寧波に到着した。明朝以来、中国は海禁政策を敷いていたが、康熙二四年(一六八五)にこれを解除し、広東(粤)、福建(閩)、浙江(浙)、江蘇(江)の四海関を置き、外国貿易の管理と徴税を行っていた。寧波に置かれた浙海関は、日本貿易のほか、西洋貿易でも栄えた。

上記の旅程に関して、フォンタネーの報告(一七〇三年二月一五日付)には興味深い内容が見られる。この報告によれば、フォンタネーらはもともと、シャムからマカオを目指すつもりだったとのことである。しかしアユタヤ王朝に仕え、彼らのため中国行きの便宜をはかったフォールコン(Constantine Phaulkon 一六四八頃〜一六八八頃)や、現地のポルトガル人イエズス会宣教師の住院長らが、マカオ行きをなんとか制止するため、マカオのポルトガル人たちに対する「不信感を与えようと」した。その背景には、ポルトガル船以外に乗って来る宣教師らを逮捕せよとのポルトガルからの命令が、マカオへ伝達されていたことがあったという。[32] このようなポルトガルの排他政策も、在華イエズス会士内部における分裂に強く作用していた。

こうして「国王の数学者たち」を皮切りに、フランス出身の在華イエズス会士が数・勢力ともに急速に拡大し、従来のポルトガル出身者の勢力に対する独立性を志向していく。[33] こうした趨勢のなかで、フランス出身者は専用の教会、および墓地も獲得することとなる。もともと北京には、宣武門東に立つ南堂、東安門外(王府井)に立つ東堂という二つの大きな教会があった。南堂は、もともとリッチが購入した土地に設けられた簡素な建物だったが、それと隣り合った土地を順治帝がアダム・シャールに下賜し、かつ孝荘文皇太后、親王や官紳から資金援助が与えられたことによって、壮麗な礼拝堂を備える立派な教会が建てられた。また東堂は、一六六五年頃、順治帝からイタリア出身のブーリオ（Lodovico Buglio 利類思、一六〇六～一六八二）とポルトガル出身のマガリャンイスに下賜された土地に、カトリック信者だった粛王の側福晋の母、および宗室の一人からの資金援助を受けて建てられている[34]。このように南堂と東堂はいずれもポルトガル出身者を中心とする教会であった。こうしたなか、「国王の数学者たち」が中国に到着し、シャールやフェルビーストを継いで北京宮廷に仕えることになる。彼らはあるとき、康熙帝がマラリア（東アジアでは「瘧」と呼ばれた）に罹るという出来事に遭遇し、この機を逃さず康熙帝にキナ皮[35]を進呈し、治癒に導いた。康熙帝は、これに対する感謝のしるしとして、中南海に近い西安門内の蚕池口に土地を与えた。こうして宣教師たちが一六九三年、この地に建てたのがフランス出身者たち専用の教会、いわゆる北堂である。なお、その後、北京宮廷に初めて登用されたイタリア出身のラザリスト会宣教師ペドリニ（Teodorico Pedrini 徳理格、一六七一～一七四六）によって、西直門内に西堂も建てられた。以上を北京四堂[36]と称する。

また墓地に関しては、明代以来、在華イエズス会士が死亡すると、阜成門外二里溝の滕公柵欄に埋葬されていた。現在ここには中国共産党の北京市委党校北京行政学院が建っており、構内にリッチやシャールらの墓が保存されていることでも有名である。しかし前述のごとく、一八世紀に入りフランス出身者の数が大幅に増大すると、彼ら専用の墓地が必要となった。そこで、北京の郊外西方（現在の海淀区）にあった仏教寺院の正福寺（一説に、もともと正仏寺という名だったのを、信者らが「仏」から「福」の字に改めたという）に、その用地を獲得した。正福寺は墓地兼避暑地として用いられ、一七三〇年死亡のブーヴェから一七九三年死亡のアミオにいたるまで、フランス出身在華イエズス会士はみなこの地に埋葬された。なおその後、文化大革命期における正福寺の接収などを経て、この寺にあった宣教師たちの墓碑は海淀区五塔寺内にある北京石刻芸術博物館に移され、現在まで保存されている[37]。

フランスが在華イエズス会士の新しい庇護者になったことは、『中国の哲学者孔子』出版の際、その著者のひとりでありルイ一四世にも謁見したクプレによって、「ルイ大王の命による（JUSSU LUDOVICI MAGNI）」との辞が付されたこと、すなわちルイ一四世に献呈されたことに、明確に表れている。また「国王の数学者たち」および彼らの後継者、プレマール（Joseph Henri Marie de Prémare 馬若瑟、一六六六～一七三六）、パルナン（Dominique Parrenin 巴多明、一六六五～一七四一）、ゴービル（Antoine Gaubil 宋君栄、一六八九～一七五九）も、ヨーロッパの数学や医学、音楽について満洲語に翻訳して皇帝に進講し、あるいは清朝－ロシア間交渉の通訳や、こうした通訳のための人材を満人子弟のなかから補充する目的で雍正帝が設立した、繙訳館（一七二九）での教授を行った。[38]

こうして一七世紀末以降、フランス出身の在華イエズス会士たちは清朝宮廷における一定の勢力を確立する一方、ヨーロッパへの報告も精力的に行った。しかも報告の相手には、ドイツの哲学者にして数学者のライプニッツ（Gottfried Wilhelm von Leibniz 一六四六～一七一六）、パリ王立科学アカデミー初代終身書記フォントネル（Bernard le Bovier de Fontenelle 一六五七～一七五七）、同じく科学アカデミー終身書記ド・メーラン（Jean Jacques Dortous de Mairan 一六七八～一七七一）、碑文文芸アカデミー終身書記フレレ（Nicolas Frèret 一六八八～一七四九）、東洋学者ド・ギーニュ（Joseph de Guignes 一七二一～一八〇〇）といった当時のヨーロッパを代表する知識人が含まれていた。彼らとの交流は、在華イエズス会士による報告の質を高め、各方面において高度な専門性を獲得するにいたっている。すでに述べたごとく、レミュザは「中国の文芸がヨーロッパで初めての成功を収めたのは、我々の国出身の宣教師たちのおかげであり、またフランスのおかげである」と述べた。この見方に同国人としての偏りが無かったとは言いきれないが、この時代の中国とヨーロッパの思想交流が、おもにフランス出身者によって担われたことは確かである。

（3）フィギュリスム――過激化する適応政策

このようなフランス出身者、とくにブーヴェやプレマールは、やがていわゆる「フィギュリスム（figurism）」[39]的研究に没頭していく。フィギュリスムはもともと、新プラトン主義者によるヘルメス主義あるいは「古代神学

(prisca theologia)」の思想に端を発する。新プラトン主義者が奉じるヘルメス・トリスメギストスとは、エジプトのトト神に彼らが与えた名であり、文字や数字の創造、学問、知恵、魔術などをつかさどると考えられた。このヘルメス・トリスメギストスにはじまり、ゾロアスター、オルフェウス、ピタゴラス、そしてプラトンへいたる異教哲学者による系譜を構想し、この系譜を通じて、神に関するもっとも古く純粋で真実の教えが受け継がれたとし、おもにこうした異教の書物に隠された神をめぐる象徴を見出そうとする立場が、フィギュリスムである。この立場を中国で過激に推し進めたのが、ブーヴェやプレマールであった。

彼らはまず、上記の系譜のなかに、中国上古の伝説上の帝王、伏羲を付け加えた。そして『易経』繫辞伝上に記されて以来、伏羲が製作したと考えられてきた八卦、そして卦を体系的に説いた『易経』のなかに、神に関する最古の教えの痕跡を探し出そうとしたのである。たとえばプレマールは、繫辞伝上に掲げられた太極・陰・陽の三者は、本来キリスト教における三位一体説の象徴であり、上古中国に原始キリスト教の教義が伝わっていた証拠だと述べた[40]。もともと天主即上帝説は、宣教師側の戦略として作り出されたという側面が大きいが、フィギュリスムはいわば、天主即上帝説を原理主義的に推し進めたものといえよう。

またブーヴェによるフィギュリスム的『易経』研究は、その文通相手であったライプニッツと相互に影響を与え合った。結果としてライプニッツは、自らのモナド論を重ね合わせて、理・太極・上帝の三者をすべて神と考えるにいたっただけでなく[41]、ブーヴェから送られた先天図（八卦と六十四卦を方位などにあてはめて配した図）から、自らの考案した二進法を発展させた。なおブーヴェは康熙帝の宮廷に仕えたが、彼の『易経』研究に対し康熙帝は大いに関心を寄せ、しばしばブーヴェらに研究上の指示を与えていた。このようにブーヴェらのフィギュリスムは康熙帝の関心に強く結びついてもいた[42]。

3　適応政策の動揺

（1）典礼論争

こうしてキリスト教と儒教の同源性をうたうフィギュリスムが現れることによって、適応政策はひとつの極点を迎えたといえるが、しかし同時に最大の危機にも直面していく。その発端となったのは、有名な典礼論争である。(43) 前述のように、リッチ—ヴァリニャーノの確立した適応政策により、儒教経書に現れた崇拝対象としての「天」や「上帝」はキリスト教の神に等しいとする、天主即上帝説が打ち出された。そして中国人のキリスト教信者が儒教聖人としての孔子を崇拝し、祭天儀礼や祖先祭祀を執り行うことを許容した。このことはしばしば他の修道会から激しい批判の的となっただけでなく、在華イエズス会内部にも分裂を生じた。

自らに対する批判が高まるなか、在華イエズス会士たちはヨーロッパに向けてさまざまな形で自らの正当性をうったえようとしている。一七世紀末、ルイ一四世の庇護下に出版された『中国の哲学者孔子』も、こうした在華イエズス会士の意図を多分に反映している。序章で先行研究に基づいて述べたごとく、『中国の哲学者孔子』の著者たちは、四書の解釈において当時の中国における正統教学である朱子学に依拠しつつも、慎重に張居正の解釈を選択することによって、あたかも儒教における「天」などの概念が、カトリックの教理に調和したものであるかのごとく示すという周到さを見せている。

さらに中国でも、彼らは康熙帝に働きかけることによって、一六九二年にいわゆる「寛容勅令（Edict of Tolerance）」の発布へと漕ぎつけた。これはもともと、中国地方官のカトリック宣教師に対する弾圧を止めるため、在華イエズス会士が発布を求めたものであった。この勅令の核心部分は次のとおりである。

各省に居住する西洋人は、総じて悪行や乱暴をはたらかず、邪道を行い人々を煽惑したり、異端の〔聖人の道から逸脱した〕説を主張して騒動を起こすこともなかった。ラマ僧〔チベット仏教の聖職者〕らの寺廟すら、焼香し往来するのを許しているのに、違法のことに手を染めていない西洋人が禁止されるのは、適正とはいえまい。各天主教会はすべて今までどおり存留を許し、およそ香を供え祭祀を行う者がこれまでと同じく往来するのを赦すべきで、禁止する必要はない。(44)

この勅令は、在華イエズス会士がヨーロッパにおける自らの立場を正当化しようとする際にも、しばしば引用された。

しかし在華イエズス会士に対する風当たりはかえって強さを増し、ついにパリ外国宣教会所属の福建使徒座代理区長メグロ（Charles Maigrot 一六五二〜一七三〇）が、在華イエズス会士の宣教方針を全面的に禁じる教書を発するにおよんだ（一六九三）。さらに、教皇クレメンス一一世（Clemens XI 一六四九〜一七二一）は、中国人信者による祭天儀礼および祖先祭祀を禁止した（一七〇四）。一方で、教皇使節トゥルノン（Charles Thomas Maillard de Tournon 一六六八〜一七一〇）と共に北京で康熙帝に面会したメグロの態度は、中国文化に対し十分な敬意を払わぬものとして康熙帝を怒らせ、清朝の側も滞在許可を受けないヨーロッパ人の国外退去を命じるにいたった（一七〇六）。最終的に、ベネディクトゥス一四世（Benedictus XIV 一六七五〜一七五八）が発した、中国人信者による孔子や天、祖先の祭祀を禁じ、在華宣教師にその遵守を誓わせる勅書（一七四二）は、一九三九年にピウス一二世（Pius XII 一八七六〜一九五八）が如上の祭祀を容認する勅書を発するまで、効力を発揮し続けた。

（2）イエズス会士としての身分の消滅

上記のごとく典礼論争が決着した後、在華イエズス会士はさらなる危機に直面する。すなわちヨーロッパにおけるイエズス会の解体である。一七五九年にポルトガルで禁止されたのを皮切りに、フランスやスペインといった各国で次々にイエズス会士が国外追放された。この潮流を受け、ローマ教皇クレメンス一四世（Clemens XIV 一七〇五～一七七四）は一七七三年、ついに教皇書簡（brief）『我らが主にして贖い主（*Dominus ac Redemptor*）』を発し、イエズス会の解散を命じた。これにより在華イエズス会士はそのイエズス会士としての身分そのものが剝奪されることとなった。

高橋勝幸によれば、イエズス会は一七五〇年には二万二〇〇〇名以上の会員を擁する最大の宣教修道会になっていたという。またこうした大きな勢力をもつイエズス会がフランスで追放された理由について、グルニエは「この追放は、実のところ、ジャンセニストだったパリ高等法院法官の主だった人々と、何人かの啓蒙哲学者の恐るべき同盟の結果」だと述べる。[45] ジャンセニスト[46]はかつて、神の恩恵と人間の自由をめぐる宗教的な論争を行い、一七世紀後半から一八世紀初めにかけてローマ教皇によって断罪された。しかし彼らはその後もオランダやイタリアで活動を継続しただけでなく、彼らが鋭く切り込んだ王権と教会の一体性の問題は、やがてフランスにおいて高等法院と王権が絡む政治的論争へと発展していった。こうしたなか、ウルトラモンタニスムス（教皇至上主義）の急先鋒とみなされたイエズス会は、フランスにおけるガリカニスム（フランス教会独立主義）の隆盛、絶対主義の高まりのなかで、圧力に屈した教皇によって解散を命ぜられるにいたったのである。

教皇の解散命令は、正式には一七七五年に中国のイエズス会士におよんだ。これを受け、当時フランス出身者たちを庇護していたルイ一六世（Louis XVI 一七五四～一七九三）は、フランス出身者たちが北京に有していた教会（北堂）の財産および彼らの事業を保持するため、パリのラザリスト会がフランス人在華イエズス会の後を継ぐことをバチカンに認めさせ、ロー（Nicolas Joseph Raux 羅広祥、一七五四～一八〇一）らを送り込んだ。[47]

なおこのような激烈な状況変化が端的に表れているのが、前述の正福寺に建てられた墓の碑文である。これらの墓は現在、五塔寺内に付設された石刻芸術博物館に保存、展示されており、筆者も二〇〇八年から二〇一七年まで数回にわたって同博物館を訪れ、アミオの墓碑（図1）を調査してきた。写真では文字が見えにくいが、向かって中央に「耶蘇会士銭公之墓」とあり、右側に漢文、左側にラテン文で文章が刻まれている。漢文は以下のとおりである（なお、原史料は旧字体で記されているが、ここでは新字体に改めた）。

銭先生諱徳明泰西払郎済亜国人縁慕精修
棄家遺世在耶蘇会三十八年於乾隆十五年
東来中華伝
天主聖教至乾隆五十八年九月初六日卒於都城
年七十六歳

図1　北京石刻芸術博物館に収蔵されたアミオの墓碑（新居撮影）

またラテン文は以下の通りである。

D. O. M.
P JOSEPHUS.
MARIA AMIOT.
GALLUS.
SOC. JESU. PROF.
VIXIT IN SOC.
ANNIS XXXVIII.
IN MISS. SIN.
ANNIS XLIII.

OBIIT HIC PROP.
PEKINUM
DIE VIII OCTOB.
ANN. DOM.
MDCCLXLIII.
AETATIS
ANN. LXXV.

銭徳明は前述のようにアミオの中国名、泰西とはヨーロッパ、払郎済亜とはフランスを指す。漢文とラテン文の内容はほぼ同じで、フランス出身のアミオが終生誓願[48]をたてて（一七五四）からは三八年間、乾隆一五年（一七五〇）に中国宣教に加わってからは四三年間、カトリックと中国宣教のために努め、乾隆五八年九月六日（一七九三年一〇月八日）に北京にて死去したことを記念する内容となっている。なお裏面にはなにも刻まれていない。

碑文の形式は、基本的にブーヴェ以来の宣教師の碑文を踏襲しているが、じつは一七七四年に死亡したブノワ（Michel Benoist 蔣友仁、一七一五〜一七七四）以前の墓碑と、大きく違う箇所がひとつある。すなわち漢文の冒頭が、ブーヴェからブノワまでは「耶蘇会士白先生」や「耶蘇会士蒋先生」のように、「イエズス会士」という肩書が最初に付き、かつ「耶蘇」の二字が「天主」と同じく台頭しているのに対し、一七八〇年に死亡したシボ（Pierre Martial Cibot 韓国英、一七二七〜一七八〇）からは、アミオにいたるまで、この「耶蘇会士」の肩書が消えているのである。中央には以前と変わらぬ形式で「耶蘇会士銭公」と大書されているので、必ずイエズス会の解散が関係しているとは言い切れないが、形式が変化した時期は完全に中国におけるイエズス会解散と一致しており、このことが墓碑にも反映された可能性は高い。

（3）清朝による西洋人管理と「適応」の変容

上記のごとく、一八世紀、在華イエズス会士の適応政策はヨーロッパ的文脈において完全に否定されるにいたった。その一方で、中国的な文脈においても、彼らの適応政策は大きな変化を受けることになる。そのもっとも重要なきっかけは禁教令の発布である。前述のように、康熙帝は登極後、早い段階から在華イエズス会士を重用し、彼らからヨーロッパの学問について学ぶことにも熱心だった。寛容勅令の発布を可能にした背景には、こうした長年にわたる両者の良好な関係があった。ところが、康熙末葉にさしかかった頃にやってきたメグロの態度は、中国側からみればカトリック教会という部外者の論理で中国文明の是非を断じようとするものであり、ヨーロッパ人に対する皇帝の不信感を一挙に高めた。そのもっとも顕著な表れが、一七〇六年に康熙帝が出した、在華ヨーロッパ人に対する管理統制強化の命令である。すなわち中国国内に滞在を希望するヨーロッパ人はすべて、内務府が発給する「票」（滞在許可証）を携帯して国内に永住し、票を携帯しないヨーロッパ人はすべてマカオへ護送し、国外退去とすべきことを命じたのである。

これをさらに強化し、正式な禁教令を発したのが雍正帝である。雍正元年（一七二三）、浙閩（閩浙）総督（福建と浙江両省の地方長官に該当し、民事および軍務を統制した）マンボー（満保、一六七三頃～一七二五）が、宣教師が各省に潜伏して人心を惑乱しているとして、その追放を求める上奏文を提出した。これに対し雍正帝は、宣教師らが国外に出るまで時間の猶予を与え、その道中も手厚く世話すべきだという配慮は見せつつも、基本的にはマンボーの上奏を容れ、宮廷に仕える者以外のヨーロッパ人を国外退去させる方針を明確にしている。[49] その後の乾隆帝、嘉慶帝もこの方針を踏襲した。

すなわち禁教令以降、清朝の論理からすれば、国内に宣教師は存在しないことになったのである。当時の檔案および起居注、実録などにおいては、ヨーロッパから来た人々は、宣教師であろうがヨーロッパ各国から派遣された使節であろうが、一律に「西洋人」と書かれている。とくに禁教後のヨーロッパ人は、天文や地図作成などに関するなんらかの技能を持ち宮廷に仕えうる「技芸西洋人」のみが、北京に滞在することを許された。彼らは「天朝の服色〔衣服などの色〕を用い」、四堂のいずれかに居住し、北京で一生を終えることを義務づけられた。

こうした清朝の方針が端的に表れた史料がある。一七九三年、イギリスからマカートニー使節団が通交を求めて清朝にやってきた際に、乾隆帝が発した上諭である。通商を主要な目的として来華したマカートニー使節団は、乾隆帝に対し、人員を北京に派遣して駐在させることへの許可を求めた。これに対し乾隆帝は、次のごとく上諭を下した。

これまで西洋各国から、希望して天朝に派遣される者があった場合、もともと北京に来ることは許してきたが、やってくる以上は必ず天朝の服色を用い、四堂に定住させることとし、本国への帰還は永遠に許さない(50)。

本章第2節で触れたように、「四堂」とは北京内城に建てられた四つのカトリック教会である。つまり在華イエズス会士は、禁教以降、公的には宮廷に仕える「技芸西洋人」としてのみ国内滞在を許され、しかも彼らの行動範囲も基本的には宮廷と四堂に厳しく限定されることになったのである。

このような状況下において、在華イエズス会士はその中国における生存そのものが、清朝の意志によって握られることになる。そもそも宣教師が中国国内に入り、北京宮廷に上ることができるか否かということ自体が、宮廷に仕えている在華イエズス会士による推薦は経るにせよ、最終的には清朝の裁量に委ねられていた。たとえば両広総督の趙弘燦らが康熙四六年（一七〇七）に提出した上奏文には、次のごとき上諭を引用する場面がある。

新しく到着した西洋人については、もし学問が無くただ宣教しか行わないのであれば、しばらく広東に留めおき、ほかの省へ行くことがないようにし、〔中略〕西洋人のなかに、技芸とすぐれた知識をもつもの、あるいは内科の医師がいれば、速やかに総督や巡撫がその家人を派遣せよ。

この後には、これをうけ、趙弘燦がさっそく上記の条件に見合う西洋人の捜索に乗り出したことが記されている。[51]

こうして禁教以降、在華イエズス会士の適応政策は、清朝側の政策によって大きく方向づけられていくことになる。この時期の在華イエズス会士にとって、「適応」とは宣教方針である以前に、彼らが中国国内での活動を維持するための前提であり、ほかに選択の許されない条件となっていくのである。この点は、次に取り上げる一八世紀後半という時期においてますます顕著になっていく。

4　一八世紀後半における多元的適応

(1)　清朝との接触

上記のごとく、典礼論争と禁教によって適応のあり方は大きく変化せざるを得なかったが、最後の世代、すなわちアミオを含む一八世紀後半の在華イエズス会士における適応と中国研究は、どのような展開を迎えるのか。

この点に関して、まず中国側の史料を示してみたい。これは北京四堂に所属する「西洋人」の名簿で、ほとんど在華イエズス会士で占められている。[52] 各人の宮廷における職掌、生存と死亡の別、故人であれば死亡した年月日が記されている。この檔案の作成時期は不明だが、「病故」と記された者のなかでもっとも遅く死亡した（「乾隆四十五年十一月二十九日病故」）のが「方守義」すなわちドリエル（Jean-François d'Ollières　一七二二～一七八〇）であり、その一方で生存者のなかにコラス（Jean-Paul Collas　金済時、一七三五～一七八一）が含まれていることから、一七八〇～一年（乾隆四五～六）頃に作られた可能性が高い。この登録簿は、欽天監や如意館、蒙古堂といった清朝各機関における各人の役職か、定まった役職の無い者については将来の任用に備えて、「コラスは天文学および噴水製作技術の素養がある〔金済時素習天文水法〕」といったように有用な技能を記している。すなわち前述のごとく、この時期中国国内での滞在を許され、北京四堂に居住した在華イエズス会士は、すべて清朝宮廷の要求に応じた技能をもち、清朝当局によって管理されていた。

こうしたなか、北京宮廷に仕える者たちは、清朝側が要求する形での適応を強いられていくことになる。この点はアミオも同じである。すなわち前述のごとく、アミオおよび彼と同時に北京へ上った二名のポルトガル出身在華イエズス会士は、それぞれ音楽、天文算法、薬学の技能によって、上京を許された。さらにアミオによる一七五二年一〇月二〇日付の報告は、彼がマカオ到着後に北京へ上り、乾隆帝に謁見するまでの過程において、清朝当局がいかに彼らのいわば身体を中国の礼に適応させていったのか、如実に描き出している[53]。それによればアミオらは、彼らを北京まで護送するため広東から派遣されてきた清朝官員から、中国の礼儀作法を学ぶことを要求され、このような礼儀作法に精通しなければ彼らは中国において野蛮人とみなされるだろう、と聞かされている。こうした中国の礼への適応の過程は、円明園に到着後、皇帝に向かって三跪九叩頭の礼を行う場面においてクライマックスを迎える。

このように、中国にやってきたヨーロッパ人が、その入り口においてまず中国の礼儀作法の体得を要求されたことについては、すでにさまざまな先行研究で指摘がなされている。なかでも有名なのは、三跪九叩頭などの礼をめぐるマカートニー使節団の反応であろう[54]。また康熙帝の時代に来華したル・コントも、北京に着いたあと礼儀作法を学ぶなかで「中国人になっていった」という興味深いコメントを残している[55]。

(2)「文学的通信」の始まりと『メモワール』

さて、これまで見てきたのは在華イエズス会士による、中国への適応だった。しかし前述のごとく、ヨーロッパにおいてイエズス会が激しい攻撃にさらされていくなかで、彼らはまたヨーロッパにおける適応の方策を探っていくことになる。次にこの点について検討していこう。

これまで見てきたように、一八世紀後半までに、ヨーロッパでは典礼論争およびイエズス会の解散によって、そして清朝においては禁教によって、在華イエズス会士の宣教師としてのいわば宗教的な生は、大きな困難に陥っていた。こうした潮流のなかで、フィギュリスムのような過激な思想的運動も見られたが、それはまたヨーロッパで強い批判を引き起こした。こうした状況において『中国の歴史、科学、技芸、風俗、慣習などに関するメモワール（*Mémoires concernant l'histoire, les sciences, les arts, les mœurs, les usages, & c. des Chinois* 以下『メモワール』）』一五巻[56]（一七七六〜一七九一）が生み出されることになる。この『メモワール』は、一八世紀後半の在華イエズス会士、とくにアミオをはじめとするフランス出身者による中国研究の報告集である。一八世紀前半までに送られた報告を主体とする（若干一八世紀後半のものも含む）『イエズス会宣教師による、外国宣教について書かれた教訓的で好奇心をそそられる書簡集（*Lettres édifiantes et curieuses, écrites des missions étrangères par quelques Missionnaires de la Compagnie de Jesus* 以下『イエズス会士書簡集』）』全三四巻（一七〇二〜一七七六）の後継誌として位置づけられる。

『メモワール』成立のきっかけとなったのは、二人の中国人青年コー（Louis Gao または Aloys Ko 中国姓は高、一七三二〜一七九〇）とヤン（Étienne Yang 中国姓は楊、一七三三〜一七九八）の渡欧であった。先行研究[57]によって、コーとヤンの経歴をまとめると以下のとおりである。この二人はともにキリスト教信者の父母をもっていた。一七五一年七月に北京を出発し、広東からマカオへ赴いたあと、一七五二年一月にヨーロッパに向けて出航し、一七五二年七月にポール・ルイ（Port Louis）に上陸した。そして、デカルトが学んだことで有名なラフレーシュのコレージュで六年間学んでから、パリで修練期を過ごし、ルイ大王学院でも学んだ。ところが前述のごとく、当時ヨーロッパはちょうどイエズス会弾圧の嵐の真っ只中であり、フランスにおけるイエズス会禁止と追放（一七六四頃）によって、二人の中国人青年のフランス滞在も困難にさらされることになる。そこで彼らの保護者となったのが、フランスの国務卿ベルタンである。二人はもともと一七六四年には中国に帰還する予定だったが、国王やベルタンの差配のもと、科学アカデミー会員に付いて物理学、自然科学および化学の勉学を継続し、さらにはリヨンやフォレ、ヴィヴァレへ赴き、フランスが誇る諸王立マニュファクチュール[58]にて、絹織物製造や金貨銀貨の鋳造、武器製造を視察してまわった。彼らは、中国への帰還後、文通によってフランスへ定期的に中国情報を送ることが期待されており、上記のような学習や視察の経験はこうした報告の際に役立つものと考えられたのである。

彼らがヨーロッパへ送ることを期待されていた情報とは、以下のようなものである。まず政府高官であり著名な重農経済学者であったテュルゴー（Anne-Robert-Jacques Turgot 一七二七〜一七八一）からは、中国の農業経済、技術、博物学、そして中国史の各方面に関する五二の質問が投げかけられた。そしてベルタンは、「中国の国民とフランスの国民の双方に役立たせるために」フランスで獲得した知識を利用し、中国の事物とフランスの事物との相違点や類似点を探ることに努め、とくに中国の「公法（droit public）」、「民法（droit civile）」、「科学（sciences）と技芸（arts）」の三点を中心にフランスへ知らせるようにとの指令を二人に送っている。これらの三点のうち「公法」とは中国の年代学、歴史、宗教、政体、警察、軍隊、財政収入などを指し、「科学と技芸」は衣食住、商取引、「快適さや娯楽に関するもの」を指していたようである。[59]

以上の諸問題に関する情報を、中国から定期的に送ることへの報酬として、コーとヤンにはそれぞれ一二〇〇リーヴルの年金が支給されることになった。そしてこの二人は一七六五年七月に広東、翌年二月に北京に到着し、フランス出身者を中心とする在華イエズス会士と共に北堂に住むこととなった。こうしてコーとヤンを仲立ちとして、フランスのベルタンと在華イエズス会士たちとのあいだに、中国に関する上記の諸問題について報告を送受するための「文学的通信（Correspondance littéraire）」[60]が開始され、ベルタンがこの世を去る一七九二年まで続いた。文通が始まってまもなく、フランス出身在華イエズス会士の一人ブノワがベルタンに対して、「信仰の利益と、フランスの栄誉および名声のために用いるべきだと我々が信じるところの方法について、説明するつもり」だと述べたことは、文通がフランス本国の利害と強く結びつけられていたことを示している。[61]

文通によって在華イエズス会士から送られた報告のうち、重要なものはベルタンの指揮のもと、著名な哲学者で美学者のバトゥー（Charles Batteux 一七一三〜一七八〇）とブレキニーによって相次いで編纂・出版された。これが『メモワール』一五巻である。以上のコーとヤンの渡仏およびフランスでのさまざまな経験、ベルタンとの出会い、また『メモワール』出版にいたるまでの経緯については、すでにジョゼフ・ドエルニュが詳細な研究を行っている。[62]

この文通の報酬として、在華イエズス会士はフランス本国から年金および各種物資を受け取った。フランス国立図書館所蔵の手稿のなかに、一七八〇年代に在華イエズス会士へ支給された年金および物資の帳簿が含まれていることについては、序章でも触れたとおりである。この帳簿によれば、コーとヤンには当初約束されたごとく一二〇〇リーヴルずつ、文通の大半を担った在華イエズス会士アミオと北堂の長であったブルジョワ（François Bourgeois 晁俊秀、一七二三〜一七九二）にはそれぞれ一五〇〇リーヴルと四〇〇リーヴルが、年金として支給されている。[63]

（3）編纂過程における宗教的内容の削除

『メモワール』の内容上の特質は、前の世代、すなわち一八世紀前半の在華イエズス会士による報告と比較すると以下のごとくである。前述のように一八世紀前半の在華イエズス会士による報告は『イエズス会士書簡集』全三四巻にまとまった形で見出される。この書簡集は、世界各地に赴いた（おもにフランス人）イエズス会宣教師からの書簡を集めたもので、フランスにおいてル・ゴビヤン（Charles le Gobien 一六七一〜一七〇八）、デュ・アルド（Jean Baptiste Du Halde 一六七四〜一七四三）、パトゥイエ（Louis Patouillet 一六九九〜一七七九）が相次いで編纂にあたった。これまで登場したテュルゴーやヴォルテールをはじめ、一八世紀フランス人にとっての、中国に関する主要な情報源のひとつだった。[64]

『イエズス会士書簡集』は、フランス出身在華イエズス会士とフォントネルやド・メーランといったアカデミー人士との文通を多く含んでおり、その内容からは、一八世紀前半の在華イエズス会士が同時代ヨーロッパの先端的な思想および科学技術の世界と密接に繋がっていたことを窺い知ることができる。しかし『イエズス会士書簡集』

には、ヨーロッパにおけるイエズス会関係者に宛てた、カトリック宣教に関する報告も非常に多く含まれている。(65) これに対し『メモワール』は、じつは宗教的な話題をほとんど含まないのである。この点に『イエズス会士書簡集』との最大の違いがある。

しかしこの問題はここでは終わらない。『メモワール』はあくまで出版物として取捨選択、編集を経たあとの報告であり、その原資料であるところの手稿も確認する必要があるからである。そこで『メモワール』掲載の各報告の手稿を見てみると、たしかに手稿自体に含まれた宣教に関する内容も、全体からみればごく一部だといえる。このことは、一七世紀末から一八世紀前半にかけて激化した典礼論争と関わっていると思われる。つまり、一八世紀前半までの時期には、典礼論争で不利な立場に追い込まれつつあった在華イエズス会士が、自らの適応政策の正当化をはかるための著述活動を盛んに行った。こうしたなかで、『イエズス会士書簡集』が、中国における宣教の成果を誇示するなどの目的で、中国とカトリックの関わりをめぐる話題を多く含んでおり、その点で典礼論争が沈静化したあとに刊行された『メモワール』とは性質が異なるのは当然ともいえる。

しかしここで問題としたいのは、手稿のほうには少ないながらも宗教的話題が見られ、それがまぎれもなくこの時期における報告の一部をなしていたということである。つまりこれらの話題は、手稿が編纂を経て出版へと向かう過程で削除されたと考えられるのである。ここではまず、アミオの報告『中国の戦術 (*Art militaires des Chinois*)』について見てみよう。『中国の戦術』はいわゆる武経七書のうち『孫子』『呉子』『司馬法』『六韜』を翻訳、概説したものである。手稿は一七六六年九月に作成され、ヨーロッパへ送られた。その後、先に単行本として一七七二年にパリで出版され、のちに『メモワール』第七巻（一七八二）に掲載された。手稿の大部分は、ほぼそのまま単行本にも見出されるのだが、省略された部分も少なくないという点が重要である。たとえば、アミオは中国兵書（内容からすると北宋の曾公亮・丁度等奉勅撰『武経総要』などと思われる）に記された火薬の材料を、斑毛 (Pan-mao) や真黄天硫 (Tchen-hoang-tien-lieou) などと漢語音で記し、その配合を詳しく説明しているが、こうした箇所は出版にあたって軒並み省略されている。ヨーロッパの人々にとってみれば、材料として示されたものは実物の同定が難しく、実用性にも乏しく、冗長な記述と映ったのだろう。

しかし上のような、おそらくは内容というよりも読者の便を考えて削除されたであろう箇所を除くと、削除箇所はいずれも宣教に関する内容を含むという点で共通する。たとえば、中国で武名をとどろかせた皇帝や将軍として、周の武王、前漢の高祖および文帝、武帝、韓信、南朝宋の文帝、檀道済、明の太祖、清の順治帝が挙げられ、アレクサンドロス大王やカエサルでさえ彼らにおよばないと絶賛されている。そしていささか唐突に、アミオは次の発言を付け加える。すなわち、彼らの戦術の良し悪しについて「私は判断を下すべき立場にありません。ただ地上の王国ではなく、神の王国のため、いかに人々の魂を征服し、不敬虔や偶像崇拝、悪徳、情欲をいかに打倒すべきかについて判断しなくてはならない場合であれば、私は自分の意見を述べることができます」というのである。

この「地上の王国」と「神の王国」に関する部分は、じつはすべて出版にあたって省略されている。このほかにも、「神の栄光と魂の救済が、我々の唯一の目的です」、「我々には、フランス国家に劣らぬ栄光を我々の神聖な宗教にも望む政治家の方々から保護を受ける、いくばくかの権利があるとあえて申し上げましょう。この広大な帝国の各省に信仰の光を広めようと努めている我々の仲間も、同様にあなた方の愛顧に値するでしょう」といった文章も、等しく削除されている[66]。これらの箇所には明らかな作為の跡が見える。

もうひとつ、関係する史料を取り上げる。これは本書第9章で詳しく検討する『年代記形式による、中国帝国普遍史概説（*Abrégé chronologique de l'Histoire universelle de l'Empire chinois* 以下『中国帝国普遍史概説』）』という報告である。この報告は一七六九年頃に完成されたあと、ヨーロッパへ送られ、一七八八年出版の『メモワール』第一三巻に掲載された[67]。この報告も、手稿と出版物を比較すると、若干の差異を見出すことができる。すなわち手稿の冒頭の方にある議論[68]が、刊本では省かれているのである。出版された部分は基本的に中国文献に即した議論だが、それに対し未出版部分では下記のごとく、伏羲に始まる中国上古の統治者の系譜と、『旧約聖書』におけるアダム以降の「人類の祖先（patriarchs）」の系譜との同定にまつわる議論が展開されている。なおこのような話題は、マルティニ（Martino Martini 衛匡国、一六一四〜一六六一）によって言及されて以来[69]、とくに一八世紀前半のフィギュリストたちによって熱心に取り扱われた[70]。

当該の部分において、アミオは次のごとく述べている。

伏羲とは、ウルガタ訳聖書では黙殺されているが、七十人訳聖書ではアルパクシャド（Arphaxad）の息子、サラ（Sale）の父として言及されているカイナン（Cainan）かもしれないと結論づけることができよう[71]。

アルパクシャド（Arpachshad とも綴られる）は通常、アダムから数えて第一二代目の子孫にして、サラ（Shelah とも綴られる）の父として現れる人物である。しかし例外的に『ルカによる福音書』第三章第三五〜三六節では、ラメクの息子ノア、その息子セム、その息子アルパクシャド、その息子カイナン、その息子サラという系譜が綴られており、アルパクシャドとサラのあいだにカイナンが入る。そして七十人訳聖書でもやはり、アルパクシャドの息子、サラの父としてカイナンが出現するのである[72]。在華イエズス会士による中国史叙述とその際の七十人訳聖書への依拠については、本書第9章でも詳しく論じるが、いずれにせよアミオの報告のなかで、これらの部分が明らかに作為的に出版対象から外されたことは注目に値する。

以上の各例からすると、一八世紀末の在華イエズス会士の報告が、前の世代の在華イエズス会士の報告に比べて宗教性の希薄なものと感じられる大きな原因のひとつは、彼らの報告そのものが宗教的内容を含まなかったわけではなく、それらが出版される際の取捨選択によってこのような内容が除外されたことにあるといえよう。そしてこのような操作が行われた背景には、一八世紀後半の在華イエズス会士の主要な文通相手であり、彼らの報告に対する編纂と出版を指揮したベルタンらの意向もあったと思われる[73]。アミオの「フランス国家に劣らぬ栄光を、我々の神聖な宗教にも望む政治家」との見込みとは大きく異なり、宣教に関する内容はベルタンが望むものではなかったのだろう。ただし、こうした志向は、ベルタン個人のものというより、当時のヨーロッパ学術界における共通の原則に即したものといえるかもしれない。隠岐さや香によれば、一八世紀初頭以降、パリ王立科学アカデミーの出版局が手掛ける論文や書籍に、神学的な内容を盛り込むことは許されなかったという[74]。ベルタンは科学アカデミーの名誉会員であり、彼が科学アカデミーの原則を在華イエズス会士の報告に対して適用したことは、報告のおもな読み手として、アカデミーに属する知識人たちを想定していたことの証左ともいえる。換言すれば、この時期の在華イエズス会士たちは、報告の受け取り手としてのヨーロッパにもいわば「適応」する必要があったのである。

おわりに

一六世紀以来、在華イエズス会士は適応政策を掲げ、独自の宣教の経路を開拓するとともに、適応のために必要な知識を広範に獲得するため、中国研究を展開していった。こうした適応の道と中国研究は、一八世紀ヨーロッパにおける典礼論争およびイエズス会解散、ならびに中国における禁教によって、大きな変容を迫られることとなった。すなわち中国においては、清朝の政治体制ならびに礼に適応することが清朝側から要求され、そこから逸脱する余地は事実上存在しなくなった。この時点において、在華イエズス会士における適応は、清朝側の意志によって大きく支配されたものへと変化していったのである。

そしてヨーロッパでは、在華イエズス会士による中国研究の新たな受け取り手として、アカデミーなど学者たちの世界に接近していくことになったが、この過程においてアミオらに要求されたのは、宗教性の排除など、この新たな読者たちに対しても適応をはかることだった。こうして一八世紀後半、在華イエズス会士は中国とヨーロッパそれぞれにおいて自らの活動が根本的危機に直面するなかで、いわば多元的な適応の道を探っていくことになるのである。

第2章　典礼論争後における孔子像の創造

はじめに

第1章で述べたように、一六世紀末に中国での活動を開始した在華イエズス会士は、日本など他の宣教地における経験を参照するなかで、適応政策を宣教活動の基本方針として定めた。この方針を掲げた在華イエズス会士が、中国という現場に政治的・社会的・思想的に適応するためにもっとも必要としたのは、儒教の知識を身に付けることだった。こうして積み重ねられた儒教研究の成果は、まずは漢訳西学書に生かされた。

さらに在華イエズス会士は、儒教の主要な内容を、西洋諸語に翻訳してヨーロッパへ伝達し、儒教への大きな関心を呼び起こすことにおいても大きな役割を果たした。とくにその大きなきっかけとなったのは『中国の哲学者孔子』（一六八七）である。『中国の哲学者孔子』は、イントルチェッタやクプレら一七世紀の在華イエズス会士が結集して作り上げた書物で、パリで出版された。すでに述べたように、当時在華イエズス会士の新しい庇護者となっていたルイ一四世に献呈され、そのしるしとして表紙に「ルイ大王の命による（JUSSU LUDOVICI MAGNI）」と記された。この書物は、以下の全三部から構成されている。第一部は、儒・仏・道の三教の教義と歴史、および『易経』の六十四卦についての概説、第二部は、古今の中国人にカトリックの神に一致する概念が存在するか否かという問題に関する議論、第三部は、四書のうち『大学』『中庸』『論語』のラテン語訳、となっている。

先行研究[1]によれば、『中国の哲学者孔子』は前述のごとくおもに明の張居正による経書『直解』シリーズに依拠して書かれ、多分に朱子学を反映した内容となっている。そもそも『中国の哲学者孔子』が儒教の概説を企図しつつ、内容的には(『孟子』を除く)四書の翻訳を主体とすること自体、朱子学的態度の表れといえよう。ちなみに、五経がヨーロッパ諸語に訳されたのは一九世紀以降のことである。

『中国の哲学者孔子』は、儒教=孔子の教えとし、孔子=儒教の開祖とする認識を根づかせた。この問題については、ヨーロッパにおけるConfuciusとConfucianismという訳語の出現に関するマンジェロの議論が興味深い。

中国にはConfucianismという言葉の等価物が無いという点を指摘しておくことは重要である。この言葉はイエズス会士によって発明され、彼らがこの中国哲学における重要な学派をいかに理解したのかを明確に反映している。中国語表記での「孔夫子(孔大師)」という名を、ラテン語化したConfuciusという名は、大きな影響力をもつ『中国の哲学者孔子』において一六八七年に初めて登場した。〔中略〕中国人は、この学派が孔子のはるか以前に創始されたという考えによって、「〔孔子の教えではなく〕知識人の教え(儒教)」と呼んだ。孔子自身も、自分が伝達者であり創始者ではない〔述而不作〕と語ることによって、このことを認めた(『論語』述而)。〔中略〕イエズス会士は、誤解したからではなく、儒教の中で『四書』に含まれた教えをとくに強調しようと試みたために、彼〔孔子〕にちなんでこの学派を名づけた[2]。

以上のごとくマンジェロは、在華イエズス会士が『中国の哲学者孔子』を作るにあたって、中国語の「儒教」を直訳する代わりに、あえて孔子の名を冠した形で訳し、儒教の確立者としての孔子の重要性を強調した可能性を指摘している。

こうして『中国の哲学者孔子』において、孔子をいわば教主として強調する形で描かれた儒教像は、一七世紀末以降、ヨーロッパで大きな影響力をもった。本章における大きな問題意識は、このように『中国の哲学者孔子』によって確立された中国儒教および孔子像に対し、一八世紀後半にアミオが著した『孔子、すなわち俗にコンフュシュス〔孔夫子〕と呼ばれ、中国の哲学者のなかでもっとも名高く、古代の教えの復興者である人物の生涯（*La vie de Koung-tsee, appellé vulgairement Confucius, le plus célèbre d'entre les philosophes chinois, et restaurateur de l'ancienne doctrine* 以下『孔子伝』）』が、いかなる独自性をもち、そのことがどのような歴史的意味をもつのかという点にある。

アミオの『孔子伝』は、一七八四年にヨーロッパへ送られ、一七八六年発行の『メモワール』第一二巻に収録された[3]。『中国の哲学者孔子』も簡略な孔子の伝記を含むとはいえ、『孔子伝』はその全体が孔子の誕生から死までの詳細な言行録となっており、ヨーロッパで初めての本格的な孔子の伝記といえる。この点において『孔子伝』が歴史的重要性をもつことは当然だが、本章ではより深くその内容を分析し、そこに形作られた孔子像を掘り起こす作業を通して、『孔子伝』の独自性を検討したい。典礼論争が一七〜一八世紀初めに激化し、一八世紀半ばに一応の決着を迎えるまでの時期については、多くの先行研究が存在するが、その後、つまり一八世紀後半に典礼論争が沈静化に向かうなかで、孔子をめぐる議論はどのように展開したのか。本章では、まず一八世紀前半に『中国の哲学者孔子』をおもな情報源として書かれ、典礼論争の激化の最中に流通した書物をいくつか取り上げ、そこに強く表れた典礼論争からの影響を明らかにする。次にこの一八世紀前半の状況を踏まえて、一八世紀後半にアミオが著した『孔子伝』を取り上げ、典礼論争後の在華イエズス会士における意識の変化について論じる。

1　孔子像の流通と典礼論争からの影響

（1）シルエットの著作——自然法の祖としての孔子

一八世紀前半、孔子の生涯や思想に関する多くの著作がヨーロッパ知識人によって編まれた。その大部分に共通するのは、おもな情報源を『中国の哲学者孔子』とする点である。これらの著作を残した人々のなかには、政治や宗教、アカデミーなどさまざまな方面で活躍した人物も少なからず含まれ、孔子および儒教経書に関する知識が広範囲に普及していたことが窺える。この点において『中国の哲学者孔子』は、その副題に掲げられた「東方宣教と文芸共和国の利益のために（Eximio Missionum Orientalium & Litterariae Reipublicae bono）」という目標を、一定程度達成したといえよう。

その代表として、フランスの政治家シルエット（Étienne de Silhouette 一七〇九～一七六七）による著作、『中国人の政治と道徳に関する一般的知識（*Idée générale du gouvernement et de la morale des Chinois*）』（一七二九）をまず取り上げてみよう。シルエットは財務総監として、七年戦争の財政危機打開のため緊縮政策を企てたが、特権身分からの反対を受けて失脚した。その政策を揶揄して書かれた黒い痩せた影法師、すなわち「シルエット」の語源としても有名である。彼は政界に入る前、イエズス会の教育機関に入り、著名な神学者でマルブランシュ（Nicolas de Malebranche 一六三八～一七一五）やライプニッツと論争したトゥルヌミーヌ（René Joseph de Tournemine 一六六一～一七三九）らの指導を受けた。またイギリスでの滞在経験があり、同国の詩人ポープ（Alexander Pope 一六八八～一七四四）の理神論に基づく哲学詩『人間論（*An Essay on Man*）』（一七三三～一七三四）や、自身は激しい反理神論者であったがポープの親密な友人でもあったイギリス国教会主教ウォーバートン（William Warburton 一六九八～一七七九）の『証明されたモーゼの聖なる使節（*Divine Legation of Moses Demonstrated*）』（一七三七～一七四一）[4]などのフランス語訳に取り組んだ。[5]

『中国人の政治と道徳に関する一般的知識』は、一七三一年四月二一日付の『教会新報』で書評がなされた後、[6]同年中に『教会新報』を含む三誌による書評への反論と併せて再版された。シルエットが「中国人の政治と道徳」について執筆するにいたった経緯は、再版に付された説明に詳しい。彼は、法律学の勉強が一段落した後、フランスの著名な法学者ドマ（Jean Domat 一六二五〜一六九六）の著作に取り組んだが、公法（droit public）について書かれた第二巻には不満を感じ、公法の研究を進めるための方途を求めてトゥルヌミーヌに相談した。そしてトゥルヌミーヌの勧めに従い、シルエットはまずキケロ（Marcus Tullius Cicero 前一〇六〜前四三）の『義務について（*De officiis*）』（前四四）などの著作を読み直したという。

この段階にいたり、自然法についてさらに理解を深めるべきだというトゥルヌミーヌの指導のもと、シルエットがプラトンの言説とともに取り組んだのが、他ならぬ孔子の言説だった。その後シルエットは、グロチウス（Hugo Grotius 一五八三〜一六四五）、プーフェンドルフ（Samuel Freiherr von Pufendorf 一六三二〜一六九四）、ヴィトリアリウス（Philippus Reinhardus Vitriarius 一六四七〜一七二〇）[7]といった同時代法学者の著作に取り組み、ライデン大学で公法に関する勉強を続けるなかで、キケロ、プラトン、グロチウスの言説だけでなく、孔子の言説をも対象として抜粋集を作り、さらに自らの解説を加えたと述べている。この処女作のうち、孔子に関する部分は約一か月半で完成し、これが『中国人の政治と道徳に関する一般的知識』の原型になったという。[8]

以上のシルエットによる説明は、当時のヨーロッパにおいて、孔子や儒教に関する知識が特殊な中国マニアや東洋趣味の狭い範囲でのみ流通していたわけではないことを示している。そもそも自然法とは実定法に優先して存在する法則として構想され、一七〜一八世紀には人間理性の重視から自然権の観念と密接に結びつき、近代政治思想の基礎となった。とくにグロチウスとプーフェンドルフは、ホッブズ（Thomas Hobbes 一五八八〜一六七九）とともに、ヨーロッパにおける近代的自然法の祖ともされる人物である。そういったなかに孔子が列せられたことは、一八世紀ヨーロッパの政治をめぐる議論全体のなかで、中国もしくは儒教という存在がひとつの思想課題として認識されていたことを表しているだろう。

さらにシルエットは、『中国の哲学者孔子』を典拠としたことを自ら明言している[9]。彼は『中国の哲学者孔子』で翻訳された四書を、孔子の「著作（ouvrages）」[10]と呼び、それらを研究する意図について次のように述べる。

この中国の哲学者の著作は、唯一自然からの忠告のみが聞き従うことのできるものだということを、我々に示している。この種の著作は、現代の法学者（Jurisconsultes）にとっての自然法について、非常に多くのことを我々に知らせてくれる。その〔現代法学者の〕大部分、多すぎると言ってもよいくらいの人々が、市民法（Loix civiles）を取り扱っている。これに対し一部の人々が自然法を取り扱っているが、あまりに少ない。

この文章においても、彼が孔子の言説をおもに自然法の解説として捉えたことが強調されている[11]。

（2）各章の概要

シルエット『中国人の政治と道徳に関する一般的知識』は、全七章によって構成される。第一章は孔子の伝記である[12]。その内容は、『中国の哲学者孔子』の「中国哲学における第一人者、孔子の生涯（Philosophorum sinensium principis Confucii vita）」をさらに簡略化したものとなっている。概略を以下に示そう。なお、孔子の各言行について、シルエット自身は出典をほとんど明示していないが、内容上該当すると思われるものを、それぞれ【 】内に示した。また中国の政治制度や歴史に関する術語も、該当すると思われるものを〔 〕内に示した。

孔子は紀元前五五一年に生まれた。その生誕の地である山東省曲阜には、現在も孔子の子孫が住み、爵位〔衍聖公〕を世襲している。孔子は厳しい生き方を自らに課し、もっとも粗末な肉と地面に溜まった水しか口にせず、自分の腕を枕に寝た【「子曰、飯疏食飲水、曲肱而枕之、楽亦在其中矣」『論語』述而】。孔子は、古代の人々の教えを知ることに専心し、三〇歳の時にはその粘り強さと堅固さにより、哲学の修練から決して逸脱しなかった。四〇歳の時にはその知識は確実なものとなり、五〇歳では「摂理（Providence）」を知り、六〇歳ではその知力は完成の域に達し、七〇歳になると心の欲するままに振る舞っても規矩を逸脱することはなかった【「子曰、吾十有五而志於学。三十而立。四十而不惑。五十而知天命。六十而耳順。七十而従心所欲、不踰矩」『論語』為政】。

中国における孔子の権威は、ギリシアにおけるソクラテスやプラトンを凌ぎ、弟子は三千人に上った【「孔子以詩書礼楽教、弟子蓋三千焉」『史記』孔子世家】。孔子を讃えて学校〔孔子廟の国学〕が建てられるほどであり、そこには「偉大なる師、文芸の名高き王へ（Au grand maître, a l'illustre roi des lettrés）」という碑文が掲げられている。

つづく第二章では、中国にまつわるさまざまな基礎知識が与えられる。[13] その内容は、国土の面積、人口、国家収入、長城の壮大さ、中国文明および中華思想、神話、そして伏羲を淵源とし二二の王朝によって継続してきた中国の歴史など、多岐にわたる。

シルエットいわく、「最近の儒家」は物質としての蒼天を崇める「偶像崇拝（Idolâtrie）」に堕しており、その原因は仏教の伝来にある。シルエットは、孔子の「天より遣わされた聖人が西方へ来る」という言葉【「孔子動容有間曰、西方之人有聖者焉」『列子』仲尼篇】を、パレスチナにおけるキリスト生誕を指したものとし、「神がこの哲学者に、預言（prophète）の霊感を与えた」のだろうとする。そして後漢明帝の時、西方に聖人を求めた〔感夢求法〕が、インドより遠くには至らず、仏という「偶像（Idol）」を導入することになったという。

第三章の主題は、中国における政治上の諸原則である。[14] シルエットによれば、「中国人の政治は、とくに父子間の相互の愛情に基づき」、皇帝および地方官は人民の「父（Péres）」と呼ばれる。帝国を治めるには家庭を治めることを模範とし、さらに他の者を治めるには自らの身を治めることを模範とする。中国において子の父に対する愛情は大変繊細で、父の死に際しての喪は厳格に規定されており、父は子に対し絶対的な権威をもつ【「修身」、「斉家」、

「治国」[15]および「其為父子兄弟足法、而後民法之也。此謂治国在斉其家」『大学』】。

第四章の主題は、中国の政体に関する諸原則である。[16]シルエットはまず禅譲と天命について、次のごとく説明する。中国における帝位継承は必ずしも血統にはよらず、尭から舜への禅譲の例などが知られる。皇帝の権力は天に由来し、帝位の継承は天命に従うべきものとみなされている。そして中国皇帝は専制的（despotique）だが、法を犯せば必ず権威を損ない、勝手なことを行えば必ず革命を招くため、長期にわたって権力を乱用することはない。各皇帝の起居は慎重に記録、編纂され、後世の人々の鑑として、あるいは反面教師として遺される。

名君として名高い唐太宗は、賄賂を厳禁した【「上患吏多受賕、密使左右試賂之、有司門令史受絹一匹、上欲殺之」『資治通鑑』巻一百九十二】。社会的地位に関しても、中国では家柄や血筋の貴賤、財産の多寡ではなく、「徳の有無」と「職責を果たすこと」によってのみ、上昇しうる〔科挙の制度〕。

地方の統治に関しては、本籍廻避や皇帝の視察〔巡幸〕といった方法がとられる。また各官の品行は、五年から七年ごとに調査が行われ、武官と同様に彼らの名前、出身地、学識の程度は三箇月ごとに冊子にまとめられ、暦や上諭などと同様に、宮廷から地方へ送られる〔人事考課の方法である京察（京官）と大計（地方官）のことだと思われるが、「三箇月」は三年の誤りであり、そのほかにも若干混乱があるものと思われる。「凡考覈中外文武官、三歳京察、大計五歳」『乾隆会典』巻八一、都察院〕。それを読むと、治安の良好さや徴税の方法、中国人が新奇なものや外来のものに抱く嫌悪にいたるまで、さまざまな情報を得ることができる。

第五章では、中国における農業および商業に関する諸原則が挙げられる。[17]まず農業に関しては、以下の諸原則が示される。農業を奨励する意を示すため、春になると皇帝が自ら田を耕す儀礼を行う〔親耕耤田〕。また優秀な官僚も、春に自らの領地を見て回り、勤勉な農夫には賞を、怠惰な農夫には罰を与える。また中国全土に大運河が張り巡らされ、華北では小麦、そのほかの地では米が多く収穫される。北京の巨大な倉庫には、この都市の膨大な人口を三、四年養うのに十分な食料が貯蔵されている〔北京に設置された禄米倉、南新倉、太平倉など一五の倉庫〕。また、隋の文帝以来、各地に義倉が設けられている。

続いて商業に関する話である。シルエットいわく、中国人は商業に対して非常に高い意欲をもち、かつ高い手腕を発揮する。彼らにとってもっとも巧みな商人とは「もっとも巧みに他人を欺く者」のことである。通貨は金ではなく銀である。中国は海禁政策を行ってきたが、清朝は「古くからの慣習を守ることより、銀の獲得の方により多くの情熱を傾け」ており、インドに絹や茶、陶磁器を輸出し、日本から大量の金を、フィリピンから大量のメキシコ銀を輸入した[18]。

以上、第二～五章の概要を示したが、その内容からみて『中国の哲学者孔子』だけでなく、在華イエズス会士ル・コントによる『中国の現状に関する最新報告』(一六九六)なども利用して書かれたと思われる。

続く第六章は、「孔子の著作から抜粋された、徳と知および法に関する諸原則」である[19]。『中庸』を中心に、『論語』などの内容も織り交ぜながら紹介している。以下その一部抜粋を引用する(各【 】内に、該当すると思われる『中庸』および『論語』の原文を示す)。

①理性は天からの贈り物であり、我々はそこから美徳の規律を取り出さなくてはならない。それ〔理性〕はまた人に内在し、離れることができない。
【「天命之謂性、率性之謂道、修道之謂教。道也者、不可須臾離也、可離非道也」『中庸』】
②それ〔君子〕になろうと努める者は、なによりまず先入観を捨て、次に沈思黙考し、万物について思考をめぐらし、明確な理念を打ち立てるように努め、すべてを吟味し、検討しなくてはならない。
【「是故君子戒慎乎其所不睹、恐懼乎其所不聞、莫見乎隠、莫顕乎微、故君子慎其独也」『中庸』】
③自然法の原理、すなわち自分が望まないことを他人に対して行わないということを、孔子はすべての法の原理とみなした。

【「子貢問曰、有一言而可以終身行之者乎。子曰、其恕乎、己所不欲勿施於人」『論語』衛霊公】

最後の第七章は、「孔子による、良き統治者のための教え」であり[20]、『大学』と『論語』を中心とした構成になっている。第六章と同じく、抜粋(および該当すると思われる原文)を示す。

④楚の国の大使に対し、彼の君主の王国が膨大な財産や多くの宝石を所有するか、尋ねる者がいた。彼は「楚の国には、美徳以上に貴重なものはありません」と答えた。

【「楚書曰、楚国無以為宝、惟善以為宝」『大学』】

⑤彼ら〔君主〕の振る舞いは、まるで巨大な〔宇宙の〕渦がすべての小さな天体を巻き込んで動かすごとく、臣下のそれを決定する。彼らの誤謬は日食のごとく全世界に知られ、彼らの犯罪はつねに他の人々によるものより重大である。

【「是以君子悪居下流、天下之悪皆帰焉。子貢曰、君子之過也、如日月之食焉、過也、人皆見之、更也、人皆仰之」『論語』子張】

(3)『教会新報』からの批判

以上のように、シルエットは孔子を自然法の教師とし、その言行について在華イエズス会士の報告をおもな情報源として、比較的詳細な著述を行った。これに対する反応はすぐに現れた。一七三一年四月二一日付『教会新報』上に、痛烈な書評が出たのである。『教会新報』は、一七一三年の大勅書「ウニゲニトゥス(Unigenitus Dei Filius)」がジャンセニスムを排斥したことに対する反論を世間に広めるため、ジャンセニストが一七二八年から一八〇三年まで発行した非合法の季刊誌である[21]。ジャンセニストはイエズス会と敵対し、教皇至上主義(ウルトラモンタニスム)やモリニスム(イエズス会士モリナがとなえた神学説で、神の恩恵の絶対的効果と人間の意志が自由であることとが矛盾しないと主張する）に反対した。こうした対立の延長線上に、『教会新報』によるシルエット批判が展開されたのである。

『教会新報』はシルエットの著作を全面的に否定している。その根拠はおもに、シルエットが『中国の哲学者孔子』以外に、おそらくル・コントの『中国の現状に関する最新報告』（一六九六）をも参照したことにある。ル・コントの著作は、一七〇〇年、典礼論争が激化へ向かっていくなかで、パリ大学神学部（ソルボンヌ）の検閲対象となった。シルエット自身は、この弾劾されたル・コントの著作に依拠したとは述べていない。しかし『教会新報』の作者によれば、シルエットの著作には「ごく目立たない表現によって、〔ル・コントと〕同じ主張が入り込んでいる」という。そのシルエット－ル・コントの主張とは、以下の六点である(22)。

①「中国人の神性および〔神への〕崇敬に対する愛着は、尊重されて然るべきであるにもかかわらず、さまざまな書物で取沙汰されては、批判検討の精神からというよりむしろ敵意によって議論の火種となっている」という主張。

②「〔孔子の著作には〕キリスト教信者であり哲学者である者を喜ばせる、徳についての教えが見られる〔中略〕。〔この著作は〕唯一自然からの忠告のみが聞き従うことのできるものだということを、我々に示している」という主張。

③『論語』為政篇の「七〇歳になると心の欲するままに振る舞っても規矩を逸脱することはなかった」【七十而従心所欲、不踰矩】という箇所に対する称賛。

④近年の儒家は仏教の影響により偶像崇拝に堕しているが、本来は偶像に仕えるものではなく、孔子は神からキリスト生誕に関する「預言の霊感」を与えられた、とする主張。

⑤殷の開祖成湯が七年におよぶ旱魃を終わらせるため、自らを犠牲として天に捧げようとしたところ、雨が降り

出したという奇跡【「湯伐桀之後、大旱七年、史卜曰、当以人為禱。湯乃翦髪断爪、自以為牲、而禱於桑林之社、而雨大至、方数千里」『春秋左氏伝』襄公十年五月の疏】に対する称賛。

⑥中国において皇帝は人民の父のごとく、天は全人類の父のごとくであり、天はあらゆる力の根源であり「美徳に対して十分に報いる」とみなされている、という主張。

以上の六点について、『教会新報』の作者は次のごとく断ずる。①はパリ大学神学部とクレメンス一一世の決定全体に反し、⑥は「中国人はティエン（Tien）すなわち天の名のもとに、真の神（Dieu）を崇拝している」とする在華イエズス会士の見解を弾劾したクレメンス一一世の決定に反している、と。

残る②〜⑤も、パリ大学神学部が検閲によって禁止項目としたル・コントの著作のなかで、以下の内容に通じている、と『教会新報』の書評者は批判する。それらの内容とは、②については「中国人の道徳は宗教（Religion）と同等に純粋だと思われる」、③は「〔中国〕全土において孔子は聖者（Saint）として崇められている」、④は「中国の人々は二千年ものあいだ、真の神（Dieu）に関する知識を維持し続けてきた」および「孔子は純粋な哲学者ではなく、神から霊感を与えられた人である」であり、最後の⑤に関しては同一の奇跡についての説明がル・コントの著作にも見られる、という。(23)

パリ大学神学部は、ル・コントの著述が、儒教をあたかもカトリックとごく親和的なものであるかのごとく説いたため、カトリックの教理を歪めたとし、厳しく弾劾した。そして『教会新報』は、公式に否定されたはずのル・コントの見解が、シルエットによって密かに支持されている、と主張したのである。『教会新報』からのこうした批判に対し、シルエットは『中国人の政治と道徳に関する一般的知識』の再版（一七三一）において、完全な言い掛かりだとする弁明を行った。(24)

（4）デュ・アルドの著述

シルエットと『教会新報』の論争からまもなく、ヨーロッパで出版された中国に関する著作のなかで、とくに有名なものが現れた。すなわちイエズス会士デュ・アルドによる『中国地誌』（一七三五）である。デュ・アルド自身は、中国に足を踏み入れた経験をもたないが、おもにフランス人在華イエズス会士からの報告に取材し、この大規模な著作を作った。その第二巻は中国の学術に関する叙述を主とし、まず五経に関して、次に四書に関して叙述がなされる。四書に関する叙述は孔子の伝記をもって始まり、『大学』をはじめとする四書および『孝経』の説明へと続く[25]。孔子の伝記および『大学』、『中庸』そして『論語』に関する叙述は、ほぼ『中国の哲学者孔子』に即している。

すこし前にシルエットを巻き込んだ典礼論争は、このデュ・アルドの著述にも影を落としている。この点については、すでにいくつかの先行研究において指摘されている。たとえばランドリ＝ドゥロンは、デュ・アルドが載せた孔子の肖像画が、『中国の哲学者孔子』を模倣しながらも、原図にある「国学」や「天下先師」といった漢字、および孔子の後方に配置されていた孟子らの牌が除かれ、さらに孔子の持つ笏が判読不能な文字で覆われた書物にすり替わっていることに注目している。そして、これらの操作は、天や祖先を祀る中国の儀礼を連想させるものを除き、論争を回避する目的によるものだろうとしている[26]。

ただし典礼論争からの影響は、図像にのみ表れたわけではない。デュ・アルドは、孔子の伝記を始めるにあたって、孔子と同時代の三人のギリシア哲学者、すなわちタレス、ピタゴラス、ソクラテスとを比較しているが、そのなかには次の文章が見られる。

タレスとピタゴラスが、もし孔子のごとく、道徳の講義を行うことにのみ満足していれば、タレスが、もし世界の起源に関する、純粋に物質的な疑問を掘り下げようとしなければ、ピタゴラスが、もし死後における、美徳に対する賞と悪徳に対する罰の本性について教義を立てようとしなければ、これら古代の二人の賢人の教えは一定の好ましい評価を得て、検閲にさらされることなどなかったはずである。孔子は、好奇心による危険な障害、すなわち自然の不可知である秘密を探ろうと気を揉んだり、普遍の信仰に関する問題について過剰にこだわったりすることなく、すべての人間にとっての原則について語ることに自らをとどめた[27]。

タレスは水を万物生成の原理とし、ピタゴラスは魂の神性と死後の応報を説いたといわれるが、デュ・アルドの重点は、彼らの説の内容がカトリックから見て異端的だというところにあるわけではない。すなわち、タレスやピタゴラスのように、世界万物の生成の仕組みについて探ろうとする態度そのものが、神の本質は不可知（証明不可能）だとするカトリック教会の見解に反する、という主張である。そしてこうしたタレスらとは異なり、孔子の態度は自制的で、研究対象を人間の道徳のあり方に限定している。それゆえ、孔子の思想はカトリック教会と矛盾しない、としたのだ。

『中国の哲学者孔子』に基づいて書かれた、ヨーロッパ人二人の著作について、あらためて振り返ってみると、それらは典礼論争との深い関わりのなかで、孔子像にいわばある操作を加えたということができる。すなわちシルエットの場合は自然法の教師として、つまりまさに題名にあるとおり「政治と道徳」の教師として、孔子を描き出そうとした。そしてデュ・アルドも、孔子を人間道徳の教師として自らを制した人物として説明しようとした。したがって両者とも孔子をもっぱら世俗的領域における指導者とし、いわば聖の領域からは一線を画した人物とすることで、カトリック教会からの熾烈な批判を回避しようとしたものと考えられる。

2　アミオ『孔子伝』と明～清代中国の出版状況との関わり

（1）北京の画家との交流

このように、ヨーロッパにおける孔子理解は大部分『中国の哲学者孔子』に依拠するとともに、典礼論争との深い関わりのなかで進行したが、一八世紀後半に入ると、孔子に関する新たな情報源がもたらされる。これこそアミオによる『孔子伝』である。この長大な伝記の手稿は、現在フランス国立図書館手稿の部に蔵されているが[28]、これを一七八六年発行の『メモワール』第一二巻に掲載されたものと比較すると、本文自体にはほとんど違いが見られない。そのため、ベルタンを中心とする『メモワール』編集者がアミオの手稿をほぼそのまま出版したことがわかる。

図2　アミオ『孔子伝』16頁掲載の挿画

ただし序文に関しては若干違いがあり、手稿では『孔子伝』の挿絵についての詳しい説明があるが、出版物ではほとんど省略されている。図2は挿絵の一枚で、孔子が幼少時「俎豆を陳ね、礼容を設けた」という有名な伝説に関して付されたものである。その説明によれば、アミオは『孔子伝』の挿絵を、北京でもっとも評判の挿絵画家の一人に依頼した。その画家は、優れた腕をもつにもかかわらず質素な生活を強いられ、病弱でもあった。アミオは彼にさまざまな資料を渡し、それらを盲従的に模写するのではなく「主題と主要な理念を摑むよう」指示した。そして出来上がった挿絵は、アミオの要望をほぼ満たすもので、同僚の在華イエズス会士で乾隆帝に仕えるイタリア人画家パンジ（Giuseppe Panzi 潘廷璋、一七三四～一八一二頃）をして、チマブーエ（Giovanni Cimabue 一二四〇頃～一三〇二頃）にも劣らないと絶賛せしめた。[29]『メモワール』第一二巻の前言によれば、結局アミオは、この北京の画家による挿絵を一〇〇枚以上ヨーロッパへ送ったが、『メモワール』の編集者はそのうち一八枚のみを選び、ヨーロッパの画家に複製させたようである。[30]

（2）明～清代中国で出版されたさまざまな孔子関係書物

アミオは序文で次のように述べている。

私は、この地で大勢の評価を得たすべての中国書から、用いるべき資料を抜粋するつもりだ。たとえば一般史（Histoire générale）および個別史（Histoire particulière）、経（King）の冒頭に置かれ、公に認められた作者による序文、『論語（*lun-yu*）』、『〔孔子〕家語（*Kia-yu*）』、『史記（*ché-Ki*）』、『史記』の〔孔子〕世家（*Ché-Ki-ché-Kia*）のほか、『闕里誌（*Kiué-ly-tché*）』、『聖門礼楽統（*Chen-men-ly-yo-toung*）』、『四書人物備考（*See-chou-jin-ou-Pè-kao*）』、『古史〔あるいは国史〕（*Kou-ché*）』などの書物を、代わる代わる参照に付す。[31]

「一般史」とはおそらく通史、おもに『資治通鑑』をはじめとする編年体の史書を指し、「個別史」とは断代史、すなわちおもに各代正史を指すと思われる。これらは歴代の在華イエズス会士が頻繁に利用した史書である（本書第9章を参照）。また「経の冒頭に置かれ、公に認められた作者による序文」とははっきりしないが、アミオは『孔子伝』本文で朱熹『論語集注』論語序説を引用しており、こういった著述を指すと思われる。[32]『論語』、前漢の司馬遷による『史記』および南朝宋の裴駰による『史記集解』の孔子世家、魏の王肅の偽作と伝えられる『孔子家語』は、いずれも古来孔子の言行を伝える史料として用いられた。

『闕里誌』以下の三つの書物は、明代および清代の著作である。まず『闕里誌』は明の陳鎬輯、孔子第六三代孫孔貞叢著、李東陽序による書物である。李東陽の序によれば、弘治一七年（一五〇四）、闕里（曲阜）に孔子廟が完成した際、大学士李東陽は祭告を執り行い、提学副使陳鎬は孔子に関する諸書籍、および孔氏所蔵の諸史料の調査にあたった。その成果をもとに『闕里誌』が編纂され、崇禎年間に孔子第六五代孫孔胤の植補による重修版が出て、翰林院庶吉士の楊士聡による序が付された。『聖門礼楽統』は張言行撰の書物で、康熙四〇年（一七〇一）に出版された。『闕里誌』と同じく歴代王朝における孔子祭祀の概説に加えて、孔子世家および宗子世表、孔子弟子列伝をおもな内容とする。さらに『四書人物備考』は『四書人物考』ともいい、嘉靖三六年頃の著作である。『宋元通鑑』の作者としても知られる明の薛応旂によって書かれた。その巻一三・伝一〇は孔子の伝記にあてられている。また、アミオが最後に挙げた *Kou-chè* は、『古史』あるいは『国史』等といった漢語に変換できるが、具体的には何の書を指すのか不明である。

（3）『孔子聖蹟図』との一致

アミオの『孔子伝』の内容を見ると、たしかに前掲のさまざまな中国書と一致する部分が多い。ではアミオは、これらの各中国書から抜粋した内容を、何に基づいて編年体に構成し直したのか。『史記』孔子世家や『闕里誌』事績、『聖門礼楽統』孔子世家は、孔子の言行を年代順に記しているが、アミオの『孔子伝』と比べるとあまりに短く、また言行の順序が一致しない部分が少なくない。

じつは、アミオが参考文献として挙げたもののほかに、彼の叙述と非常に近い構成をもつ書物がある。それは孔子のさまざまな事績を、図画および画賛で描写した『孔子聖蹟図』である。元の兪和賛、王振鵬画の版本、および明の張楷賛の版本以来、多種多様な『聖蹟図』が世に出た[33]。すでに述べたごとく『孔子伝』は多くの挿絵を含むが、これらの挿絵もさまざまな『孔子聖蹟図』と同じ構図で描かれており、非常に類似性が高い。ただし、兪和賛『聖蹟図』は全一〇図、張楷賛『聖蹟図』は全二九図、清の顧沅撰『聖廟祀典図考』所収の『聖蹟図』は全六八図を伝えるが、前掲の版本はアミオ『孔子伝』の長大さに適合しない。より大部の『聖蹟図』として、湖北教育出版社から影印出版された長陽県図書館所蔵本（全九九図）、および中国書店から影印出版された日本所蔵本（全一〇五図）がある。前者は明末の徽派の名工による図画に清代士大夫が画題および画賛を書き加えたもので、後者は明末清初期に作られた刻本であるらしい[34]。両者の構成は若干異なっているが（たとえば、前者では第五一番目に配された「子貢辞行」が、後者では第九三番目に配されるなど）、アミオの『孔子伝』は前者、すなわち長陽県図書館所蔵本により近い。表1に、長陽県図書館所蔵本『孔子聖蹟図』の各画題と、対応するアミオ『孔子伝』の箇所を示した。

この表に基づくと、アミオがおもに『孔子聖蹟図』を参照した可能性はかなり高いと考えられる。『孔子聖蹟図』のおもな内容は、アミオが挙げた『論語』や『史記』孔子世家、『孔子家語』などの書物に見られる孔子の諸言行を集めて構成されている。アミオは自らの参考文献として『論語』や『史記』を挙げているが、実際の直接的な参考文献としては『孔子聖蹟図』を利用したと考えられるのである。

（4）第二の典拠としての『聖門礼楽統』

このように、大部分が『孔子聖蹟図』に符合するという事実は、逆に符合しない部分の特別さをよりきわだたせている。表1に示したごとく、アミオ『孔子伝』には『孔子聖蹟図』に見られない箇所も散見される。そのなかには、一一〜二頁における朱熹『論語集注』論語序説からの引用のように、アミオの自己申告によって典拠が明らかな場合も稀ながらある。それ以外の部分に関しては、『論語』や『史記』、『孔子家語』に典拠が存在する場合が多い。

表1　アミオ『孔子伝』と『孔子聖蹟図』その他の中国文献との対応

『孔子聖蹟図』中の画題	左記各画題に付された番号	アミオ『孔子伝』（『メモワール』第12巻収載）における該当箇所	『孔子聖蹟図』以外の中国文献（『聖門礼楽統』,『孔子家語』など）における該当箇所
		pp. 7-10	孔子聖諱丘，字仲尼〔中略〕其幼日徵在，即聖母，顔之第三女也（『聖門礼楽統』孔子世家）
尼防致祷	一	pp. 10-1	
		pp. 11-2	史記世家曰，孔子名丘字仲尼，其先宋人，父叔梁紇，母顔氏，以魯襄公二十二年庚戌之歳十一月庚子，生孔子於魯昌平郷陬邑（『論語集注』論語序説）
麒麟吐玉	二	pp. 13-4	
二龍五老	三	p. 14	
鈞天降聖	四	p. 14	
		pp. 14-5	故生有異質，凡四十九表，月角，日準〔中略〕胸有文曰制作定世符（『聖門礼楽統』孔子世家）
		p. 16	三歳父卒，葬於防山（『聖門礼楽統』孔子世家）
俎豆礼容	五	pp. 16-8	
入平仲学	六	pp. 18-9	
職司委吏	八	pp. 19-24	
命名栄貺（魚賜栄啓）	七	pp. 22-3	
職司乗田	九	pp. 24-9	
		pp. 29-36	二十四歳，母卒，孔子少孤，不知父墓，及母卒，殯之五父，陬人曼父之母，告以父葬処，乃得合葬於防焉（『聖門礼楽統』孔子世家）
学琴師襄	十	pp. 37-46	
太廟問礼	十一	pp. 46-9	
		pp. 49-53	司馬牛憂曰人皆有兄弟，我独亡，子夏曰商聞之矣，死生有命，富貴在天，君子敬而無失，与人恭而有礼，四海之内皆兄弟也（『論語』顔淵）
		pp. 53-5	孔子見斉景公，公悦焉，請置廩丘之養，以為養，孔子辞而不受入（『孔子家語』六本第十五）
大夫師事	十二	pp. 55-60	
訪楽萇弘	十四	pp. 60-3	
		pp. 63-7	於是観乎明堂，入后稷廟，睹尭舜桀紂之像，及周公抱成王斧扆之図，而興歎頌，金人三緘其口之銘，而三致意焉（『聖門礼楽統』孔子世家）
問礼老聃	十三	pp. 67-70	
在川観水	十五	pp. 70-2	
観器論道	十六	pp. 72-5	
		pp. 75-8	子在斉聞韶，三月不知肉味，曰不図為楽之至於斯也（『論語』述而）
猟較従魯	十七	pp. 78-84	
退修詩書	十八	pp. 84-5	
韋編三絶	十九	pp. 85-6	
拝胙遇塗	二十	pp. 86-92	
昼息鼓琴	二十一	pp. 92-6	
論穆公覇	二十二	pp. 96-101	
観郷人射	二十三	pp. 101-2	
泰山問政	二十四	pp. 102-4	

景公尊譲	二十五	pp. 104-6	
晏嬰沮封	二十六	pp. 106-9	
知魯廟災	二十七	pp. 109-13	
不対田賦	二十八	pp. 113-5	
受饋分恵	二十九	pp. 115-7	
射矍相圃	三十	pp. 118-20	
舞雩従遊	三十一	pp. 120-4	
餽食欣受	三十二	pp. 124-6	
観象知雨	三十三	pp. 126-7	
歩遊洙泗	三十四	pp. 127-8	
瑟儆孺悲	三十五	pp. 128-9	
農山言志	三十六	pp. 129-35	
四子付坐	三十七	pp. 135-7	
過庭詩礼	三十八	pp. 137-40	
		pp. 140-3	仁義礼智信について
命賜存魯	三十九	pp. 143-6	
化行中都	四十	pp. 146-50	
敬入公門	四十一	pp. 150-3	
羵羊辨怪	四十二	pp. 153-5	
誅少正卯／義誅正卯	四十三	pp. 155-71	
夾谷会斉	四十四	pp. 171-85	
帰田謝過	四十五	pp. 185-8	
礼堕三都	四十六	pp. 188-94	
赦父子訟	四十七	pp. 194-200	
		pp. 200-9	『孔子家語』郊問第二十九
侍席魯君	四十八	pp. 209-16	
儒服儒行	四十九	pp. 211-6	
貴黍賤桃	五十	pp. 216-20	
		pp. 220-2	『孔子家語』好生第十
		pp. 222-31	『孔子家語』問礼第六
		pp. 231-7	『孔子家語』大昏解第四
		pp. 237-55	『孔子家語』五儀解第七
子貢辞行	五十一	pp. 255-69	
子羔仁恕	五十二	pp. 269-90	
放鯫知徳	五十三	pp. 290-1	
儀封仰聖	五十四	pp. 291-2	
霊公郊迎	五十五	pp. 292-3	
適衛撃磬	五十六	pp. 293-300	
礼見南子	五十七	pp. 300-6	
霊公問陳	五十八	p. 306	
匡人解囲	五十九	pp. 307-8	
西河返駕	六十	pp. 309-12	
脱驂館人	六十一	pp. 312-4	
		pp. 314-8	孔子去曹適宋，与弟子習礼大樹下，宋司馬桓魋欲殺之，抜其樹，孔子去（『聖門礼楽統』孔子世家）
過蒲賛政	六十二	pp. 318-23	
忠信済水	六十三	pp. 323-5	

楛矢貫隼	六十四	pp. 325-7	
微服過宋	六十五	pp. 327-9	
五乗従遊	六十六	pp. 329-31	
子路問津	六十七	pp. 331-2	
陵陽罷役	六十八	pp. 332-6	
紫文金閣	六十九	pp. 336-40	
在陳絶糧	七十	pp. 340-6	
受魚致祭	七十一	pp. 346-7	
題季札墓	七十二	pp. 347-50	
楚狂接輿	七十三	pp. 350-1	
子西沮封	七十四	pp. 351-5	
観周明台	七十五	pp. 355-8	
金人銘背	又七十五	p. 358	
山梁嘆雉	七十六	pp. 358-60	
作歌邱陵	七十七	pp. 360-2	
作猗蘭操	七十八	p. 361	
武城絃歌	七十九	pp. 362-4	
杏壇礼楽	八十	pp. 364-6	
克復伝顔	八十一	pp. 366-7	
孝経伝曽	八十二	pp. 367-9	
琴歌堂壇	八十三	p. 369	
読易有感	八十四	pp. 369-71	
望呉門馬	八十五	pp. 371-4	
萍実通謡	八十六	pp. 374-5	
商羊知雨	八十七	pp. 375-6	
骨辨防風	八十八	pp. 376-9	
跪受赤虹	八十九	pp. 379-83	
観蜡論俗	九十	pp. 383-5	
沐浴請討	九十一	pp. 385-8	
世業克昌	九十二	pp. 388-9	
夢奠両楹	九十三	pp. 389-91	
西狩獲麟	九十四	pp. 391-4	
三壠植楷	九十五	pp. 394-5	
治任別帰	九十六	pp. 395-6	
魯公立廟	九十七	pp. 397-8	
漢高祀魯	九十八	pp. 398-401	
宋真宗祀魯	九十九	pp. 401-3	

ただしこれらの孔子の各言行を、該当する年代の箇所に挿入するには、『孔子聖蹟図』とはまた別の編年形式の書物を参照する必要があった可能性が高い。では何を参照したのかというと、おそらく『聖門礼楽統』孔子世家ではないかと思われる。なぜなら、前述のごとくアミオが挙げた参考文献のなかに『聖門礼楽統』が入っているだけでなく、『孔子伝』において『孔子聖蹟図』に典拠が見当たらない部分は、その大半が『聖門礼楽統』に対応箇所をもつからである。

さらに有力な証拠もある。アミオ『孔子伝』六三〜七頁には、いわゆる「金人三緘」の話が出てくる。これはもともと『孔子家語』観周に記された話である。周の国を視察していた孔子が周の太祖後稷の廟に入ったとき、金属で作られ口に三重の封がされた人の像が立っており、その背に「古の、言葉を慎む人である（古之慎言人也）」という銘文があったことに孔子が感じ入ったというものである。『孔子聖蹟図』に従えば、これは「観周明台」と「山梁嘆雉」のあいだに出てくるべき話（「金人銘背」）である。実際アミオの『孔子伝』でも、「観周明台」の後(35)で、少々この話について触れられてはいるのだが、「詳細は六五頁に譲る」との記述で閉じられている。つまりアミオは、『孔子聖蹟図』のごとく「金人三緘」の話を「観周明台」と「山梁嘆雉」のあいだに置く叙述の仕方を知ったうえで、あえて全く異なる位置、すなわち「訪楽萇弘」と「問礼老聃」のあいだに置き直したということになる。これは、『聖門礼楽統』を意識した構成という以外に理由が見当たらない。

3 「天」・「上帝」＝天主説への回帰

（1）『孔子家語』五篇からの追加

最後に、『孔子聖蹟図』にも『聖門礼楽統』にも、対応箇所の見当たらない部分が残る。じつは表に示したごとく、これらの部分の典拠はほぼすべて『孔子家語』と考えられる。とくに注目すべきは、『孔子伝』二〇〇～五五頁に『孔子家語』と対応する内容が集中的に見られる点である。二〇〇～九頁は『孔子家語』郊問、二二〇～五五頁は『孔子家語』好生、問礼、大昏解、五儀解に拠ったと思われる。このことは、アミオが、郊問に該当する部分の終わりに「いま読んだばかりの内容は、私が『〔孔子〕家語』から抜き出したものだ」（二〇九頁）と記していることによっても、裏づけられる。さらに、好生～五儀解に該当する箇所の締めくくりに際しても、まず『論語』が、孔子の言行を収めた書物としてはもっとも孔子の生きた時代に近く、また弟子の作であるため信頼性が高いと述べたうえで、「『論語』は何もかも含んでいるわけではない」ので、「最初の弟子たちの子孫が家蔵した記録」すなわち『孔子家語』によって補う必要がある、と述べる（二五五頁）。さらにこの箇所の注には、『孔子家語』の成立に関する詳しい解説も見られる。以上のことから、『孔子伝』二〇〇～五五頁（二〇九頁第三節～二二〇頁第一節を除く）が、他の部分と異なり『孔子家語』に依拠して書かれたことは間違いないであろう。(36)

その『孔子家語』郊問は魯定公と孔子との問答、好生以下四篇は定公の子哀公と孔子との問答を主題としている。この郊問の内容を含めるにあたって、アミオは、魯定公の統治時代の話、すなわち『孔子聖蹟図』でいうところの「夾谷会斉」、「帰田謝過」、「礼堕三都」、「赦父子訟」の後に挿入し、また好生以下四篇の内容については、孔子と哀公の問答を扱った話、すなわち『孔子聖蹟図』でいうところの「侍席魯君」、「儒服儒行」、「貴黍賤桃」の後に挿入することによって、辻褄を合わせている。問題は、アミオがなぜあえて『孔子家語』のこれらの篇を、まとめて追加したのかという点にある。アミオが追加した『孔子家語』郊問、好生、問礼、大昏解、五儀解の五篇に共通するのは、天子が行うべき祭祀と礼に関する内容を含む点である。とくに郊問、問礼、大昏解では、天子の祭祀儀礼が主要な話題となっている。まず郊問では、天子による郊祀の意義と内容が説かれる。問礼では、天子が礼を正しく修めることによって民を教え導く方法が説かれる。大昏解では、その名のとおり、天子諸侯の婚礼を指す大昏について解説される。この五篇のうち、アミオの独自的解釈が顕著に現れているのは、郊問篇に該当する部分である。

表2　アミオ『孔子伝』200-9頁と『孔子家語』郊問との対応

	『孔子家語』原文の和訳 （〔　〕内は原文）	『孔子伝』でのアミオによる フランス語訳
①	定公は孔子に対し，「古の帝王が，必ずその祖先を郊祭〔天子が冬至と夏至の際に，それぞれ天と地を郊外において祭る祭祀〕にあげ，天と共に祭ったのはなぜか」と質問した。 〔定公問於孔子曰，古之帝王，必郊祀其祖以配天，何也〕	ある日，彼ら〔定公と孔子〕は上古の礼儀について談じ，公は，なぜ古代の帝王たちが犠牲奉献の際，祖先を天と一緒にする礼儀を打ち立てたのか，彼〔孔子〕に尋ねた。
②	これに対し孔子は，「万物は天に本づき，人は祖先に本づきます。郊祭は，盛大さをもって本に報い始元に返る祭なので，祖先を上帝に配して共に祭るのです。 〔孔子対曰，万物本於天，人本乎祖。郊之祭也，大報本反始也，故以配上帝〕	孔子は「天は普遍の原理です。万物がそれから生じる豊かな源泉です。祖先は，この豊かな源泉から出て，彼ら自身後に続く世代の源泉でもあります。天に対し感謝のしるしを提示することは，人として第一の義務です。祖先に対し感謝の意を示すのは，第二〔の義務〕です。この二重の義務を同時に果たすため，また将来の世代に義務について教えるため，聖人である伏羲は天および祖先に敬意を表す儀礼を打ち立てました。彼は上帝に奉献した後すぐに，祖先に謝辞を述べることを決定しました。
③	〔孔子の言葉の続き〕天はさまざまな象〔天象〕を表し，聖人はこれを模範とします。郊祭は天道を明らかにするためのものなのです」と答えた。 〔天垂象，聖人則之。郊所以明天道也〕	〔孔子の言葉の続き〕しかし上帝と祖先は，肉体の眼には見えないので，彼はそれらを指示し表現するため，目に見える天において表象を探し求めることを考えついたのです」と答えた。

そもそも郊祀とは何か。各先行研究[37]に依拠して略言すれば、それは「郊」すなわち国都の郊外において天を祭る儀礼であり、皇帝が自ら主宰して執り行う儀礼のなかでもとくに重要度が高い。鷲尾祐子によれば、「戦国時代から前漢にかけて、天子のみが特権的に都の郊で天を祭祀するという郊祀説が漸次組み上げられた[38]」とのことである。表2に示したごとく、郊問篇に該当する箇所[39]について、三つに区切って見てみよう。これらの箇所の対訳においてまず注目すべきは、『孔子家語』原文では万物の源泉にして祭祀の対象である上帝と天は必ずしも区別されていないが、アミオは「上帝（Chang-ty）」を不可視、「天（Ciel）」を可視の存在として、明確に区別していることである。さらに、天子による天の祭祀と祖先祭祀について、原文は祖先を上帝に配す

ることで「共に祭る」ことに重点を置くが、アミオは逆に両者の区別を明確にし、さらに前者を第一の義務、後者を第二の義務として等級化している。こうした翻訳は、原文から明確に逸脱したものといえる。

（2）原文からの逸脱

以上の二点は、後に続く翻訳においてますます強調される。まず上帝と天の区別に関する部分に注目しよう。原文では、前掲の孔子による回答の後、郊祭における日月に対する祭祀と、穀物の実りに対する祭祀の違いに関する問答が続く。その後、さらに「郊」の語をめぐる問答が続く。ところがアミオの『孔子伝』では、「郊」に関する問答に入る前に、再度上帝の不可視性と天象をめぐる議論が繰り返される。つまりこの部分は、全くアミオの独創によるのである。『孔子伝』の当該部分で、孔子は次のように発言している。

あなたにお話ししていた内容に戻りましょう。上帝は、目に見える天の一般的な表象によって表現されます。同様に太陽や月、大地の各表象によっても表現されます、なぜならそれらによって、人は生の維持、有用性、楽しみのために上帝からの恩恵を享受できるからです。その恵み深い熱によって、太陽は生命を万物に与え、活気づけます。我々の眼には、それは天でもっとも輝かしく映ります。それは我々を日中ずっと照らします。一瞬でも我々を照らすのをやめることを望まないかのごとく、夜のあいだはその不在を補い、その役割を維持するために、月と入れ替わるかのようです(40)。

この発言に対し、アミオはかなり長い注を付している。全体から見れば『孔子伝』は脚注が少なく、とくに長い注は非常に稀である点からも、その内容に対するアミオの強いこだわりが窺える。当該の注では、定公に対する孔子の回答が、以下の四点を明示するものと述べられている。まず三点目までを列挙する。

①「天」と「上帝」はかつて同義語であり、万物に優越した存在を示した。
②「天」の語はかつて、純粋に自然的なものとして理解され、我々が蒼穹と呼ぶものを意味した。
③天、太陽、月、大地に対し奉献された犠牲は、実際には上帝に対し、物質としての天〔蒼天〕、太陽、月、大地を介して、人々を満たす恩恵に感謝するため捧げられた。[41]

この注釈では、「天」が自然物としての蒼天と上帝の両義を含むことが強調され、前者、すなわち目に見えるさまざまな天象によって、後者、すなわち不可視である上帝の意志と恩恵が表現される、と述べられている。以上の内容は、明らかにアミオが原文から逸脱し、独自に挿入したものである。そこにはいわゆるデザイン論（design argument）、すなわち神の存在証明において「自然界に見られる秩序、美、合目的性などの特性から、世界創造者としての神の実在を推論する」という議論の仕方に通じるものが現れている。[42]では、アミオが『孔子家語』原文から逸脱し、独自に追加した二点目の要素、すなわち天の祭祀を第一、祖先祭祀を第二の義務とするような等級分けは、どのような形で強調されているのか。上に引用した注で、孔子の発言を受けてアミオが記したコメントのうち、最後の四点目について見てみよう。

④かつて「祖先への犠牲奉献（Sacrifice aux Ancêtres）」の名で呼ばれていたものは、実際には、人々がその生を授かったところのものに対する感謝と尊敬の、外に現れた表明である。

この文章だけでは、アミオの意味するところが不明瞭である。そこで、郊問に関する部分に含まれた、別の二つの注を参照すると、④の意味が明確になる。ひとつ目の注は、孔子が上帝あるいは天に対する犠牲奉献について説明する場面に付されたものである。

この孔子の回答は、中国人が彼らの祖先を祭るために行う儀礼の性質を、明確に示している。それら〔祖先祭祀」は純粋な感謝の表明に他ならず、我々が「犠牲奉献（sacrifice）」の語で表すのと同じ意味における犠牲奉献ではない。この感謝の表明は、普遍の原理としての上帝に対する犠牲奉献の際、同時に行われる。(43)

つまり、祖先祭祀を「犠牲奉献（sacrifice）」の名で呼ぶのは間違いで、実際には犠牲奉献を伴わない「純粋な感謝の表明」にすぎないというのである。これが④の意味するところの一端である。

二つ目の注は、郊問の終盤において、孔子が定公の質問に答え、天子の郊祭における儀礼について説明を行う場面に付されたものである。アミオはまず、郊問に記された「私〔孔子〕は次のことを聞いたことがあります。すなわち『詩経』三百篇を朗誦しても一献の礼には不十分であり、一献の礼を行っても大饗の礼には不十分であり、大饗の礼を行っても大旅の礼には不十分であり、大旅の礼が備わっても上帝を饗するには不十分です(44)」という文章を引用する。この文章は、国家祭祀の等級を、上から順に「饗帝（上帝祭祀）」、「大旅の礼（五帝に対する祭祀）」、「大饗の礼（祖先祭祀）」、「一献の礼（諸神に対する個々の祭祀）」、『詩経』三百篇の朗誦として示している。アミオは、「一献の礼」を「単独の奉納（seule offrande、もしくは単に offrande）」、「大饗の礼」を「受納（acceptation）」、「大旅の礼」を「山上での礼拝（culte rendu sur les montagnes）」、そして「饗帝」を「上帝に対する荘厳な犠牲奉献（sacrifice offert solennellement au Chang-ty）」と訳す。注意すべきは、各訳語が注意深く使い分けられ、とりわけ「犠牲奉献（sacrifice）」の語が、饗帝（上帝祭祀）の訳語にのみ現れる点である。

アミオはさらに、「君主が盛大に執り行う上帝への犠牲奉献は、国家全体によって用いられる唯一の犠牲奉献である」と主張する。(45)ところが、以上のごとく上帝祭祀のみが犠牲奉献を伴う、といった記述は『孔子家語』それ自体には出てこない。つまり、この部分がアミオ独自の主張を表すと考えられる。まず、国家祭祀はその重要度によって明確な等級をもつ。そして、その等級を分ける最大の要素が犠牲奉献の有無であって、これを唯一有する上帝祭祀が最重要であり、祖先祭祀を含むそのほかの祭祀は犠牲奉献を伴わず、重要性も劣る、というのである。

(3)『孔子伝』に隠された主張

ここまでの議論を整理しよう。アミオは『孔子家語』郊問の翻訳において、原文から大きく逸脱した内容を独自に付加した。その内容とは以下の二つである。まず、「天」とは蒼天と上帝の二つを意味し、前者によって後者の実在が可視化されるとしたこと。さらに、国家祭祀のうち、もっとも重要な上帝祭祀のみが犠牲奉献を伴い、重要性の劣る祖先祭祀などそのほかの祭祀は、犠牲奉献を伴わないこと、である。

アミオの付加した上記二つの要素は、典礼論争と関わりが深い。すでに述べたごとく、古来中国人が崇拝の対象としてきた天とはキリスト教の神と同一である、とする在華イエズス会士の見解をカトリック当局は厳しく批判した。そのおもな理由は、中国人のいう天とは自然物としての蒼天のことであり、それを祭ることは偶像崇拝に他ならず、ましてや不可視の存在にして万物(天地を含む)の創造者たる神と同一であるはずがない、とみなされたことによる。また、中国の儀礼における犠牲奉献も、おもな論点のひとつだった。カトリックにとって「真の神をもたない崇拝儀礼はすべて偶像崇拝」であり、天地祖先に対する犠牲奉献はすべて「瀆聖的偶像崇拝」にあたる。そのため、中国皇帝による犠牲奉献を伴った天地祖先に対する崇拝儀礼も、キリスト教に反する偶像崇拝とみなされた[46]。

これらの批判にアミオの翻訳を対置すると、彼の意図が明らかとなる。つまり中国における祖先祭祀が犠牲奉献を伴わず、現世代を生み育てた人々に対する感謝を述べる場にすぎないとすれば、それはいかなる宗教性をもはらまぬ世俗の祭りであり、したがって偶像崇拝にはあたらない。その一方で、皇帝によるもっとも重要な祭祀であり犠牲奉献を伴う天の祭祀が、目に見える蒼天、天象を経由して、じつは不可視の創造者に対する崇拝を表明する祭りであるならば、やはり偶像崇拝とは言えない。こうした説明の仕方は、上述のごとく、目に見える自然物の生成変化を通して神の実在が証明される、とするカトリックの考え方を彷彿とさせるものである。ここにおいて、アミオは暗に、「天」および「上帝」はキリスト教の神に等しいという主張を打ち出しているように思われる。つまり典礼問題以前の在華イエズス会士による天主即上帝説への回帰が、ここには見られるのである。

おわりに

一八世紀前半のヨーロッパでは、一七世紀後半に出版された『中国の哲学者孔子』をおもなきっかけとして、中国文明に対する関心が高まり、とくに儒教の開祖としての孔子像が広く流通するにいたった。そのなかで『中国の哲学者孔子』をおもな情報源とする著作も、シルエットやデュ・アルドといったヨーロッパ知識人によって生み出された。しかし儒教の伝統的な祭天儀礼や祖先祭祀に関する内容を多く含むという性質上、これらの著作は執筆および流通の過程で、一七世紀末以降激化しつつあった典礼論争からの深刻な影響にさらされることとなった。リッチら最初期の在華イエズス会士によって打ち立てられた、儒教経書における「天」や「上帝」を天主＝カトリックの神と同一とみなす方針は、典礼論争のなかでパリ大学神学部と教皇によって否定されたため、こうした内容を含むとみなされた書物も批判の対象となったからである。こうした批判を回避すべく、シルエットやデュ・アルドの著作では、孔子がもっぱら世俗的領域における指導者として描き出されていた。

以上の状況を踏まえたとき、典礼論争が沈静に向かうなかで現れたアミオ『孔子伝』には、次のような隠された意図があったと考えられる。『孔子伝』は、『孔子聖蹟図』や『聖門礼楽統』といった明清代中国で出版された孔子関係著述をおもな典拠とし、それらをほぼ忠実に翻訳する一方で、一部に『孔子聖蹟図』や『聖門礼楽統』に拠らず、『孔子家語』に基づくと思われる部分を集中的に含む。しかもこの『孔子家語』に基づく部分は、原文から大きく逸脱した解釈をもしばしば含む点で、『孔子伝』のなかで明らかに異質である。そしてこの顕著な異質性を示す部分にこそ、まさに祭天儀礼や祖先祭祀をめぐる議論が含まれていた。この部分に見られる、祭天儀礼が犠牲奉献を伴う唯一の祭祀だという主張、「天」と「上帝」を暗にキリスト教の神になぞらえた解釈は、典礼論争によって否定された最初期の在華イエズス会士の方針を、再び掲げたものと捉えることができる。

こうして論じてきた、アミオによる孔子像のいわば再神聖化の背景には、アミオが参照した中国側文献、とくに明清時代の『聖門礼楽統』や『孔子聖蹟図』、ならびに『闕里誌』といった書物からの作用もあったと考えられる。なぜなら、これらの書物はいずれも、孔子を聖人として崇拝する強い意志に貫かれているからである。陳受頤は、明末に在華イエズス会士が出版した西学書に触れ、カトリックの教理を批判した士大夫の王啓元について論じている。それによれば、王啓元は自著『清署経談』のなかで、「儒教の神道化」(陳受頤による表現)をはかり、政教を融合し理想的な新儒家の宗教を創造しようとしたという。これは、近代に康有為が孔教の設立をとなえるおよそ三〇〇年前の出来事であり、ひとつの事例とはいえ、当時こうした議論が行われ、出版される歴史的条件があった可能性を示している。(47)

第3章　中国音楽における科学の発見

はじめに

一六～一八世紀の中国とヨーロッパとの交流において、とりわけ盛んに交換されたのが互いの音楽に関する情報であった。そしてこのような音楽をめぐる知の相互の翻訳において、主要な役割を果たしたのもやはり宣教師であった。たとえばマテオ・リッチは、万暦帝（一五六三～一六二〇）に「琴」すなわちおそらくクラヴィコードなどヨーロッパのさまざまな楽器を献上し、併せてクラヴィコード（などのヨーロッパ鍵盤楽器）で演奏するための曲集『西琴曲意』を漢訳している。続く宣教師たちも、パイプオルガンをはじめとする各種オルガンなどをヨーロッパから、あるいは自作して中国へもたらした。またラザリスト会宣教師ペドリニは、康熙帝の命によって宮廷音楽教師を務めていた。そして当時互いにやりとりされたのは、上述のような互いの音楽の響きそのものだけではない。ルネサンス～バロック時代（一五～一八世紀）に、さまざまな音響学的発見を糧としつつ近代化への大きな歩みを進めた西洋音楽理論は、ペレイラやペドリニら清朝宮廷に仕えた宣教師によって漢訳され、『律呂正義続編』や『律呂纂要』『律呂節要』といった書物によって中国に伝えられた(1)。なお音楽は、もちろん宣教そのものにおいても大いに活用され、深堀彩香によれば「キリスト教の聖務をより厳粛に行うということのほかに、宣教地の人々にキリスト教への関心を持たせるのに効果的な手段にもなって」おり、さらなる効果のため「非キリスト教的要素」を加えるといった工夫がなされていた[2]という。

やや遅れて、中国音楽の理論もきわめて詳細な形で翻訳され、ヨーロッパへ伝わっている。それが本章で取り上げる、アミオの『古代および近代の中国音楽に関するメモワール（*Mémoire sur la musique des chinois, tant anciens que modernes* 以下『中国音楽に関するメモワール』）』（一七七九）である。『中国音楽に関するメモワール』は現在にいたるまで、中国音楽研究における基本文献としての重要性を失っていない[3]。そのため、これまでこのアミオ報告について検討した研究は少なくない[4]が、それらのうちもっとも先駆的かつ重要なのは、イジア・チェンの著作[5]である。チェンは『中国音楽に関するメモワール』の成立状況や内容を初めて詳細に研究し、その一八世紀当時におけるヨーロッパでの受容および意義を明らかにした。それだけでなく、アミオ以外の人物による著述も取り上げており、当時のヨーロッパにおける中国音楽理解をめぐる大まかな見取り図を示したという点で、現在も高い評価に値する。

しかしチェンの著作に問題が無いわけではない。チェンは、アミオが中国の文献における「曖昧ではっきりしない、ときに荒唐無稽でさえある議論」に注目し、そのことによって中国音楽をめぐる「科学的（scientifique）で正確な提要を作成することを、非常に困難にした」と非難し、アミオが大きな紙幅を割いて説明した卦や河図洛書[6]と音律との結びつきをほぼ無視した。このような「荒唐無稽」で「科学的」でない、といった判断は、あくまでチェンの時代における「科学」の枠組みに発したものであり、一八世紀当時の歴史的文脈に即したものとはいえない。このような態度に基づいて正否の判断を下したことによって、チェンはこのアミオ報告における重要な目的と意義を看過した。すなわち『中国音楽に関するメモワール』における企てとは、まさに当時における「科学（science）」のあり方と強く結びついているのである。

1　世界最古の音楽としての中国音楽

（1）アミオ『中国音楽に関するメモワール』とルーシェ

アミオの『中国音楽に関するメモワール』は、ヨーロッパで初めて、古今中国の音楽理論について専門的に報告した著作である。当時の著名な音楽理論家であり作曲家であったルーシェ（Pierre Joseph Roussier 一七一六～一七九〇）が、校訂および注釈や索引の作成を手掛け、一七七九年に単行本として刊行され、すぐに『メモワール』第六巻（一七八〇）に収録された。この著作は当時、作曲家ラボルド（Jean-Benjamin François de La Borde 一七三四～一七九四）や、歴史家ジャングネ（Pierre-Louis Ginguené 一七四八～一八一五）、東洋学者ド・ギーニュ（Joseph de Guignes 一七二一～一八〇〇）の息子で広東駐在フランス領事を務めたド・ギーニュ（Chrétien Louis Joseph de Guignes 一七五九～一八四五）、イエズス会の司祭で批評家のグロシエ（Jean Baptiste Gabriel Alexandre Grosier 一七四三～一八二三）らの著作で取り上げられるなど、大きな反響をよんだ。

アミオがこの著作を執筆したおもな意図として、次の二点を挙げることができる。まず、中国音楽の起源の古さおよび独自性の主張である。序文では、次のように述べられている。

私自身なんとも残念なことに、ルーシェ神父は、エジプト人やギリシア人の古代について行ったごとく、中国人の古代について発掘を行うことはできなかったのである！[7]

この発言は何を意味するのか。上述のように、ルーシェは『中国音楽に関するメモワール』の校訂および注釈や索引の作成を手掛けた人物である。じつはルーシェには、先行する『古代音楽に関するメモワール（*Mémoire sur la musique des Anciens*）』（一七七〇）という著作があり、古代エジプト、ギリシア、そして中国の音楽を取り上げ、これらの音楽のシステム、およびその起源や変遷について論じていた[8]。ただし中国の音楽に関しては、基本的な要素である十二律（三分損益法によって配された一二の絶対音高）や七声（五声すなわち五音音階に、派生する二音を加えた七音音階）の存在をほぼ無視し、五声のみを取り上げている。

ルーシェがもっとも称揚したのは、エジプトの音楽である。彼はエジプト人を「音楽の原理（Principes de la Musique）」の「最初の制定者（premiers Instituteurs）」と呼んでいる。そもそも、三分損益法によって得られる中国の五声と、純正五度の積み重ねから得られるギリシアのピタゴラス音律は、「三倍音列（Progression triple）」つまり五度循環によって作られたという点で共通するが、この二つの音組織はもともとエジプトの音楽システム、すなわち「全くもって非の打ち所なく完全な（Tout parfaitement complet）」、そして「最初の（primitif）」システムにおける十二音組織を起源とし、ここから分割されたものだ、とした。具体的に示すと、エジプトの十二音組織をシ－ミ－ラ－レ－ソ－ド－ファ－シ♭－ミ♭－ラ♭－レ♭－ソ♭とし、中国の五声はこのうちシ♭～ソ♭を抜き出したものだ、というのである[9]。

さらにルーシェは、エジプトの音楽システムが「完全」であるのに対し、中国に導入されたのはある種の「欠陥（imperfection）」にすぎない、とする。すなわち上述の中国の五声を下降する音列に並べ直すと、ミ♭－レ♭－シ♭－ラ♭－ソ♭（－再主音ミ♭）となるが、ミ♭－レ♭、ラ♭－ソ♭の各音程が二度であるのに対し、レ♭－シ♭、ソ♭－ミ♭の音程は三度と広く空いており、ここに「欠落（lacune）」あるいは「すき間（interstice）」が生じる[10]。以上の考察を経て、ルーシェは以下の結論を下した。

> この中国の粗悪なシステムにおける欠陥と、彼らの音階の不完全さ〔中略〕は、この二つの〔ギリシアと中国の〕各システムが、互いに別箇のものではなく、私がエジプト人の独自のものとみなしている完全なシステム（systêm complet）の残骸（débris）であることを、十全に示している[11]。

ルーシェのごとく、ギリシアの音楽システムがエジプトから借りたものであるという見解には、おそらく比較的古くからヨーロッパに広まっていた、ピタゴラスがエジプト旅行中にエジプト人からさまざまな知恵を授けられた、という伝説が大きく関わっていよう。しかし中国音楽に対する散々な評価は、この伝説だけでは説明がつかない。すなわちここには、当時ヨーロッパで流行していた「エジプト人中国植民説」の影響が感じられるのである。

音楽、地質学、また古代エジプトや中国の文明など、幅広い話題について著述を残したイエズス会士キルヒャー(Athanasius Kircher 一六〇一～一六八〇)は、ノアの三人の息子のうちハムの子孫がエジプト人を率いて中国に渡来し、エジプト文字を中国に伝えたとした。さらにアカデミー・フランセーズ会員ユエ(Pierre Daniel Huet 一六三〇～一七二一)、科学アカデミー会員ド・メーラン、そして東洋学者ド・ギーニュによって、中国人はエジプトの植民であるという説がとなえられた。この説は、賛否両論を含む激しい議論を巻き起こし、パルナン(Dominique Parrenin 巴多明、一六六五～一七四一)ら在華イエズス会士も、ほぼ全面否定の立場からこの議論に参加している。[12]

ルーシェが、合理的根拠をほとんど示すことなく、中国の音楽システムの起源をエジプトに求めようとする議論の背景には、以上のようなキルヒャー以来のエジプト人中国植民説のヨーロッパにおける普及がみとめられよう。

(2) アミオの反論

これに対しアミオは、明朝宗室で、世界で初めて十二平均律を確立したともいわれる朱載堉[13](一五三六～一六一一)の『楽律全書』に拠って、反論を試みた。ルーシェは、音楽システムの「最初の制定者」の称号をエジプトに贈ったが、同じ称号をアミオは中国人に帰している。[14]そして、『楽律全書』の引く『呂氏春秋』(前二三九頃)や『淮南子』(前一四〇頃)といった古典籍を用いて、黄帝の時代、すなわち紀元前二六三七年頃には黄帝の臣下であった伶倫によってすでに三分損益法による十二律が成立していたとした。[15]この年代算定は、アミオの別の報告『中国帝国普遍史概説』でなされたものである。[16]

この年代算定によって、まず中国の音楽システムが、ギリシアのピタゴラス（前五八二～前四七九）から借用されたという可能性が否定される。さらに、黄帝はエジプトの「竪琴の発明者（Inventeur de la lyre）」つまりヘルメス・トリスメギストスより何世紀も先行するのだから、中国人がエジプト人の音楽システムを導入したということもありえない、とする。[17] この年代算定は説明を要するだろう。ヘルメス・トリスメギストスとは、第1章で触れたように、新プラトン派の哲学者がエジプトの文字・数字の創造者にして学問、知恵、魔術などをつかさどるトト神に与えた名である。古来おもに新プラトン主義者における、占星術や錬金術、魔術、哲学、神学などをめぐる思索の源泉となった。在華イエズス会士にとっては、ブーヴェやプレマールがとなえたフィギュリスムの原型である、ヘルメス主義や古代神学の象徴として、比較的なじみの深い存在であった。

ヘルメス・トリスメギストスをどの時代に同定するかについて、当時確定的な説は見られない。そこでルネサンス期の新プラトン主義を代表するフィチーノ（Marsilio Ficino 一四三三～一四九九）が提示し、その後も一定の影響力をもった、ゾロアスター―ヘルメス・トリスメギストス―オルフェウス―アグラオフェモス―ピタゴラス―プラトンという学統[18]に沿って推測してみる。まず、一八世紀当時、ヘルメス・トリスメギストスの一代前にあたるゾロアスターに関しては、中国の伏羲と同一人物とする説など当時さまざまな見方が現れたが、一八世紀当時のヨーロッパにおける、ゾロアスターに関するもっともまとまった著述では、イスラエル（イサクの次子ヤコブの別名とされる）の奴隷だったとの説が示されている。[19] アミオは黄帝第六一年をアブラハム（ヤコブより二世代前の人物とされる）の生年に同定しているため、黄帝がヘルメス・トリスメギストスより何世紀も先行するという前掲の主張にも合致する。

（3）中国対エジプト

このようにアミオは、ルーシェに反論し、中国の音楽システムはギリシアやエジプトのものより起源が古く、独自に完成されたものだとした。ヨーロッパにおいて、中国文明がエジプトやギリシアの文明から派生した、あるいは同じ祖から派生したものと捉えられることに対するアミオの警戒は、音楽に限ったものではない。アミオは、ベルタンの親戚であるメレ伯（Louis-Raphaël-de-Lucrèce Fayolle, comte de Mellet 一七二七～一八〇四）への一七八六年九月二六日付の手紙で、次のごとく述べている。

彼ら〔中国人〕にとって、迷信的なエジプト人が妄想のなかで生み出したような怪物は、必要ありませんでした。また、愉快に熱狂したギリシア人が生み出したような華やかな虚構も、必要なかったのです。これはついでに言うなら、ギリシア人およびエジプト人が中国人と何も共有していないことの、有無を言わせぬ証拠です。したがって彼ら〔中国人〕の太極、彼らの陽、彼らの陰を、他の人々〔ギリシア人やエジプト人〕の記録とひとまとめにしようなどとせず、もとの素朴な姿のままにしておきましょう。すでに私が指摘したように、〔中国の陰陽理論における〕理・陽・陰は、普遍作用因（agent universel）ですが、同時に純粋に物質的な（purement physique）作用因であり、至高存在（Être suprême）に従う太極を形成しているのです。[20]

アミオが上の言葉をぶつけた相手のメレ伯は、異教的・秘教的なものに対して明らかな関心を示していた。メレ伯の人物、経歴はほとんど不明だが、彼の著述のいくつかは今でも目にすることができる。そのうちもっともよく知られているのは、クール・ド・ジェブラン（Antoine Court de Gébelin 一七二八～一七八四）による古代世界探究の書『原始世界（*Le Monde primitif*）』第八巻（一七八一）に寄せたタロット研究の論文[21]である。序章で触れたように、ジェブランは言語の起源を熱心に探究したが、著名なタロット研究者でもあり、とくにタロットがエジプト起源だととなえたことで知られる。メレ伯の論文も、基本的にジェブランの説を支持する立場から書かれている。

注目すべきは、メレ伯が論文を寄せたのと同じ第八巻に、ジェブランが次のように記したことである。

彼が中国に関し、手に入れ、出版させている素晴らしい『メモワール』によって、文芸と科学に対し多大なる貢献をしているベルタン氏は、我々にかの広大な帝国から運ばれてきた比類なき記念碑について知らせてくれた。この記念碑はかの帝国の最初の時代に遡る、なぜなら中国人はそれを尭による治水に関係した碑文とみなしているからである。それを構成している文字は、タロットのカードとちょうど同じ大きさの、四つの同じ長さをもつ大きな格子を形成している。これらの格子には、六つの垂直の柱が配され、そのうち五つ目までは各々一四の格子を含み、六つ目は半分、すなわち七つを含む。したがってこの記念碑は、タロットと同じく、七七の図案で構成されているのだ。[22]

この「尭による治水に関係した碑文」とは何か。ジェブランはおそらく、尭と禹を取り違えたものと思われる。なぜならその説明に符合するのは、いわゆる禹王碑、すなわちもともと湖南省衡山岣嶁峰に建立され、後に各地に翻刻が広まった岣嶁碑だからである。

承帝日咨、翼輔佐卿、洲諸与登、鳥獣之門、参身洪流、而明発爾興、久旅忘家、宿岳麓庭、智営形折、心罔弗辰、往求平定、華岳泰衡、宗疏事裒、労余伸禋、鬱塞昏徙、南瀆愆亨、衣制食備、万国其寧、竄舞永奔。

以上全七七の、蝌蚪文に似た文字で構成されている岣嶁碑は、ものによって行と列の数が異なるが、そのなかには鄭燮（清）の臨書のごとく六行×一四列（末尾一行のみ七列）で構成されたものがある。[23] 一方タロットは、〇～二一の番号をもつ二二枚の大アルカナと二二～七七の番号をもつ五六枚の小アルカナから構成される。両者の七七という数をめぐる符合から、ジェブランは両者が「同じ理論に従って作られたことは明らか」だと断じ、この両者は「中国人とエジプト人が現れるより前に存在した或る様式を、それぞれ異なる仕方で応用して」作られたのではないか、という推測を披露している。[24]

以上の見方に対し、アミオは「私は遺憾ながら、大禹の記念碑をめぐるあなた方の意見に賛成できないようです」、「その〔碑に刻まれた〕文字は、どう見ても完全に中国語のものです」と強く反対している。前に引用した一七八六年九月二六日付の手紙の内容も、この議論の延長線上にあると思われる。ジェブランおよびメレ伯のごとく、古代エジプトをはじめとする古代世界全般に大きな関心を抱き、文明の起源に遡り、「原初の人びとの共通言語または普遍言語」[25]をはじめ古代の文明における普遍性を再発見しようとする欲求は、当時のヨーロッパ知識人の著作にしばしば見られるものである。こうした思潮のなかで、中国文明の独自性が埋もれてしまうことに対する強い警戒感が、ルーシェやジェブラン、メレ伯に対するアミオの言説に現れている。

2 中国音楽における「科学」

(1) 宇宙普遍の科学

しかし、アミオが『中国音楽に関するメモワール』を執筆した意図は、中国音楽の起源の古さを主張することにとどまらなかった。アミオが究極的に目指したのは、こうした古い独自の起源をもつ中国音楽に「科学(science)」を見出すことだった。このことを示すのが、序文に見える次の文章である。

> 私が、いわば一歩ごとに出くわした困難は、確実に私の気持ちを挫いたことだろう、もし、音楽に関わることによって、中国人が培ってきた科学(science)の大部分に関する観念を習得でき〔中略〕ることに、気づかなかったとしたら。[26]

さらに、次の文章も見える。

私は望んだのである、〔中国の〕古代の賢人、すなわち音楽をもっとも深遠な沈思黙考の対象とし〔中略〕た人々のなかに、宇宙普遍の科学（science universelle）、科学のなかの科学（Science des sciences）として捉えられた、ある科学（science）に関する理論のすべてを基礎づけている原理（principe）について、著作のなかで明確に説いている誰かを見出すことを。〔中略〕そしてこの「宇宙普遍の科学、科学のなかの科学としての科学」とは、それによって「他のすべての科学」が説明可能であり、「他のすべての科学が」それと関わり、「他のすべての科学」を生み出す源泉としての「科学」である。(27)

上に引いた文章においてたたみかけられている「科学（science）」とは何か。まずその背景として踏まえなくてはならないのは、これがほかのさまざまな語と同じく、歴史的な概念であるという点である。富永茂樹によれば、この語は長らく「科学と呼ぶよりはむしろ諸学問一般」を指し、芸術と技術を未分化のまま含んだ art の語と組み合わさって、「人間の知識の総体」に対応した。そしてそれぞれの語の「意味内容が分解し変容しはじめる」のが、革命前後の時期だという。(28) アミオの『中国音楽に関するメモワール』はまさにこの、science と art の意味内容が変容し、現代的な意味での「科学」と「芸術」という明確に区分された範疇へと向かっていく過渡期に書かれたのである。

それではアミオが述べた「宇宙普遍の科学（science universelle）」とは、いったい何か。この疑問を解く鍵となる文章が、ルーシェに対する批判に出てくる。

〔もしルーシェが〕四千年以上前から中国で知られている、音楽のシステムの最初の源に遡ったなら、このシステムを支える原理（principes）を掘り下げたなら、その〔原理と〕他の科学（sciences）との関係にまで推し広げて論じたなら、今日までその運行の荘厳なる素朴さを我々から隠してきた厚いヴェールを引き裂いたなら、この学者〔ルーシェのこと〕は、自然の聖域（sanctuaire de la nature）に到達し、すべてがその不変の法に従っているところの普遍的調和（harmonie universelle）を発見したかもしれない[29]。
つまりアミオは、「自然の聖域」への到達、万物を従わせる「宇宙普遍の調和」の発見へと人を導く決定的な手掛かりを提供するものこそ、中国音楽における「科学」であり「原理」だと主張したのである。「宇宙普遍の調和」、すなわち宇宙は美しい数的な比例関係によって秩序づけられている。そして天体は「天球の音楽（musica mundana）」、つまり人の耳には聴こえないが完全に美しい和声を奏でている。このような思想はピタゴラスに発し、ボエティウス（Anicius Manlius Severinus Boethius 四八〇頃〜五二四）を経て、ケプラー（Johannes Kepler 一五七一〜一六三〇）やメルセンヌ（Marin Mersenne 一五八八〜一六四八）、そしてキルヒャーなどへと受け継がれたものである[30]。

こうした「宇宙普遍の調和」という思想、すなわち宇宙を美しい数的な比例関係によって秩序づけられたものとする思想は、中国音楽における「科学」に対するアミオの見方にも、少なからぬ影響を与えたと思われる。なぜなら、アミオが中国音楽に科学を見出そうとするなかで注目したのは、上古中国で天地万物にかたどって作られたと伝えられ、とくに宋〜明代の朱子学において術数的方向に大きくふくらませられた卦や河図洛書だったからである。この二つは、古来中国の万物生成思想に深く関わり、音楽とも密接に結びついてきた。この問題について、次に論じよう。

（2）易卦と音律

中国では古来、楽器を発音素材によって八つ（金・石・糸・竹・匏・土・革・木）に分ける「八音」の分類法をとってきた。この八音について、アミオは次のように述べる。

これ〔八音〕は、ほとんど自然に（naturellement）〔中略〕伏羲氏の卦の教えから生まれた。この卦が自然（nature）における三つの主要な界の動物界・植物界・鉱物界を示す三という数にその原理をもつのと同様に、これ〔八音〕は八という数、つまり卦の総数を成す数によって限定されている[31]。

すなわちアミオは、卦は三つの爻から成ることから、「三という数にその原理をもつ」とした。そして八音は、六十四卦の基本単位である八卦の、八という数によって限定されたものであり、卦の三と八という数は、「自然（nature）」全体のありようを示している、とした。

しかしアミオが卦に結びつけたのは、八音だけではない。

中国人ははるか昔から、精神に属するものであれ物質に属するものであれ、すべては卦から生まれ、卦によって神秘的に形作られると確信してきた。そのため彼らが卦に〔音律の〕生成や、律、声、そのほか音楽システムを構成するすべてのものを見出すのも不思議なことではない[32]。

アミオはこのように述べ、中国では古来、十二律や五声、七声といった「音楽システムを構成する」すべてのもの、すなわち万物は卦によって生み出され、形成されると考えられてきたとした。アミオは、前述のごとく、中国音楽の根底にある「宇宙普遍の科学」およびその「原理」は、「自然の聖域」への到達、万物を従わせる「宇宙普遍の調和」の発見へと人を導くものだとした。そしてまさにこうした「自然」のありようを示し、音楽を含む万物を「神秘的に」生み出し形成するものとしてアミオが受け取ったものこそ、卦だったのである。

こうしてアミオは、『中国音楽に関するメモワール』で多くの紙幅を割いて、古来中国で論じられてきた卦と音律の結びつきへと分け入っていく。まず基本的な考え方として、六十四卦において、乾の卦は六つの陽爻から成り、天を表す。坤の卦は六つの陰爻から成り、地を表す。この六陽爻と六陰爻は交互に生成し、万物の生成を表す。この相互生成は、音楽の六陽律と六陰呂が三分損益法によって交互に生成し、全十二律を生むことに重ね合わされる。この理論を、アミオは西洋音楽における音名すなわちUt（ド）～Si（シ）を併用して、解説している。表3は、アミオの解説に従って、乾卦と坤卦の各爻、中国音楽における音名、西洋音楽における音名を示したものである。アミオによれば、乾の初九にあたる黄鐘（ファ）から、坤の初六にあたる林鐘（ド）が、そしてこの坤の林鐘から乾の九二にあたる太簇（ソ）が、さらに太簇から坤の六二にあたる南呂（レ）が、という具合に、三分損益法でもって乾の陽爻と坤の陰爻が交互に生成される。[33]

この理論を図で表したのが、朱載堉『楽律全書』に収められた『楽学新説』の「律呂相生配乾坤図」である。アミオはこの図も転写している。図3はアミオによる図、図4は「律呂相生配乾坤図」の原図である。このように陰陽十二爻と陰陽十二律、陰陽消長現象と三分損益法を結びつける考え方は、前漢の劉歆による『漢書』律暦志にも見られるなど、古くから中国に存在してきた。[34]

また、表3に示した爻と音律の配列を見ると、乾と坤の各卦を成す音律は、それぞれ全音程間隔で並んでいる（乾はファ、ソ、ラ、シ、ド♯、レ♯、坤はド、レ、ミ、ファ♯、ソ♯、ラ♯）。ここから一歩進んで、この陰陽十二爻を陽から陰の順で交互に配列した既済の卦、逆に陰から陽の順で配列した未済の卦は、それぞれ半音程間隔で並ぶ。[35]その構造を表4に示す。

このように、アミオは乾、坤、既済、未済、という四つの卦における陰陽十二爻と陰陽十二律の組み合わせについて示した。そして、音律生成の理論に陰陽消長現象を適用することについて、中

表3　乾卦と坤卦の各爻と各音律との対応

乾卦		
上九	無射	レ♯
九五	夷則	ド♯
九四	蕤賓	シ
九三	姑洗	ラ
九二	太簇	ソ
初九	黄鐘	ファ

坤卦		
上六	仲呂	ラ♯
六五	夾鐘	ソ♯
六四	大呂	ファ♯
六三	応鐘	ミ
六二	南呂	レ
初六	林鐘	ド

表4　既済卦と未済卦の各爻と各音律との対応

既済卦		
上六	仲呂	ラ♯
九五	蕤賓	シ
六四	林鐘	ド
九三	夷則	ド♯
六二	南呂	レ
初九	無射	レ♯

未済卦		
上九	姑洗	ラ
六五	夾鐘	ソ♯
九四	太簇	ソ
六三	大呂	ファ♯
九二	黄鐘	ファ
初六	応鐘	ミ

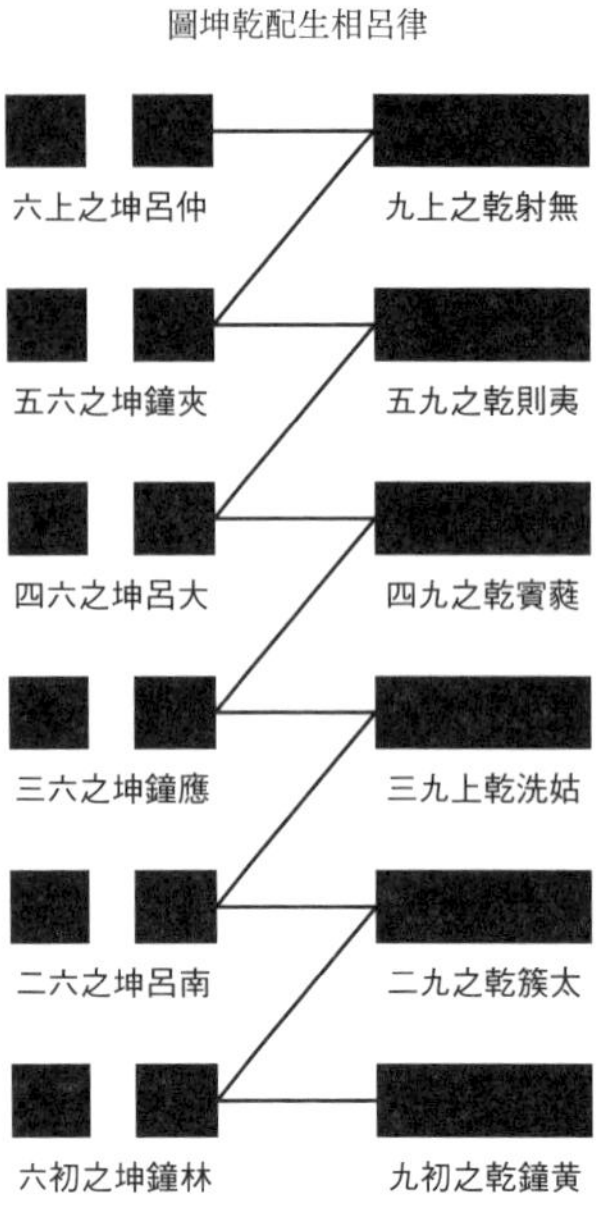

図4　朱載堉による「律呂相生配乾坤図」

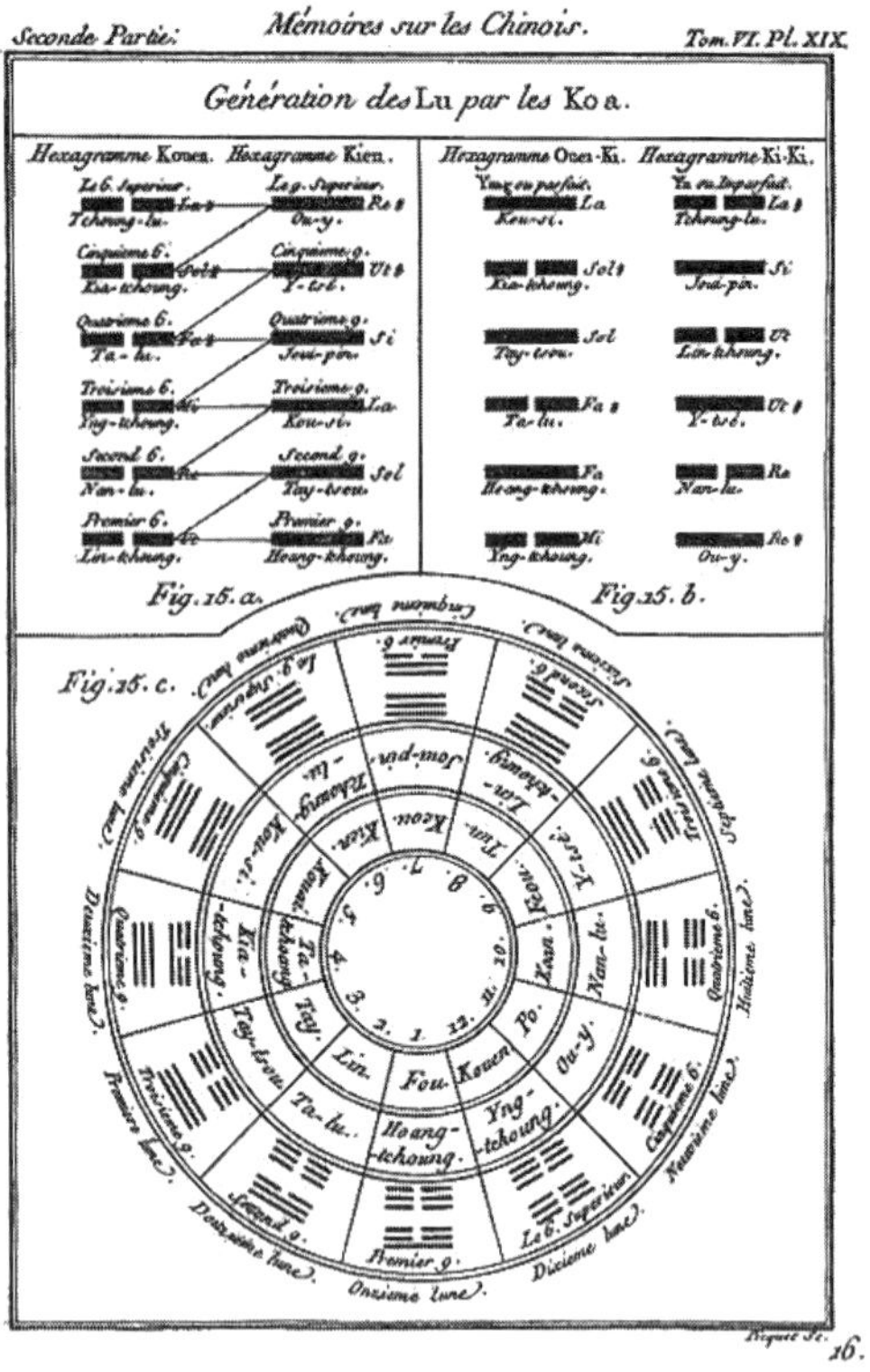

図3　アミオによる「卦を媒介とした律の生成」図

国人は「乾、坤、未済、既済という四つの卦は、音に関する崇高な科学(science)に、原理、成長、完成、また補足を与える」と考えるのだと述べている。[36] ここにいたって、アミオは「科学(science)」と卦を直接結びつけている。すなわち、アミオは中国音楽に「宇宙普遍の科学」、「科学のなかの科学」を見出そうとしたが、こうした「科学」の原理となり、また補完するものこそが卦であると認識したのである。

(3) 朱載堉における象数易学

このようにアミオは卦に大きな関心を寄せたが、その際彼が典拠とした朱載堉の著作自体がもつ特質も、少なからずアミオの議論に影響を及ぼした可能性が十分考えられる。朱載堉の音楽理論は、しばしば実験や

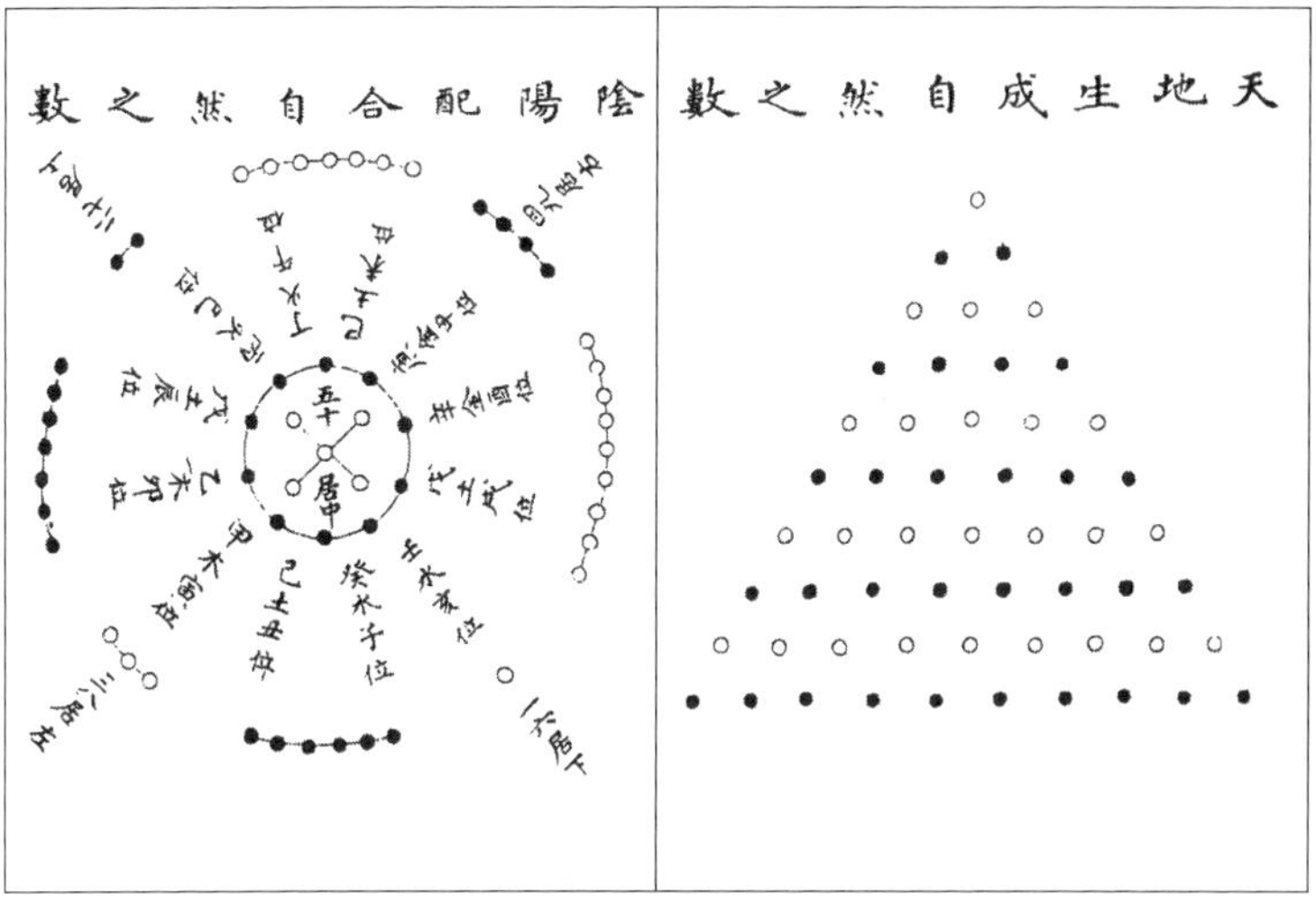

図5　朱載堉による「天地生成自然之数」と「陰陽配合自然之数」の図

実測を基礎とするところに特徴があり、その点で現代的意味において「科学的」であるといった評価もしばしば見られる。ただし田中有紀が指摘するごとく、その音律論の基礎となっているのは、じつは蔡元定の著作を通して吸収されたと考えられる、宋代以降の象数易学的傾向である[37]。そもそも前に触れた「律呂相生配乾坤図」も、この傾向を濃厚に示している。

ここで言及しておきたいのは、象数易学の系譜のなかで形成された先天易学からの影響である。なかでも図書先天の学は、周敦頤（一〇一七～一〇七三）、邵雍（一〇一一～一〇七七）や朱熹（一一三〇～一二〇〇）によるもので、河図洛書や先天図などの図像を易卦の解釈に用いる[38]。たとえば『楽律全書』のなかの『律呂精義』内篇巻之十「審度」では、次のように述べられている。

> 朱熹はこう述べた、〔中略〕律数とは自然の理であり、先天図と同じく、さらに手を加えられるようなものではない、と。〔中略〕朱熹は「先天図と同じく」と述べたが、そもそも先天図は河図洛書から出ている。〔中略〕河図の奇数と洛書の偶数が互いに交わって、はじめて律数と度数の二つが備わる。これがすなわち天地自然の妙

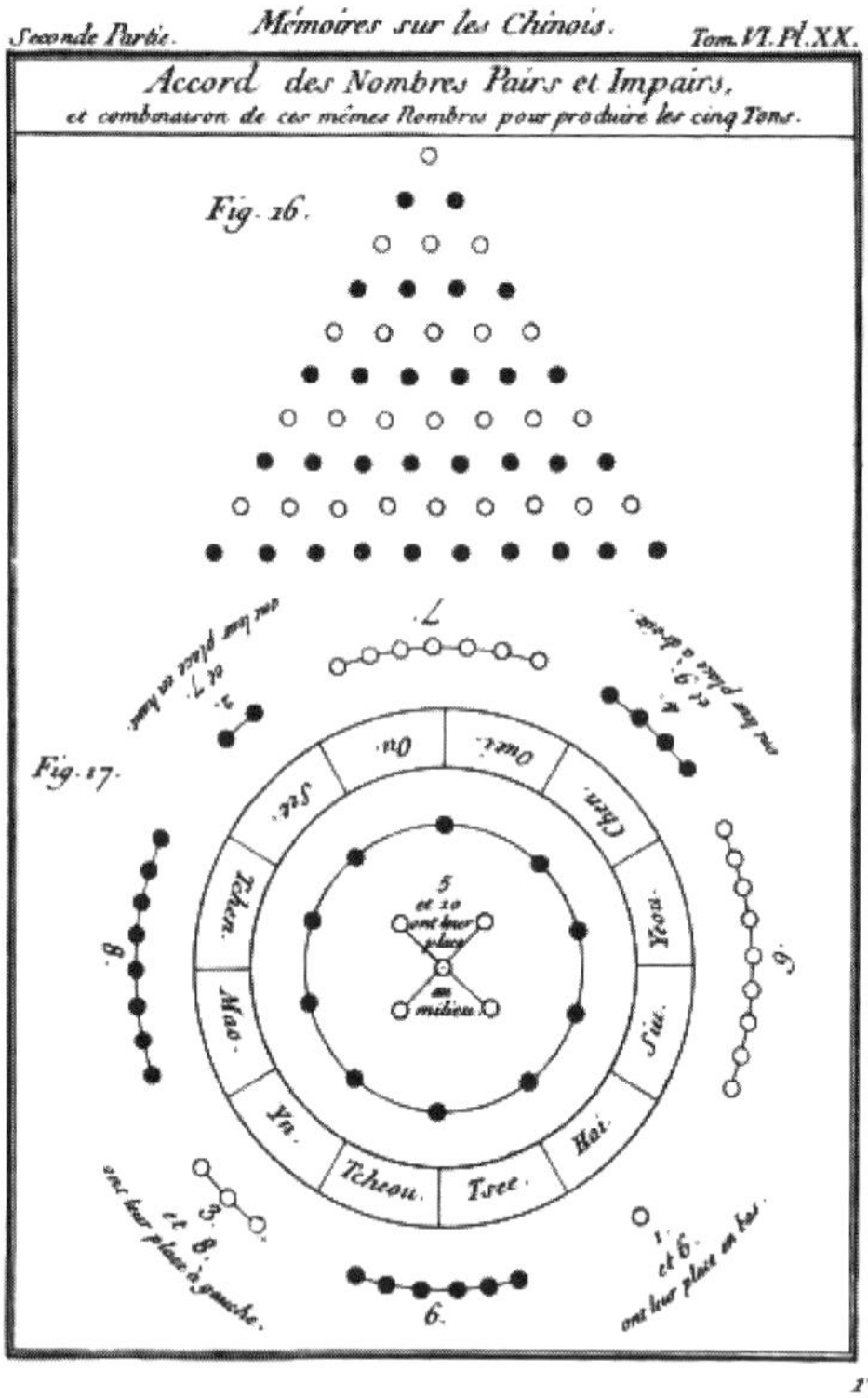

図6　アミオによる「陰数ならびに陽数の協和と，五音生成のための各数の合成」の図

で、人の力で手を加えられるものではない[39]。

ここでの朱熹の言葉は『朱子語類』巻九二・楽のもので、朱載堉はこれを敷衍している。中国の音楽理論は古来、音律算定の学として展開してきた側面をもつ。上の文章に見える律数（黄鐘律をはじめとする各音律の振動体の寸法）と度数（度量衡の度、すなわち長さを測るためのものさしの寸法）は、その音律算定の基礎となる要素だが、その拠り所を朱載堉は、易卦を配した先天図、および易卦や先天図の起源とされる河図洛書に求めた[40]。

じつはアミオも、これまで見てきたように易卦と音律の関係について述べるだけでなく、「数による律の生成(formation des *lu* par les nombres)」、すなわち河図洛書における天数（一から九までの五つの奇数）と地数（二から十までの五つの偶数）などに基づく音律生成理論についても、多くの紙幅を割いて説明している[41]。その際、やはり『楽律全書』からとられたと考えられる河図洛書の図も引用されている[42]。図5は『楽律全書』所収の『楽学新説』に掲載された「天地生成自然之数」および「陰陽配合自然之数」、図6はアミオの示した「陰数ならびに陽数の協和と、五音生成のための各数の合成（Accord des Nombres Pairs et Impairs et combinaison de ces mêmes Nombres pour produire les cinq

Tons)」である。すなわち、アミオが中国の音律について語る際、とくにそこに美しい数理に基づいた宇宙の秩序、すなわち「宇宙普遍の調和」を見出そうとし、易卦の象形的・数理的側面と音律生成との関係に注目した背景には、朱載堉の楽論が濃厚に帯びていた象数易学からの影響があったと考えられるのである。

3　ヨーロッパにおける「科学」をめぐる議論のなかで

（1）ラモーの根音バス

アミオによる、中国における易卦に基づく音律生成理論への関心は、ここにとどまらない。なぜなら上記のように易卦と音律との連関について解説したあと、アミオの議論は次のごとき飛躍を見せるからである。

哲学者的音楽家（Musiciens Philosophes）諸氏はおそらく、有名なラモーの根音バス（basse fondamentale）のシステム全体を、［ここに］見出すことだろう。(43)

上の文章にいささか唐突に現れたラモー（Jean Philippe Rameau　一六八三〜一七六四）とは、後期バロックを代表する作曲家・音楽理論家である。その著作『自然の原理に還元された和声論（*Traité de l'harmonie, reduite à ses principes naturels*）』（一七二二）(44)は、「自然の原理（principes naturels）」すなわち音響学的・聴覚的根拠に基づいて、近代的和声理論を構築した著作として有名である。また「哲学者的音楽家」とは、一八世紀フランスでよく使用された呼び名で、ラモーの弟子ルーシェらによって、ラモーその人の呼び名としても用いられた。(45)

ここでの中心概念である根音バスとは何か。これはラモーの和声理論の中心をなす概念である。この根音バスの理論は、モノコードの分割による基音の原理を基礎とする。未分割のモノコードは基音ドを発する。続いて「数の自然の展開に従って」モノコードを二〜八（七は除く）分割していくと、まずもっとも完全な協和音である一オクターブ上のドと五度上のソを発し、次に不完全協和音のミを発する。つまり完全協和音⇒不完全協和音⇒不協和音と、よりよく協和する音の順に発せられることになる[46]。

一方、前に見てきたようにアミオは、中国では「卦が自然（nature）における三つの主要な界の動物界・植物界・鉱物界を示す三という数にその原理をもつ」と述べている。アミオは、こうした「自然」を象徴する三という数にもとづいて展開される三分損益法、そして三分損益法による音律の生成を表現した卦に、ラモーの「数の自然の展開に従って」行われるモノコードの分割を、重ね合わせたものと思われる[47]。

もうひとつ、「科学」としての中国音楽というアミオの観念に関連して注目されるのは、ラモーの和声理論が次の理念に沿って構築された点である。

音楽は、確実な規則をもつべき「科学（science）」である。この規則は、明らかな原理から引き出されなくてはならないし、この原理は、数学の助け無しには全く知ることができない[48]。

このようにラモーは、数学的原理に基づくscienceとしての音楽を標榜した。さらにルーシェも、アミオの『中国音楽に関するメモワール』の注釈において、「和声がひとつの科学（science）になったのは、根音バスの時代以降のことに他ならない[49]」と述べている。ここから導き出されるのは、当時ヨーロッパの音楽理論の世界においてラモーおよび彼の根音バスの出現が、和声に関する知識＝「科学（science）」として確立される画期として認識されていたということである。これに前の議論を重ね合わせると、アミオが易卦と音律の関係から、ラモーの根音バスへと議論を飛躍させた意図は、一八世紀当時ヨーロッパにおける先駆的「科学」としてのラモーの学説が、じつは古代中国においてすでに先取りされていた、と主張することにあったと考えられるのである。

これに類した主張は、音楽以外のものに関するアミオ報告にも見える。たとえば『メモワール』第一一巻（一七八六）に収録された、陰陽理論に関する書信である。アミオは次のように述べている。

（2）ビュフォンの「熱」・「冷却」

ヨーロッパでは、ある天才によって「科学（science）や技芸（art）の断片」が集められ、光沢を与えるニスがかけられると、「新しい発明」などともてはやされる。ところが、そうした「科学や技芸」に関する最初の知識は、「伏羲氏やその仲間」によってもたらされ、宋代の周敦頤や邵雍、朱熹によって発掘された。そしてこの発掘された「古代のシステム」には、自然誌学者ビュフォンの地球科学理論における「熱（incandescence）」と「冷却（refroidissement）」を先取りする理論、すなわち「陽」と「陰」が見出されるのである。[50]

宋代の周敦頤・邵雍・朱熹とは、前に述べたごとく当時象数易学を確立し、隆盛へと導いた儒者たちである。つまりこの文章の前半は、上古の時代に発明された易（古来伏羲氏によって発明されたと伝えられてきた）について、その真の意味が長らく埋もれていたが、宋代において易卦の象形や数理に基づく解釈が施されることにより、「発掘」にいたったということを述べているのに他ならない。

また、後半部分に現れるビュフォン（Georges Louis Leclerc Comte de Buffon 一七〇七〜一七八八）とは、フランスの有名な自然誌学者だが、その地球史をめぐる著述において、「熱」すなわち地球が誕生する際に帯びた熱が、「冷却」されるまでにかかる時間を、実験を交えて計算することによって地球の年齢を算定している。[51] ここに現れているのも、ラモーの理論をめぐって現れたのと同型の主張である。すなわちアミオは、ビュフォンによる地球科学という、一八世紀ヨーロッパの最新理論を引き合いに出し、それらははるか古代中国に確立された陰陽理論に先取りされていたと主張したのである。

（3）「科学」の先駆性をめぐるルーシェとの議論

じつはアミオとルーシェの論争も、しばしば人類最初の「科学」の起源をどこに求めるか、という論点をめぐって行われている。前に述べたように、ルーシェはエジプト人を「音楽の原理」の「最初の制定者」と呼び、古代ギリシアと中国の音楽はエジプトのそれに源を発するとした。まず、ギリシア人が「エジプト人によって開化され、エジプト人から科学（Sciences）の最初の要素を受け取ったことが知られている」と述べたあと、ルーシェは次のごとく断定している。

私は技芸（Arts）と科学（Sciences）の大部分の発明を、つねにエジプト人の功績に帰する世論に従うべきだと信じる。[52]

これに対し、アミオは以下のような批判を突きつけている。

エジプト人からその技芸（arts）と科学（science）を借用した、という恩義を中国人に感じさせたいと望む以上、〔自分の『中国音楽に関するメモワール』を〕すべて注意深く読まなければならない。それは、先入観に毒されない価値判断を身につけるための当然の対価だ。[53]

このように、アミオが古代中国における「科学」について盛んに論じた目的のひとつとして、ルーシェがエジプト人に「科学」の先駆者の称号を与えようとしたことへの批判があったと思われる。

（4）ソヌラとの論争

さらに、当時のヨーロッパでは中国における「科学」の発展自体に否定的な態度が一般的であった。このことは、ソヌラ（Pierre Sonnerat 一七四八〜一八一四）による著述によく表れている。ソヌラは自然誌学者で、マダガスカルに生息するインドリやアイアイの、ヨーロッパでの命名者として知られる。また東南アジアやインド、中国を旅し『東インドおよび中国への旅（*Voyages aux Indes Orientales et à la Chine*）』（一七八二）を著した。その第二巻第四編で、ソヌラは次のように述べている。

ヨーロッパでは、中国は宣教師たちによる"édifiantes"の報告でしか知られていない。この人々は、偶像崇拝の国を永遠に幸福なものとして描きたいという願望から、また〔中略〕未知の国に身を置くための絶えざる必要から、〔この国の〕ぞっとするような真実をついて伝えるのに必要な、完全に公正な態度ではいられない。[54]

この「"édifiantes"の報告」とは、アミオの前の世代のフランス人イエズス会士の報告を集めた、前述の『イエズス会士書簡集』全三四巻（一七〇二～一七七六）のことである。つまりソヌラのいわんとするところは、在華イエズス会士は中国で暮らすため中国人の歓心をかう必要があるので、中国に関する彼らの報告は好意的な方へ偏っている、というものだった。

こうした、在華イエズス会士の報告の公正さを疑う見方は、ソヌラに限ったものではない。たとえばモンテスキューはイギリス人提督アンソンの旅行記に依拠して、中国商人の徳性を否定し、中国を「恐怖心」を基礎とする専制国家だとするなど批判的な中国論を展開した。その際、フランス人在華イエズス会士がしきりに中国の政体を賛美するのは、その外観の美に欺かれたからだ、と批判した。[55] ここで注目すべきは、ソヌラもじつは中国の「科学」について論じていたということである。

技芸（arts）と科学（sciences）は、中国では全く進歩しなかった。政府がつねにそれを妨害したのである、なぜなら人々が啓蒙されてしまうと、〔政府は〕必然的にそのあり方を変えざるを得なくなるから。[56]

このほか「中国の政府は、すべての奴隷的な人々におけるそれのごとく[57]」と述べるなど、ソヌラが中国の政治を一種の専制と見ていたことは明らかである。そしてこうした政治のもと、中国の「技芸と科学」は停滞を余儀なくされたという見方を示したのである。

こうしたソヌラの議論は、当時ヨーロッパ知識人の大きな反響をよんだ。とくに一七八三年にドイツ語訳されると、それを読んだカント（Immanuel Kant 一七二四〜一八〇四）の中国観は、劇的に否定的なものへ変化したという[58]。

これに対するアミオの反論は、前にも引いたビュフォンの「熱」・「冷却」を陰陽の思想に結びつけた報告に見られる。アミオは中国政治に対するソヌラの見方を否定したあと、次のごとく述べている。

ある自然誌学者（Naturaliste）が私に、その〔ある国の〕科学（science）から引き出された事物について述べるなら、私はそれを信じるだろう。彼が私にもたらすのは新しい知識であり、私は彼に、心からの感謝を述べることだろう。しかし、この自然誌学者が、彼の守備範囲から越え出て、私に「この国の特徴はこれこれだ、慣習、宗教、法、政治はこれこれだ」と決定的、断定的口調で言ってくるなら、それは信じ難く、私は彼の断定が基づいているものを吟味してみることだろう[59]。

この発言がほのめかしているように、アミオが古代中国における科学について盛んに論じた背景には、当時ヨーロッパで広く流通していた、中国科学に対する否定的な見方があったと思われる。

4 「科学」と「技芸」

（1）科学および技芸としての音楽

ところで、アミオとルーシェおよびソヌラの論争で問題になったのは、中国の科学だけではない。「科学（science)」の語が、長らく「技芸(art)」の語と組み合わさって「人間の知識の総体」に対応していたことについてはすでに述べたが、本章で見たルーシェやソヌラの議論においても、しばしば科学とともに技芸が問題となっている。そもそも、当時のヨーロッパ知識人の認識において、音楽と科学および技芸の関係はいかなるものだったのか。一八世紀フランスを代表する二つの辞書における「音楽(Musique)」の項目を見てみよう。最初に『百科全書(*Encyclopedié ou Dictionnaire raisonné sciences, des arts et des mêtiers*)』(一七五一～一七七二)における「音楽」の項を引く。

音楽は、それが耳に心地よい作用を及ぼすことが可能な限りにおいて、science であり、また音の相互の響き、連なり、長さを、心地よい感覚を呼び起こすように配置し、統御する art でもある。[60]

次に『アカデミー・フランセーズ辞典(*Dictionnaire de l'Académie Française*)』(一七七八)の「音楽」の項では、次のごとく記されている。

音の関係や調和を扱う science のこと。〔中略〕より一般的には、チャントやエール〔それぞれ歌曲の形式のひとつ〕を、それが単声によるものであれ複声部からなるものであれ、声楽あるいは器楽を伴っているものであれ、作曲する art を指すのに用いられる。[61]

これら二つの辞書における記述から見る限り、アミオ当時のヨーロッパにおいて、音楽は科学であるとともに技芸でもあった。

アミオの『中国音楽に関するメモワール』においても、「技芸(art)」の語が頻繁に現れる。それは「科学」の語と共に用いられるほか、八音に関する部分に多く現れ、「石を音楽に役立つようにする技芸(art)は、思うに中国人に特有の技芸(art)である」や、「金属を火で溶かす技芸(art)」など、楽器製作に関わる技術を説明する文脈で用いられた。[62]

しかし前述のごとく、中国の音楽においてアミオが究極的に求めたのは、あくまでも「宇宙普遍の科学」であり、「科学のなかの科学」だった。このことは、次に引くアミオの言葉によっても裏づけられる。

音楽の中国における発明者は、なによりもまず、彼が発明しようとする技芸（Art）が、科学（Science）、すなわち本来の意味における、そして言葉の全き厳密さにおける科学（Science）の高位に昇ることができるよう、熟考してきたのである。[63]

ここでの「科学（Science）」はおそらく、前述の「宇宙普遍の科学」や「科学のなかの科学」と重なり合う概念であり、「技芸（Art）」よりはるかに高く位置づけられている。アミオはなぜこのように科学を高く位置づけ、その追究に重きを置いたのか。

（2）思弁的な科学[64]

この問題は、当時ヨーロッパで中国における科学、とくに「思弁的な科学（sciences spéculatives）」について、懐疑的な見方が多かったことに関係していると思われる。第2章でも取り上げた、ヨーロッパ在住のイエズス会士デュ・アルドの『中国地誌』では、第三巻「そのほかの科学（sciences）」で、次のように述べられている。

たしかに中国人が機知に富むことは、認めずにはいられない。しかし何がこの機知によって発明され、洞察され、研究され、深く追究されただろうか。彼らは科学（Sciences）のすべてにおいて発見をなした。［しかし］我々が思弁的な科学（Sciences spéculatives）と呼び、精密さと鋭敏さを要するものは何ひとつ完成しなかったのである。

さらに音楽については、次のように述べられている。

彼ら〔中国人〕は、半音高くしたり低くしたりして歌うことはなく、ただ三度、五度、オクターヴ〔で歌う〕のみである。この和音が、中国人の耳を楽しませる。[65]

ここでデュ・アルドが、中国人は半音を知らないと述べたことは、前に触れたようにルーシェが中国の十二律を無視したのと軌を一にする。

中国における「思弁的な科学」の発展を否定する見方は、デュ・アルドに限られたものではない。次に引く、在華イエズス会士パルナンからアカデミー・フランセーズ会員ド・メーランに宛てた報告からは、ド・メーランもやはり同様の見方をとっていたことが窺える。

あなたは、中国人の才能が他の点では非常に尊敬すべきものなのに、思弁的な科学（sciences spéculatives）と呼ばれるものにおいては我々よりこれほど劣る、ということを意外に思われているようです。〔中略〕またあなたは、中国人がこれほど長いあいだ思弁的な科学と呼ばれるものを研究してきたのに、それを中程度に掘り下げる者さえ一人もいないことを不思議に思われているようです。[66]

さらにヴォルテールも、「思弁的な科学」の語こそ用いないものの、中国における科学の進歩については、次のようにおおむね否定的な見方を示している。

しかし我々は願おう、中国人が最終的には、他の国からアルファベット、すなわちそれ無しでは、彼らが発明した科学（sciences）における大きな進歩を成し遂げることが全くできないであろうところのアルファベットを導入することを。

その一方で、中国の技芸については、次のごとく述べている。

インド人と同じく中国人も、必要なすべての技芸（arts）に関する知識において、ヨーロッパよりはるかに先行することを認めるのに〔中略〕たいした努力を必要としない。〔中略〕東洋全体が今日ではもはや、数学と芸術（beaux-arts）において、我々の競争相手というにはほど遠く、我々の新参者にさえ値しないにしても。[67]

この「芸術（beaux-arts）」の語についてはいささか説明を要する。小田部胤久によれば、この概念は一八世紀半ばのフランスで初めて提起されたという。「快」を求める技術、すなわち「美しい技術＝芸術」を指し示し、伝統的な「技芸（art）」が示す「実践的有用性ないし欲求」に仕える「機械的技術」と対立する概念となった。[68] つまりヴォルテールは、中国における「機械的技術」としての「技芸（art）」の進歩は認める一方で、中国における数学、および「芸術（beaux-arts）」の進歩に関しては、全く否定的だったということになる。

以上見てきたように、一八世紀ヨーロッパの知識人のあいだには、中国における科学、とくに数学的思考を要する「思弁的な科学」の進歩を否定する見方が広く共有されていた。アミオが盛んに、中国の音楽に「宇宙普遍の科学」あるいは「科学のなかの科学」を見出そうとした背景には、こうした当時のヨーロッパにおける思潮に対抗し、中国における科学の進歩を証明する意図があったと思われる。

（3）科学の有用性をめぐる議論との関わり

最後に、これまで見てきたアミオの議論が、一八世紀フランスにおける科学の「有用性」をめぐる議論といかに関わっていたか、考えてみたい。再び『中国音楽に関するメモワール』を見てみると、アミオはいささか唐突に「もし中国人たちが、円積問題について研究していたなら、もし中国人たちが立方体倍積問題を解くための方法を見つけることに力を注いでいたなら」と嘆いたあと、次のように述べている。

ギリシア人たちはそれを行っていた。しかしそのギリシア人哲学者たち（Philosophes）は、おそらくは彼らにとって重荷であった余暇を潰すために、あるいは不毛な好奇心（curiosité）を満足させるために〔円積問題などに〕取り組むのみであり、〔それに対し〕中国人哲学者たちは有用性（utilité）の観点から、彼らの科学（science）、すなわち他のすべてにとっての鍵だと彼らがみなしている科学（science）のそれ〔有用性〕の完成のためにするのである。(69)

円積問題とは、円の正方形化つまり所与の円と等しい面積の正方形を作図する問題のことであり、紀元前五世紀頃からギリシアで熱心に研究された。また立方体倍積問題とは、いわゆる「デロスの問題」といわれ、古代ギリシアにおいてデロス島に伝染病が流行した際、神のお告げによって、立方体の祭壇を二倍の体積のものに作り替える必要があったことに由来するとされる。以上二つの問題は、角の三等分問題と共にギリシアの三大作図問題といわれ、長らく解決をみなかった。アミオは、円積問題や立方体倍積問題に中国人が取り組んでいたなら、ギリシア人とは異なり、各律管の寸法を正確に算定するという「有用」な目的に役立てただろう、というのである。(70)

またアミオは、文通相手のベルタンに中国の楽器を送っていたが、ベルタンは、これらを「純粋な好奇心（pure curiosité）」によるものとし、不快感を表している。一方アミオも、中国の風水について報告せよというベルタンの要求に対し、風水のような「浅薄な科学」、そして「もっともばかげた迷信に関する科学（science）」に陥るものに専心するわけにはいかないとして、これを拒否している。(71)

『中国音楽に関するメモワール』において、アミオがわざわざ「科学のなかの科学」、あるいは「科学、すなわち本来の意味における、そして言葉の全き厳密さにおける科学」と述べたのは、こうした「本来の」科学を、如上の「浅薄な科学」や「もっともばかげた迷信に関する科学」に対置させる意味合いがあったと思われる。

こうしたアミオの議論は、やはり一八世紀フランスにおける思潮を反映している。隠岐さや香によれば、一八世紀フランスのパリ王立科学アカデミーにおいては、科学と技芸における「公共（le public）」のための「有用性（utilité)」の追求という理念が頻繁に打ち出されたが、こうした議論は「社会における科学の位置づけもその価値も定まってはいなかった」当時の学者にとって、欠かせないものだった。[72]また、「好奇心をそそる（curieux）」という属性は、一七四〇年代以降、次第に低い評価を受けるようになり、「役に立たない（inutile）」と同義に用いられるようになっていった。[73]そしてアミオの文通相手だったベルタンはまさに、この科学アカデミーの名誉会員であり、如上の議論の中心に近い所にいたと推測できるのである。

本章で見てきた、中国の音楽に「科学のなかの科学」を見出す、というアミオの主張もやはり、一八世紀フランスで盛んに打ち出された、「公共」にとって「有用」であるべき、という科学のあり方の理念に、大きく方向づけられたものだったと思われる。

おわりに

本章では、『中国音楽に関するメモワール』を中心に、アミオによる中国音楽と「科学（science）」をめぐる議論について検討した。アミオは、中国の音楽システムがエジプトに由来するという説をとなえたルーシェに対し、中国音楽がエジプトやギリシアのものより起源が古く、独自に完成されたものだと主張したが、アミオの議論はただ単にどちらの起源がより古いかという地点にはとどまらなかった。すなわち、彼は中国音楽の原理である音律生成理論と強く結びついた卦およびそれらが象徴する陰陽理論、そして河図洛書の数といった要素に「宇宙普遍の科学」あるいは「科学のなかの科学」が見出されることを証明しようと試みた。

このようにアミオが繰り返し「科学」に言及したことは、同時代ヨーロッパにおいてラモーあるいはビュフォンらによって標榜された科学への参照を強く促すものであり、このような科学を中心として形成されつつあった新しい価値体系への接続をはかろうとする企てであったと考えられる。従来ヨーロッパでは、中国における科学に対し、きわめて低い評価しか与えられていなかったが、アミオは陰陽理論ならびにその象徴である易卦や河図洛書をあえて「科学」として翻訳することによって、中国文明と最新科学とを接続する経路を見出そうと企てたのである。

第4章　メスメリズムと陰陽理論の邂逅

はじめに

前章では、アミオが中国音楽に「科学」を見出そうとしたことについて論じたが、その際大きな鍵となったのは中国儒教における陰陽理論であった。第1章で述べてきたごとく、リッチ以来の在華イエズス会士は、適応政策のもと「補儒」すなわち儒教とカトリックは相互補完的であるとの説をとなえ、宣教に利用した。しかしじつは、彼らは儒教であればすべて肯定的に捉えたというわけではなく、とくに宋明理学的な形での陰陽理論、すなわち理気論に対しては、在華イエズス会士もしばしば否定的な態度をとったことが知られている。

陰と陽の相互作用によって万物が生成変化するという考え方は、古来中国における宇宙観の根幹を形成してきた。宋学的な形での陰陽理論とは、周敦頤の『太極図説』に源を発し、その弟子の程顥（一〇三二～一〇八五）・程頤（一〇三三～一一〇七）兄弟、および張載（一〇二〇～一〇七七）を経て、朱熹が大成させた理論であり、宇宙は形而上の「太極」および「理」と、形而下の陰と陽の「気」という二つの次元から成り、「太極」あるいは「理」は宇宙の本体で、万物の生成変化の根元であり、「気」が運行することによって実際の生成変化が起こる、とする。こうした宇宙の本体としての「理」と、人間の本性としての「性」を中心とする宇宙観は、明代の永楽帝勅撰の書『性理大全』全七〇巻（一四一五）において整理された。

一六～一八世紀の在華イエズス会士は、ヨーロッパへ送る報告のなかで『性理大全』について頻繁に言及しており、彼らが中国の万物生成理論について研究する際、この書物を非常に重視していたことは明らかである。というより、避けては通れない障壁として立ちはだかった、というべきかもしれない。在華イエズス会士たちにとって、知性を備えた人格神を万物生成の根元とするキリスト教の宇宙観を、太極や理によって万物が生成変化するという理論に「適応」させることには、相当の困難があったようである。

ここでまず、リッチとロンゴバルドがどのように記したか見ておこう。すでに述べたごとく、リッチは「天主」すなわちキリスト教の神の概念を中国人に伝えるには、儒教の経書にしばしば見られる「上帝（または昊天上帝）」の概念を借用することが有効だとの説をとなえた。これに対し、ロンゴバルドは「〔儒教の〕経書の解釈には『五経大全』『四書大全』『四書集注』などの新注を参照し、その解釈に従うべき」だとの立場をとり、新注に従えば「上帝」を「天主」のごとき人格神と捉えるのは無理があるし、「上帝」より上位の概念として理や太極があり、「天主」のごとき最高神とは異なると主張し、リッチ説に反対した[1]。しかし重要なのは、このような意見の対立にもかかわらず、両者とも「太極」や「理」を知性も人格ももたず、キリスト教の神とは全く異なる存在と捉えた点では一致するということである。

リッチやロンゴバルドをはじめとする在華イエズス会士たち、および彼らから中国情報を受け取っていたヨーロッパの知識人たちは、陰陽理論についてさまざまな論考を残した。これらのなかでも、画期的な意味をもちながら、これまでほとんど研究されてこなかったものとして、アミオによるいくつかの報告がある。前述のごとくアミオは一七五〇年から中国に滞在し、ヨーロッパのさまざまな知識人と文通を行い、膨大な中国情報を送り続けたが、そのなかには陰陽理論に関する情報もあり、とくに一七八〇年代になると、アミオは太極や理に関する詳細な論考を多くヨーロッパへ送っている。そして注目すべきは、こうした論考の多くが、太極や理だけでなくメスメリズム（mesmérisme）をも同時に取り扱っていることである。[2]

メスメリズムとは、一八世紀末にドイツ出身の医師メスマー（Franz Anton Mesmer 一七三四〜一八一五）が創始し、ウィーンやパリで実践に移され、賛否それぞれの大きな反響を呼んでいた治療法である。メスメリズムは、「流体（fluide）」と「動物磁気（magnétisme animal）」という鍵概念に支えられている。メスマーが提唱した二七の「命題（Propositions）」に従って要約すると、宇宙万物には微細な「流体」が遍在し、これが媒体となって天体、大地、人を含む諸生命体のあいだに相互作用が生じる。そしてこの「流体」が人体に入ると、磁石と同じく両極をもち、天体やさまざまな生命体および非生命体からの作用を感じさせ、逆にそれらに作用を及ぼすこともできる「動物磁気」となる。[3]

「動物磁気」を用いた治療法とはいかなるものか。チュイリエ（Jean Thuillier）によれば、メスマーは、人は「人体に行きわたる流体の配分の狂い」が原因で病気にかかるとし、「動物磁気」の作用によって体内に新たな「流体」を与えれば、体内に「流体」の干満を生み出し、均衡を取り戻すことができる、と考えた。[4] 実際の治療では、「〔患者の体内の〕小さな磁石の磁極を探すのだといって、患者の全身に指を走らせ」、あるいは「流体」を安定的に溜めておくための「メスマーの桶」と呼ばれる大型の木桶が用いられ、周りに座った患者たちが桶に取りつけられた鉄棒を患部にあてがい、さらにロープなどを介して患者同士で「流体」を伝え合う、といった方法がとられた。[5]

メスメリズムはまさに当時の「科学」の、現代とは異なる側面を象徴しているといえる。メスメリズムについて論じたダーントンによれば、当時「科学者（Scientists）」がしばしば聖職者であり、彼らが追究した「科学（science）」がしばしば哲学以外のなにものでもない、といった状況のなかで、自然学はしばしば容易に形而上学や神学、錬金術からの干渉を受けた。[6] これらの、現代の見方からすればまず科学的とは考えられない要素が、実験的・実測的物理学と不可分に結びついた混合物こそ、当時の「科学」だったといえよう。

こうしたメスメリズムについて、最初にアミオに伝えたのは「デヴォワ（Desvoyes）」という人物らしい[7]。デヴォワとはルイ＝オーギュスタン・ベルタン（Louis-Augustin Bertin 一七一七〜一七九四）の別称で、在華イエズス会士と文通をかわし、彼らに支援を行っていたかのフランス国務卿ベルタンの兄である[8]。また前章でも触れた、ベルタン兄弟の親戚にあたると考えられるメレ伯も、メスメリズムについてアミオに情報をもたらしたひとりである。前述のごとく、メレ伯はクール・ド・ジェブランによる『原始世界』第八巻（一七八一）に、タロットに関する研究論文を寄稿しており[9]、ジェブランと同様に古代エジプト文明の探究に没頭していたと推測される。

メスメリズムをめぐるアミオとルイ＝オーギュスタン・ベルタンやメレ伯との文通は、メスメリズムが論争の的となり、王権やアカデミズムによって弾劾された時期に行われている。メスマーは最初の頃ウィーンで活動し、一七七八年パリに活動の場を移した。そしてメスメリズムに基づく医療活動を行うかたわら、一七七九年に動物磁気に関する論考をパリとジュネーヴで出版している[10]。それからまもなく、動物磁気に対する批判と擁護それぞれの立場からさまざまな書物が出版され、議論が飛び交った[11]。こうしてメスメリズムが激しい論争を巻き起こしたことから、一七八四年にパリ大学医学部や王立医学協会、科学アカデミーは、王権の依頼によって動物磁気の調査委員会を組織し、流体や動物磁気の存在を認めずメスメリズムの有効性を否定する結論を下した[12]。

アミオはルイ＝オーギュスタン・ベルタンに対し「あなたは［メスメリズムの］支持者のひとりのように思えます」と述べている。そして「その味方になるよう勧誘されるまでもなく、私は必ず、我々と同じようには考えられない、気難しく疑り深い人々を納得させることのできる、すべての知識を駆り集めることを約束しましょう[13]」と宣言した。また調査委員会がメスメリズムに対する否定的結論を下した二年後、アミオはメレ伯への手紙で、委員会報告に対する不満を示している。アミオは一七八四年九月発行の『メルキュール・ド・フランス（*Mercure de France*）』誌に掲載された動物磁気委員会報告[14]に触れ、「百もの理由から、私はメスマー氏の主張に賛成する」と述べ、「流体」や「動物磁気」の実在を調査委員会が否定したが、それらの実在は「私にとって確かなこと」だとした。[15]

メレ伯と親しかったと思われるジェブランはメスマーの患者であり、メスメリズムと原始科学の関わりについて熱心に研究したことでも知られる。[16] このように、メスメリズム支持者と思われるベルタン兄やメレ伯との接触が、アミオのメスメリズムに対する態度をどの程度方向づけたのか、正確なところは不明である。しかし少なくとも、アミオにとって、メスメリズムに有利な情報を探し出すという使命は、従来のヨーロッパ人とは異なる視角から陰陽理論を見つめる契機として働いた。

メスメリズムに関係するアミオの論考のうち、三つの手稿が中国医学研究者ユアールらによって一九六〇年に翻刻出版されている。[17] そのほか未出版の手稿が、フランス国立図書館手稿の部のフォンド・ブレキニー（Fonds Bréquigny）に蔵されている。本章ではこれらをおもに使って、アミオを媒介とした、中国の陰陽理論とヨーロッパのメスメリズムの邂逅について論じたい。

1　中国の伝統的治療・養生の術における陰陽の気

（1）功　夫

メスメリズムに有利な情報を探し出すにあたって、アミオはまず中国における伝統的な治療術に注目した。アミオは自分が実際目にした「功夫（Kong fou）」や「剃頭（ty-teou）」の実践法を説明し、また唐初の道士で医者の孫思邈（五八一～六八二）が行ったとされる「懸糸診脈」の伝説を紹介した。[18]

アミオは「功夫（Kong fou）」について、当初はこれをタバラン（Tabarinage）の一種と思っていたが、メスメリズムに関する情報によって「目を開かされ」、功夫についてもメスメリズムと同じことがいえるのではないかと悟った、と記している。[19]タバランとはもともと一六〜一七世紀の有名なシャルラタン（大道薬売り）のことで、パリなどで道化役者として客寄せ劇を行い、怪しげな薬を売ったり、治療のパフォーマンスをしたりしていたため、やがてタバランの語もシャルラタンとほぼ同じ意味の一般名詞として使われるようになった。[20]また、「功夫」とは「工夫」とも書き、仕事や修養、技術といった広い意味をもち、儒教や仏教においてはさらに各々独自の意味が付与されている。[21]道教における功夫はおもに治療・養生の術である。道士たちは養生功や気功[22]など、さまざまな呼吸法や柔軟体操、動作を組み合わせた功夫（功法）を考案した。アミオは功夫を「療法」と呼び、「功夫による治療の、十分に健康的な効果」などと述べており、[23]道教における治療や養生の術を指して、この語を用いたことがわかる。

じつはこれらの報告が作成される前、アミオの仲間の在華イエズス会士シボが「道士による功夫（Cong-fou）の概要」という報告[24]を送っている。この報告は、道士が行う気功について、静立、静座、静臥を基本とする姿勢や呼吸法を中心に解説しており、おそらくは明代の高濂『遵生八牋』（一五九一）巻之三、四時調摂牋などに付せられた「陳希夷二気坐功図勢」を参照して書かれた。この報告には、次の一節がある。

功夫は本当に治療として行われ、多くの病人を癒しているので、簡単には信用しない文人たちでも、道士たちが仲間内で用いるけばけばしい専門用語に圧倒されてしまい、彼ら〔道士たち〕のシャルラタン的言動（charlatanerie）がその迷信の滑稽さを覆い隠していることがわかる。[25]

ここでのシボの意図をより明らかにするため、同時代の『百科全書』を参照すると、医者（Medecine）とシャルラタンとは明確に区別すべきであり、前者が「真の経験に基づく、非常に尊敬すべき」人々であるのに対し、後者は「軽蔑に値するのみ」[26]だと述べられている。

つまり当時のヨーロッパ人にとって、シャルラタンやタバランに擬せられるということは、真の医者ではないという侮蔑を含んでいたのである。このような意識が、従来の在華イエズス会士のあいだでも共有されていたことが、シボの発言からうかがえる。ところがアミオはメスメリズムとの出会いによって「目を開かされ」たと述べている。すなわち彼とメスメリズムとの出会いは、こうした従来の功夫評価に大きな変化を生み出す契機となったのである。

（2）剃頭匠

大きく変化したのは、功夫に対する見方だけではない。アミオはメレ伯宛の手紙で、「剃頭（ty-teou）」すなわち剃頭匠への称賛を述べている。剃頭匠は、清代北京の大通りや路地で客の頭を剃るほか、髭剃りや耳掃除、肩叩きなども行った[27]。アミオは、最初の頃はこのような剃頭匠の動作が「軽業師（Jongleur）」のようにしか見えず、彼らは「ばか（Baudet）」だと思いこんでいたという。まして彼らの施術の様子が自分の沈思黙考の対象となり、真実の「自然学（Physique）」の原理（principe）へと自分を導くことになろうとは、夢にも思わなかった、と。

アミオは、剃頭匠たちを「磁気治療師（magnétiseur）」と呼び、彼らの施術を「磁気をかける（magnétiser）」と表現している。この呼び名は、明らかにメスメリズムにおける動物磁気を暗示している。アミオは何を根拠として剃頭匠にこの呼称をあてたのか。

アミオが「磁気治療師」すなわち剃頭匠に出会ったのは、北京から西へ一里半、「フランス人宣教師たちが所有する土地があり」、彼らの教会および墓地付き家屋が建てられた場所でのことだという。これは第1章で述べたごとく、北京の郊外西方（現在の海淀区）にあったフランス出身宣教師専用の墓地兼避暑地、正福寺のことと思われる。アミオはこの地に滞在中、散歩に出るとほぼ毎回、剃頭匠が施術を行っている姿を目撃したという。そのやり方を、アミオは詳しく説明している。治療師は、まず湯で頭を十分に洗ってから剃る。アミオによれば、これは「施術の成功を大きく左右する準備」であり、治療師たちは次のごとく語るという。

人体の全神経（nerfs）は、頭に繋がっている、あるいはより正確には、頭を根元としている。気（ki）、すなわち神経の内部を循環し、浸透する作用因（agent）は、体のさまざまな部分に広がっていくにあたって、まず頭に集まり、与えられる指示に従う。頭を剃ることによって、治療のとき作用因〔気〕がその力を発揮できる道すじについての指示を待つための、待機所を用意するのである。

このように洗頭と剃頭という「準備」が終わると、いよいよ施術の本番に入る。治療師は客の前に立ち、客の顔をじっと見る。そこで互いの目と目が合うが、これはおそらく「中国人が自己紹介するときのやり方」だろう、とアミオはいう。その後、治療師は客の頭に両手を載せ、一分ほどそのままにする。それから少しずつ手を動かし、頭を軽く叩きながら触診する。さらにこめかみの神経（nerfs）や静脈（veines）に対する軽い圧迫を繰り返し、瞼の上を二本の指でゆっくりと同心円を描くように押し、首の筋肉を強くつまんだり、椎骨を「脱臼させるごとく」揺さぶったり叩いたり擦ったりする。以上が第一段階である。

この人体上部に対する施術が終わると、治療師は客の両肩に手を置く。肩の筋肉をさまざまな方向から強くつまみ、鎖骨を摩擦し、両手を「腕から引き離すかのごとく」引っ張り、揺さぶり、上下左右にまわす。そして頭から首にかけて行ったのと同じことを、上腕部から手首にかけて施す。以上が第二段階である。

ここから施術は佳境に入る。最後の第三段階においてこそ、「有益な気（ki）が精神（esprits）と体液（humeurs）における秩序を回復させ、完全な均衡をもたらす」。治療師は客の視線を自分自身に向けさせるため、手を客の目の前で振ってみせ、客の鼻の付け根をつまむ。次に客の背後にまわり、叩打法を行う。この叩打法は、「まるで壮大な楽曲のごとく」独特の規則に従い強弱、緩急を伴って行われる。まず頭のさまざまな箇所に、親指と中指を「まるで埃をはらうか、拭うかのごとく」押しあて、次に頭を動かしたり揺さぶったりする。さらに握りこぶしで肩、腕、脚、腰、背中の順に叩いていく。アミオは、この叩打法は「この世でもっとも耳目に快いもの」で、終わっても客はしばらく夢心地のままだという。以上が第三段階である。

以上の内容から明らかなように、アミオが「磁気をかける（magnétiser）」と表現したのは、洗頭と剃頭から始まり、人体上部から下部にかけて叩く、押さえる、押す、つまむ、揺さぶる、擦る、まわすといった中国の伝統的な按摩法である。[28]

この按摩法を、アミオは動物磁気治療に引きつけて説明している。彼が剃頭匠による施術の説明に「神経（nerfs）」の語を頻繁に用いているのは、その表れである。この「神経」とは中国医学における経脈のことであろう。「静脈（veines）」は絡脈を指すと推測される。按摩法の基礎理念は、経絡の疎通をはかり、そのなかを流れる気血を調和させるというものである。一方、メスメリズムは、動物磁気の作用によって神経内に流体の干満を生み出し、乱れた均衡を回復させる治療法であり、その施術は、しばしば患部に対する手での接触を伴った。アミオは、このように神経に働きかけ、神経内を流れる「流体」を調和させるというメスメリズムの理念を、剃頭匠による施術の説明のなかに編み込んだのである。

（3）懸糸診脈

さらにアミオは、隋～唐代の書物に記され、ある医者が彼に語って聞かせたという、ある逸話を紹介している。[29]要約すると以下のとおりである。

ある高官の妻は、あるときから日を追うごとに衰弱していったが、その症状について自ら語らなかった。夫である高官は医者の診察を受けるよう勧めたが、妻は夫以外の男性の目に触れることを拒否した。困り果てた高官の前に、年老いた士大夫が現れ、自分は高官の妻を直接みたり、同室したりせず、治療できると請け合った。彼が使うのは一本の長い竹の管で、一方の端を彼自身が持ち、もう一方の端は別室にいる高官の妻が持つ。士大夫は、高官の妻に対し、自分で悪いと思う身体の箇所に管の端をあて、苦痛がぶり返したと感じる箇所にあたるまで移動させるよう指示した。妻はそれに従い、毎日繰り返したところ、六日も経つと病気は完全に治った。

高官は士大夫に大変感謝し、莫大な褒美を与える一方で、彼の治療法が「邪法」ではないのかと問いただした。これに対し士大夫は、自分の治療法は「自然においてもっともよく見られる法則によるもの」であり、「陰と陽についての知識から成り立っている」と答えた。この知識とは、「陰と陽の釣り合いが取れていない身体に向けて、釣り合いを回復させるために」自分の体内の陰と陽のどちらか必要な方を送り込むことに関するものだという。

以上の内容は、唐初の道士で医者の孫思邈が行ったとされる「懸糸診脈」の逸話に該当する。すなわち、唐太宗は、難産がもとで重病にかかった長孫皇后を診させるため、孫思邈を呼び寄せた。しかし、医者が皇后の身体に直接手を触れることはできないので、孫思邈は皇后の腕に糸を掛けさせ、自分は部屋の外で糸のもう一方の端を握り、糸を伝わる振動をたよりに脈を診ることで、病気の原因を探り当てた。この診断に沿って、孫思邈が御簾越しに皇后の中指に鍼を打つと、皇后は産気づき、無事出産した、という。(30)

(4) 共通の基礎としての陰陽理論

アミオは、このような中国の伝統的な治療・養生の術が、いずれも陰陽の気の調和に重きを置いていることに注目する。アミオは孫思邈の治療法について、「陰と陽についての知識から成り立っている」とし、医者が患者に「自分の体内の陰と陽のどちらか必要な方を送り込む」と述べた。(31)また功夫については、次のように説明する。中国の人々は、病気の原因を気の活動力の過剰あるいは不足とし、過剰なものを除き不足なものを補うことで、陰陽の気の均衡を取り戻し、病を治すことができると考えている。(32)この言葉は、おおむね「関節を動かし、筋を屈伸し、肢体骨節中の故気を吐き陰陽の正気を導き入れ(33)」る、という功夫の基本理念に即したものといえる。そして剃頭匠の治療術については、「有益な気が精神と体液における秩序を回復させ、完全な均衡をもたらす」効用がある、とした。(34)

以上のように、アミオは中国の伝統的な治療・養生の術が、陰陽の気をいかに調和させるかという問題を基礎理念として成立していることに注目する。では、このことがメスメリズムとどう関わるというのか。

2　メスメリズムと陰陽理論の符合

（1）動物磁気⊂陰陽

アミオは、陰陽の気という「物質的原理（principes physiques）」を、動物磁気に代えてメスメリズムの説明に用いることが可能だと述べる。[35] たとえば前に触れたように、メスマーは治療の際、「流体」を満たした「メスマーの桶」を用いたが、アミオはこのように入浴を治療に利用することは、陽の気が過剰である場合には有効と考えられる、と述べた。なぜなら陰陽理論に照らせば、入浴に使う水は陰に属し（メスマーは必ずしも浴槽に水を満たして患者をそのなかに入れたわけではなかったが）、過剰な陽の気を吸収し和らげる、と考えられるからである。[36]

またアミオは、陰と陽は、それぞれ陰極と陽極に置き換え可能だとも述べている。[37] この言葉は、メスマー第九の命題、すなわち「流体」は人体に入った後「動物磁気」となり、磁石と同様に「相反する極（pôles）をもち、伝達し、変化させ、破壊し、強化することができる」という定理[38]を想起させる。さらにアミオは、陰陽を「微粒子（Corpuscules）」とも言い換え、「限りなく微細かつ繊細であり、引き離したり結合したり、その方向を変えたりするためには、他のだれかの肉体による間接または直接の接触を必要としない」という説明を加えている。この言葉は、メスマーが「動物磁気」について「微細物質（matiere subtile）」と表現し、第十一命題および第十四命題にある、動物磁気の作用と力は、他の生命体および非生命体に伝えることができ、いかなる媒体の助けを借りることもなく、遠く離れた場所に及ぼすことが可能だという定理を想起させる。[39]

ただし若干ややこしいことに、アミオが提示したのは陰陽＝「動物磁気」という等式ではない。アミオは、「動物磁気」は「陰と陽に従う、個別的で二次的な存在のひとつにすぎない」とし、「動物磁気」の機能は「動物界に限られる」[40]、と述べている。アミオはさらに具体的な言い方も用いている。ある個人における陰陽の気どちらかが不足すると、その者は病気になるが、不足分を別の個人から受け取り、補うことができる。メスマーが「動物磁気」の名を冠したのは、陰陽の気のうち、上記のごとく各人体に内在し、互いの治療に利用することができるものに限られる、というのである。[41] 中国の伝統的な身体観として、各人体を「小天地」すなわち「宇宙の縮図（microcosm）」と捉え、天地間と同様、人体内にも独自の陰陽の気の運行があるとする考え方がある。[42]「小天地」における陰陽の気は、天地間における陰陽の気の流行からの影響に従いつつ運行する。アミオの捉えた「動物磁気」は、以上に述べたような「小天地」における陰陽の気に、非常に接近しているといえる。

（2）太極＝流体

アミオが強調するのは、陰陽と動物磁気の対応関係だけではない。アミオはしばしば「太極」を「普遍作用因（agent universel）」と言い換えている。

私の省察と研究の成果は、すべてに浸透し、すべてを従わせ、存在し始めた時から終わりの時まで可能な限りもっとも素朴な法則に従って振る舞い、広大な宇宙を構成する第二原因と、秩序を維持し守るのに必要な自然的作用因のすべてをこれまでもこれからも絶えず創造する普遍作用因（agent universel）の実在を、心から確信できたことにある。創造者が存在させておく限り、創造された空間全体を占める、この有形だが不可視の作用因は、中国人によって「太極」と呼ばれる。[43]

アミオのいう「普遍作用因」とは何か。これは直接的には万物の生成変化をつかさどる（有形の）動因として理解されるであろうが、興味深いことにメスマーの第二命題には「流体」を「宇宙に遍在し、広がる」と表現した文章[44]

が見られる。またメスマーの助手を務めた経験があり、のちにメスマーとは袂を分かちながらも、動物磁気治療の熱心な宣伝者となった医師デロン（Charles Deslon 一七五〇〜一七八六）は、「流体」をしばしば「普遍作用因」と表現している[45]。

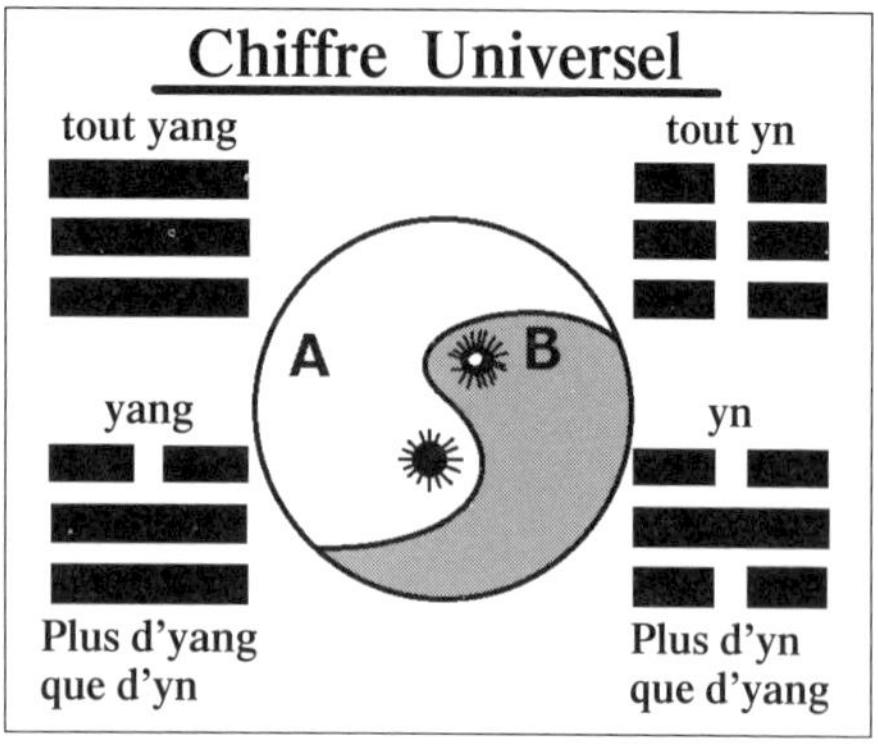

図７　アミオによる「宇宙の象徴」図

（３）理＝fomes、新プラトン主義的解釈

このようにアミオの解釈における太極と「流体」のあいだには、間接的ながら対応関係が見られる。では「理」に関しては、アミオはメスメリズムのいかなる概念との対応関係を見出したのか。アミオは「宇宙の象徴（Chiffre universel）」と題する図[46]を示すことで、陰陽理論を視覚的に説明している。図７がそれである。これは明代の趙撝謙『六書本義』（一三七八）[47]などの書物に載せられた、いわゆる「天地自然河図」に倣って描かれたものと思われる。この図は中央に太極図を、その周りに四つの卦[48]を配したものである。中央に配置された太極図は、陰を表す黒い魚と、陽を表す白い魚が頭尾を接した様子から「陰陽魚図」とも称される。この陰陽二尾の魚の眼にあたる点、すなわち黒い部分のなかにある白点（陰中陽）、白い部分のなかにある黒点（陽中陰）を、アミオは「理」としている。そしてこの「理」は、ラテン語の fomes のごときものだと述べている[49]。ラテン語の fomes とは、焚付用の木材、火口（ほくち）、刺激や誘因などの意味をもつ概念である。アミオの理解によれば、「理」である陰中陽・陽中陰は、「互いに刺激し合い、互いに引力（tendance）を与え合う」ものであり、「陽は陽と、陰は陰と結合しようとする絶え間ない努力」によって、万物の生成変化を引き起こす[50]、という。

以上のような中国とヨーロッパの両方に立脚した「理」の解釈は、具体的にはそれぞれどのような出典をもつのか。まず中国における出典について、趙撝謙の『六書本義』や、そのほかの明清時代に出版された関係文献には、管見の限りでは陰中陽・陽中陰を「理」とするなどといった解釈をほどこしている例は見られない。

じつはヨーロッパの側に、興味深い親近性をみせる文献がある。それは新プラトン主義の重要文献、カルキディウス（Calcidius 四世紀頃）による『ティマイオス注解』である。『ティマイオス』はプラトン後期の対話編といわれ、プラトン唯一の自然哲学的著作として大きな影響をおよぼした。そのカルキディウスによる注解三一七には、独特の概念である「シルヴァ（silva）」の定義が見られる。シルヴァとはすなわち「可能性の原理」であり、万物が変容するとき必ず存在する基質のようなものだという。[51] カルキディウスは、このシルヴァが「宇宙普遍の fomes にして主体である[52]」と述べているのである。

（4）新プラトン主義——スコラ学の影響

このようにアミオによる理の解釈には、新プラトン主義からの影響が反映された可能性がある。ただしこうした影響は、おそらくはカトリックにおける教学、すなわちスコラ学の柱であるトマス・アクィナスの学問を通じて、アミオないしアミオを含むイエズス会士に流れ込んだのではないかと推測される。この推測を支える史料として、アミオによる次の文章が挙げられる。

それ〔太極〕の本質には、陰と陽という二つの「大いなる動体（grands mobiles）」と、理という「第一動者（premier moteur）」が含まれる。この陰と陽は、理の働きによって結合しようと努め、交互に割合が大きくなったり小さくなったり、等しくなったりしながら混ざり合い、組み合わさる。そしてこの混合物から無数の存在が生じるが、それらは自らの構成要素〔陰と陽〕の性質の割合を分有（participent）する。[53]

この「大いなる動体」と「第一動者」とは、スコラ哲学における鍵概念である。アクィナスは、アリストテレス哲学に基づき、宇宙におけるすべての運動変化の源であり、自らは動かず万物を動かす存在を「第一動者」とした。また「動体」は、動者から触発を受けて運動し、生成変化する存在のことである。つまりアミオは、陰と陽は「第一動者」としての「理」から触発を受け、最初に動かされる動体だと解説したのである。これはまさに、「第一動者」が純粋可能態（dunamis）としての第一質料を触発し、その結果第一質料が現実態（energeia）を獲得し、自然万物が生成される、というスコラ的宇宙観に重なる。

ここでより重要なのは、「分有（participation）」の概念である。これもやはり、スコラ哲学における重要概念である。トマス・アクイナスは、人間を「分有による存在（ens par participationem）」とし、人間知性を神の知性の光から分け与えられたものだとした。ただしこうした「分有」概念は、もともとプラトンが打ち立てた「分有（methexis）」説、すなわち個々の物がイデアを共有し、イデアにあずかっているとする説を淵源とする。ここで非常に興味深いのは、トマス・アクイナスにおける「分有」概念には、新プラトン主義的な構造が見出されるという指摘が、クラウス・リーゼンフーバーによってなされていることである(54)。

さらにアミオから遡ると、第1章で述べたように、一八世紀初めのブーヴェらは、新プラトン主義的淵源をもつフィギュリスムに傾倒していた。中国の万物生成理論に対する新プラトン主義的な解釈が、フランス出身の在華イエズス会士に、世代を越えて受け継がれた可能性があるという点は重要である。

（5）ニュートン科学的概念の借用

さらに、アミオが陰中陽は陽と、陽中陰は陰と、互いに「引力（tendance）」を与え合うと表現したことも重要である。この「引力」の語は、ニュートン科学における万有引力への強い意識をうかがわせるためである。アミオはより明快に、理とニュートン科学とを次のように結びつけている。

ニュートン学派の人々、および古今すべての引力説論者たちは、彼らがいう引力（attractions）の未知の原理として、いささかの躊躇もなく理を採用することができよう[55]。

アミオが用いた tendance と attraction の語は、ともに一八世紀当時、万有引力の概念を説明するのに多用されており、アミオがこれらの概念を持ち出したのも、おそらくはニュートン科学における万有引力との関係をほのめかす狙いがあったのではないかと推測される。

ただしこのような引力をめぐる思想も、単なる近代物理学の出発点としての面だけでなく、古来の思想、魔術的なものとの密接な関わりという面をも持つ。先行研究によれば、「近代物理学の出発点が遠隔力としての万有引力の発見にあったことはまぎれもない事実」であり、それによって「アリストテレス―プトレマイオスの宇宙像にかわる新しい宇宙像の可能根拠が与えられ」たのは確かである。しかし引力のような遠隔力への認識がヨーロッパで定着するまでの道のりは平坦ではなく、実際には、「ある物が離れたところにある別の物に作用するにはそのあいだになんらかの物質的介在物がなければならない」ことが、古代から近代にいたるまで「ほとんどアプリオリに認められ」ていた[56]、という。そしてこのような認識を、引力という遠隔力に向かって開く際に大きな役割を果たしたのが、古来、「生命的なものないし霊魂的なもの」とみなされ、ほぼ唯一遠隔作用の認められていた磁力の存在だったようである。ケプラーが天体間の重力を構想できたのも、このような磁力からの連想があったからだという[57]。

このように引力の思想は、磁気をめぐる思考と密接に関わりながら練り上げられたため、メスメリズムという「動物磁気」を用いた治療も、やはり万有引力や「微細な精気（subtle spirit）」といったニュートン科学の構成物との思想的な絡み合いのなかで形成されたのである[58]。メスマーの第二十一命題では、メスメリズムは潮の満ち引きや磁気、電気と同様、引力の理論に対しても、新しい知見をもたらしうる、と述べられている[59]。そしてニュートンのほうも、「微細な精気」を「普遍作用因（universal agent）」と定義している[60]。前に述べたように、メスマーは「動物磁気」を「微細物質（matiere subtile）」と呼んだが、「流体」についても「いかなる真空も容れない仕方で宇宙に遍在し、広がり、他のいかなるものも比較にならないほど微細（subtle）」であると表現した。メスマーが「流体」を非常に「微細」な「普遍作用因」と呼ぶにあたって、ニュートンによる用法を強く意識したことは想像に難くない。

こうしてメスメリズムあるいは動物磁気そのものが、ニュートン科学、とくにその万有引力との複雑な思想的絡み合いを演じていたことは、アミオが中国の陰陽理論と万有引力とのあいだに回路を見出すにあたって、重要な役割を果たしたのではないかと思われる。

3　アミオによる陰陽理論解釈の独自性

（1）一七世紀の在華イエズス会士たち

以上のアミオの論考が、いかなる点で画期的といえるのか検討するには、在華イエズス会士による陰陽理論解釈の歴史を振り返っておく必要がある。

まずリッチは、太極および理を、神のごとき霊妙さも知性ももたない存在としている。そして、霊妙さや知性をもったもののみが、同じように霊妙さや知性をもつものを生むことができるのだから、太極および理から生じる陰陽もやはり、霊妙さや知性を有するはずがない、と述べている[61]。ロンゴバルドは、太極や理、陰陽についてさらに詳しい説明を試みている。彼は「中国人が、質料（material）とは異なる、神や天使や理性的アニマのような霊的実体（substantia espiritual）を全く認めないのは事実だ」と述べ、太極や理は共に「質料」にすぎないとした。また陽と陰を「熱（calor）」と「冷（frio）」と表現し、万物の生成と消滅の原理であり、普遍的動力因（causas efficientes generalissimas）であるとしている[62]。この「質料」や「動力因」とは、アリストテレスの提唱した四原因のうちの

「質料因（causa materialis）」（事物の素材）と「動力因（causa efficiens）」（事物の生成変化・運動を引き起こし、可能的存在としての質料を現実的存在へともたらすもの）のことだと考えられる。また「熱」と「冷」は、アリストテレスの四性質のうち二つであり、それ以上還元できない事物の基本性質とされる。このようにロンゴバルドは、陰陽理論を概ねアリストテレス自然学や形而上学の枠組み内で解釈したといえる。

ロンゴバルドの後、陰陽理論について詳しく解説した在華イエズス会士として、クプレやイントルチェッタら『中国の哲学者孔子』（一六八七）の作者たちを挙げることができる。クプレらは、宋学者を「無神論者」と捉え、中国人は本来キリスト教の神に対応する存在を信仰していたとの立場をとった。この点では、彼らはロンゴバルドに反対しリッチの路線に回帰したといえるが、宋学的万物生成理論そのものの解釈はロンゴバルドに近い。クプレらは、「現代哲学者（Neoterici）」すなわち宋代の儒者たちが、太極や理をいかに根源的・超越的存在として表現していようとも、結局のところ太極はヨーロッパ哲学者のいわゆる「第一質料（materiam primam）」（純粋な質料、根源的物質）であり、理は「ラツィオ（ratio）」あるいは「形相（form）」にすぎない、とする。[63]「ラツィオ」とは理性や理由、本質、比など非常に多くの意義を含む語だが、ここでは「あるいは形相」と述べられていることから、アリストテレスの四原因のうち質料因と相関的な「形相因（causa formalis）」（事物の可能的存在としての質料を限定し、現実的存在たらしめる本質的原理）の同義語として取るのが妥当であろう。

（2）一八世紀前半のフィギュリスム的解釈

一八世紀には、それまでと異なる解釈が現れる。フィギュリストの代表的人物のプレマールは、従来とは全く異なる解釈を打ち出している。プレマールは、中国人もヨーロッパ人も、長らく太極および陰陽を誤って解釈してきた、と述べる。その誤った解釈とは、太極を、すべての物質的な形を超越した「最高知性（Suprême Intelligence）」とし、その反対に陰陽を「質量（matière）」、すなわち「知性を容れる器」と捉えるものである。この解釈は、朱熹らによって打ち立てられた理気二元論、すなわち太極および理を形而上、陰陽を形而下として区別する考え方について述べたものである。プレマールによれば、こうした考え方は新しく、太極や陰陽本来のあり方とは異なる。そして、太極・陰・陽の三者は本来、キリスト教における三位一体説の象徴であり、上古中国に原始キリスト教の教義が伝わっていた証拠であるという。[64]

最後に、ライプニッツの『中国自然神学論（*Discours sur la théologie naturelle des Chinois*）』（一七一六）について見ておこう。前述のように、ライプニッツ自身は中国に足を踏み入れていないが、中国に対し大きな関心を抱き、ブーヴェら在華イエズス会士と文通して中国情報を取り入れた。彼は『中国自然神学論』で、リッチの「天」・「天主」＝「上帝」説に賛成し、古代中国人たちが「神に関する真の知識をもっていた」と認めた。

ただしその太極や理、上帝に対する解釈は、リッチのものより大胆といえる。なぜならライプニッツは、理・太極・上帝はすべて同一で、「すべてを予知し、すべてを行い、すべてをなしうる知性体」すなわち神のことだ、と述べているからである。この解釈は、単子（Monade）、エンテレケイア（entelecheia）、予定調和（harmonie préétablie）からなるライプニッツ独自の宇宙観を鋳型として創造された。ライプニッツによれば、理（＝太極）は諸物を生み出した後、諸物に完成形を与えるが、その完成形には「諸物が自然の性向に従って生み出されるような、予定された秩序（ordre préétabli）」が内蔵されている。この解釈における理は、予定調和の原理に従って宇宙間の全変化の表象を形作る単子に、ほぼ等しい。[65] このような解釈からは、文通相手であったブーヴェのフィギュリスムが、ライプニッツにも深甚な影響を与えたことを窺い知ることができる。

（3）陰陽理論と神および科学

以上のような解釈史を踏まえて、あらためてアミオの陰陽理論解釈を見直してみよう。アミオは、前述のごとく陰陽の気を「物質的原理（principes physiques）」とし、太極を「有形だが不可視の作用因」と表現した。また太極については、前述の「宇宙の象徴」の図（すなわち「天地自然河図」）の説明のなかで、陽と陰を収めた円、すなわち太極図は「この地では太極（Tay-ki）と呼ばれ、フランス語の単語ではおそらく自然（Nature）と呼ぶであろうものを表している」とし、さらに理および陰陽の気は「純粋に物質的な（purement physique）作用因」だとも述べている。[66]そしてまた「動体」、「第一動者」といったスコラ哲学的概念、fomesのような新プラトン主義的概念を用いている。このように太極や理、陰陽をあくまで自然界に属する有形の存在、すなわち物質として捉え、またスコラ哲学の枠組みを利用する点において、アミオの解釈は一七世紀の在華イエズス会士たちと近いといえる。

その一方で、アミオが「理」を「第一動者」と位置づけた点では、プレマールやライプニッツにおける、太極・理・陰陽をキリスト教における神と同一視する見方と似ているようにも見える。スコラ哲学において「第一動者」とは神であり、物質とは完全に異なるからである。[67]こうした側面は、アミオが上記のごとく、太極や陰陽とともに「理」をも物質と捉えた側面と矛盾するように見える。この矛盾に関しては、アミオが実際何を考えて「第一動者」の語を「理」にあてがったのか、現在残された材料から解明するのはかなり難しい。少なくともはっきりしているのは、アミオがおおむね「理」を物質や基質などとして解説していることと、神を太極よりも上位に位置づけていることである。

前述のごとく、アミオは太極について「創造者が存在させておく限り、創造された空間全体を占める」と述べている。また他の箇所では、太極について「至高存在（Être suprême）に従い、それ〔至高存在〕から最初の推進力を与えられる」[68]とも述べている。この点において、アミオの解釈は従来の在華イエズス会士によるものと大きく異なっている。一七世紀の在華イエズス会士は、陰陽理論をキリスト教の神と全く切り離していた。また一八世紀のプレマールやライプニッツは、太極や理、陰陽そのものを神として読み替えた。このいずれとも異なり、アミオは陰陽理論と神の両立を図り、甚だ素朴な仕方ではあったが、両者を接続してみせたのである。

だがその一方で、アミオは、陰陽理論とメスメリズム双方における各概念の対応関係を示したり、ニュートン科学から諸概念を借用したりすることによって、陰陽理論とこれらの新しい科学（もしくは疑似科学[69]）との繋がりを示そうと努めている。アミオより前の在華イエズス会士たちが重点を置いたのはもっぱら、「太極」や「理」が神の似姿なのか、神とは全く異なる単なる「質料」にすぎないのか、ということだった。これに対しアミオの議論では、太極や理、陰陽が物質であり、神がそれらの上に位置するということは、むしろ前提の役割を果たしている[70]。アミオの議論の重点は、陰陽理論がいかに「自然に関する真実[71]」を解き明かしているのか、それはメスメリズムやニュートン科学といかに暗合し、さらにそれらが未だ発見していない新たな知見をもたらしうるのか、というところにあった。

おわりに

一八世紀末のヨーロッパに大きな反響を引き起こしたメスメリズムとの出会いは、アミオにとって、陰陽理論を従来の在華イエズス会士およびヨーロッパ知識人とは異なる仕方で捉える契機となった。アミオは、陰陽理論とメスメリズムの対応関係を示し、陰陽理論に照らしてメスメリズムが有効であることを主張するだけでなく、さらに自然界の探究の方法として陰陽理論がいかに有効かという問題へと向かっている。

初期の在華イエズス会士は、中国の太極・理・陰陽の概念をキリスト教の神とは全く関わりの無いものとして捉えた。これに対し一八世紀前半の在華イエズス会士、および彼らと中国に関する文通を行ったライプニッツは、太極・理・陰陽をむしろ神そのものとして捉えるという転換を見せた。そして一八世紀後半に現れたアミオの議論は、上記のいずれとも異なる側面をもっている。アミオは、太極などをあくまで自然界に属する物質として捉えつつ、それらの上に神を接続した。つまりアミオの議論とは、中国の陰陽理論がキリスト教の教義と調和可能か否かという地点に留まるのではなく、陰陽理論がいかに科学として有効か、すなわちいかに自然界の解明に寄与しうるのかという次元へと、大胆に焦点を移したものと考えられるのである。

第II部　清朝という帝国と普遍

第5章　一八世紀在華イエズス会士と北京社会との接点

——北堂を中心に——

はじめに

第I部の各章ではおもに、アミオがさまざまな中国典籍に依拠しながら、中国の思想をいかにヨーロッパへ向けて翻訳したのか、検討してきた。本章では、アミオが生きた一八世紀の北京に眼を転じてみたい。この地で、アミオたち在華イエズス会士は、現実の中国社会といかに関わり合いながら生を営んだのか。この問題について、ヨーロッパ側史料と中国側史料の両方から探ってみよう。本章ではとくに、アミオを含むフランス出身者がおもに居住した北京北堂を中心に見ていく。

第1章で述べたように、一七世紀末以降、ルイ一四世の後ろ盾などを背景として、在華イエズス会士内部におけるフランス出身者の勢力が急速に増大し、北堂という彼ら専用の教会や墓地も獲得されるにいたった。図8に示したごとく、北京四堂はいずれも北京内城に建てられている(1)。AとBはそれぞれ南堂と東堂、すなわち四堂のなかでもっとも早く設立され、北堂の建設以降はおもにポルトガル出身者が居住した教会である。Cは西安門内の蚕池口にあった北堂の位置を示している(2)。Dは四堂のなかでもっとも遅く建てられた西堂である。東直門、西直門、朝陽

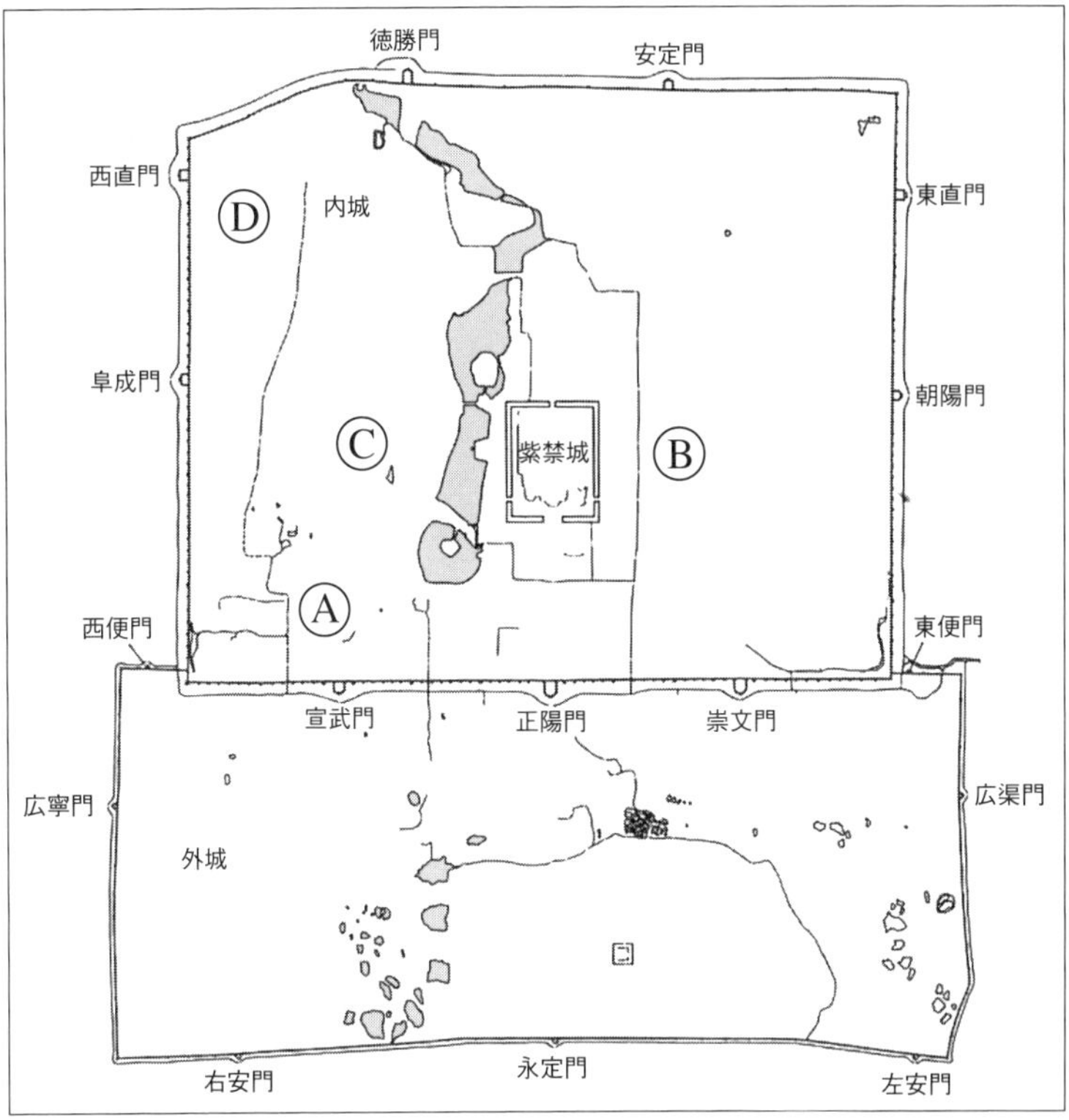

図 8　清代北京の内城と外城および四堂の位置

門、阜成門、崇文門、宣武門、徳勝門、安定門、正陽門（前門）という九つの城門に囲まれた内城と、永定門、左安門、右安門、広渠門、広寧門、東便門、西便門という七つの城門に囲まれた外城は、もともと明朝によって建設された。内城の中心は紫禁城である。この北京内城と外城という空間は、清朝にも受け継がれただけでなく、順治朝以降いわゆる旗民（旗人と民人）分治策によって、内城が旗人（清朝の八旗制に属した人々で、満洲人を中心に漢人、蒙古人なども含まれ、支配階級を形成した）、外城が旗人以外の人々が暮らす空間として明確に区分され、互いの生活空間の境界を越えて往来することは基本的には禁じられていた[3]。すなわち清朝宮廷に仕え、北京に住む在華イエズス会士も、後述するように皇帝の命をうけ、地図製作のため全国各地で測量を行ったり、北京の北西郊外、海淀にある円明園で西洋楼の建築を請け負ったり、あるいは円明園福園門東側に置かれた内務府造弁処の如意館にて宮廷のための絵画を制作したり、といった務めにつく以外は、基本的には内城のなかで過ごしていたと思われる。

また、第1章で述べたように、雍正帝による禁教令の発布以降は、宮廷に仕える者以外の「西洋人」は国内滞在を許されず、宮廷に仕える宣教師たちは北京四堂のいずれかに住まうことが義務づけられた。第1章で挙げた北京四堂の登録簿では、四堂の居住者の生存、死亡の別、死亡者に関してはその年月日、宮廷における職名などが記されているが、これも清朝当局が宣教師をいわば物理的に管理するためのひとつの手段だったと推測される。

このように、乾隆帝の時代、北京で暮らしていた在華イエズス会士はその行動範囲が清朝によって厳しく管理されており、自ずと現地社会との交際の幅も限定されたと思われる。それでは、こうした交際の実態とはどのようなものだったのか。この問題に関しては、明末清初の中国皇帝、士大夫および一般民衆と宣教師との交流をめぐる研究が比較的充実しているのに比して、乾隆期の北京に関してはほとんど研究の進展が見られない。そこで本章では、アミオが居住した北堂を中心に、一八世紀後半北京における在華イエズス会士と現地の人々との接触・交流の実態に迫っていく。

1　明末清初における中国の人々との交際

（1）明末士大夫との交際

一五八二年、ルッジェリとリッチは、カトリック宣教師として初めて中国内地に足を踏み入れ、広東肇慶府に居を構えた。彼らは入華当初から中国士大夫と交際していたことが明らかである。ルッジェリが中国に滞在したのは一五八八年までと短い期間ではあったが、彼はその間に中国で最初の漢訳カテキズム『新編天主実録』（一五八四）を完成した。この『新編天主実録』の出版には、同僚リッチのほか、福建出身で当時ルッジェリとリッチの居宅に四〜五か月滞在し、二人の中国語教師を務めていたある秀才が協力した[4]。

またリッチは、その生涯を通して百人以上の中国士大夫と交際したといわれる[5]。なかでも瞿汝夔との交遊は、リッチらが入華当初もっていた、キリスト教を仏教に擬す戦略を、儒教との親和性を強調するものへと改める大きなきっかけを作った（第1章を参照）。さらに西洋数学を解説した『幾何原本』（ユークリッド原論のクラヴィウス注釈本を漢訳）における徐光啓や、西洋式図法による世界地図『坤輿万国全図』における李之藻など、リッチによる漢訳西学書の出版には、漢訳などを助ける士大夫の協力が不可欠だった。

以上のごとく、明末の在華イエズス会士が中国進出を果たす過程において、士大夫との交際はきわめて重要な役割を果たしていた。ここではとくに広く在華イエズス会士と交際し、彼らの中国における政治的・社会的上昇に努めた士大夫、徐光啓[6]を例として示したい。徐光啓は万暦三二年（一六〇四）の進士で、礼部尚書、東閣大学士、太子大保、文淵閣大学士など非常に高位の官職を歴任した。彼が初めてリッチに会ったのは一六〇〇年、南京でのことだったが、それ以前にすでにリッチの『坤輿万国全図』の噂を聞き、関心をもっていたようである。徐光啓とリッチとの本格的な交際が始まるのは数年後のことである。その頃南京のリッチのもとには、彼の学識に惹かれる多くの士大夫が集まってきていたが、とくに徐光啓はリッチと多くの時間を過ごし、『幾何原本』や『測量法義』（西洋測量法の漢訳）の共訳、『二十五言』（ストア派の哲学者エピクテトス『提要』の漢訳）の後跋執筆など、リッチの漢訳西学書の出版に大きな役割を果たした。またリッチ以外にも、ロカ（João da Rocha 羅如望、一五六六〜一六二三）から洗礼を施され「保羅（Paolo）」という洗礼名を授けられ、カッタネオ（Lazarus Cattaneo 郭居静、一五六〇〜一六四〇）を郷里上海に招聘し、この地における天主教信仰の礎を築く[7]などした。

さらに重要なのは、徐光啓が在華イエズス会士および西学を、明朝の政治体制のなかに取り込もうとした点である。具体的には、明朝の改暦事業に在華イエズス会士を参与させようと目論んだのである。中国における暦の策定は、伝説上では黄帝の時代から行われていたといわれ、周王朝には天文暦法などをつかさどる官としての太史が置かれた。中国では古くから、天文観測は軍事行動や王朝儀礼の方針を占ううえで大きな影響を及ぼし、暦法は時間の支配という点で王朝の運営と威信に密接に関わっており、要するに暦の策定は歴代中国王朝にとって重要な国家事業だったのである。こうした類の事業に、あえて外来の宣教師を参与させようとしたことからは、徐光啓が宣教師と西学に置いた信頼の大きさが窺える。

明朝は、元代の郭守敬（一二三一～一三一六）が完成した授時暦に修正を加えた大統暦を用いた。もともと授時暦は中国の伝統暦法のなかでもっとも優れたものだったが、時間の経過とともに実際とのずれが深刻化し、明末の頃には改暦の議論が活発化するにいたった[8]。こうしたなか、明朝官僚たちが注目したのが「西洋法」すなわちヨーロッパ式天文学だった。万暦三八年（一六一〇）、欽天監（天文観測、暦の作成、天災などの予報、吉凶判断などをつかさどる役所）五官正の周子愚は、その上奏文のなかで、在華イエズス会士パントーハ（Diego de Pantoja 龐迪我、一五七一～一六一八）やウルシス、ロンゴバルド、シュレック（Johann Schreck あるいは Terrenz 鄧玉函、一五七六～一六三〇）、そしてアダム・シャールの名を挙げ、彼らがもたらした暦法には、「多く中国典籍に未だ備わらざるものあり」、ぜひこれらを徹底的に翻訳して、中国典籍の欠を補うべきだとし、さらに徐光啓（当時翰林院検討）、李之藻（当時南京工部員外郎）は暦理に精通しているので、上記の宣教師たちと共訳させるべきだと述べた。

次いで崇禎二年（一六二九）、当時礼部侍郎であった徐光啓は、「暦法の修正すべき十事（暦法修正十事）」を上奏し、「西洋法」にもとづく新しい暦の作成、ならびに当時南京太僕寺少卿の李之藻、在華イエズス会士ロンゴバルドおよびシュレックの登用を提案し、採用された。こうして設立された「暦局」には、アダム・シャールやロー（Giacomo Rho 羅雅谷、一五九三～一六三八）も参加した[9]。その成果である『崇禎暦書』は崇禎四年から七年（一六三一～四）にかけて、順次皇帝へ上呈された。この新暦は一六世紀ヨーロッパ天文学の主流であったティコ・ブラーエ（Tycho Brahe 一五四六〜一六〇一）の説に基づいている。

（2）明清交替期

明清交替期の混乱のなかで、ブーリオとマガリャンイスという二人の在華イエズス会士は、宣教活動を行っていた四川省成都にて張献忠（一六〇六〜一六四六）と出会う。ブーリオとマガリャンイスは、張献忠の率いる農民反乱軍の勢力拡大を恐れ、山に避難していたところ、張によって強引に成都の宮中に招かれた。さらに彼らは官職を授けられ、天文儀器の製造や、暦書の翻訳を命じられたが、その後清軍が張の軍隊を滅ぼすと、当時順治帝のもとで欽天監監正を務めていたシャールとの関係を生かし、助命されている。

清の入関後、アダム・シャールは改暦の命をうけ、『崇禎暦書』を基礎とする暦を上呈した。清朝はこれを時憲暦として頒布し、『西洋新法暦書』と称した。その功績を讃えるため、順治帝はアダム・シャールに欽天監監正の職を与え、シャールが固辞するのを許さず、さらに太常寺卿の銜を加えている。順治一〇年には「通玄教師」の称号が与えられ、正一品に進められた。これは清朝の政権内部に在華イエズス会士が入っていく第一歩として非常に重要だったが、彼らが皇帝からの信頼を獲得し、彼らの科学的・技術的能力が清朝の政治運営にとって不可欠なものと確実に認められるうえでは、もうひとつの大きな事件が重大な意味をもった。すなわち暦獄である。

アダム・シャールの欽天監における後継者として、フェルビーストが一六六〇年、すなわち順治年間の末期に北京にやってきたとき、安徽出身の官生、楊光先（一五九七〜一六六九）によって礼部に「正国体本」と題する上奏がなされた。すなわち、時憲暦の表紙に記された「西洋新法に依る」との文言には、王朝としてもっとも重要な「正朔の権」すなわち暦策定の権をひそかに盗み、西洋にわたそうとする西洋人の野望が潜んでおり、国体を著しく損なう恐れがあるので、即刻欽天監から西洋人を追放すべしという主張である。このとき、欽天監のうちイスラーム天文学を扱う回回科の秋官正、呉明炫（康熙帝即位後、避諱のため明烜と改める）が楊光先に協力した。

この間、宣教師および西学に対し比較的開放的であった順治帝が亡くなり、後を継いだ康熙帝が未だ幼く、オボイ（?～一六六九頃）ら四人の輔政大臣が実権を握ったこともあり、シャールとフェルビーストは罪に問われて収監され、代わりに楊光先が欽天監監正、呉明烜が監副の任に就くこととなった（一六六五）。巻き返しをはかるフェルビーストは、康熙帝に対し楊光先と呉明烜の弾劾が的外れであり、彼らの天文学が誤謬に満ちていることを上奏する。これを聞きいれた康熙帝は調査を開始し、会議で双方の意見をたたかわせた。さらにフェルビーストの提案を容れ、どちらの天文学がより正確か実際に天文観測の実験を行わせたところ、「フェルビーストの言うことは、逐一みな符合し、呉明烜の言うことは、逐一みな錯誤である」ことが明らかにされた[10]。この結果をうけ、フェルビースト側が名誉回復し、反対に楊と呉は失墜することとなる。フェルビーストは晴れて欽天監監副として復帰し、これ以来アルメイダ（José Bernardo de Almeida 索徳超、一七二八～一八〇五）が乾隆六〇年（一七九六）に欽天監監正から退くまで、欽天監には途切れることなくイエズス会士が登用されることとなる[11]。

（3） 中国一般民衆との接触

以上見てきたのは、おもに在華イエズス会士と、清朝皇帝ならびに士大夫との交際である。こうした支配層との交際を通じて宣教活動の拡大をはかることは、イエズス会士による中国宣教の特徴的な戦略のひとつとして強調されてきた。たとえばスタンデルトは、通常適応政策という概念のもとに理解されてきた在華イエズス会士の戦略を、四つの特徴に分けて分析しているが、そのひとつとして「上意下達式の宣教および福音伝道（Propagation and evangelization 'from the top down'）」を挙げている。これは「エリート、とくに皇帝とその宮廷が入信すれば、国全体をキリスト教信者として獲得することができる」という期待にもとづいた戦略である、と[12]。

たしかに明清時代に中国に入ったカトリック宣教師のなかで、宮廷内部に深く入り込み、歴代皇帝や士大夫と活発に交流を繰り広げたのはイエズス会士の大きな特徴であり[13]、上記の見方はおおむね妥当といえる。しかし、一八世紀の在華イエズス会士による報告の集成である『イエズス会士書簡集』を見ると、北京だけでなく中国各地方に入ったイエズス会士が、現地の職人や商人などの人々に対しても宣教活動を推し進め、これらの人々と日々交流する様子が報告されている。たとえば江西省景徳鎮で宣教活動を展開していたダントルコル（François-Xavier Dentrecolles 殷弘緒、一六六四〜一七四二）の報告[14]は、この地の陶磁器工のなかに多くの天主教信者がいたことを伝えており、ダントルコルがこれらの信者たちと日々やりとりし、その陶磁器製造の様子を身近に観察した記録になっている。

2 清朝宮廷における宣教師の働き

(1) 康熙帝の宮廷にて

これまで見てきたように、明末から清朝が禁教体制を固める一八世紀前半にいたるまで、在華イエズス会士は士大夫をはじめ、さまざまな立場の人々と交際していた。より正確にいえば、この時期の在華イエズス会士と中国の人々との交際に関しては、その記録がさまざまな史料に残されたのである。とくに明末に出版された西学書は、在華イエズス会士と士大夫との密接な協力関係による成果であり、本文のみならずさまざまな士大夫が友情の証として寄稿した序や跋も含め、両者の交際について物語る重要な史料となっている。しかし清代に入ると、西学書は清朝当局による監督のもと、欽定の書物として編纂されるようになったため、それらから士大夫との生き生きとした交流の様子を読み取ることは困難である。

その代わり、在華イエズス会士が清朝宮廷に登用されたことにより、清朝の政治運営に関係する彼らの事績は、清朝の檔案（公文書）や『清実録』（正式には『聖祖仁皇帝実録』など各代皇帝の廟号・諡号を冠した題名となっている）

といった公式の記録に現れるようになる。たとえば康熙帝の命により、在華イエズス会士は康熙四七年から五七年(一七〇八〜一八)にかけて、清朝官僚と協力しながら中国全土の測量を実施し、全国地図すなわち『皇輿全覧図』を完成した。その過程において、たとえば康熙五二年四月二九日、「監視養心殿李秉忠」と「監視武英殿布爾賽」ら八名の清朝官僚と、「西洋人費隠、単爻占、麦大成、湯尚賢」を、それぞれ四川、貴州、雲南、湖広、江西、広東、広西、河南、江南の九省に派遣し、これらの地方での測量が終了し次第、さらに浙江と福建での測地を行うようにさせ、四川、雲南、貴州、湖広へ向かう「西洋人費隠、単爻占」にはそれぞれ騎馬五匹をあてがい、江西、広東、広西へ向かう「西洋人麦大成、湯尚賢」にはそれぞれ騎馬五匹をあてがうべし、との上諭が下されたことが、檔案に記されている。[15] ここで「西洋人」として名前が挙がっているのは、オーストリア出身のフリデリ(Xavier Ehrenbert Fridelli 費隠、一六七三〜一七四三)、ポルトガル出身のカルドゾ(Francisco Cardoso 麦大成、一六七七〜一七二三)とフランス出身のタルトル(Pierre Vincent de Tartre 湯尚賢、一六六九〜一七二四)という三名のイエズス会士と、アウグスティヌス会に所属し布教聖省から派遣されたボンジュール(Guillaume Bonjour 単爻占、一六七〇〜一七一四)である。

以上の事業に関しては、清朝側の公的記録[16]が残されているだけでなく、ヨーロッパ側史料すなわち宣教師自身の報告も豊富に存在する。[17] 檔案など清朝の公的記録は、その性質上、おもに各出来事の経過を王朝側の視点によって淡々と追っていくが、宣教師自身の報告は出来事の経緯や人物描写、心理状態にまで事細かに筆が及んでいる。

(2) 西洋人関連事務の担当者たち

すでに述べたように、清朝宮廷に登用された在華イエズス会士に関しては、檔案など清朝の公的記録にその事績が留められた。注目すべきは、これらの記録が、在華イエズス会士に関する事務を担当した清朝官僚など、中国側の関係者についても伝えている点である。たとえば前掲の『皇輿全覧図』に関する康熙五二年の檔案には、「監視養心殿李秉忠」と「監視武英殿布爾賽」という二名の清朝官僚の名が現れていた。この場合「養心殿」は、養心殿造弁処および武英殿造弁処のことであろう。また「監視」との官名に関しては、陳国棟が「監造」に同定している。[18] 養心殿造弁処も武英殿造弁処も内務府に属し、前者は宮廷用の器物の製造および修繕を、後者はおもに宮廷で編纂される書物（殿版）の出版を担当し、雍正年間に武英殿修書処と改称した。監造は官名のひとつで、養心殿および武英殿における器物や書物の製造を監督した。[19]

李秉忠（生没年不明）と布爾賽（生没年不明）については、あまり多くのことはわかっていない。『世宗憲皇帝実録』によれば、李秉忠は雍正年間に内閣侍読学士、河南按察使などを歴任したようである。[20] また布爾賽は先行研究において「プルサイ（Pursai）」あるいは「プルガマ（Purgama）」という名の満洲旗人に同定されている。[21] ただここで重要なのは、彼らの官職である。じつは内務府官僚、とくに養心殿と武英殿の監造は、清朝宮廷における西洋人関連事務のおもな担当者だったと思われ、清代の在華イエズス会士関連史料に多く登場する。なかでも趙昌（生没年不明）やヘシヘン（赫世亨、一六四五頃〜一七〇八）は代表的な人物で、彼らの名は中国側とヨーロッパ側両方の史料に散見される。[22] 先行研究によれば、趙昌は内務府の包衣（旗人の家人あるいは家僕）である。どの旗に属すのかを確定するには決め手に欠け、正白旗、正黄旗、鑲黄旗のいずれの可能性もあるようである。[23] 彼は康熙三三年前後から康熙年間の終わり（一七二二）まで、養心殿造辦処の監造（あるいは総監造）の任にあった。これは正六品の官にあたる。[24] またヘシヘン（Hesihen）はヘンカマ（Henkama）という名前でもヨーロッパ側史料に現れる。彼はワンヤン（完顔）氏、鑲黄旗人で、やはり内務府包衣であった。父は数々の漢籍を満訳したことで有名なアシタン（Ashitan 阿什坦、?〜一六八三）、弟も同じく翻訳で有名なヘス（Hesu 和素、一六五二〜一七一八）である。ヘシヘン自身はずっと武英殿監造の任にあった。[25]

趙昌やヘシヘンが宮廷における西洋人関連事務を担当していたことは、清朝の檔案に明確に記されている。前述のごとく、一八世紀初めには典礼論争に絡んで、教皇使節トゥルノンと福建使徒座代理区長メグロが康熙帝に謁見したが、この件に関する康熙帝の上諭に、趙昌を含む四名の内務府官僚へ指示を与える文面が見られる。そのなかでは、趙昌らの職掌について「養心殿、武英殿等処管製造、帯西洋人事」、すなわち「養心殿、武英殿などの部署で製造を管理し、西洋人をまとめること」と記されている。[26]

これらの旗人たちについて、ヨーロッパ側史料、すなわち在華イエズス会士の報告では、さらに詳細な人物描写が見られる。ここでは趙昌について述べた報告を取り上げてみよう。まず、フランス出身で高い数学的能力によって宮廷に仕え、『皇輿全覧図』の作成において大きな役割を果たしたジャルトゥー（Pierre Jartoux 杜徳美、一六六八～一七二〇）の報告（一七〇四年八月二〇日）では、「チャオという名前の役人（Le Mandarin nommé Tchao）」すなわち趙昌が、ブーヴェと皇太子とのあいだに或る揉め事が持ち上がった際、両者のあいだに立って宣教師側のとりなし役として尽力したことが述べられている。さらに、趙昌は「帝国全体におけるキリスト教の信仰実践を許す勅諭」すなわちいわゆる寛容勅令（一六九二）の発布に大きな貢献のあった人物と述べられている。[27] さらに、やはりフランス出身で康熙帝の宮廷に仕え、『皇輿全覧図』の作成に尽力したほか、第9章で詳述するように、康熙帝の命をうけ編纂された満文訳『御批資治通鑑綱目』をフランス語に翻訳したことでも知られるド・マイヤ（Joseph-François-Marie Anne de Moyriac de Mailla 馮秉正、一六六九～一七四八）も、趙昌と親交が深かったことを思わせる報告を残している。それによれば、「チャオ・チャン（Tchao-tchang）」、すなわちチャオ老爺（Tchao-laoye）」は、「精神の活発さ、礼儀作法の正しさ、振る舞いの慎重さ」などさまざまな点ですぐれた人物で、康熙帝の厚い信頼を得ており、かつ「宣教師たちの友人にして保護者」だったという。[28]

（3）清朝政権中枢の官僚たち

前掲の史料や先行研究から判断する限り、趙昌やヘシヘンは宮廷の在華イエズス会士の世話係というにふさわしい役割を帯びており、両者のあいだには日常的にやりとりがあったと思われる。さらにかなり高位に属する官僚にも、在華イエズス会士と比較的頻繁に接触していた者たちがいる。まず取り上げるべきはマチ（馬斉、一六五二頃〜一七三九）である。

マチはマンジュ氏族のなかでも有力な「八大家」[29]のひとつフチャ（富察）氏出身で、満洲鑲黄旗人である。兵部尚書、戸部尚書、武英殿および保和殿大学士などを歴任した。康熙帝の継承者争いにおいてその第八子允禩（一六八一〜一七二六）を支持し、さまざまな策動を行ったため、懲罰として康熙帝により失脚させられたが、雍正帝即位後は総理事務大臣に任命され、政務の中枢にかかわった。マチはまた、康熙帝時代から管理俄羅斯事として長年対ロシア外交を担当した。ネルチンスク条約締結後、八旗子弟からロシア語専門の通訳官を育て上げるため内閣にロシア語学校（俄羅斯文館）が設置され、マチはその開設にも大きな貢献を果たした[30]。マチは宮廷の宣教師に対し比較的友好的な態度をとった官僚として、在華イエズス会士の報告にしばしば現れる。とくに康熙帝、雍正帝、乾隆帝の三代に仕えたパルナンは、対ロシア交渉などの場を通じてマチとの親交を深めており、宮廷の宣教師たちが乾隆帝に対し天主教公許を上奏しようと画策した際にも、パルナンがマチの協力を取りつけたという内容が、在華イエズス会士側の史料に残っている[31]。

またハイワン（海望、?〜一七五五）も、在華イエズス会士の報告に何度か現れている。ハイワンはウヤ（烏雅）氏出身、満洲正黄旗人で総管内務府大臣、戸部尚書、軍機大臣などを歴任し、やはり顕官に属する。宮廷の宣教師たちは、とくに乾隆朝初期における天主教弾圧の動きのなかで、このハイワンとたびたび接触する機会をもったようである。まず乾隆元年（一七三六）、通政司参議チャスハイ（査思海、生没年不明）という人物が、以下のごとく上奏を行った。すなわち、民人のみならず八旗の者たちまで「代々の祖廟をすっかり放棄し、父母に対する祭祀も全く行わない」のはまことに問題であり、「八旗の人はみな太祖〔ヌルハチ〕、太宗〔ホンタイジ〕に由来する由緒正しい人々であり、習性は篤実、ただ皇恩を頼りとして生きることを知るのみ」であったのに、「いま、ついにその本原に背き、外国小人の教えに帰依し」天主教に入信している。これは由々しき事態であり、厳しく取り締まるべきである、と。[32] さらに乾隆二年（一七三七）、劉二という人物が北京の育嬰堂において幼児に対する洗礼を行っていたことが問題視され、やはり天主教の厳禁を願う上奏文が提出された。以上二つの案件において、ハイワンが宣教師たちに皇帝の諭旨を申し伝え、また宣教師側からの皇帝に対する上奏も転送する役目を負っていたことが、中国とヨーロッパ両方の史料からわかる。[33]

3 一八世紀後半の北堂に出入りした人々

（1）乾隆帝の宮廷にて

これまで見てきたように、在華イエズス会士は明代における入華当初から、乾隆期初期すなわち一八世紀前半にいたるまで、皇帝および士大夫ら中国支配層、そして一般の人々との交際を深め、中国政権および社会に深く参与しながら生活を営んでいた。それではアミオら一八世紀後半の在華イエズス会士は、日々どのように、いかなる人々と接触していたのか。ここではとくに、アミオのいた北京に焦点をあてて検討していく。

まず前述のごとく、在華イエズス会士は乾隆朝においても、引き続き欽天監の監正または監副として登用されていた。さらに乾隆帝は、準部（モンゴル系オイラトの一部族ジューン＝ガル部の本拠地である天山北路）、回部（天山南路のイスラーム教徒の本拠地）、大小金川などへの遠征、すなわちいわゆる十全武功を記念するため、カスティリオーネやアッティレ（Jean-Denis Attiret 王致誠、一七〇二～一七六八）らに、一連の戦争画「得勝図」を描かせた。また準部および回部が「新疆」として統治下に入ったことを機に、新たな領土での測量の成果を取り入れ、清朝の版図全域を含んだ大規模地図集『乾隆十三排図』（あるいは『内府輿図』）を、ブノワらに編纂させた。そして円明園内に豪奢な西洋楼を建設するため、バロック式庭園や建築物、噴水、時計、オブジェなどの設計を、ブノワやカスティリオーネらに託した。これらの絵画や時計技術、水力学などの知識・技術をもつ在華イエズス会士たちは、おもに内務府養心殿造弁処に登用されている[34]。こうした乾隆帝の在華イエズス会士任用における特色については、アミオとともにラテン語通訳の任にあたった在華イエズス会士ドリエル（序章第3節を参照のこと）が、一七八〇年一〇月一五日に兄弟へ宛てた手紙のなかで、画家・時計師・機械製作者（machiniste）が、「〔宮廷で〕雇用される三つの主要な身分」だと述べた[35]点からも明らかである。

さらに、中国各地に滞在するヨーロッパ人に関する問題が起こったとき、清朝と直接交渉し処理にあたるのも、北京四堂の在華イエズス会士の役目だった。禁教下の清朝においても、秘密裡に国内に潜入したヨーロッパ宣教師が清朝官憲によって逮捕される事件は後を絶たなかった。とくに一七八四年からその翌年にかけて起こった教案[36]は、その深刻さのゆえに、北京の在華イエズス会士が深く介入せざるを得なかった。きっかけはイタリア出身のフランシスコ修道会士サッサリ（Giovanni da Sassari 吧哋哩啾、生没年不明）ら四人が、湖北と陝西の境界付近に潜んでいたところを逮捕されたことにある。湖広総督テセンゲ（特成額、?〜一七九六）が取り調べたところ、逮捕された四人は書信一通を携帯しており、広東在住の聖ヨハネ会士トレ（Francesco Giuseppe della Torre 羅馬当家、生没年不明）と福建出身で広東在住のキリスト教信者蔡ペドロ（蔡伯多禄）すなわち蔡鳴皐（生没年不明）の協力によって、陝西省へ送り込まれる途中だったことが判明した。サッサリらは刑部へ送られ、審議を経て投獄された。それから約一年後の乾隆五〇年一〇月八日、乾隆帝は上諭を下し、サッサリらを含む一二人のヨーロッパ人獄中者を釈放し、北京に留まって四堂に居住するか、本国へ帰るか各人の自由に任せることを命じた[37]。

その際、北京四堂に居住するヨーロッパ人と清朝当局とのあいだで行われたやりとりについて、アミオが一七八五年一一月二〇日付で詳細な報告を残している[38]。それによれば、北京の宣教師たちは投獄された者たちの助命を願って苦労を重ね、上記のごとく上諭によって彼らの釈放が決まった際には宮廷にて叩頭の礼をもって感謝し、また大臣の指示によって各堂から数名ずつ代表者が刑部へ赴き、釈放された者たちを引き取ることになったという。

さらにこのとき「フランス人たちの教会（Eglise Française）」の代表者としてイエズス会士ヴァンタヴォン（Jean-Mathieu de Ventavon 汪達洪、一七三三〜一七八七）とともに選ばれたラザリスト会宣教師ローは、決定的な役割を果たした乾隆帝の一〇月八日の上諭をフランス語に翻訳している。(39)

（2）「科学や文芸」の議論の場としての北京四堂

北京の宣教師の住居であった四堂も、中国の人々との交際に開かれた場として機能していた。この点に関して、アミオの報告には興味深い記述が見られる。アミオによれば、四堂のうち、おもに彼を含むフランス出身者が居住する北堂には、イエズス会士と中国の科学や技芸について談じ合う機会を求めて、しばしば中国の知識人や高官がやってきた。そこでアミオは彼らに対し「我々の音楽のほうがかの国のものより優れていることを証明しようと」、本書第3章でも触れた、フランスの著名なバロック作曲家ラモーによるオペラ・バレエ《優雅なインドの国々（Les Indes galantes）》（一七三五）のなかの第四アントレ《未開人（les Sauvages）》や、クラヴサン曲の第一九曲《一つ目巨人（Les cyclopes）》（一七二四）などの楽曲を、フルートとクラヴサンで演奏した。ところがアミオの意に反して、それを聴いた知識人や高官は無表情で、いかなる感動のしるしも見られなかった。そこで彼らに意見を求めると、このような言葉が返ってきたという。

あなた方の旋律は我々の耳のために作られていないし、我々の耳もあなた方の旋律のために作られているわけではありません。だから我々が、我々の旋律から感じ取るような美を、あなた方の旋律に感じなくても当然です。

さらに、ある翰林院学士は、次のように述べたという。

我々の音楽の旋律は、耳を通って心まで到達し、心から魂まで届きます。我々はそれを感じるとともに、理解するのです。あなた方が演奏したものは、我々にこのような効果をもたらしません。我々の古代の音楽はさらに格別のもので、聴くことができればそれだけで愉悦に浸ることができるのです。

これらの言葉は、アミオの心に中国の音楽について知りたいという欲求を芽生えさせ、中国音楽について詳しく研究するきっかけとなったという[40]。

以上の報告は、リッチ以来の在華イエズス会士と中国士大夫との交流が、アミオの時代にいたっても中断することはなく、かつこうした交流がアミオらに中国研究における着想を与えていたことを伝えている。

(3) 満洲旗人天主教徒「チンテ」の弾劾案——ヨーロッパ側史料

上に挙げた例は十分興味深いものではあるが、これらの知識人や高官による北堂訪問は、いわば単発的なものだったと推測される。さらに彼らが具体的にどのような人物であったのかという点についても、追跡できるヨーロッパ側、中国側史料を欠いている。これに対し次に取り上げるのは、より継続的に北堂に出入りし、かつ具体的にどのような人物だったのかが中国とヨーロッパ両方の史料から跡づけられる、希少な例である。この人物とは、ヨーロッパ側史料、すなわち在華イエズス会士の報告に現れる「マ・ジョゼフ (Ma Joseph)」、満洲名が「チンテ (Tching-te)」という人物と、その息子「マ・アンドレ (Ma André)」という、満洲旗人にして天主教信徒の父子である。まず父のマ・ジョゼフについて取り上げる。

マ・ジョゼフは北堂に頻繁に出入りし、キリスト教信者としてこの教会のイエズス会士たちと交流していたと思われる。この点は、ブノワが一七七〇年の手紙で、「マ・ジョゼフは復帰〔後述〕以来、欠かさず我々の教会に来ており、キリスト教信仰を公に告白している[41]」などと述べていることから推測できる。

この人物を取り上げた在華イエズス会士側の記録はじつに多い。そのなかから、ここでは或る弾劾案についての報告を取り上げ、そこから北堂の在華イエズス会士との交際の様子を拾い出してみたい。北堂上長を務めたブルジョワ（François Bourgeois）は、一七六九年一〇月一五日付の手紙にて、以下のような話を伝えている。すなわち、北京には「タタール人の街と、漢人の街」すなわち内城と外城があるが、前者には二名の「警察代官職（lieutenans de police）」が置かれている。この職のひとつを占めているのが「役人のマ（mandarin Ma）」なる人物であり、彼は人望篤いキリスト教信者である。彼は「リ（Ly）という同僚」から、信者であるということを自首せよ、さもなくば自分がマを告発する、と迫られた。困ったマは、熟慮のうえ、一二月三一日、彼が所属する「総督衙門（tribunal du gouverneur）」に対し、次のような上奏文を提出した。

刑部（tribunal de crimes）の布告に従うため、私は私の家族と私が、三世代にわたってキリスト教徒であることを表明します。私たちの祖先は故郷の地、遼東（Leao tong）にて入信いたしました。私たちは、祖先と同じように、これこそ守るべき真正の宗教であると心得ております。[42]

その後、マは「衙門の長官（chef du tribunal）」のところへ連行され、取り調べを受けた。最終的にマは「帝国の大臣と諸侯による裁判所（tribunal des ministres et des grands de l'empire）」に召喚されたが、信仰を放棄するにいたらず、この裁判所から皇帝に対し、マへの然るべき処罰が下されるよう上奏が行われた。この上奏文のなかで、マは「チンテ（Tching-te）」の名で呼ばれており、これは「マのタタール名である」との解説が付せられている。この上奏は乾隆三三年（一七六九）一月一一日に行われ、皇帝は「マの位階を剝奪し、刑部に連行せよ」との命を下した。[43]

こうして刑部に連行され、キリスト教信仰を棄てるよう繰り返し迫られたマだったが、あるとき長官がマに対し、お前は皇帝に背いたので後悔しているのではないか、と問うたところ、マははい、と答えた。続けて自分はキリスト教から抜け出ることができない、神を棄てることはできないという決心を語ったのだが、長官はマが最初に発した、はいという返事のみを取り上げ、マは棄教を望んでいると、乾隆帝に報告した。これを受け、乾隆帝は八旗において次のような命令を発布させた。

マが朕の意向に対し反抗したことは、みせしめとして懲罰するに値する。この者は犯罪人として扱うのがふさわしい。しかし恐怖によってこの者が目を覚まし、キリスト教から抜け出るというのだから、朕はこの者に恩恵を垂れよう。この者をショウペイ(cheou-pei)の肩書をもつ役人とする。(44)

ひとまず上記のように、マなる人物に対する弾劾案についての報告が、ブルジョワによってなされたあと、その続きがブノワの翌一七七〇年一一月一日の手紙において、示されることになる。なお前年の手紙では、単にマ(Ma)あるいはチンテ(Tching-te)とのみ呼ばれていたが、この第二の手紙ではマ・ジョゼフ(Ma Joseph)と記されている。前述のごとく、マ・ジョゼフはキリスト教信仰を棄てたと「長官」が報告したために、乾隆帝によって再び官職を得るにいたったのだが、実際には依然信仰を保持していたとのことである。こうした状況において、前の手紙に登場した「長官」の息子「ゲフ(Guefou)」は、マが本当にキリスト教信仰を棄てたのか、調査に乗り出すことになる。ゲフからの、もうキリスト教会へ行っていないかという問いかけに対し、マは、自分は例の報告文書(マがキリスト教信仰を棄てたという)の作者ではなく、キリスト教も棄ててはおらず、死ぬまでそれを堅持するでしょうと述べた。これに激高したゲフは、北京のキリスト教会にて潜入調査を行ったうえで、マ・ジョゼフを告発した。これを受けて、乾隆帝は次のごとく上諭を下した。

チンテは、彼が放棄すると朕に約束したキリスト教を、公然と堅持しているのだから、法に従って厳正に処罰されるべきである。

しかし「悪意からではなく単純さから」そのような振る舞いに出たのだろうという理由で、情状酌量して死刑は免れ、兵部へ送り棒打ち六〇回を与えたのち、イリへ流し現地首領の奴隷として配する、という刑に処されることとなった[45]。

このように、宣教師の手紙のなかで語られた刑罰を清朝の刑制に照らすと、それは基本的に五刑(笞、杖、徒、流、死)からなるが、マ・ジョゼフ＝チンテに適用されたのは大竹板をもって受刑者の臀部を打つ杖刑で、数によって五等あるうちもっとも軽い六〇回だったことがわかる。ただしさらに遷徙、充軍、発遣の三種類ある流刑のうち、もっとも重い発遣が加えられたものと思われる。発遣とは、吉林、黒竜江、イリ、迪化(ウルムチ)などに赴かせ、苦差あるいは奴とする刑[46]であり、ちょうどマに課せられたものと一致する。

(4)「ツェンデ」・「成徳」とは――中国側史料

では、マとはいかなる人物を指すのか。この問題を明らかにしていくにあたって、上に挙げたブルジョワ－ブノワの手紙には、いくつか同定作業を要する記述が現れていた。

①内城に置かれた二名の「警察代官職」とは何を指すのか。
②「衙門の長官」とは何を指すのか。
③「帝国の大臣と諸侯による裁判所」とは何を指すのか。
④マに与えられた官職「ショウペイ」とは何か。
⑤マを再度弾劾した「ゲフ」とは誰か。

これら①～⑤について、先行研究ではどのように同定がなされているのか。日本における『イエズス会士書簡集』研究の第一人者である矢沢利彦は、以下のごとく同定している[47]。

①巡視東城御史。
②歩軍統領。当時はフヘン（傅恒、?〜一七七〇）。
③議政王大臣会議。
④守備。
⑤エフ（額駙）すなわち宗室の娘婿。フヘンの息子で和碩額駙のフルンガ（福隆安、?〜一七八〇）を指す。

まず①に関して、東城御史を含む巡視五城御史は、北京城内の巡視業務を担当しており、たしかに「警察代官職」という訳語とそう遠くない。そうであればマが所属するという「総督衙門」とは、巡城御史の所属機関である都察院ということになる。乾隆一三年奉勅撰の『大清会典則例』都察院六を見ると、北京城内を中、東、西、南、北の五つに区割りし、それぞれ管掌する巡視五城御史が設置されており、それぞれ満漢各一人が任じられたという。さらに乾隆二九年奉勅撰の『大清会典』都察院五・巡城職掌によれば、彼らは「悪習を取り除き、風俗を整頓する」ことを職掌とした(48)。

しかし「警察代官職」を巡視東城御史とすると、②が問題である。すなわちその「衙門の長官」である以上、歩軍統領ではなく、左右都御史としなければなるまい。つまり①と②に関しては大きな疑問の余地がある。

その一方、③に関しては、矢沢利彦の同定が妥当と思われる。議政王大臣とは、雍正帝のとき軍機処が設置されるまでは清朝の最高会議であり、一七九二年まで維持された。議政王には有力皇族が任命され、議政大臣には有力旗人が任命されたことに鑑みれば、「帝国の大臣と諸侯による裁判所」というブルジョワの訳語とおおむね矛盾しない。最後に④については、発音と文脈に照らせば、守備に同定して間違いなかろう。

このように、上記の各概念に関してはヨーロッパ側史料に依拠するだけでは確定できない部分があり、これらを明らかにしてマ・ジョゼフという人物の実像にたどり着くためには、中国側の史料との比較対照によらなければばならない。じつはブルジョワが記した上記の弾劾案については、これと概要のほぼ一致する檔案が、台湾中央研究院歴史語言研究所内閣大庫に所蔵されている。これらには満文と漢文の両方が含まれるが、内容には若干の違いがみられる。まず、乾隆三三年一二月二〇日(一七六九年一月二七日)の漢文檔案[49]から引用する。

漢文:本月初七日准該旗咨称、十一月二十九日、奉清字諭旨。佐領永徳願出天主教、着留佐領、罰俸一年。遊撃成徳亦畏罪、願出天主教、着為守備。官学生太森布、免其治罪。

日本語訳:今月七日、当該の旗の咨称によれば、一一月二九日に清字〔満文〕による次のような上諭を奉じたという。佐領の永徳は天主教から抜け出すことを願っているので、佐領に留任し、罰俸一年とする。遊撃の成徳もまた罪を恐れ、天主教から抜け出すことを願っているので、守備の任につかせよ。官学生の太森布については、処罰を免じる、と。

この檔案では、「永徳」、「成徳」、「太森布」という三名がいずれも満人で、天主教信仰が明らかになったために弾劾されたことがわかる。さらに檔案は以下のごとく続く。

漢文:乾隆三十三年十二月初二日、准廂藍満洲旗、分清字文称、本旗参奏佐領永徳、官学生太森布、俱入天主教、請革職、交刑部治罪一摺。〔後略〕

日本語訳:乾隆三三年一二月二日、満洲鑲藍旗は満文で次のごとく称した。本旗は佐領の永徳、官学生の太森布がともに天主教に入信していることを弾劾する上奏を行い、彼らを罷免し、刑部へ送って処罰を受けさせるよう請願した。

こうして、天主教信仰のかどで弾劾された者のうち二名が、鑲藍旗に属することが判明した。なお佐領とは清朝の八旗制度の基本単位(ニル=niru)であり、またそれぞれの監督責任者であった長を指す。官学生とは、各旗子弟の教学のため清朝が設置した、八旗官学の学生である。また管見の限り、「永徳」と「太森布」の満洲語による原名を示す史料は見当たらない。

それでは残る「成徳」とは誰か。じつはこの人物こそがマ・ジョゼフ＝チンテである可能性が高い(50)。そして該当する檔案からは、この「成徳」をめぐって、すでに処罰の決した二名より若干複雑な処置が下されたことがわかる。その史料が、乾隆三五年五月二四日の漢文および満文檔案(51)である。まず漢文から示す。

漢文：歩軍統領福参奏、守備成徳不出天主教、請革職銷除旗檔。

日本語訳：歩軍統領の福は、守備の成徳が天主教から出ないことを弾劾する上奏を行い、この者を罷免し旗籍を抹消することを請願した。

このように漢文の方はかなり簡略だが、満文は比較的詳細である。（なお満文原文の表記はメーレンドルフ式をとり、日本語訳は満文との突き合わせのため直訳に近い形をとった。）

満文：wesibufi tiyan ju giyoo de dosika urse be baicame, icihiyara de aha meni dulimbai kūwaran i dasihire hafan cengde ini booi guoci tiyan ju giyoo de bisire babe, beye gercileme tucibuhe bime kemuni tiyan ju giyoo ci tucirakū, turgunde aha meni yamun ci falame wesimbufi, hesei, coohai nashūn ambasa de afebufi dasame kimcime fonjifi dahūne dahūne i neileme ulhibume tacibufi, ai kemuni tiyan ju giyoo ci tucirakū seme dahūme wesimbuhede, hesei ... te inu gelefi tiyan ju giyoo ci tucire be dahame, kesi isibume cengde be tuwakiyara hafan obu sehe ... tuwakiyara hafan cengde umai tiyan ju giyoo ci tucikakū ... cengde be hafan efulefi manju dangse ci hūwakiyabufi balai mioshun tacin de hūlimbufi halara be sarakū ursede targacun tuwabuki. erei jalin ginggulеme wesimbuhe.

日本語訳：〔以下のことを〕奏す、天主教（tiyan ju giyoo）に入った者たちを調べ、処理することについては私どもは、中営の遊撃（dasihere hafan）のツェンデ（cengde 成徳）、その布衣ゴチ（guoci 漢名不明）は天主教に入っているということを、自ら訴え出てきたのに、なおも天主教から出ないため、臣どもの衙門から罰して具奏したところ、諭旨を得た。軍機大臣らに交与し、あらためて調べ、訊問し重ね重ねこの者に暁諭させ教え諭したのにもかかわらず、なおも天主教から出ないと言っており、再び上奏した。旨を下され、〔中略〕今、また畏れて天主教から出たので、恩をこうむりツェンデを守備（tuwakiyara hafan）にすると仰せられた。〔中略〕守備のツェンデは全く天主教から出ていない。〔中略〕ツェンデを革職し、満檔から除籍させ、みだりに邪な悪習に惑わされ、改悛を知らない人々の戒めとしたい。このため謹奏する。

以上の檔案からわかることを整理すると、成徳＝ツェンデ（cengde）は、弾劾当時遊撃の任にあり、おそらくは佐領の永徳、官学生の太森布と同じ満洲鑲藍旗に属し、この二名とともに天主教すなわちキリスト教信仰のかどで弾劾された。これを受け乾隆帝は、ツェンデは自らを悔い、天主教から抜け出ることを願っているために、「恩を加えて」守備への降格処分にとどめた。ところがほか二名とは異なり、ツェンデは実際には天主教から抜け出ていない、すなわち信仰を放棄していなかった。そこで彼は歩軍統領福によって再び弾劾され、最終的に革職処分となった。

以上の内容は、ブルジョワとブノワが伝えた、マ・ジョゼフ＝チンテに対する弾劾案とおおむね合致するようである。そこで以上の檔案を踏まえて、再びブルジョワの手紙について検討してみると、まず①すなわちツェンデがもともと就いていた「警察代官職」とは、矢沢利彦が推定した巡視東城御史ではなく、遊撃だということになる。乾隆二九年奉勅撰の『大清会典』によれば、守備は歩軍統領衙門に属し、北京城内に置かれた中南北の三営に対し、それぞれ参将一名、遊撃一名が任じられ、部下の兵士たちの訓練、分駐巡緝にあたった。その下に守備一九名、千総一五名、把総三〇名が配され、手分けして各営の守備にあたり、姦匪の緝捕にあたった[52]。そして④すなわちツェンデが弾劾された後にあてがわれた「ショウペイ」という官職も、矢沢の述べるように守備であるが、これも遊撃のすぐ下の兵士と考えれば自然である。

このようにツェンデ（cengde）＝成徳＝チンテ＝マ・ジョゼフが遊撃、守備の任にあったとほぼ確定できるのであれば、②「衙門の長官」は矢沢の述べるように歩軍統領として間違いなく、乾隆三〇～三年にこの任についていたフヘンを指すと思われる。さらに⑤すなわちこの「長官」の息子で、ツェンデを再び弾劾したゲフも、フヘンの息子で当時歩軍統領のフルンガで間違いないだろう。漢文檔案にある「歩軍統領福」も、フルンガを指す。

なおブノワとブルジョワのいう「マ」とは、おそらくはツェンデの漢姓で、発音からすれば「馬」姓ではないかと推測される。漢姓として「馬」をとる満洲氏族には、八大家のひとつマギャ（馬佳）氏(53)があるが、ツェンデがマギャ氏であるかどうか、確証は無い。また満文檔案には、ツェンデの包衣「ゴチ」も天主教を信仰していたとあり、興味深いが、この人物についても現状では詳細が不明である。

（5）北京北堂の「聖体会」と馬父子

こうして一八世紀後半北堂に出入りしていた満洲旗人ツェンデ＝成徳＝チンテ＝マ・ジョゼフについて、まずその人物像が明らかとなった。ではこの人物は、実際に北堂においてどのような活動をしていたのか。この点について、在華イエズス会士の報告にはきわめて興味深い記述が見られる。まず、一七七七年に書かれたと思われる、「マ・ジョゼフの死去について」と題された著者不明の報告(54)を取り上げる。その冒頭には、マ・ジョゼフが「我々の聖体会（congrégation du Saint-Sacrement）の元助手」だったと記されている。さらに同じ手紙では、マ・ジョゼフが「北京における我々の教会に設立された聖体会と聖心会（association du Saint-Sacrement & du Sacré-Cœur）」に長いあいだ関わっており、かつ一七六七年以降はそれらの助手を務めていた、と述べられている。

すなわち北堂には「聖体会」あるいは「聖心会」といった会（congrégation あるいは association）が作られ、ツェンデはそれらの運営に深く関わっていたというのである。じつは北堂におけるこれらの団体は、おそらく遅くとも一八世紀初めにまで遡ることができる。なぜならブーヴェによる一七〇六年の手紙[55]に、すでに「我々が聖体（Saint-Sacrement）の名のもとに北京につくった新しい信心コンフレリー（Confrérie de charité「コンフレリー」については後述）」という文言が見られ、ブーヴェももちろん北堂の住人であったことを考えると、これは同じ聖体会を指すものと推測される。

ブーヴェはさらに、この聖体会を四つのクラスに区別している。すなわち、第一は成人信者に尽くすことを目的としたクラスで、イグナティウス・ロヨラを守護聖人とする。第二は、キリスト教信者の成人子女にキリスト教の義務を指導することを目的としたクラスで、守護天使に守られる。第三は、病人や瀕死の者たちに死に備えて必要な精神的救いを与えることを目的としたクラスで、聖ジョゼフが守護聖人である。第四は、非信者の改宗に携わるクラスで、フランシスコ・ザビエルを守護聖人とする。

在華イエズス会士の報告では、このように聖体会について語られているが、じつはこれに関しても対応すると思われる中国側史料が存在する。フランス国立図書館蔵の、明清時代中国で発行されたさまざまなキリスト教関係書物を編纂した『法国国家図書館明清天主教文献』叢書には、『聖体会規』という漢文文献が収録されている。これは「天主仁愛聖体会」の会規を明文化したものだが、注目すべきはこの団体がさらに四つの会に分かれると述べられている点である。すなわち、第一の「聖イグナティウス会（聖意納爵会）」は「すでに入信した人々（已進教者）」に奉仕し、第二の「守護天使会（護守天神会）」は「教友の子供たちのうちまだ入信していない者（教中人家幼童有未進教者）」に奉仕し、第三の「聖ジョゼフ会（聖若瑟会）」は「疾病者と死亡者（疾病与亡者）」に奉仕し、第四の「聖フランシスコ会（聖方済各会）」は「非キリスト教信者（外教者）」に奉仕する。[56]これはまさに上記の区分に一致しているといえよう。つまりこの「（天主仁愛）聖体会」とは、ブーヴェの手紙や「マ・ジョゼフの死去について」のなかで取り上げられた北堂の聖体会である可能性が高いといえる。

ところで聖体会とは何か。ブーヴェはこの会を「コンフレリー（confrairie）」と表現しているが、槇原茂によれば、このようなコンフレリーとは「アンシャン・レジーム期の民衆の生と死にもっとも深くかかわった平信徒の団体」である。そしてさまざまな型をもつコンフレリーのうち、教区教会の主祭壇の管理を主要な任務とする「聖体コンフレリー」こそ、北堂に設立された聖体会のモデルだと思われる。[57]また川村信三によれば、このような信徒信心組織（コンフラリヤ、コンフラテルニタス）の理念および類型は、一三世紀ヨーロッパで誕生し、一六世紀にイエズス会宣教師の仲介によって日本にもたらされ、「日本的適応」を経て「こんふらりや」として組織されるにいたったという。さらに川村はコンフラテルニタスの類型のひとつとして「信心業実践型」を掲げ、聖体などに対する信心の業の共有、頻繁な聖体拝領のすすめをその特徴として挙げている。[58]

在華イエズス会士の報告に従えば、上記のような日本の「こんふらりや」と同様、中国でもコンフレリー（コンフラテルニタス）の理念が輸入され、北堂の在華イエズス会士による指導を受けつつ、マ・ジョゼフら北京の人々の尽力によって運営されていたわけである。

さらにブノワによる一七七〇年八月二六日付報告には、マ・ジョゼフの息子としてマ・アンドレ（Ma André）についても詳しい描写が見られる。アンドレは一七四五年頃、子供のときから北堂に通っている熱心な信者であっただけでなく、西洋音楽をよく理解し、北堂における音楽部門の監督のひとり（un des Préfets de la Musique）であり、同じく北堂に設立された「音楽信心会（Congrégation de la musique）」の教師を務めていたという。[59]再び川村の研究によれば、コンフラテルニタスの類型のひとつとして「賛歌合唱団体」があり、これは毎日の聖務日課の晩課を「共に歌うため」に集まり、自作の賛歌をもち、歌を通して母国語による典礼に参加する会だという。[60]

（6）アミオとの接点

それではアミオが、上記のような北堂に集まる旗人信徒や、彼らが運営に関わっていた聖体会などの信心組織に実際に接したというなんらかの痕跡はあるのか。アミオの一七五二年一〇月二〇日付報告では、北堂内における活動についても述べられている。そのなかには、北堂に集まる信徒たちが、中国語（漢語）で「主をほめ称えよ（ハレルヤ）」を歌っているとの説明がある。また聖体会、聖心会、聖母会、贖罪の会といった団体の活動についても語っている。[61] さらに興味深いことに、マ・アンドレが中国音楽風の形式と記譜法を用いて作った楽曲を集めアミオが編んだという讃美歌集は、アミオが採譜した中国の伝統的な楽曲とともに、アミオ研究者で中国楽器の演奏家でもあるピカールや、音楽家フリシュ（Jean-Christophe Frisch）らによって盛んに再現されている。[62]

おわりに

イエズス会宣教師は、一六世紀の入華以来、士大夫や皇帝、一般民衆といった中国のさまざまな人々と接触しながら活動を展開した。ただしその交際範囲は、時代と場所によって大きく変化している。とくに清朝においては、公認されて国内に滞在する宣教師は北京内城にある四堂に居住することが要求され、かつ原則として宮廷に仕える者だったため、日常の行動範囲そのものが厳しく制限され、内務府の官僚など宮廷の官僚や旗人がおもな交際相手となった。

なかでもアミオが居住した北京北堂は禁教下にもかかわらず、士大夫や高官、そしてツェンデ（成徳）＝マ・ジョゼフとマ・アンドレ父子などの旗人天主教信者など、現地のさまざまな人々が集まり、科学や文芸、音楽や信仰を通じて在華イエズス会士と交流を深める場として機能していた。このような場を通して、アミオは現実の北京社会と触れ合っており、とくに満洲旗人との交際は、次章以降に論じる清朝の政治運営や満洲語に対する理解に、影響を与えた可能性が指摘できる。

第6章　アミオがとらえた清朝の統治構造

はじめに

第Ⅰ部の各章では、おもにアミオの古代中国文明に対する関心に焦点をあててきた。しかしアミオの関心は、決して中国の古代のみに限られたものではない。それどころか、自身の生きた清代中国に関して、じつに膨大な報告をヨーロッパへ送っている。なかでもアミオと同時代の人物である乾隆帝、およびアグイら清朝官僚に関する報告は多い。そしてこれらの報告に『メモワール』に掲載されたものが多いという事実は、間接的に同時代中国の政体に対するヨーロッパ側の関心の高さを窺わせる。実際、乾隆帝の治世に関して、もっとも大量かつ詳細な報告を残したヨーロッパ人は、アミオであった。そのためアミオの報告は、欧米の中国史研究者によって、史料として現在にいたるまで引用されている。たとえばジョアンナ・ウェーリー・コーエンは、乾隆帝の外征や受俘の様子を、大部分アミオ報告に依拠して描写している。一方ナンシー・パクやヨハン・エルヴァーズコグは、官僚の汚職や、乾隆帝のチベット、モンゴルへの対し方に関する報告に現れたアミオの見解、そしてそれを受け継いだ欧米の諸研究の歴史的限界を指摘している[1]。

このように史料として用いられる一方で、アミオの乾隆帝および清朝官僚をめぐる報告がいかなる典拠にもとづいて、いかなる目的で著されたのか、そしてアミオが提示した乾隆帝像や清朝像とはいかなるものか、その独自性とは何かといった問題は、まだ解明されていない。そこで本章では、乾隆帝および清朝官僚をめぐるアミオ報告を取り上げ、その典拠となった清朝側文書を突き止める。そのうえで、両者を比較対照し、アミオの翻訳および解釈がいかなる特徴をもつのか、そしてこれらの特徴が何に由来するのかを明らかにする。

なお、アミオは自らの典拠として、しばしば「ティンバオ（Ting-bao）」もしくは「宮廷のガゼット（Gazette de la Cour）」を挙げ、それをフランス語訳したうえで、自らのコメントを付す、という形式をとっている。これは邸報のことだと思われる。邸報とは、「邸抄」や「邸鈔」とも呼ばれ、朝政に関する情報を宮廷から発布したものである。各省は首都に提塘官を置き、日々発布される邸報を筆写（「抄」）させ、本省に送らせていたため、こちらを邸抄または邸鈔と呼んだようである[2]。

アミオ自身が邸報を用いたと明言している以上、本章においても本来ならば邸報を典拠として用いるべきだが、残念ながら史料的状況からそれはかなわなかった。すなわち邸報は、おそらくはその新聞としての性質から長期保存されることが比較的少なく、とくに乾隆帝時代の邸報に関しては、管見の限り、現在ではきわめて限定的かつ断片的な形でしか目にすることができない。しかし幸いなことに、中国では政務の処理過程が檔案（公文書）という形でつぶさに記録・保管されており、清朝において作成された檔案、あるいはそれらをもとに編纂された起居注や実録によって、アミオが参照したと思われる邸報の内容は、おおむね把握することが可能である。そのため本章では、おもにアミオの報告と、清朝の檔案・起居注・実録との比較対照を行うこととした。ただしほとんどの場合、各上諭の①上諭檔・起居注・実録[3]に記された公布の日付と、②アミオが付記した日付（邸報が発行された日付と思われる）が異なっているため、以下【 】内に①と②を併記することとした。

1　アミオ以前に発表された中国皇帝像

（1）明末清初

乾隆帝に限らず、中国皇帝の人物と政治運営は、明清時代中国に入ったヨーロッパ人がさかんに報告の主題としてきたものだった。これらの、明朝万暦帝から清朝乾隆帝へいたる歴代皇帝についての報告に関しては、矢沢利彦の研究[4]がもっとも包括的に扱っているため、しばらくその研究に従って概観してみよう。まずリッチは明朝の万暦帝に関して、「金を手に入れる機会を提供する者でない限り、いっさい心を向けようとしなかった」という比較的辛口の叙述を残している。そうかと思えば、マルティニによる「聡明であるとともに、公平、公正であるという高い評判を受けて、立派に統治した」という高い評価も見受けられる[5]。清朝最初期の皇帝たちに関しては、まず大清国建設へ導き清朝では第二代皇帝として位置づけられるホンタイジについて、やはりマルティニが思慮の深さ、情愛のこもった行動、王位にふさわしい特性など備えた人物として称賛している。次代の順治帝に関しては、マルティニがその思慮深さと慎重さ、判断の的確さを評価している[6]。

（2）『康熙帝伝』

これまで取り上げた報告は、いずれも中国皇帝については比較的断片的な記述にとどまっているが、これらの報告とは詳細さにおいて一線を画す著作が、康熙帝のときに現れた。それがかの有名な、ブーヴェの『王に捧げられた、中国皇帝の歴史的なポルトレ（*Portrait historique de l'Empereur de la Chine, présenté au Roy*）』（一六九七）である。これは日本では矢沢利彦による訳題『康熙帝伝』で知られる。「ポルトレ（portrait）」とは、現在では「肖像画」の意味で用いられるのがもっとも一般的だが、一七世紀フランス文学を代表するジャンルのひとつを指す言葉でもある。

この文学ジャンルとしてのポルトレとは、言葉による人物描写であり、もともと「サロンに集う社交人達が友人知己の容貌や性格を機知に富んだ筆致で描写して楽しむ」ことから出発し、やがて実在の人物の描写を通して、「人間観、社会観、モラルという高次な思想内容が託され」ることになり、「多角的な人間研究」の手法として確立した(7)。

ブーヴェの『康熙帝伝』もこうした人物研究としての趣が強いが、それはブーヴェが合計三七年の長きにわたって北京に滞在し、宮廷での職務を果たしただけでなく、康熙帝その人の側に仕え、西洋科学の進講などを行う立場にあったからこそ可能だったことだろう(8)。『康熙帝伝』では、さまざまな事績を挙げながら、この皇帝が政務においては「公正無私の国法を遵守し」、人材登用にあたっては「個人の技能のみを尊重」し、自身の調度衣料に関しては「極端に奢侈から遠ざかって」おり、そして学問については未読の「漢籍の名著が殆どない」ほど漢文化に精通し、それだけでなく西洋の科学にも並外れた向学心を示し、宣教師から西洋の幾何学、天文学、音楽、解剖学、化学と広範囲にわたって熱心に講義を受けたことが、事細かに記されている(9)。ブーヴェの目的は、こうした「俊敏な、透察的な知性、立派な記憶力、驚くべき天分の広さ」、「剛毅」、「鞏固な意志力」、嗜好や趣味の高貴さ、「公正と正義とに対する尊敬、臣民に対する親愛、徳を愛し、理性の命令に服する性向、絶対に自己の情欲を抑える克己心」、「美術に対する趣味と同じく、百般の学問に対する勤勉」等々といった康熙帝の「精神的美質(10)」を伝えることにあった。

矢沢利彦は、『康熙帝伝』における、上記のごときあからさまとも見える称賛の態度を、ブーヴェの政治的意図から分析している。第1章で述べたごとく、ブーヴェら五名の「数学者たち」は、ルイ一四世に派遣され、一六八七年に中国に到着した。そして宮廷で康熙帝の信頼を得たブーヴェは、康熙帝の使節として、西洋科学に長けた人材を中国に連れて帰るという使命を帯びて、一六九七年に再びフランスの地を踏んだ。『康熙帝伝』はその後に起草されたと推測されるが、そうであれば、そこには「ルイ一四世の歓心を買い、それによってフランス宣教師団を中国に送る便宜を得ようとする」意図があったことは疑いない、という。[11]

なお康熙帝に関しては、ブーヴェのものとは著しく異なる、かなり辛口の人物像が、ローマ布教聖省派遣の在俗司祭リパ（Matteo Ripa 馬国賢、一六八二〜一七四五）によって提出されている。リパは画家として宮廷に仕えた人物で、康熙帝の側に仕える機会も多かったと考えられる。リパは康熙帝の知性の高さについては認めていたようだが、その一方で康熙帝が数学や音楽に関する自身の能力を過大評価しており、「実際には数学のことは初歩をいくらか知っておられるだけであり、音楽にいたっては全くなにも御存知ではない」と述べている。その上、幼少の頃から統治者として側近たちの阿諛追従に囲まれて育ったため、「阿諛で言われたことをなんでもそのまま信じ、それをおおいに喜ぶという性癖が身についてしまった」とも記している。[12] このようにブーヴェとリパとのあいだで、康熙帝像が大きく食い違っている点は興味深い。

2 乾隆帝、清朝官僚に関する報告

（1）「神官長」としての乾隆帝

アミオは、統治者としての乾隆帝をめぐる膨大な報告をヨーロッパへ送った。それらの報告では、この皇帝がさまざまな呼び名で言い表され、ほとんどの場合称賛されている。まず取り上げるのは、乾隆帝が天子として天の恩恵に感謝し、あるいは天の譴責を恐れる姿をとらえた報告である。一七八〇年八月一三日の報告から、この点に関する著述を拾ってみよう。[13]

私はあなた方に対し、彼〔乾隆帝〕の次の記述を翻訳することにより、彼が指導者として臨んでいる国家にお

いて神官長、供物を捧げる大祭司（le Grand-Prêtre & le Souverain Sacrificateur de la nation）として振る舞う姿を描き出してみましょう。

これに続きアミオは、邸報に掲載された乾隆帝の上諭【①『上諭檔』・『起居注』乾隆四四年一一月六日、[14]『実録』乾隆四四年一一月丙戌、②乾隆四四年一一月六日】のフランス語訳を示している。以下、アミオによる引用から一部を抜き出してみる。

朕は長きにわたり統治を行ってきた。この長い期間、朕は、慣例となっている郊壇での儀礼を、大祀であれ小規模な儀礼であれ、一度も欠かしたことがなかった。〔中略〕朕は、〔天に対し〕自身の内側を畏敬の念で満たすと同時に、非常に深い尊敬のしるしを外に示してきた。一言でいえば、朕が即位して以来四四年間、天に関わる事柄について、責められるべきいかなる怠慢も無い。しかし翌庚子〔乾隆四五〕の年には、朕は七〇歳を迎える。〔中略〕また儀礼全体は長く骨が折れる。高齢ゆえの疲労から、儀礼を行う際示すべき慎ましさ、尊敬、配慮をいくらか欠いてしまわないとも限らない。そこで朕は、犠牲の奉献、天を表す碑の前での焚香、祖先を表す碑の前での慣例通りの儀礼を、自ら執り行うのみにとどめることが許されるものと考える。〔中略〕そこで朕は今から、次の冬至より、朕が天壇にて大祀を行う際には、皇子が朕と共に務めを果たし、付随的な儀礼をすべて執り行うことと定める。

『上諭檔』よりは若干簡略だが、おおむね同じ内容となっている。これは毎年冬至に行われる圜丘について述べたものであろう。中国では古来、儒教の礼制にもとづいて皇帝祭祀が定められており、とくに唐代以降は大祀、中祀、小祀に区分された。[15]小祀、中祀は皇帝の代理をたて、祭祀を主宰させることが多かったが、大祀（および中祀の一部）は原則として皇帝自ら祭祀を執り行う、すなわち皇帝親祭が原則であった。圜丘は昊天上帝すなわち天の最高神を祭る儀礼であり、大祀のなかでもとくに重要な儀礼である。清朝もこれらの祭祀を全面的に受け継いだ。『乾隆会典則例』礼部・祠祭清吏司・祭統・祀分三等を参照すると、皇帝祭祀はやはり大祀、中祀、群祀（小祀）の三等に区分され、そのうち大祀は「圜丘、方沢、祈穀、雩祀、太廟、社稷」として規定されている。

皇帝祭祀としての祭天儀礼、あるいは皇帝にとって天を祭祀する権の重要性については、小島毅による議論[16]を参照すべきである。すなわち「皇帝にとって権威の源泉である「天」は、宋代に「理」と統合されることによってあらためて正統性保証の根拠となった」のであり、皇帝が天を祭祀する権をもち、行使することには、「受命者であることを広く示す」という重大な意味があったのである。

さてアミオの翻訳を檔案原文と比較すると、おおむね原文に忠実といえるだろう。注目すべきは、アミオがこの上諭をヨーロッパの読者に向けて紹介した自らの意図について、中国の皇帝を「その帝国における神官長、信仰指導者（Chef de la Religion）として」示すことにある、とコメントした点である。このように祭天儀礼の主宰者としての乾隆帝を、「神官長」「信仰指導者」との名で呼び表すことは、前掲のものにとどまらず、さまざまなアミオ報告に散見される。次に取り上げるのは、一七八七年一一月一九日の報告である。この報告でアミオが話題とするのは、やはり邸報に掲載された、皇帝による郊壇大祀の務めについて述べた上諭【①『上諭檔』乾隆五一年一一月二日[17]、『実録』乾隆五一年一一月壬申、②不明】である。この上諭では「皇帝たるもの、天子として、天を敬い民のためにつくすことを第一の務めとすべきだ（人君者、天之子、当以敬天勤民為首務）」などと述べられている。アミオはこの上諭の大部分を翻訳、引用した[18]うえで、自身のコメントとして次のごとく述べている。

皇帝陛下が天壇にて、冬至の日、国家の神官長（Grand-Prêtre de la Nation）として、その尊位に結びつくあらゆる務めを果たすべく行う犠牲奉献は、一年に行われるもののなかでもっとも荘厳である。

こうしてアミオは、乾隆帝をことさらに「神官長（Grand-Prêtre）」「供物を捧げる大祭司（Souverain Sacrificateur）」

「信仰指導者（Chef de la Religion）」などと呼んだ。

ではこれらの「神官長」といった呼称は、いったい何を意味するのか。一八世紀フランス啓蒙思想を代表する著作、『百科全書』の「神祇官、大神祇官、神官長（pontife, grand pontife, grand-prêtre）」の項には、次のように述べられている。

> ユダヤ人においては、信仰指導者（chef de la religion）であり、古い戒律〔キリスト教から見たモーセ律法〕における、供物を捧げる祭司（sacrificateur）である。〔中略〕また信仰指導者であり、それに関わる困難に際しての審判者であるだけでなく、ユダヤ国家の正義と審判に関わるすべてに対するそれ〔指導者、審判者〕である。

また、イエズス会による『トレヴー辞典（*Dictionnaire universel françois et latin, vulgairement appelé Dictionnaire de Trévoux*）』第六版（一七七一）の「神官（Prêtre）」の項でも、神官とは「犠牲奉献や、聖なる儀式を行う者」であり、さらに「神官長（Grand Prêtre）」とは「ユダヤ人における戒律の指導者（Chef de le loi）」のことで、モーセの兄アロンおよびその子孫がそれにあたる、と述べられている。すなわち、一八世紀後半のヨーロッパ人における一般的な「神官長」の概念とは、「信仰指導者」や「供物を捧げる祭司」の形象を伴いつつ、具体的にはおもに古代ユダヤの神権政治における大祭司職を想起させるようなものだったといえる[19]。

ところで中国皇帝の祭天儀礼は、リッチ以来、多くの在華イエズス会士が報告してきた主題でもある[20]。たとえばブーヴェ『康熙帝伝』には、圜丘に関する記録は見当たらないが、別の祭天儀礼に関する記述が見られる。すなわち、旱魃が起こった際、康熙帝が「天と地の真の主に対し祈りと犠牲を捧げ、雨が降るよう乞うため」、「天に捧げられた寺院〔天壇のことであろう〕」へ向かうのを知ったブーヴェは、このような儀礼を尊重し堅実に実行する康熙帝について「今日の漢人知識人（sçavans Chinois d'aujourd'huy）のほとんどより明哲だ」と述べている[21]。ここでブーヴェが康熙帝を漢人と対照的に扱ったことについては後述するが、いずれにせよブーヴェは康熙帝による雨乞いの儀式を称賛した。この皇帝親祭による雨乞いの儀式は、前述したごとく清代当時大祀に区分されていた雩祀を指すであろう。この祭祀は天壇にて上帝に捧げられた。『乾隆会典則例』によれば、康熙帝の時代には康熙一〇年、二六年、二八年にこの祭祀が行われており、うち康熙一〇年と二六年には、皇帝自ら天壇に詣で、祭祀を執り行ったようである。[22] また史料としての確実性は劣るが『清稗類鈔』にも、康熙某年孟夏に旱魃が発生したため、皇帝自ら乾清門から天壇まで歩禱（祈禱しながら禹歩で進むこと）を行ったことが記されている。[23] さらに、ヨーロッパに向けて京報（邸報とほぼ同義だが、清代は北京に設立された報房から発刊されたため、京報と呼ばれることも多いようである）を盛んに紹介した最初のイエズス会士、コンタンサン（Cyr Contancin 龔当信、一六七〇～一七三三）も、籍田（農業を教えた神農を称え、皇帝自ら耕す儀礼）の際、雍正帝が「あたかも大神祇官（grand pontife）であるかのように」上帝に犠牲を奉献したことを、報告している。[24]

このように、アミオより前の在華イエズス会士たちも歴代皇帝による祭天儀礼に注目し、しばしば称賛の対象としていた。こうした態度はアミオにも受け継がれたが、アミオはこの主題について従来よりはるかに多くの報告を残し、かつ乾隆帝を「神官長」「供物を捧げる大祭司」「信仰指導者」と呼び表すことによって、祭天儀礼の主宰者としての皇帝をより強く読者に印象づけようとしたことが窺える。ではアミオが乾隆帝に対しこのような呼称を用いたことは、どのような意味をもつのか。

まず想起すべきは、第2章で論じたごとく、アミオが『孔子伝』において、中国皇帝による祭天儀礼は物質としての蒼天そのものではなく、不可視の創造者を崇拝するための祭祀だという見方を暗に示し、「天」や「上帝」を「天主」と同一視する初期の在華イエズス会士の方針への回帰を果たしたと考えられる点である。さらに別の報告、すなわち『諸遺物によって証明される中国の古代性（*L'Antiquité des Chinois, prouvée par les monumens*）』（一七七五）においてアミオが展開した、中国人は古代エジプト人の植民ではなく、直接ノアの子孫に由来するのだという主張も参照に値する。こうした主張の背景に、第3章で触れたエジプト人中国植民説の流行があることは明白だが、ここでアミオは、伏羲氏はノアの子孫から「天、すなわち上帝、すなわち神（Être Suprême）」の教えを受け継ぎ、「供物を捧げる大祭司（grand Sacrificateur de la Nation）」としての権限をもって上帝に対する祭祀を行うことを始めた、と述べているのである[25]。

前掲の史料を考えあわせると、アミオが乾隆帝に対し、古代ユダヤの大祭司をおもに表す諸呼称を用いたのは、中国人がノアの子孫を媒介とする原始キリスト教の正統な継承者であり、真正な神についての教えが現在も保存されているという主張を暗に示すためであったと思われる。これは一見突飛な考え方のようだが、第1章第2節で述べたように、一八世紀のフランス出身在華イエズス会士のあいだで流行したフィギュリスムにおいては、ヘルメス主義にもとづいて構想された、神をめぐる最古かつもっとも純粋な教えの継承者としての異教哲学者の系譜に、しばしば伏羲が加えられている。とはいえアミオを即フィギュリストと表現できるか否かは微妙な問題だが、少なくとも伏羲をノアの子孫とする見方は、アミオの中国史観の特色のひとつとなっている。この点については第9章にてさらに詳述する。

またアミオは、一七八〇年八月一三日の報告において、次のような上諭【①『起居注』乾隆四四年八月一八日、『実録』乾隆四四年八月己巳、②乾隆四四年八月一九日】を引いている[26]。乾隆帝いわく、自身は翌年の乾隆四五年正月に南巡を挙行する予定だが、この年は七〇歳の万寿節（皇帝の誕生日）にあたっており、江南や浙江の総督、巡撫が祝意を表することをかたく禁じた。なぜなら本来四六年には皇太后が九〇歳を迎え、大きな慶事が続くはずであったが、その前に皇太后が亡くなったからである。そして、南巡から帰還の後、熱河へ赴き、そこでエルデニ（パンチェン・ラマ）の訪問を受けるのは、特別に便宜をはかってのことであり、祝賀を許すということではない。以前六〇歳の万寿節の際、古北口・熱河のあたりで、灯りやあやぎぬの飾りが連なるのを見たが、その華美はまことに自分の意に沿わないものであった。そこで翌年はこの類のことを厳禁する、と。なお、このときの熱河離宮における乾隆帝とパンチェン・ラマとの会見は、乾隆帝におけるチベット仏教重視、あるいは乾隆帝の政治的・思想的多

層性を示す出来事として、先行研究においてたびたび注目されている。(27)

アミオはこの上諭を引用したうえで、(28)この上諭に現れた乾隆帝の姿を、再び神官長、信仰指導者と言い表したのみならず、「公正な君主、すなわち善行に報いると同時に過ちを罰する」存在とも述べている。(29)すでに『百科全書』を例として述べたように、当時ヨーロッパでは「神官長」はその重要な側面として「審判者」としての役割を果たす存在として表象されたが、アミオによる乾隆帝像は、まさにこのような側面を清朝皇帝に見出そうとしたものと捉えることができよう。すなわち、たとえ自らの万寿を祝うという目的があっても、逸脱行為は厳しく禁ずるとする乾隆帝の態度をことさらに称揚し、さらに古代ユダヤの大祭司における審判者としての態度になぞらえることによって、乾隆帝から遡る中国皇帝の淵源を、原始キリスト教の正統な継承者とする立場を、繰り返しほのめかしてみせたのである。

（2）「父」としての乾隆帝

このようにアミオは、乾隆帝をまず「神官長」とした。次に見るのは、乾隆帝における、中国の人々の「父」としての側面に関する報告である。中国皇帝における「父」としての側面については、多くの在華イエズス会士が報告しており、そのなかにはモンテスキューの中国観に拠りどころを与えたものもあった。(30)そもそも中国では、地方官がしばしば「父母官」と称されたことからもわかるように、統治者と被統治者の関係が親子になぞらえられる慣習があった。アミオも「父」としての乾隆帝の側面を語るため、さまざまな邸報を翻訳し引用している。

上に引用した一七八〇年八月一三日のアミオ報告では、前述のごとく、乾隆帝を「神官長」「信仰指導者」「供物を捧げる大司祭」とする表現が見られたが、それだけでなく、「慈悲深い、君主であるとともに人々の父でもある」(31)とも述べられている。その際アミオは、乾隆帝が七〇歳の万寿節にあたって発布した上諭【①『上諭檔』乾隆四四年一二月一五日、(32)『起居注』乾隆四五年正月一日、『実録』乾隆四五年正月庚辰朔、②乾隆四五年一月一日】を引き、宗室から、大臣をはじめとする満漢文武各官、国子監、各官学、各省儒学の学生、孝子・順孫・義夫・節婦にあたる人々にいたるまで、乾隆帝によってさまざまな恩典が与えられたことを紹介している[33]。このように万寿節など国家慶事の際に、恩典や恩赦が施されるのは、中国王朝におけるひとつの慣習である。

以上の例は乾隆帝を、恩恵をほどこす慈悲深い父として示したものだが、これとはまた少し異なる「父」の側面に焦点をあてた報告もある。すなわち子の意見に耳を傾ける寛容な父としての乾隆帝である。一七八四年一一月二九日のアミオ報告は、次のような上諭【①『上諭檔』、『起居注』、『実録』および『東華続録』、『十朝聖訓』にも、該当の上諭見当たらず、②不明】があったことを伝えている[34]。アミオによれば、乾隆帝は、乾隆四九年一月から四月までの南巡を予定していたが、その体調不良に加え、出発日の一月五日は厳寒期にあたるので、心配した軍機大臣アグイ（後述）が、出発を一〇日延期するよう請い、乾隆帝は五日延期することで応じた[35]。このやりとりを示したあと、アミオは次のごとく述べている。皇帝は、つねに「一家の父」、すなわち「その子らが、その務めを果たすべき一家に関わる問題のために行う訴えを、親切に聴いてやる」父のように振る舞っている。その一方で、大臣や高官ら全官僚をはじめとするすべての臣下は、皇帝の前ではつねに「従順で親を敬う子のように振る舞い」、自らの意見が「共通の利害に益すると信じる理由があるときは、それを主張するのを忘れない」、というのである[36]。

さらに一七八六年五月二〇日の報告は、中国のあらゆる人々に分け隔てなく、公平に愛を注ぐ父としての乾隆帝の姿を捉えようとしたものである。河南で旱魃が発生した際、山西の富民によって河南の土地があまりにも安価に買い取られてしまい、河南の貧民が生計の手段を失ってしまうという問題を解決するため、原所有者による原価での買い戻しをさせることを請願した河南巡撫の畢沅に対し、乾隆帝はこの贖地政策を高く評価し、実行を命じた。しかし今度は、この諭旨を盾にとり、土地を取り戻すだけ戻して、代金は払わないという者が出てくるようになり、対策が求められた。これに対し、上諭【①『上諭檔』乾隆五一年六月一四日[37]、『実録』乾隆五一年六月丙戌、②乾隆五一年七月二日】が出された。以下、その一部を見てみる。

そもそも山西の民と河南の民は、二つの省に分かれているとはいえ、朕にとっては同じ赤子である。赤子の安否や貧富において、ひとつとして慈父の愛惜の対象ではないものは無い[38]。

アミオは、この上諭を引くにあたって、「タタール・中国の皇帝」による「父としての統治（gouvernement paternel）の概念」を与えたい、とわざわざ断っており、「父」としての乾隆帝像を押し出そうとしたことが明らかである[39]。

さらに興味深いのは、同じ報告のなかに見られる、次の記述である。ここでアミオが取り上げるのは、乾隆五〇年末から翌年初めにかけて江南や湖南・湖北を襲った旱魃と飢饉に関する文書である。これらの地方の商人が、江西の穀物を大量に買い占めたために、穀物の値段が高騰した。陝西巡撫の何裕城はこれを問題とし、対策を請うたが、これに対し上諭【①『上諭檔』乾隆五一年正月二五日[40]、『実録』乾隆五一年正月庚午、②乾隆五一年二月二〇日】は、何裕城の訴えを、一省のことしか考えない狭い了見のものと責めた。そしてこの何裕城とは真逆の人物として、四川総督や両広総督でありながら江南や湖南・湖北の旱魃・飢饉に際し、人民を第一に考えた対策をとった李世傑や舒常を取り上げ、次のように称揚している。

〔李世傑・舒常といった〕総督巡撫らは、みな地方ごとに分け隔てることなく、事を処理しとりさばいている[41]。

この上諭のアミオによる翻訳には、見るべきものがある。なぜなら上に引いた部分は、アミオの翻訳では次のような文章になっているからである。

このように振る舞ったこれら二人の総督は、朕の父としての意図にかない、各地方のもっとも重要な職責を果たすにふさわしい。朕の国民は、朕の広大な帝国に住むすべての人々から成り立っている。みな朕の臣下であり、朕はみなの共通の父（père commun）である。朕は彼らにおいていかなる分け隔てもしない[42]。

すなわちアミオの翻訳は、原文から微妙に逸脱していると言わざるを得ない。このようにして、アミオがヨーロッパへ向けて示した翻訳では、乾隆帝が自らを人々の「共通の父（père commun）」として語るという、上諭原文には見当たらない文言が付け加わることとなった。

（3）満漢の統合者としての乾隆帝

最後に取り上げるのは、乾隆帝の「いくつもの顔[43]」に関する報告である。すなわち、これまで取り上げた祭天儀礼の主宰者＝「神官長」や、人民の「父」という側面は、いわば明朝まで続いた儒教的中国王権思想の継承者としての「顔」であり、おもに漢人統治のために整えられた「顔」であった。さまざまな先行研究ではすでに、清朝が「民族」的には満、蒙、漢をはじめチベット人、トルコ系ムスリムなど、文化的には満洲シャーマニズム、チベット仏教、儒教、イスラームなど、じつに多様な集団と文化を、「それぞれに対応した「いくつもの顔」をもつことによって君臨・統合していた」ことが注目され、さまざまな形で研究対象となっている[44]。清朝にとって、満洲人という少数者による支配を、明朝から受け継いだ中華帝国的統治制度と調和する形で維持することは重要な課題であった。そのため歴代皇帝は満漢の均衡を保つことに気を配り、「満洲の道[45]」すなわち騎射や「国語」（清語すなわち満洲語）の奨励、そして「もっとも満洲的」な制度である八旗制度の適用により「満洲アイデンティティ」の維持をはかるとともに、満漢一視同仁の態度を示した。具体的には満漢併用制（満漢牟制）をとり、また漢人に対して「儒教的な態度」で臨み、「伝統的な中国の王権思想」によって自らを正当化したのである。

上記のような清朝皇帝における統治の多層性は、アミオの以下のごとき報告のなかでも捉えられている。彼の一七八六年九月一四日の報告は、乾隆帝が満漢の文官に対し、自ら五経と四書の試験を行ったことを伝えている。そして、皇帝が「博識な指導者」として立ち現れるこの儀礼は、彼が「君主として」、「一家の父として」、そして「国家の神官長として」振る舞う儀礼に劣らず「お目にかけるに値するもの」であり、この三つの姿に加え、「教義主導者（Maître de la Doctrine）として」の乾隆帝の姿を紹介することによって、「天子（fils du Ciel）」としての十全なあり方を示すことができる、と断じた[46]。

この部分で現れる「父」、「神官長」、そして「教義主導者」＝儒教の主導者としての姿とは、すなわち儒教的な中国王権思想の継承者としての姿に他ならない。さらに注目すべきことに、アミオはこのように儒教主導者＝文の領域の最高指導者としての乾隆帝の姿と、武の領域の最高指導者としてのその姿を、同時に示そうとした。すなわち、アミオは前者を「漢人たちの君主（Monarque des Chinois）を特徴づける」もの、後者を「満洲人たちの王（Souverain des Mantchoux）を特徴づける」ものと言い表し、「満洲人たちの王」としての役割を果たすべく、弓矢、剣、騎馬の公開演習に取り組む乾隆帝の姿をも紹介したのである[47]。

こうした満漢の区別については、従来の宣教師、たとえばブーヴェも強く意識していた。『康熙帝伝』には、康熙帝が満漢両方の文化に精通し、それらの主導者として努力する姿が繰り返し描かれている。ブーヴェは、康熙帝が「二つの国民（deux Nations）」すなわち満洲人と漢人の両方から支持されようと努め、「満洲人が高く評価する軍事教練（exercices estimez des Tartares）」と、「漢人が自分たちのほとんど全価値とみなす学問（Sciences, dont les Chinois font presque tout leur mérite）」の両方の精進に努めていると述べている[48]。

アミオやブーヴェのこうした報告における、とくに満洲の主導者としての清朝皇帝の姿は、第一にその「いくつもの顔」のうち、マンジュのハーンとしての顔[49]に焦点をあてたものだったといえよう。ただし第二に、フランスにおける「戦士貴族」と王をめぐる以下のような文脈についても考慮すべきだと考えられる。川出良枝によれば、フランスでは伝統的に「戦う人」すなわち戦士貴族と法服貴族が、「公共的な職業身分」として特権化されていた[50]。ところが一七世紀後半から一八世紀初め、すなわちルイ一四世のときにいたって貴族は武装解除され、「その本来の職務である戦士としての役割」を大幅に失い、その「想像上の代償を、王の側近として登場することのできる儀式」すなわち騎馬パレードに見出したのだという。こうした騎馬パレードは、当時記録者によってその軍事的側面が強調され、「第二身分〔貴族〕の訓練に役立つもの」とされ、「第二身分の構成員たちを惹きつける唯一の人物」すなわち王への礼賛に結びついていった。こうしたフランス王権における武の精神の表象が、アミオやブーヴェらによる清朝皇帝像の描写に影響を及ぼした可能性は大いに考えられる。

3　アミオの清朝政治観

(1) アグイの活躍

ここまで取り上げたアミオの報告は、乾隆帝を舞台の中心に据えたものだった。しかしアミオは、清朝の皇帝だけでなく、官僚についても多くの報告で言及している。これがブーヴェや従来の在華イエズス会士と大きく異なる点である。従来の在華イエズス会士は、中国皇帝についてはさまざまな報告を残したが、皇帝を頂点とした政治体制を支える中国官僚については、宮廷の宣教師たちと日常的に往来があったと思われるマチや趙昌ら（第5章を参照）、あるいは天主教信者や、逆に天主教や宣教師に対する弾圧運動を行った者たちを除けば、詳しく報告することはほとんどなかった。

アミオの報告には「リチヤオ（Ly-che-yao）」、すなわち漢軍鑲黄旗人で、武英殿大学士や雲貴総督、陝甘総督などを歴任した高官、李侍尭（?～一七八八）による、甘粛の回民反乱の鎮圧失敗や汚職[51]といった負の面に焦点をあてたものも見られる一方、逆に官僚の活躍を称賛するものも多く見られる。とくによく登場するのは、伊犂（イリ）将軍や軍機大臣を歴任した「アクイ（Akoui）」すなわちアグイ（阿桂、一七一七～一七九七）である。アグイはジャンギャ（章佳）氏で、もと満洲正藍旗人であったが、のち回部平定およびイリ駐屯時における功績が評価され、正白旗に改められた。アミオは、アグイが両金川遠征から帰還し北京に凱旋するにあたって作られた満洲語の「平定両金川凱歌」を、全編翻訳紹介している。[52] さらにアグイによる黄河治水や甘粛の回民反乱の鎮圧を、関係上諭を引用しながら詳しく報告したうえで、[53] その「名声は、あらゆる点に関して、非常に堅固に確立しているので、皇帝からもっとも卑しい者にいたるまで、満人漢人問わず、彼を非難しようとは試みない」[54] とする。これはさきほど触れた、李侍尭への言及の仕方とはまるで逆である。とくに回民反乱に関しては、それぞれ成功者と失敗者として、対照的に描かれている。

一七八三年一一月二二日の報告には、次のような話が見られる。すなわち、乾隆帝の熱河滞在中の乾隆四八年六月三日、雷により体仁閣が火事になった。だが燃えたのは体仁閣とそこに納められていた緞子の反物など、緊要に関わらないもののみだったことに対し、留京治事にあたったアグイらを賞する内容の上諭【①『上諭檔』乾隆四八年六月五日、[55]『実録』乾隆四八年六月乙丑、②不明】が出された。『上諭檔』や『実録』に収められた上諭は、アグイについて詳しくは伝えていないが、アミオはこの上諭を翻訳、引用するだけでなく、自らの比較的長いコメントも付け加えている。[56]

すなわち、体仁閣には良質で美しい絹のほか、貴重な装身具が納められていたが、その場にいた皇子や官僚は、アグイが延焼を防ぐため、燃えている場所の周りに湖を作るのに専念しているのに驚き、アグイに対し、このまま多くの絹や装身具を焼失するに任せるのは大きな損害だと何度も訴えた。しかしそれに対し、アグイは、冷静に「絹や装身具は燃えるに任せておきなさい。この場で命令するのは私です。もしなにか過失があれば、すべて私が責めを負いますから、安心なさい」と答えた、という。このアミオいうところの「賢明な処置」により、ほかの建物は難を逃れたとし、アミオは次のごとく称賛する。

あなた方は多分、アグイは私の英雄だとおっしゃるでしょう、私はそれを否定するつもりはありません。私は彼のなかに、尊敬し愛するようにさせる、多くの貴重な美点を見出すのです。

（2）清朝の奏摺政治、合議制─側近政治

このようにアミオは、乾隆帝のみならず、清朝における官僚に関しても多くの報告をヨーロッパへ送った。では、これらの報告におけるアミオの意図とは何か。この点を明らかにするにあたって、まず一七八七年一一月一九日の報告を取り上げたい。この報告において、アミオは次のように述べている。

もし、同族を指導し、また自分自身を導くことにおいては満人（Tartares）の慣習の厳格さをもってその祖先に倣うとすれば、国家統治機構（gouvernement general de l'Empire）と、行政官たち（Magistrats）および大諸侯たち（Grands）に対する振る舞い方においては、漢人（Chinois）皇帝のなかでもっとも賢明な皇帝に倣う。

ここに挙げられた「国家統治機構」「行政官」「大諸侯」とはいったい何か。文脈上、漢人に対する統治に重点が置かれていることからすれば、「行政官」は総督、「大諸侯」は巡撫、となると「国家統治機構」は総督府である可能性が高い。すなわちここでは、清朝における地方統治のあり方が話題となっているのである。注目すべきは、先に引用した部分に続けて、皇帝は彼らに自由に意見を言うよう促し、彼らの意見が「公共善（bien public）」をもたらすものならばそれに従う、とアミオが断じている点である[57]。これは清朝統治構造の特質のひとつである、奏摺制度について表現したものであろう。先行研究によれば、奏摺はもともとごく限られた範囲の官僚のみが許された上奏形式だったが、康熙帝末年以降、総督、巡撫などの高級地方官全体へとその範囲が拡大していったという[58]。

さらに、前掲の一七八六年九月一四日の報告（乾隆帝が満漢の文官に対し四書五経を試験したことを伝えたもの）を、再び取り上げたい。この報告の続きにおいてアミオは、中国の皇帝はすべての事件を、その大小にかかわらず自ら裁決するが、この裁決は「会議（Conseil）」や「裁判所（Tribunaux）」の意見を聞いたあとではじめて下される、と述べている。この「会議」および「裁判所」とはいったい何を指すのか。

明の永楽帝の時代には、多岐にわたる政務を効率的に処理するため、皇帝の顧問機関としての内閣が置かれ、数

名の内閣大学士が皇帝の相談役として重要政務に参与した。その後清の雍正帝の時代になると、皇帝の諮問機関としての軍機処が置かれ[59]、内閣に代わる力を得るにいたった。このことを踏まえると、「会議」とは軍機処を指す可能性が高いと思われる。また「裁判所」についてはいくつかの可能性が考えられる。まず第5章で触れたように、一八世紀後半の在華イエズス会士による報告には「帝国の大臣と諸侯による裁判所(tribunal des ministres et des grands de l'empire)」という文言が現れる。アミオがここで述べたTribunauxがその省略形と考えれば、第5章と同じく議政王大臣会議とも捉えられるが、そうするとなぜTribunauxと複数形なのかが疑問として残る。この点を考えると、刑部、大理寺、都察院の三つの司法機関を合わせた三法司を指す可能性が高いと考えられる。

いずれにせよ、アミオが注目したのが清朝中枢における諮問機関であることは確かである。このような清朝における側近政治について、杉山清彦は「皇帝の最終的決定という専制性と、それを侵すものではない重臣一同による合議制の伝統とは、相補うもの」であり、また「合議制と側近政治は、むしろ強大な皇帝権力の異なる補助手段であった」と述べている[60]。

すなわち、アミオは奏摺制度と合議制―側近政治という、清朝の統治構造における二つの主要な特徴を捉えて、それらを「公共善(bien public)」なる概念に結びつけているのである。合議制―側近政治については、直接「公共善」といった言葉を用いていないが、アミオのコメントの内容は明らかにこの「公」なるものの方へと向いている。それではその意図とは何か。

(3) アミオの意図

アミオが述べた「公共善」や「会議」に関して、まず参照すべきと思われるのが、当時のフランスにおける状況である。フランスでは一六世紀以来、貴族は「君主の顧問会議(Conseil)」の成員として、身分制議会の臣民における第一等の存在として、「君主の恣意的権力行使に一定の制度的制限を課すべき」主体として、そして「公共善

(bien public)」を預かる存在として構想された。[61] アミオは乾隆帝の政治について、皇帝の権力行使が「制限」を受けるとまではさすがに述べていないが、「公共善」の追求という目的のもと、軍機処などを構成する官僚によって少なくとも一定の作用が及ぼされると強調したことは、上記のようなフランスにおける政治上の理念からの影響も感じさせる。[62]

さらに、すでに取り上げた一七八六年九月一四日のアミオ報告は、前述のごとく皇帝による裁決は「会議」や「裁判所」の意見を聞いた後でなければ下されない、とした後、自分が紹介するさまざまな上諭を読めば、「創世以来の普遍史（Histoire universelle *depuis le commencement du Monde* 斜体は原文による）」[63] や「地球上における全国家の裁判所の歴史（Histoire de tous les Tribunaux *des Nations qui peuplent la terre* 斜体は原文による）」の作者の言うことなど信じられなくなるだろう、と主張する。さらにアミオは、次のごとく続ける。

彼ら〔普遍史などの作者〕は、自分がほとんどその名前しか知らない、またそのもっとも表面の部分すら見たことのない人々の信仰、法、道徳、習慣などについて大胆にも判断を下す旅行家の群に他なりません。あなた方はもはや信じないでしょう、彼らが、中国君主は専制者（despote）で〔中略〕彼が支配する人々は奴隷（esclave）でしかなく、恐怖によってのみ義務の内に束縛されている、と語るのを。[64]

ここでアミオが用いた「専制者（despote）」という語は、一八世紀フランスの思潮におけるある側面を特徴づけるものである。川出良枝によれば、この語はもともと、オリエント諸国に特有のものとみなされた、支配者の恣意的権力行使による支配形態を指す「デスポテース」を遠い語源とする。一七世紀初めまでは、悪政として批判されるのは、もっぱら「暴君（tyran）」の政治だったが、一八世紀には、この「暴君」が「王権の簒奪者」という意味に矮小化されるのに代わって、恣意的権力を行使する「専制者」の語が、批判の言説における主流の地位を占めるようになった。[65]

アミオと、アミオが挙げた「普遍史」や「全国家の裁判所の歴史」の作者、および「旅行家」との論争も、こうした思潮のなかで展開されたものと思われる。この「普遍史」の作者や「旅行家」としてアミオが想定したのは、ソヌラやテュルゴー、モンテスキューのような人々だったものと推測される。第3章で触れたように、まさに「旅行家」だったソヌラは、中国の政治を「すべての奴隷的な人々におけるそれのように、非常に堕落したもの」であり、人々が政治に専心することは決してないとし、統治者が人々にこうした政治への無関心を求めたために、文学や地理学といった「科学」が進歩しなかったとする説をとなえた。またテュルゴーは、第1章で述べたように、フランスにわたった二人の中国人青年と交流したが、それ以前には中国について、その理性と正義による統治のゆえに停滞が運命づけられているとする見解を、彼の「普遍史」すなわち"Plan de deux discours sur l'histoire universelle"（一七五一）のなかで発表していた。[66] さらにモンテスキューは、イギリス人提督アンソンの旅行記に依拠し、中国は「恐怖心」を基礎とする専制国家だとする説をとなえていた。[67]

こうした議論の一方で、フランスの経済学者ケネーは、中国の古来の政治を専制政治（despote）としたうえで、それは「自然法」に基づくもので、「圧制政治」ではないと主張した。そしてその根拠として、皇帝が「司祭」として「上帝に犠牲を捧げること」や、皇帝に対する諫議が奨励されることを挙げた。[68]

当時のヨーロッパにおけるこうした思潮に対し、アミオは清朝の奏摺制度や合議制による政治運営を取り上げ、「公共善」や「公」なる価値観と結びつけた。アミオはこのように清朝政治を翻訳することによって、当時ヨーロッパで広く定着していた、「専制者」たる皇帝が恣意的権力行使によって人々を支配するという中国像に異をとなえ、新しい像へと塗り替えることを企図したのではないかと思われる。

（4）邸報における「公（public）」

次に、文華殿大学士や軍機大臣を歴任し、四庫全書や『欽定日下旧聞考』などの編纂に携わった于敏中（一七一四〜一七七九）に関する報告を取り上げよう。一七八〇年九月一〇日の報告である。これは于敏中の事績や、彼の死に際して贈られた賛辞、賢良祠への合祀の決定を含む上諭【①『上諭檔』・『起居注』乾隆四四年一二月初八日、『実録』乾隆四四年一二月戊午、②乾隆四四年一二月一五日】を翻訳、紹介している。そのなかで注目されるのは、アミオのコメントのなかに、于敏中が編纂に携わった著作は「つねに公共善（bien public）に向かうものだった」という称賛が見られる点である。(69)

水林章によれば、一七世紀以前のフランス知識人にとって「公（public）」とはまずなによりも、「国家（respublica）のパラダイムに属するもの」であり、書物を書き公表することは「公共善（bien public）」すなわち「政治体全体の善」に寄与することだった。ここにおいて書物は「公共体の現前を可能にする高貴な対象」だったという。(70)アミオが于敏中の著作に見出した「公共善」とは、上記のような書物のあり方と深く繋がっているように思われる。

アミオはさらに、皇帝から発せられる上諭、およびそれを掲載し人々に知らせる邸報をも「公」の概念に結びつけている。まず一七八四年一一月二九日の報告では、次のように述べられている。

学識浅い人々が、これらのことについて、間違った説明をヨーロッパに伝え、あるいは大衆の噂に従って誇張したりその逆をしたりしてすべて歪めてしまうかもしれないことに鑑みて、私はあなた方に真っ先に、可能な限り正確に、所有する確実な文書（pièces authentiques）に従って、お知らせするつもりです。(71)

この「確実な文書」として、アミオがもっぱら用いたものこそ邸報であった。一七八七年一月二五日の報告では、次のように述べられている。

ガゼット（Gazette）、すなわち我々がそれ〔邸報〕に与えることに慣れているこの名は、あなた方の所では、それがヨーロッパの新聞、すなわち植字工が適切と判断したすべてが乱雑に組み込まれているそれにほぼ似ていると、信じさせるかもしれません。〔ヨーロッパの新聞では〕真実が作り話のわきに置かれ、出来事の実態がそれを歪める付帯的な話で覆い隠され、軽薄な憶測、誤った推理、大衆の（populaire）ばかげた噂話が、政治に関する報告の後に続きます。これは、中国で現在行われている日々の告示〔邸報〕について知ることができる特色とは、全く異なります。[72]

森原隆によれば、フランスでは一六三一年に最初の新聞『ガゼット（*Gazette*）』が誕生して以来、新聞・雑誌の創刊が相次ぎ、とくに一八世紀には飛躍的に増加した。政治紙『ガゼット』は、一七六二年、社会・文化・風俗紙的なものへと改革されたが、「誤解や曖昧な語法だらけであり、ひどく、ばからしい無知が表れている」などという酷評もよんだ。[73]

これに対し、中国の邸報は「帝国全体に起きたことの概要」であり、「虚しい好奇心を満足させるためでなく、方針、訓示、命令などおよそ最高権力者から発せられたすべてを表明するため、政府自ら国家のあらゆる人々に知らしめる」ものとだとし、アミオはこのように断じる。

〔邸報で述べられるのは〕要するに、公（public）の名においてなんらかの注意に値し、公（public）が看過してはならない、物質的、精神的なすべての物事です。[74]

コンタンサンは、邸報は「公的な出来事（affaires publiques）」をそのおもな内容とすると述べたが、[75]アミオも「公の名において」注意に値し、「公が看過してはならない」ことだとした。

また前述の、体仁閣の火事に触れた一七八三年一一月二二日の報告で、アミオは次のごとく述べている。すなわち「占星術師、不満分子、閑人」がこの火事を凶兆とみなし、清朝に災いが迫っているという予言を流し、これが口から口へ伝わっていったが、彼らは邸報によって、体仁閣以外に延焼しなかったのは天神のおかげだとする上諭を読むなり、沈黙した。このように邸報を用いて「強制も脅迫もせず、望む方向へ心を転じさせる」やり方を、アミオは称賛している。[76]

また重大な事件が起こった際に発せられた上諭の真正な写しが、「共同の朗読会」に供されるべく、宮廷に召集された諸官に配布され、さらに同じ朗読会が、軍事教練のため定期的に兵士の集まる各兵営地（漢人を主体とし、北京および各省の治安維持にあたった常備軍、すなわち緑営を指すものと推測される）で催されたとする。[77]この記述は、邸報の写し、すなわち邸抄が北京駐在の各省の「提塘官」によって作成、送付され、各省にて聖諭宣講[78]に供されたことを示すものと考えられる。

小林亜子によれば、一八世紀フランスで、公論や公共性の概念と絡み合いつつ生まれ、革命期に制度化された公教育においては、議決や法令を、「都市の入り口、村の広場、教会」において、「掲示・張り紙・プラカードそして新聞・冊子」を用いて、「あらゆる階層の人々」の目と耳に伝えるさまざまな方法が採用された。[79]アミオによる上諭や邸報の捉え方には、こうした当時のフランスにおける公教育に対する意識に通じるものが見られる。

おわりに

アミオは、乾隆帝における「神官長」、「父」、満漢の統合者といったさまざまな姿をヨーロッパへ伝えた。これは皇帝による多元的統治という、清朝の政治運営におけるひとつの大きな特徴を捉えたものだった。しかしアミオは、乾隆帝のさまざまに表象された姿を描き出すにとどまらなかった。彼は、奏摺制度や、軍機処など諮問機関による合議制における、官僚の政治参与に注目し、これを「公共善（bien public）」や「公（public）」といった概念と結びつけて提示した。このようなアミオによる清朝政治体制論は、おそらくはソヌラやテュルゴー、モンテスキューらによる手厳しい中国政治批判への反論の意図を含んでいただろう。そのうえで、まさにモンテスキューら一八世紀のフランス知識人が展開していた「公共善」や「公」をめぐる議論の焦点に中国を位置づけ、ヨーロッパの読者に対し、清朝の政治的成熟をみとめさせようとする狙いがあったものと思われる。こうした狙いは、最後の方で取り上げたアミオ報告で、中国の邸報は「公（public）の名において」注意に値し、「公が看過してはならない」ことをその内容とするのに対し、ヨーロッパの新聞は「大衆のばかげた噂話」などから成るのみだとし、中国における「公」をヨーロッパの「大衆（populaire）」に明確に対置した主張に、とりわけ顕著に現れている。

ただし本章で取り上げた各報告から明らかなように、アミオが乾隆帝の政治に見出し称賛したのは、結局哲人王による政治であり、アミオの述べた「公」も、この枠組みにとどまるものだった点には注意が必要である。しかしだからといってアミオがとりたてて保守的だったとはいえず、当時モンテスキューも「君主制に公共性を包摂」しようとし、フィジオクラートも合法的専制の枠組みのなかで「啓蒙された公衆」を構想していた。[80] こうしてアミオは、ヨーロッパにおいて盛んに展開されつつあった「公」をめぐる議論に対し、皇帝を頂点とする清朝の政治体制の合理性を強く打ち出そうとしたのであった。

第7章　「文芸共和国」の普遍語としての満洲語

はじめに

第1章で触れたように、宣教師が中国で活動を始めるにあたって、最初にぶつかるのは言語の問題であった。この点は、イエズス会士の中国における活動が定着した清代においても同じであった。さらに北京に居住し、清朝宮廷に仕える在華イエズス会士にとっては、また独自の言語問題があった。それはこの王朝に仕える限り、第一公用語である満洲語の習得が必須であったことである。満洲語は、清朝における行政言語として用いられるだけでなく、在華イエズス会士が皇帝に対したびたび行った、西洋科学の進講の際にも必要であった。なかでもフェルビーストやパルナン、ジェルビヨン、トマ（Antoine Thomas 安多、一六四四〜一七〇九）、ペレイラは、満洲語を用いて、ヨーロッパの数学や医学、音楽を進講するための書物を著した(1)。

そしてアミオもまた、宮廷で満洲語を用いていた。序章第3節で述べたように、彼は清朝とロシアとの交渉などの場における満洲語—ラテン語間の通訳として登用されただけでなく、ほかのさまざまな実務的場面でこの言語に接していた。たとえば第5章第3節で言及したサッサリらの投獄および釈放をめぐる一七八五年一一月二〇日付の報告では、次のごとく述べられている。アミオらはサッサリらの釈放を命じた皇帝へ感謝を表すため、宮廷のなかの「皇帝陛下のアパルトマン」すなわちおそらくは乾清宮（紫禁城内廷のうち、皇帝が日常の政務を執り行い、百官を引見するのに用いられた宮殿）に通されたが、その際に取り次ぎ役を務めた大臣が、アミオらに向かって「満洲語で（en Mantchoux）」叩頭の仕方について指示した、という。(2)

このように清朝に仕えた在華イエズス会士は、宮廷における業務のために満洲語を用いる一方で、満洲語という言語をヨーロッパの人々に向けて解説もしている。(3)まず、フェルビーストによる満洲語文法著作「タタール語のエレメンタ（Elementa Linguae Tartaricae）」（一六九六）(4)がある。また、ドマンジュ（Jean Domenge 孟正気、一六六六～一七三五）の満洲語文法著作である『満洲語文法（*Grammaire Mandchoue*）』（成立年代不明）(5)、そしてアミオの満洲語文法著作である「タタール満洲語の文法（Grammaire Tartare-Mantchou）」（一七八八）、および『タタール満洲語・フランス語辞典（*Dictionnaire Tartare-Mantchou-François*）』全三巻（一七八九～一七九〇）(6)がある。とくにアミオは、『御製盛京賦』や『平定両金川凱歌』、また満文『武経七書』といった満洲語諸典籍のフランス語訳も行っている。(7)

これらアミオの満洲語関係の著作に対しては、ヴォルテールら同時代ヨーロッパ知識人から反響があったのみならず、ラングレ（Louis-Mathieu Langlès 一七六三～一八二四）やクラプロート（Julius Heinrich Klaproth 一七八三～一八三五）、レミュザ、レオンティエフ（Afanasii Larionowitch Leontiew 生没年不明）といった一九世紀の東洋学者たちも、称賛するにせよ批判するにせよ、満洲語に関する先駆的著作として重視し、さらに二〇世紀の満洲語研究にもアミオへの言及が見られる。(8)

しかし、そもそもアミオが、満洲語に関してこのように多くの著作を執筆した意図とは何か。本書でもとくに第2～4章で論じたように、アミオは中国の古さに対し非常に強い関心を抱いていた。しかし満洲語は、文字の点からみれば、無圏点老満文が作られたのが一六世紀末、それを改良した有圏点満文が創成されたのは一七世紀前半(9)という、比較的新しい言語である。この新しい言語は、アミオにとっていかなる存在だったのか。

本章では、アミオの満洲語観をめぐる、いわゆる「言語文化」[10]的問題について論じる。とくにアミオの満洲語関係諸著作を取り上げ、そこに含まれた満洲語観がいかなるものか、当時のヨーロッパにおける思潮との関係を考察しつつ、明らかにする。そしてこのアミオの満洲語観を、アミオ以前の在華イエズス会士と比較し、その独自性を明らかにしたい。

1　満洲語文法の解説

(1)「文芸共和国」に対する、満洲語学習の勧め

まず初めに、アミオの著作「タタール満洲語の文法」について取り上げるが、その前に「タタール満洲(Tartare-Mantchou)」という語について確認しておかなくてはならない。そもそも「タタール」あるいはタルタリー(タルタリア)は、かつてタタール人の支配領域、すなわちモンゴル帝国の伸長範囲としてヨーロッパで考えられていた、アジアから東ヨーロッパにまたがる広大な地域で、とくに中央および北アジアを指す。そのため在華イエズス会士も、当初は満洲のことを表すのにこの語を単独で用い[11]、「満洲語」という場合も、前述のフェルビーストのほかブーヴェなども「漢語(langue Chinoise)」に対する「タタール語(langue Tartare)」などと表している[12]。しかし清の入関後、とくに一七世紀末からは徐々に「満洲」の語も使われるようになる。興味深いことに、ブーヴェの『康熙帝伝』では、満洲語=langue Tartare、清=Tartares Mantcheou、八旗満洲=troupes Mantcheou と、「タタール」と「満洲」の用法にさまざまなパターンが見られ、文脈によって使い分けていたことが窺える[13]。アミオに関しては、両方を組み合わせた「タタール満洲(Tartare Mantchou)」の表記でほぼ落ち着いている。

「タタール満洲語の文法」は、一七八八年出版の『メモワール』第一三巻に掲載された。ただし一七六八年にパ

リへ送られた『御製盛京賦』フランス語訳のアミオによる序文には、ヨーロッパの人々の満洲語理解のため「[タタール満洲語の]文法書」と「[タタール満洲語・フランス語]辞典」を送るであろうと述べられていることから、原稿自体はこの頃ほぼ完成していたのではないかと思われる。[14]

この著作は、前述のフェルビーストがラテン語で執筆した満洲語文法著作「タタール語のエレメンタ」のフランス語訳と見られている。このことについてアミオ自身の言及は無いが、確かに構成や例文の類似から、おもに「エレメンタ」に取材したものと思われる。しかしアミオの著作には独自の部分も多く見られる。そのひとつとしてまず挙げられるのは、結びの部分である。

それは文芸共和国 (république des Lettres) にとって大変有益である、もしその、いかなる仕事も厭わない学者 (Savans) の幾人かが、中国の言語の迷宮、すなわち世界でもっとも古い文学的記念碑を見出すことのできる迷宮へ、他のいかなる助けも必要とせずに入っていくための、容易な入り口をもたらすことに専心するとしたら。[15]

これは「エレメンタ」には無い部分である。アミオは、満洲語学習を「中国の言語の迷宮」へ入るための手段としているが、この「迷宮」とは古来中国で編纂された膨大な漢籍群を指し、それらの読解のためには満洲語訳版を利用するのが有効だと述べたものと思われる。

アミオがこのように述べる背景には、まず、当時ヨーロッパ人の漢語学習に少なからぬ困難がつきまとったことがある。アミオは、満文『武経七書』のフランス語訳で、漢語は特異で他のいかなる言語にも似ておらず、ヨーロッパ人には困難以外のなにものも与えない[16]、と述べている。また、漢字に関する報告では、古代中国で漢字の「省略と変形が行われるや否や、それらは明らかにもはや認識不能となった。ついでにいえば、漢字が漢代の経書を難解にし、それらの曖昧さの主因となっている[17]」とも述べている。

ただしこうした漢語学習における困難それ自体は、アミオよりも前の在華イエズス会士がすでに頻繁に言及してきたものである。またド・マイヤやゴービル、シャルム（Alexandre de la Charme 孫璋、一六九五～一七六七）といった在華イエズス会士は、『通鑑綱目』や五経を翻訳してヨーロッパに紹介する際、満洲語訳された典籍を利用しており、イエズス会士が満洲語訳を通して漢籍に触れるということ自体は、新奇なことではなかった。そして前述のように、康熙帝に仕えたフェルビーストやパルナンらは、満洲語を用いて進講を行っており、フェルビーストやドマンジュは満洲語文法著作を執筆し、ヨーロッパに向けて満洲語文法を紹介していた。

しかしパルナンが、アカデミー・フランセーズ会員フォントネルに対し、「あなた方のどなたかが理解してみようとするなど想像できないので、満洲語の規則を伝えることは必要無いでしょう[18]」と述べたことに明らかなように、アミオ以前の在華イエズス会士の諸著作は、ヨーロッパ知識人に満洲語学習を勧めて彼らのあいだに満洲語を広めようとするものではなかった。一七八八年の時点で、満洲語は依然として「ヨーロッパでは全く知られていない言語」であり、パリの王室図書館に二〇〇冊以上蔵された満洲語典籍も、「無用の骨董品」でしかなかった[19]。

これに対し「タタール満洲語の文法」に現れたアミオの執筆意図の独自性は、ヨーロッパの「文芸共和国」の「学者」たちに対し、満洲語学習を勧め、満洲語普及を企図したところにある。この「文芸共和国（république des Lettres）[20]」という語の起源は、ラテン語の Respublica literaria である。それは、一五世紀末から一六世紀にいたる時代、「生まれつつあった後の国民国家的枠組み、宗教的立場の相違、さらには地域に固有の習慣・習俗、社会的身分の相違を超えて結びつく全ヨーロッパの学者たちを指す[21]」言葉だった。しかしフランスの国家語の地位を獲得したフランス語が、ラテン語に代わる普遍語となるにつれ、それはフランス語の république des Lettres へ移行し、しかもより広範に「自然哲学への関心を基礎に、定期刊行物などのジャーナリスティックな手段に支えられていたこともあって、はるかに多くの人々を巻き込んでいた[22]」という。

（2）引き合いに出されるフランス語

上述のごとく「タタール満洲語の文法」の独自性は、まずその執筆意図、すなわちヨーロッパの「文芸共和国」の知識人に対し満洲語学習を勧め、満洲語普及を企図するところに見られた。このように満洲語学習を勧めるにあたって、アミオはある工夫を凝らしている。学習を容易にするため、満洲語の発音や文法をフランス語に擬して説明するのである。

そのひとつの例が、次の文章に現れている。

満洲語の発音の仕方は、その綴り方につねに一致するものではない。この点でこの言語はまるでフランス語のようであり、これらにおいては、多くの文字が感知できないか、あるいはあまりに軽く発音されるので、それを聴き分けることができないほどである。準則や規則より、使いながら習得するほうが、それについてより多くを与えてくれる。ここでは、kが非常にしばしば、とりわけ単語の中間か末尾に置かれるときに、gの音をとる、ということのみ述べておこう[23]。

ここでアミオが触れているkとgとは、満洲語文語における硬音対軟音（近代に至り発音が漢化されると、帯気音対無気音[24]）の一例であり、別の箇所には、帯気音のk・軟子音のkという定義づけも見える[25]。アミオは、こういった音の対立はそれ自体聴き分けるのは困難で、語中の位置から類推できるのみだとし、こうした特質をもつ満洲語は「まるでフランス語のよう」だと述べた。フランス語では、語末の多くの子音が、綴り字で書かれていても発音されないため、アミオはこのように述べたものと思われる。

上のごとくアミオは、満洲語の発音をフランス語のそれに擬して説明するほか、満洲語の名詞格や代名詞を説明するときも、「フランス語におけるのと同様[26]」といった前置きを多用し、もっぱらフランス語を引き合いに出している。

これに対し先行する「エレメンタ」でフェルビーストが引き合いに出したのは、第一にヨーロッパ近世の「カトリック教会と知識人集団という、二つの国際的共同体」の中心的言語だったラテン語[27]である。ラテン語は、海外宣教に赴いたイエズス会士たちが現地の言語の文法や語彙を解説する際のおもな枠組みであり、すでに先行研究において日本語やナワトル語などに対してラテン語の枠組みがどのように適用されたのかが明らかにされている[28]。

そのほかには、イエズス会の共通語ポルトガル語をはじめ、ドイツ語やイタリア語、そしてフランス語といったヨーロッパ諸語が少しずつ参照されている。また、前述の在華イエズス会士ドマンジュによる『満洲語文法』は、フランス語で書かれた満洲語文法著作で、成立年代が不明だが、ドマンジュ来華が一六九七年であり、『御製清文鑑』（一七〇八）や舞格『満漢字清文啓蒙』（一七三〇）を参照したらしい箇所が多く見られることから、「エレメンタ」と「タタール満洲語の文法」の中間の時期に成書したものと思われる。この著作では、とくに満洲語の発音がしばしばフランス語のそれに擬して説明されるが、これに劣らず、一七世紀に「世界中で使われる言語」と称されたイスパニア語[29]も頻繁に出てくる[30]。

要するにこれらの著作において、満洲語の発音や文法の説明の際、引き合いに出される言語は、各時代のヨーロッパの言語状況を反映している。そして「タタール満洲語の文法」では、一七世紀以降、「文芸共和国」の普遍語としての地位をラテン語から奪っていったフランス語[31]がおもに参照された。このようにアミオの満洲語文法著作「タタール満洲語の文法」は、満洲語を、ヨーロッパの「文芸共和国」、および当時その普遍語であったフランス語に結びつけるものだった。そしてこうした態度は、『御製盛京賦』フランス語訳などアミオの他の著作において、より顕著に現れている。

2 「明晰」な言語としての満洲語

（1）フランス語と満洲語

次にアミオによる乾隆帝『御製盛京賦』（一七四六）のフランス語訳を見てみよう。これは一七六八年にパリへ送られ、ヘブライ語や中国語の研究者だったフールモンの弟子であるド・ギーニュ[32]により出版された（一七七〇）[33]。このアミオ訳『御製盛京賦』の訳者序には、次の文章が見られる。

満洲語は、我々ヨーロッパの流儀のものである。それは自身の方法と規則をもっている。要するに、明晰（clair）に理解できる。〔中略〕ある人間が、満洲語で書かれた書物すべてを有意義に読むことができるようになるには、五～六年で十分である[34]。

ここにもやはり、ヨーロッパ知識人に対し学ぶべき言語として満洲語を勧めようとする意図が見える。さらに「タール満洲語の文法」では、満洲語の発音における聴き分けの難しさがフランス語になぞらえられたが、ここでは満洲語の読解に関して、満洲語は方法と規則をもち、明晰に理解できる言語だとしている。じつはアミオが満文『武経七書』をフランス語に翻訳した際も、次のごとく述べている。

満洲語は、〔漢語より〕はるかに明晰（clair）で、文句なしに我々ヨーロッパの言語のごとく体系的である[35]。

アミオは「我々ヨーロッパの」流儀、言語と述べているが、実際にはフランス語を強く意識したものと思われる。なぜならアミオが述べたclairという語は、当時フランス語と特別な関係にあったからである。

まず、一六三五年に発足したアカデミー・フランセーズは、フランス語に「明晰な規則を与え、言語が純粋で」

あるようにすることを、その主要な役割として掲げた。そして辞書編纂の努力などにより、「フランス語はつづりの表記体系と文法がじゅうぶんに発達したヨーロッパで最初の言語」となった[36]。ディドロとダランベール（Jean Le Rond d'Alembert 一七一七〜一七八三）編纂の、一八世紀フランス思想を代表する事典『百科全書』（一七五一〜一七七二）の「フランス語」の項にも「我々の言語の特性は明晰さ（clarté）と秩序だ[37]」と述べられている。さらに、アミオの『御製盛京賦』フランス語訳より後だが、リヴァロル（Antoine de Rivarol 一七五三〜一八〇一）の「明晰（clair）でなければフランス語でない」（一七八四）という言葉はあまりに有名である[38]。アミオが満洲語をなぞらえたフランス語とは、このように当時ヨーロッパの普遍言語としてその明晰さが強く意識され、とくに綴りの表記体系と文法の確立に向けて大きな努力がなされていた言語だったのである。

しかしそうなると、このように満洲語を明晰な言語とみなし、同時にこの言語で作られた詩を紹介することは、一見矛盾した行為である。なぜなら、上に引いた『百科全書』の「フランス語」の項における文章の続きには、次のような部分があるからである。

その〔フランス語の〕助動詞、代名詞、冠詞、その語尾変化する分詞の欠如、そしてその単調な進行は、詩における創造的霊感を損なう[39]。

このように、フランス語を明晰な言語とする認識は、それが詩作に適さないという考えを少なからず伴っていた。それにもかかわらず、アミオは『御製盛京賦』や『平定両金川凱歌』を満洲語で書かれた詩（poème）として取り上げ、乾隆帝は「文学のすべての分野において通常要求されるよりも、さらに強く知識が要求される作品を作ることができる」と述べている[40]。さらに『平定両金川凱歌』をフランス語訳（一七七九）した際にアミオはこう述べている。

私はあえて、彼らの言語〔満洲語〕が、何かもっとも良いものを容れることができると断言します。それは、私の知るいかなる言語とも同じくらい、詩作に適しています。(41)

(2) パルナンの満洲語観

こうしたアミオの主張は、彼より前の在華イエズス会士の見方と比較した場合、いかなる意味をもつのか。前に取り上げたフォントネル宛パルナン書簡は、パルナンと、満洲語をこの世で最上のものと信じる康熙帝の皇子との議論の内容を伝えている。パルナンは、満洲語では短い単語が明瞭に（nettement）ものを言い表すとし、犬や馬が、その細かい特性に応じて異なる名を与えられていることを述べる。しかし一方で記憶力への負担が大きく、漢語と満洲語とヨーロッパ諸語の文字数では、漢語がもっとも多く、満洲語がそれに次ぎ、ヨーロッパ諸語がもっとも少ないにもかかわらず、ヨーロッパ諸語は漢語と満洲語両方の音や単語を十全に表すことができるので、もっとも優れているとする。(42) これは、満洲語を「ヨーロッパの流儀のもの」、「ヨーロッパの言語のごとく体系的」とし、この二つの言語のいわば対等さを強調するアミオの見方とは著しく異なっている。

パルナンはさらに、満洲語による詩作に関しては、こう述べる。

〔満洲語は〕簡潔で区切りの多い文体では不便で、いくつかの単語は長すぎ、このことこそそれ〔満洲語〕が詩作の役に立たないひとつの原因だと、私は信じています。私は、タタール人〔ここでは満洲人の意〕学者が詩句を作るのも、散文体以外で漢詩を翻訳するのも、見たことがありません。〔中略〕なぜなら押韻や区切りは漢語ではとても容易ですが、あなた方の言語〔満洲語〕では実践不可能だからです。(43)

アミオも、漢語の単語より満洲語の単語のほうが長いと認識しており、(44) この点で両者は共通する。にもかかわらず、満洲語を「他のいかなる言語とも同じくらい、詩作に適した言語」とするアミオの帰結と、パルナンのそれとは大きく異なっているのである。

（3）翻訳における明晰さの追求

では、アミオは実際満洲語をいかに訳したのか。まず『御製盛京賦』の冒頭部分である。なお『御製盛京賦』に関しては、アミオはフランス語による訳注のみ示しており、満洲語による原文を転載していない。

満文：da yuwan hiyan oron de teisulehe aniya. lio usiha erde dulimbade oho erin. u i i lioi de acanaha.（大淵献の位にあたる年。柳星が早朝、中央にある時節。無射の律に一致する。）

アミオ訳：猪の名を持つ〔年〕に戻ってくる年の周期。この月、すなわち柳星が早朝、それがめぐるところの天のこの部分の真中の辺りに現れるあいだは、律無射と協和する。[45]

アミオ訳を見てみると、原文正文の逐語訳とは言い難い。原文注では、『爾雅』釈天の「太歳の亥に在るを、大淵献という」や、『礼記』月令の「季秋の月、日は房に在り、昏に虚中、旦に柳中」[46]といった文章が引かれているが、アミオ訳は、おそらくはこのような別の典籍を参照して得られた語釈を正文中に加えたものだと思われる。さらに、『平定両金川凱歌』第二節のアミオ訳も見てみよう。なおこちらに関しては、アミオはフランス語による訳注と併せて、満洲語による原文を転載している。

満文：abka aisime, gungge mutebuhe. amba ejen selame urgunjehe. akdacuka jiyanggiyūn ofi. arga bodogon iletulehe.（天が加護して下さり、成功した。大帝は深く喜悦した。信頼すべき将軍であって、智略は明らかであった）

アミオ訳：天に助けられ、我々の兵士たちは最大の武勲をたてた。我々を統治する大帝は、喜悦の極みにある。かの将軍は、真にその信頼に値する。その卓抜な指揮術はすべて明らかである。[47]

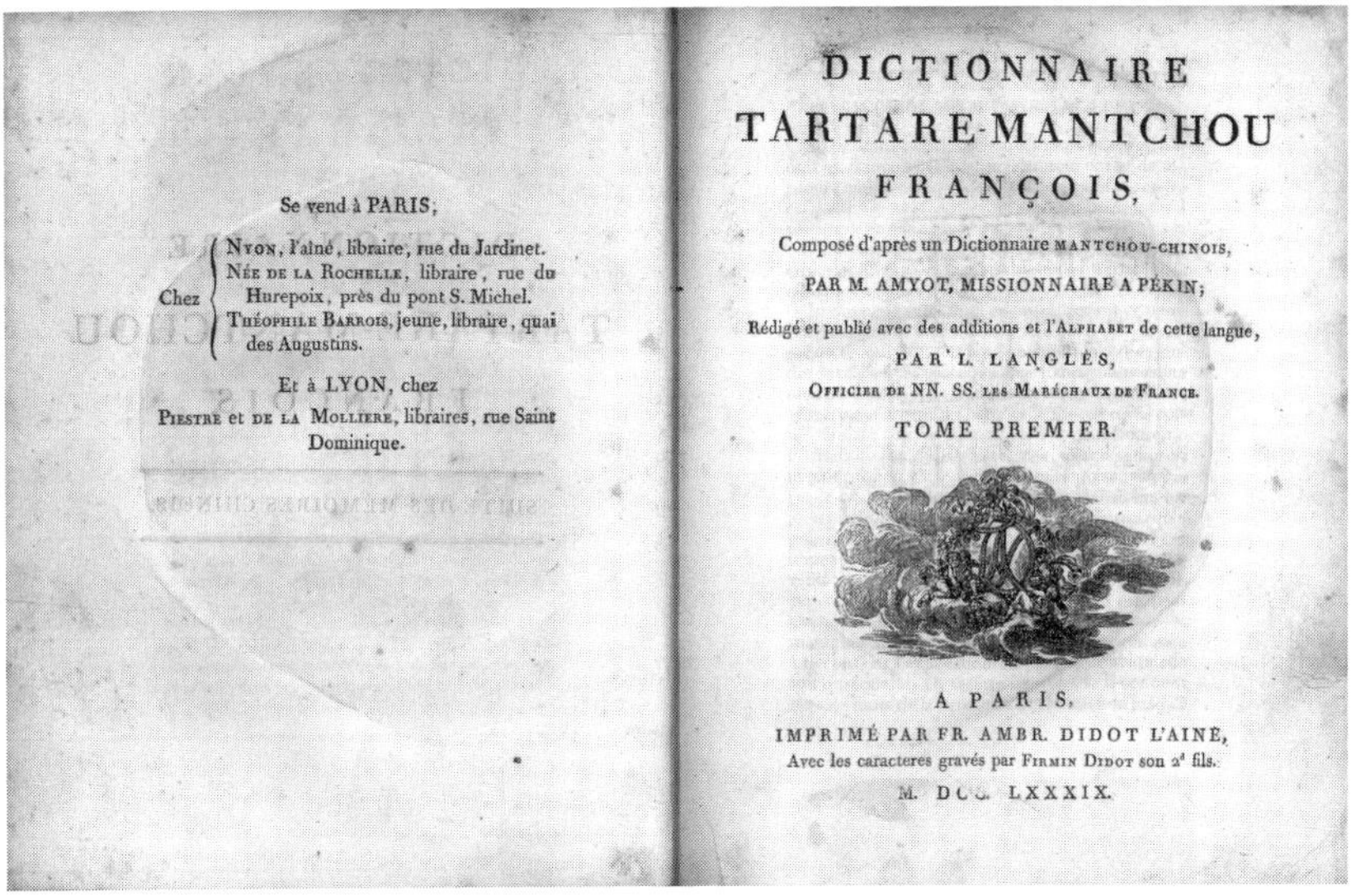
Se vend à PARIS,

Chez {
NYON, l'aîné, libraire, rue du Jardinet.
NÉE DE LA ROCHELLE, libraire, rue du Hurepoix, près du pont S. Michel.
THÉOPHILE BARROIS, jeune, libraire, quai des Augustins.
}

Et à LYON, chez
PIESTRE et DE LA MOLLIERE, libraires, rue Saint Dominique.

DICTIONNAIRE
TARTARE-MANTCHOU
FRANÇOIS,
Composé d'après un Dictionnaire MANTCHOU-CHINOIS,
PAR M. AMYOT, MISSIONNAIRE A PÉKIN;
Rédigé et publié avec des additions et l'ALPHABET de cette langue,
PAR L. LANGLÈS,
OFFICIER DE NN. SS. LES MARÉCHAUX DE FRANCE.
TOME PREMIER.

A PARIS,
IMPRIMÉ PAR FR. AMBR. DIDOT L'AINÉ,
Avec les caracteres gravés par FIRMIN DIDOT son 2.d fils.
M. DCC. LXXXIX.

図9　『タタール満洲語・フランス語辞典』第1巻の表紙

ここでも、「成功した」に「我々の兵士たちは最大の武勲をたてた」、「大帝」に「我々を統治する大帝」をあてる等、アミオ訳の説明的な性格は明らかである。

最後に、アミオの『タタール満洲語・フランス語辞典』（一七八九～一七九〇）での翻訳を見てみる。図9に、この辞典の第一巻表紙を示した。この書物は、アミオらイエズス会士の著作や彼らがもたらした満洲語典籍によって満洲語を研究し、自身も満洲語研究著作『満洲語のアルファベット（*Alphabet Mantchou*）』（一七八七）を出版したラングレ[48]によって編纂・出版された。その全体にわたる構成と内容の類似から、李延基の満漢辞書『清文彙書』（一七五一）を基礎にしたものと考えられる[49]。

そのなかには、アミオが満洲語単語について直接フランス語訳を試みたと思われる記述と、アミオ自身「満洲語単語に対応するフランス語単語を探すことに過度に気を取られないようにし、適切な単語を知らなかったり、そうした単語をすぐに思い出せなかったりしたときは、漢語の説明文を翻訳することで満足した[50]」と述べているように、『清文彙書』の漢語説明文を逐語訳したと思われる記述とが見られる。

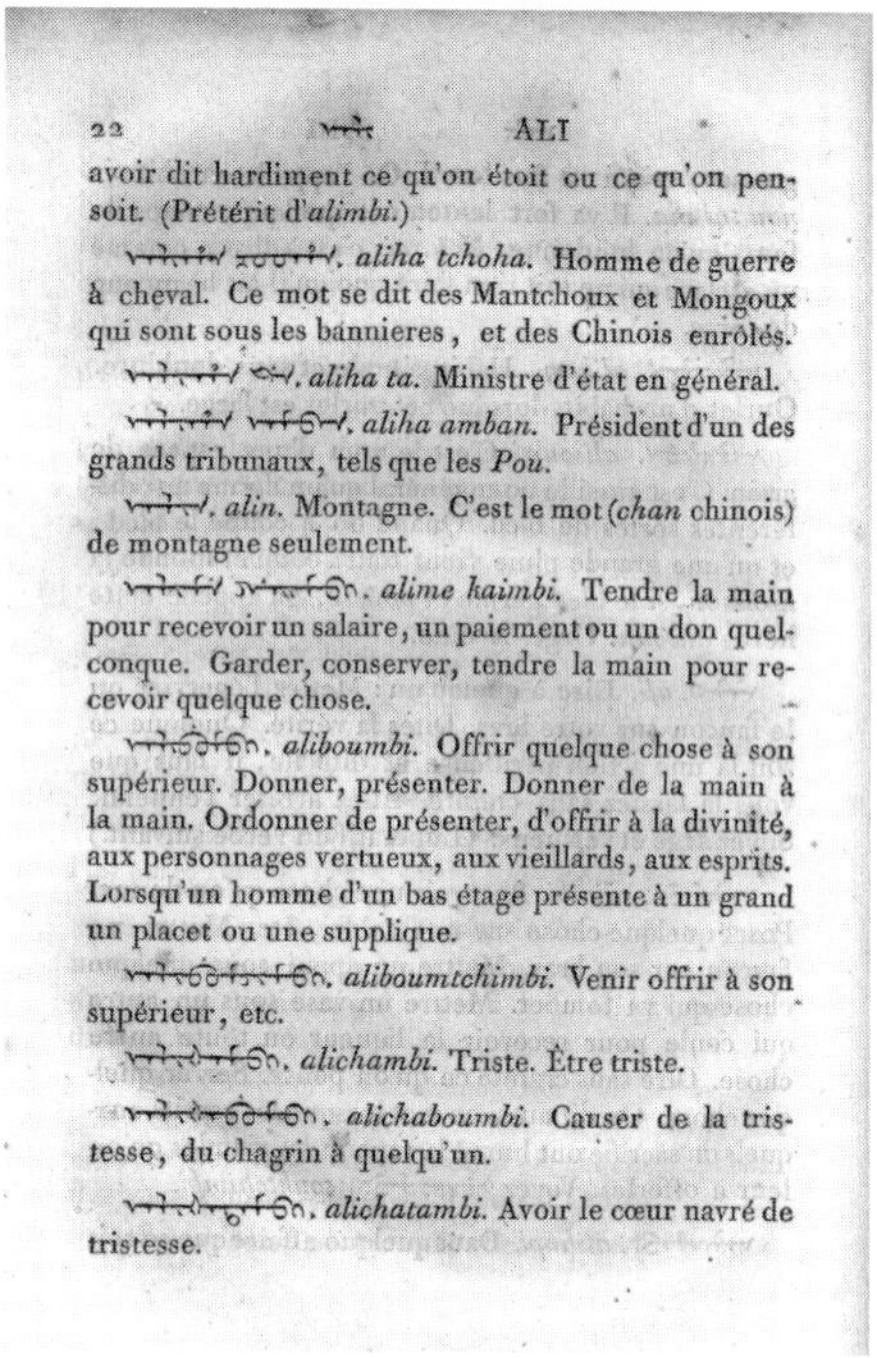
22 ALI

avoir dit hardiment ce qu'on étoit ou ce qu'on pensoit. (Prétérit d'*alimbi.*)

. *aliha tchoha.* Homme de guerre à cheval. Ce mot se dit des Mantchoux et Mongoux qui sont sous les bannieres, et des Chinois enrôlés.

. *aliha ta.* Ministre d'état en général.

. *aliha amban.* Président d'un des grands tribunaux, tels que les *Pou.*

. *alin.* Montagne. C'est le mot (*chan* chinois) de montagne seulement.

. *alime kaimbi.* Tendre la main pour recevoir un salaire, un paiement ou un don quelconque. Garder, conserver, tendre la main pour recevoir quelque chose.

. *aliboumbi.* Offrir quelque chose à son supérieur. Donner, présenter. Donner de la main à la main. Ordonner de présenter, d'offrir à la divinité, aux personnages vertueux, aux vieillards, aux esprits. Lorsqu'un homme d'un bas étage présente à un grand un placet ou une supplique.

. *aliboumtchimbi.* Venir offrir à son supérieur, etc.

. *alichambi.* Triste. Être triste.

. *alichaboumbi.* Causer de la tristesse, du chagrin à quelqu'un.

. *alichatambi.* Avoir le cœur navré de tristesse.

図 10 『タタール満洲語・フランス語辞典』における Aliboumbi（Alibumbi）の項

しかし、満洲語から直接フランス語訳したにせよ、『清文彙書』の漢語説明文を訳したにせよ、原文に比してかなり説明的と思われる翻訳もある。いくつかの例を挙げてみる。（なお『タタール満洲語・フランス語辞典』では、各満洲語見出し語を、活字印刷された満洲字[51]およびローマ字音写で示しているが、ここではメーレンドルフ式に改めた。）

満洲語見出し：alibumbi.（図10の ali-boumbi の項を参照）

『清文彙書』漢語説明文：呈、授。手に持って人に与える。献じさせる。小人が長上に書信を呈するの呈。[52]

アミオ訳：ある物を彼の上司に捧げる。与える、提出する。手から手へ与える。神、高徳の人、老人、鬼神へ提出し、捧げるよう命令する。地位の低い者が高官に請願書や嘆願書を提出するとき用いられる。

満洲語見出し：ejen.

『清文彙書』漢語説明文：主子。君皇帝。

アミオ訳：主人、主君、君主、王、皇帝（Maitre, Seigneur, Souverain, Roi, Emperеur）など。[53]

まずalibumbiの項のアミオ訳は、基本的には『清文彙書』の漢語説明文の逐語訳といえるが、「神、高徳の人、老人、鬼神」へ提出し、捧げる、というのは漢語説明文には無い部分である。これは、漢語の「献」という行為の対象を詳細に示したもの[54]ともいえ、また漢語説明文とはかかわりなく補足されたものともいえる。いずれにせよ、説明的な翻訳がなされている。またejenの項では、漢語説明文が「主子」と「君皇帝」という二つの単語を示すのに対し、アミオは五つの単語を示している。これも、漢語の「主子」と「君皇帝」を詳細に説明したものとも、漢語とはかかわりなく補足されたものともいえるが、いずれにせよかなり説明的な翻訳になっている。

このようにアミオの『タタール満洲語・フランス語辞典』には、かなり説明的な翻訳が見られる。そもそも『清文彙書』自体、『御製清文鑑』や『満漢字清文啓蒙』（一七三〇）「清字弁似」のごとく、見出し語に対し端的に一語ないし数語をあてる満漢辞書に比べ、かなり説明的な性格を有する。編纂者ラングレも、『タタール満洲語・フランス語辞典』の底本、すなわちおそらく『清文彙書』と思われる書物について、「同義語によって表すというよりむしろ冗長な定義を与える」という「欠点」があるとしつつも、この「欠点」はじつは「ここでは計り知れないほどの利点」であり、「この辞書をはるかに有用なものとしている[55]」と述べている。アミオが『清文彙書』を選んだのは、まず『御製清文鑑』のごとく見出し語が部類ごとに配列されたものだと「普通の読者を少なからず困惑させる[56]」のに対し、『清文彙書』は「アルファベット順[57]」であることから、ヨーロッパ人にとってより有用と考えたためと思われるが、それに加え、上のごとき『清文彙書』の説明的な性格に、有用性を見出したためでもあったことが推測される。

このようにアミオが満洲語諸典籍に対し、かなり説明的な翻訳を行った背景には、ヨーロッパ人にとっての有用性を提示しなければならないという状況があったと考えられる。すなわち、前述のごとくアミオは、ヨーロッパの「文芸共和国」の知識人に満洲語学習を勧めている。そして『タタール満洲語・フランス語辞典』が満洲語学習の用に供されたのはもちろん、『御製盛京賦』フランス語訳が満洲語・漢語の原文と共に送られ[58]、『平定両金川凱歌』

フランス語訳にも満洲語原文が付されたことからして、これら諸典籍のフランス語訳もやはりヨーロッパ知識人が原文と対照させながら読み、満洲語に親しむことを少なからず意図したものと思われる。こうした意図のためアミオは、満洲語そのものを明晰な言語と述べるだけでなく、その翻訳・紹介においても、満洲語の文章や単語の意味をできるだけ明確に、いわば明晰に伝えようとしたのではないか。

3　中国における「文芸共和国」

(1) 清朝の満洲語政策

このように、アミオは満洲語をフランス語と同じく明晰な言語とし、満洲語諸典籍のフランス語訳の際には、翻訳における明晰さを追求した。アミオのこうした、満洲語を明晰な言語とする見方は、清朝宮廷の存在をその大きな拠り所にしたものと思われる。なぜなら、『タタール満洲語・フランス語辞典』のアミオによる序には次のような一文があるからである。

宮廷において、漢語と満洲語の単語は、発音するのと同じように綴られ、その表現は正確である。(59)

前述のごとく「タタール満洲語の文法」でアミオは、「満洲語の発音の仕方は、その綴り方につねに一致するものではない」としたが、上の文章では、「宮廷において」は満洲語の単語の発音は綴り方と一致し、表現は正確だとしている。ここには、清朝宮廷による満洲語の整備と保存の政策、すなわち満洲語をいわば正統言語として整え、確実な形で保存するための事業が念頭に置かれたものと考えられる。

こうした清朝による満洲語政策(60)は、康熙帝の時代にはすでに在華イエズス会士の振る舞いに影響を与えていた。

まず注目されるのは、康熙帝の宮廷に仕えたド・マイヤによる著名な『中国通史、あるいは『通鑑綱目』から訳し出された編年史（*Histoire générale de la Chine, ou Annales de cet empire, traduit du* Tong-Kien-Kang-Mou 以下『中国通史』）』である。このきわめて大部の著作の最初の原稿は一七二九年に完成し、その後ド・マイヤはフランスの学者で碑文文芸アカデミー終身書記のフレレによる中国史に関する論文に接し、それらに対する反論を盛り込んだ形で一七三七年に原稿をフランスへ送った。以降もフレレとの論戦を繰り広げたド・マイヤだったが、結局『中国通史』として原稿が出版されたのは彼の死後、一七七七〜八五年のことだった。編纂・出版を請け負ったのはフランスのイエズス会士グロシエで、彼は冒頭に自らの作になる前言を加えている。(61)

グロシエは次のごとく述べている。

彼〔康熙帝〕は、その母国語が広まり、永遠に用いられることを一心に求め、まず満洲国家（nation Mantheou）のために大中国史（grande histoire Chinoise）の正確な版本を獲得しようと決意した。この目的に沿って、彼はこれら二つの言語〔漢語と満洲語〕に精通した、さまざまな役所に所属する者たちを集め、そのタタール語訳（traduction Tartare）を作成させた。この康熙帝の考えが、北京宮廷にいたド・マイヤ神父に、同じ歴史書のフランス語訳の作成を試みるという考えを芽生えさせたのである。(62)

グロシエのいう「大中国史」とは、宋代〜清代中国において深甚な影響力をもった編年体史書、すなわち北宋の司馬光（一〇一九〜一〇八六）による戦国〜五代を扱った『資治通鑑』（一〇八四）、あるいは南宋の朱熹（一一三〇〜一二〇〇）が『資治通鑑』の内容をもとに「綱」（大要）と「目」（詳注）に分類して叙述した『資治通鑑綱目』（一一七二年頃）、およびそれらに明清時代の学者たちが注釈や校勘を加えて出版した諸本を指すと思われる。中砂明徳によれば、康熙帝は『資治通鑑綱目』の「熱心な読者」であり、明末の陳仁錫校刊による本などを見ており、こうした「勉強の成果の痕跡」である御批を盛り込んで編纂されたのが、康熙四六年（一七〇八）序『御批通鑑綱目』である。[63] じつはその前の康熙三〇年（一六九一）に、満洲語版である満文訳『御批資治通鑑綱目（dzi jy tung giyan g'ang mu bithe)』が刻されており、[64] それがグロシエの言及した「タタール語訳」事業だと思われる。ただしド・マイヤがマカオに到着し、広州から中国に入ったのが一七〇三年なので、第9章で詳しく触れるように、ド・マイヤは直接的に『満文資治通鑑綱目』の編纂事業の情報に触れたというのが実際のところであろう。いずれにせよ、ド・マイヤは直接的には『満文資治通鑑綱目』を典拠として『中国通史』を著した。こうして康熙帝による漢籍の満洲語訳事業は、グロシエが正しければ、当時の宣教師に、漢籍の満洲語訳版を典拠としてフランス語に翻訳する着想を与えるという、重要な影響を及ぼしたのである。

こうした、清朝宮廷の満洲語政策による影響は、アミオにおいてはド・マイヤら前世代の在華イエズス会士たちよりもさらに顕著に現れた。『御製盛京賦』を見ると、天聡六年（一六三二）、[65] ホンタイジがダハイ（達海、一五九四頃〜一六三二）に命じ、十二字頭に圏点を加えて発音を分別し、新字を作って漢字の対音を表すようにしたことを述べる部分があるが、そのフランス語訳に付した注で、アミオはこう述べている。

太宗以来、今日統治している皇帝まで、満洲の言語と文字は不断に改良されてきた。今日ではさらに、もともと全く名前をもたなかったものにすべて名前を与える取り組みが行われている。この著作はすでに非常に進んでおり、完成すれば皇帝がそれを出版し、我々はいわば新しい、我々がヨーロッパで有している言語と同じく完全な言語をもつことになる。[66]

このように満洲語に明晰さ、正確さを見出し、ヨーロッパの言語と同じく完全な言語とするアミオの見方は、清朝皇帝による満洲語の整備事業の正当性へのいわば信頼に、大きく支えられたものだった。そしてアミオによれば、こうした整備事業の頂点に、ある「著作」、すなわち当時乾隆帝の下で編纂が進められていた『御製増訂清文鑑』（一七七一）の編纂があったといえよう。

アミオだけでなく、アミオの『タタール満洲語・フランス語辞典』の編纂と出版を手がけたラングレも、その著作『満洲語のアルファベット』にて『御製増訂清文鑑』について比較的詳しく紹介している。そのなかで、ラングレは『御製増訂清文鑑』序の解説を行っている。この序では、満洲語の創成から時間が経過し、その伝播する範囲も広範におよぶにつれ「文字の音を得られなくなるので間違わせるようになって、また文字の意味を無理に求めながら、ますます間違わせた[67]」つまり文字・発音・意味が互いに乖離するという問題が生じたことを述べており、このような問題に対処するため乾隆帝は康熙帝のもとで編まれた『御製清文鑑』に倣いつつ、新たに三合切音による発音表記、見出し語約五千余項目を加えるなどの改訂を施して万全を期したことが記されている。ラングレはこの序の全文を、満洲文字による原文とそのフランス語訳を併せて掲載し、「乾隆帝が驚異的に豊かにした満洲語の進歩を証明している」と称賛している[68]。こうしたラングレの乾隆帝および『御製増訂清文鑑』に対する称賛は、如上のアミオの報告における認識に、少なからず基づいたものだと思われる。

（2）中国の「アカデミー」

アミオの満洲語観は、清朝皇帝の存在によってのみ支えられたのではなく、その下で働く官僚に対する信頼をも多分に含んでいる。アミオは、前述のごとく「タタール満洲語の文法」において、満洲語を学習し、「中国の言語の迷宮」すなわち満洲語訳された漢籍の宝庫への入り口を見出すことが、ヨーロッパの「文芸共和国（république des Lettres）にとって大変有益」だと述べた。『御製盛京賦』フランス語訳にも、満洲語の知識は「全時代の中国の文学への自由な入り口を開いてくれる」という文章が見える。そしてこうした漢籍の満洲語訳について、以下のごとく述べられている。

中国の良き書物はすべて、満洲語に訳されている。この翻訳は、学問的なアカデミー（Académies）によって、順治から現在王位に就いている乾隆までの統治者の命令と保護のもとに行われている。それらは別の、同じく博学でその成員が完全に漢語と満洲語に精通しているアカデミーによって、再検討され校正される。(69)

前述のごとく康熙帝の皇子と議論を交わしたパルナンも、康熙帝の統治初期、満洲語と漢語の両方にもっとも堪能な人々から成る裁判所（Tribunal）が設置され、史・経の翻訳、雄弁術（eloquence）の書の翻訳、『御製清文鑑』の編纂に携わったと述べている。(70) パルナンはさらに、ヨーロッパには「学問と美術のためと同様、言語を改革し完成させるための裁判所（Tribunal）」がある、とも述べている。(71) しかし、この議論を収めたデュ・アルドの著作は、このヨーロッパの「裁判所（Tribunal）」を「アカデミー（académie）」と言い換えている。(72) デュ・アルドがこの改変を加えた背景には、前述のアカデミー・フランセーズのごとき言語アカデミーの存在があったと思われる。これに対しアミオは、さらに、清朝において漢籍の満洲語訳にいそしむ官僚の集団、すなわちパルナンが単に「裁判所」としたものをも、「アカデミー」とすることで、中国にもヨーロッパのようなアカデミーがあることを示そうとしたのである。

では、この「アカデミー」とは何か。アミオの記述のみから特定するのは難しいが、別の史料から範囲を絞ることは可能である。まず『メモワール』第一巻には、中国人イエズス会士コーによる「中国古代に関するエセー（Essai sur l'antiquité des Chinois）」が収録されている。そのなかには、次の文章がある。

ヨーロッパの宣教師は、翰林院をパリ科学アカデミー(73)（Académie des Sciences de Paris）にたとえている。この比較はあらゆる点において正当である。我々の翰林院は、中国において、文芸共和国（république des Lettres）の一員であり、フランスにおいては、アカデミーの紳士方は、彼らが携わるところの数学と科学の高度な領域の一員である。(74)

すでに述べたように、コーはヤンとともにフランス滞在経験をもち、アミオらフランス出身イエズス会士と北堂に居住し活動を共にしていたと見られる。そのため上記の、翰林院をアカデミーになぞらえ、中国の文芸共和国の一環とみなす見方を、同僚であるアミオも共有していた可能性がある。その場合、アミオのいう中国のアカデミーとは詩・文の作成を職務とする翰林院[75]であり、コーいうところの中国における文芸共和国の一員ということになる。

ヨーロッパでは、前述のごとく一六三五年に言語アカデミーとしてのアカデミー・フランセーズが創設されると、フランス語は、文芸の専門家たちだけの閉鎖的な言語ではなく、「宮廷的世界のすべてのオネットーム〔honnête homme すなわち社交人、教養・才気に富んだ紳士〕たちに理解可能な言語[76]」として、すなわち「文芸共和国」の普遍語として鍛え上げられた。その一方で中国では、清朝成立以降、公用語となった満洲語はまもなく漢語に押され、北京に住む旗人は日常語としてもっぱら漢語を用いるようになった。こうした状況をみて改革を試み、満洲語標準化と満洲語能力向上をはかったのが乾隆帝[77]である。前述の『御製増訂清文鑑』編纂も、こうした試みのなかでの出来事だった。アミオにとって、こうした皇帝のもとで漢籍の満洲語訳にいそしむ官僚の集団は、満洲語を「文芸共和国」の普遍語として鍛え上げる「アカデミー」に他ならず、同時に満洲語を通して文芸を享受し合う「文芸共和国」そのものに映ったと考えられる[78]。

（3）アミオにとっての「文芸共和国」

このようにアミオは、ヨーロッパの「文芸共和国」における満洲語普及を企図するだけでなく、中国における「文芸共和国」の存在をも示そうとした。このようにアミオがその存在を強く意識していた「文芸共和国」とは、彼にとっていかなるものだったのか。一七八八年のベルタン宛書簡で、アミオはこう述べている。「タタール満洲語の文法」や『タタール満洲語・フランス語辞典』の出版を、「己の努力を、洗練された精神（bel esprit）のうぬぼれへと己を導く方にしか向けないあれらの文学者（littérateurs）」のためのものにしないような努力が為されるなら、その努力は、少数の学者（savants）、すなわち「その文芸著作においてつねに、ただ心地良いということより、有用（utile）であることの方を好む人々」から、高い評価を得るだろう。そしてこの学者たちに対し、自分の両著作は、「中国の文学の広大な倉庫」へ入ることを容易にする扉のひとつを、開けてみせるだろう[79]、と。

ここに出てくる「少数の学者（savants）」は、本章前半で取り上げた「タタール満洲語の文法」の結びの部分に出てくる「文芸の国家」の「学者（Savans）の幾人か」に、重なって見える。隠岐さや香によれば、一七〜一八世紀のパリ王立科学アカデミーをめぐる言説においては、しばしばアカデミーの「学者」および彼らの携わる科学の存在意義が、「有用性（utilité）」あるいは「有用（utile）」なものの追求を目指す点に置かれ、「有用性」に関するさまざまな議論が展開された[80]。

また水林章によれば、上の引用文に述べられた「洗練された精神（bel esprit）」および「文学者（littérateur）」は、ヴォルテールが一八世紀の「文芸人（gens de lettres）」のあるべき姿を掲げる際、否定されたものだった。すなわち、一六〜一七世紀の「文学者」はもっぱら原典批判にいそしむ「書斎」の人であり、狭い「文芸共和国」の内部にとどまっていたが、一八世紀の「文芸人」は、「社会に巣食う偏見を一掃する」ための哲学的精神を備えた「社交的世界」の人である。それゆえ、「きらめくばかりの想像力」と「会話の妙味」においてのみすぐれ哲学的精神に完全に欠ける「洗練された精神」の輝きを追い求める必要など全くない。こうしてヴォルテールは、自らを狭隘な「文芸共和国」の一員としてよりは、批判的理性を行使する「公衆」とともにある存在として捉えていた[81]。

これまで見てきたように、アミオは「文芸共和国」の一員としての意識を強くもっており、この点ではヴォルテールと必ずしも同じではない。しかし少なくとも「洗練された精神」あるいは「文学者」を批判すべき対象と捉えていた点は共通する。すなわちアミオのいう「文芸共和国」とは、「洗練された精神」あるいは「文学者」がうぬぼれや心地良さのためにのみ努力する狭隘なものではなく、「有用」なものを追求する「学者」から成る、という当時のフランスのアカデミーが掲げていた理念に即したものだった。

おわりに

以上見てきたように、アミオの満洲語関係諸著作には、この言語を「文芸共和国」に結びつけて示そうとする満洲語観が強く現れている。

フェルビーストもやはり、「エレメンタ」を含む自身の著作の「イエズス会内外における流通を企図」し、それが「ヨーロッパで出版され、広まるよう意図(82)」するなど文芸共和国を意識していたといえる。しかし「エレメンタ」では、ラテン語とカトリック教会および教皇の普遍性が賛美された(83)。フェルビーストにとって、普遍語とは唯一ラテン語であり、文芸共和国とは唯一、当時ラテン語を普遍語としたヨーロッパのそれであったと思われる。アミオの「タタール満洲語の文法」は「エレメンタ」を底本としたと考えられるが、アミオは上記の部分を削除している。

またパルナンの認識は、本章で取り上げた書簡に明らかなように、ヨーロッパ諸語を優位とするものだった。彼にとって満洲語とは、ヨーロッパのアカデミーの誰かが「理解してみようとするなど想像できない」類のものでしかなかった。パルナンもやはり、満洲語をヨーロッパの「文芸共和国」に結びつけることはなく、満洲語を普遍語とする中国の「文芸共和国」を見出すこともなかった。

これに対しアミオは、ヨーロッパの「文芸共和国」の「学者」たちに、漢籍の宝庫への入り口を開く有効な手段として満洲語学習を勧めるのみならず、満洲語を当時「文芸共和国」の普遍語だったフランス語に結びつけた。さらに、満洲語を普遍語として鍛え上げようとする中国の「文芸共和国」の存在を示そうとした。このことによって、満洲語を「文芸共和国」の「学者」たちの関心事として、強く打ち出そうとしたのである。この企図は、直接的には、ベルタンらアミオの文通相手となった諸アカデミーの会員たちに向けられたものだったと思われる。そしてこうした満洲語観をめぐる大きな変化は、乾隆帝のとき強力に推し進められた、満洲語学習の奨励ならびに満洲語の整備と管理という文化事業を、当時アミオが目の当たりにしていたことに起因すると考えられるのである。

第8章　清朝の統治空間をめぐる最新情報

はじめに

本章と次章では、最初期の在華イエズス会士からアミオにいたるまで、中国の領域と歴史がどのように把握され、翻訳されたのかを読み解いていく。すなわち彼らが中国を、いかなる空間的・時間的広がりとして捉えたのかという問題である。これは彼らが伝えようとした中国像の、もっとも重要な骨格となった部分である。

第1章で述べたごとく、ヨーロッパで中国についての語りが比較的明確な形で現れるのは、紀元前四～五世紀である。当時のギリシアでは、世界をヨーロッパ・アジア・アフリカという三つの地域に区分する見方が流布していた。これはどちらかといえば観念的なもので、中世ヨーロッパで普及したTO図（キリスト教を中心とする見方に基づく世界図で、世界全体を表すOの内部をTの字で区切り、陸地をアジア・ヨーロッパ・アフリカに分け、中心にエルサレム、上に天国を置き、Oの線によって世界をとりまく海オケアノス、Tの線によって三つの地方をそれぞれ区切るドン川、ナイル川、地中海を表した図）へと通じる。その一方で、遅くとも二世紀のローマ帝国では現在にかなり近い地理観も発達し、そうした見方においては中国、とくに広東沿海周辺は「シナ」あるいは「シナエ」、それ以外のとくに内陸の部分は「セレス」あるいは「セリクム」と呼ばれ、クラウディオス・プトレマイオスの『地理学』にも反映された。『地理学』は中世ヨーロッパでいったん埋もれてしまったが、ルネサンスに再発見され、注目を浴びた。そこに掲げられた図では最東端の一帯が南北に区切られ、北方にセリカ、南方にシナエの名が与えられている(1)。

中国という地についての、より具体的、詳細な情報は、実際にこの地を踏んだ人々によって提供された。とくに注目すべきはクルスの記録(2)で、明朝のもとでの中国各省についても触れている。ただしクルスのいう十三省とは、北京を首都とするという「順天府」すなわちおそらくは北直隷と、南京を首都とするという「直隷」すなわち南直隷を含んだうえでの十三の省であり、山東と河南が抜けている。また彼が活動した範囲が華南に限られたことからすればやむを得ないが、広東に関する記述が圧倒的に詳しく、対照的に華中以北についてはかなり粗い内容（ただし南北直隷については比較的詳しい）となっている。このようにクルスの情報は中国全域を覆うものではなかったが、彼によって従来の中国情報が大幅に修正され、詳細さを増したことは確かである。というのもクルスは各省だけでなく、中国が「宗主となっている」、あるいは「中国の国王に服属している」近隣諸国についても、かなり詳しく述べているからである。たとえば「土地の人々の言うところによれば、中国人はジャワとジャンターナ（ジョホールの古称）――すなわちマラッカ王国である――、さらにシャムとチャンパの宗主である」、「コーチシナ王国は中国と境界を接する。そして中国の国王に服属している(3)」などと述べており、これらの国名はだいたい明朝にとっての朝貢国「満剌加」「暹羅」「占城」「安南(4)」に該当している。

一六〇九年に出版されたリッチの報告（トリゴーによって編纂された）でも、中国という空間の構成について、比較的詳細に述べられている。彼はまず、中国という国が古来ヨーロッパで「カタイオ（Cataio）」「セリカ（Serica）」、そして「チナ（China）」あるいは「キナ（Cina）」など、さまざまな名で呼ばれてきたが、これらの名称は当の中国では全く知られておらず、王朝ごとに異なる名をもち、一貫した名称としては「チウンクオ（Ciumquo）あるいはチウンホア（Ciumhoa）」がある、と述べている。すなわち前者は「中央の王国（regno nel mezzo）」、後者は「中央の園（Giardino del mezzo）」を表す、という。[5] これらはすなわち「中国」と「中華」であろう。そしてこのように呼ばれている理由として、リッチは、中国人が「天は円形（Cielo sia rotondo）、地は方形（Terra quadrata）で、それらの中央に彼らの王国が位置している、とかたく信じている」ことを挙げている。[6] さらに中国内部については、「南京と北京の両省」すなわち南北直隷以外に十三省あり、それらはおもに一般民政をつかさどる「布政使（Pucinsu）」と、司法・監察を担当する「〔提刑〕按察使（Naganzasu）」の二者によって治められるとあり、[7] ここでは洪武帝以降の明朝における地方行政の特質が把握されている。

こうして明代中国に足を踏み入れた宣教師らによって、中国という地に関する情報は、相当実態に即したものがヨーロッパへ送られるようになっていた。それでは清代に入ってからは、その地理的、あるいは政治的空間はどのように把握され、翻訳されたのか。以下、あらかじめ各先行研究[8]に即して、清朝の領域がいかに大きく変動したのか、整理しておくことにする。まず中国南方に関しては、一七世紀、台湾を占拠していたオランダ人が鄭成功によって駆逐され、鄭氏政権が台湾に樹立されたが、一六八三年に鄭氏は清朝に敗北し、以後台湾が清朝の版図に入ることとなった。さらに一八世紀後半には清朝がビルマ（緬甸）への侵攻を始めたが、その後度重なる遠征にもかかわらずビルマ軍を破ることはできず、両者の思惑が絡み合うなかで結局、一七九〇年に乾隆帝八〇歳の万寿盛典のためビルマから派遣された祝賀請封使をもって、国交回復、朝貢関係の成立がなされた。また中国からみて西北方の地域は、中国歴代王朝にとって大きな脅威であり続けたが、清代には大きな変化が訪れる。一七世紀半ば、モンゴルの一部族オイラトは、ジューン＝ガル（準部）のガルダン・ハーンのもとで勢力を伸ばし、一八世紀にはカザフ草原に進出し、清朝およびロシア帝国と対立した。ガルダンの死後、チベットを支配下に入れようとしたジューン＝ガルに対し、清朝もチベットに出兵してジューン＝ガルを追い払い、駐蔵大臣を置き、チベット側の支配者との協力のもと、チベット統治体制を確立した。[9] そしてやがてオイラトは内部に相続争いが発生して分裂するにいたり、そのなかで清朝に投降する勢力が相次ぎ弱体化した。清朝は最終的にジューン＝ガルの領侯アムルサナと協力し、ジューン＝ガルを征服した（一七五五）。さらに清朝は天山南路のテュルク系ムスリムによる反抗をもおさえ、これにより東トルキスタン一帯を支配下におさめて、この地を「新疆（新しい領土）」と名づけた。

このように領域拡大に伴って、より多様な地域を統合した帝国へと変容していった清朝の統治構造・国際秩序に関しては、これまでさまざまな説明が試みられ、そのなかではたとえば「朝貢貿易システム」論を展開した濱下武志によるモデル、すなわちまず「中央」を中心に、内から外へ「地方」―「土司・土官」―「藩部」―「朝貢」―「互市」と階層化された同心円を描き、中国にとっての周辺諸地域の位置づけを示し、さらにこれらの周辺諸地域を中心とするいくつもの円が重なっていく、という多元的関係を示したものなどがある。(10) これらを整理したうえで、(11) 杉山清彦は八旗制を中核とした全体秩序を示し、「大清帝国の支配は全面的な押しつけでも一方的な妥協でもなく、在地在来のやり方に任せつつ、要所で手綱をしぼるというものだった」と述べ、この秩序においては「自己の家臣・領民を支配する在地の首長が王爵を授けられて臣従するという点において、領域の内外の勢力間にも本質的違いはない」とし、版図外の「朝貢国」や「藩属国」も、「その延長線上に位置づけることができる」し、旧明領の漢人さえも「直轄領とはいいながらも直接民衆支配に当る府州県レベルは漢人官僚のみが行政に当っており、これは王公―旗制と身分・形式は異なるものの、在地レベルの統治を在来の支配層に委ねているという点で、藩部支配と一脈通じるものということもできよう」と述べている。(12)

このように清朝は八旗制を中核とした構造によって多様な地域を統合し、さらにその原理を版図の外へと延伸させることで国際秩序を打ち立てた。このように清朝による版図の拡大・空間の変容を、当時清朝宮廷に仕えていた在華イエズス会士は目の当たりにしていた。なぜなら康熙帝のとき、三角測量法や経緯図法など最新の技法を用いて作成された、中国全土を網羅する地図である『皇輿全覧図』、そしてそれを受け継ぎつつ「新疆」など新しい版図をも含みこんで作成された『乾隆十三排図』（あるいは『内府輿図』）、また乾隆帝時代における準・回両部などの征服事業を記念するため作成された一連の絵画である『得勝図』、さらには康熙帝のとき清朝とロシア帝国のあいだで結ばれ両国の境界線や通商規定などが確立されたネルチンスク条約（一六八九）にいたるまで、清朝の版図拡大に伴うさまざまな事業では、しばしば在華イエズス会士がきわめて重要な役割を担っていたからである[13]。

そこで本章では、一七世紀末～一八世紀の在華イエズス会士がヨーロッパへ送った報告、およびそれらの報告をもとにヨーロッパで出版された著作を通して、在華イエズス会士が清朝という空間をどのように理解し、翻訳したのか、そしてそのなかでアミオの報告がどのような特質をもつのかを検討する。

1　一七～一八世紀の在華イエズス会士が描いた中国という空間

（1）中国の自称について

清朝による支配と版図について比較的詳しく解説した報告として、まず在華イエズス会士ル・コントによる『中国の現状に関する最新報告』（一六九七）を挙げることができる。なお分析の便宜のため、各小節に番号をふった。

①中国とは、この国の人々が自ら「中央の王国（Royaume du Milieu）」と称する名です、なぜならかつて彼らは世界の中心に位置すると自ら誇っていたからです。

②それ〔中国〕は一五の大きな行政単位に分かれます。広東（Quamtom）、福建（Fokien）、浙江（Chekiam）、南京（Nankin）、山東（Chanton）および北直隷（Pechely）は、東海（mer Orientale）に沿って南北に伸びています。今度は北から南へ、さらに西へ向かうと、山西（Chansi）、陝西（Chensi）、四川（Sou-tchoüen）、雲南（Yün-nan）、広西（Kouansi）が現れます。貴州（Koüei-tchéou）、江西（Kiansi）、湖広（Houquam）そして河南（Honan）は内陸に含まれ、王国のほとんど中央にあります。それは海峡（bras de Mer）によって、日本やフォルモサ

島と隔てられているにすぎません。またきわめて長い壁が、タルタリーとの境を隔てています。[14]

③広東の首都〔広州〕は、緯度二三度に位置することを確認しており、そこから緯度四〇度に達する北京まで、緯度は南北一七度〔緯度一度は約一一〇km〕にわたることになりますが、我々は一八度としましょう、なぜなら北京以北、および広東以南からこの王国の境界まで、さらに二〇リュー〔里、一リューは約四km〕ほどあるからです。この一八度は四五〇リューであり、この王国の緯度の長さです。東から西までの経度もまた緯度に劣らず、約四〇〇リューの幅があります。〔中略〕私はここにフォルモサ島や海南島（Isle de Formose, de Haynan）、そのほか細々とした島嶼を数え入れておらず、それらも計算に含むなら巨大な王国になることでしょう、遼東（Leauton）も入れておりません、なぜなら長城の外にありますので。

④コレー（Corée 高麗）やトンキン（Tunquin）、シャム（Siam）は、事実上中国皇帝へ定期的に進貢しています。それ以外に、中国皇帝はその国王を指名するか、国王が即位する際に承認をします。〔中略〕私はまたタルタリーにも触れておりませんが、それはすでに部分的に中国に服属しており、その〔中国の〕国力を大いに強めています。[15]〔中略〕彼〔順治帝〕はこれら二つの国を統合し、ただひとつ広大な帝国としたといえます。なぜなら、タルタリーの全域が中国皇帝（Empereur de la Chine）に帰属したわけではないにせよ、ほとんどの部分が服属、あるいはその進貢国になったことは確かだからです。[16]

これら①〜④の文章は、中国という国の名称とその大きさから、この国の内部を構成する行政単位、さらに近接諸地域との交渉にまでおよんでいる。すなわち「中国」の空間的および政治的広がりと境界に対する理解が、ここに示されているわけである。

まず注目すべきは冒頭①の部分である。「世界の中心」としての「中国」という自称に注目したのは、ル・コントが初めてではない。「はじめに」で述べたごとく、在華イエズス会士リッチの報告には、すでに「中国」=「中央の国」、「中華」=「中央の園」、という情報が示されていた。この点でル・コントの「中国」に関する説明はリッチによるそれとほとんど重複しているが、ただリッチは自らの国が世界の中央に位置しているという中国人の信念を、当時の現状として語っているのに対し、ル・コントは明らかに過去のものとしている点は異なる。この変化はおそらく、上記のような信念、すなわち天下の中央たる自らを「中国」あるいは「中華」と捉え、その周囲に未開の「四夷」があるという観念が、そもそも古代の黄河中下流域(中原)に国家を建設した漢人のものであり、ル・コントが活動した当時においては、漢人を主体とする明朝から征服王朝たる清朝へと交替していたことによるであろう。

この点は、さらに時代を下った在華イエズス会士ド・マイヤによる大部の著作『中国通史』全一三巻(出版は一七七七~一七八五)に見られる。ド・マイヤは一八世紀前半に活動したフランス出身在華イエズス会士であり、すぐれた漢語および満洲語能力を活かして多くの報告をヨーロッパへ送った人物で、第9章で述べるように、とくに満文訳『御批資治通鑑綱目』のフランス語訳を柱として上古から清朝にいたる中国史を叙述した『中国通史』は広く知られる。これは彼の死後、イエズス会士グロシエによって編纂され、パリで出版された。ただしド・マイヤ自身が著したのは一七二二年までの出来事であって、その後から叙述が閉じられる一七七七年までは、グロシエが補ったものと思われる。本編は第一一巻まで、第一二巻はおもに『中国通史』編纂の指揮をとった東洋学者デゾートレー(Michel-Ange-André Le Roux Deshauterayes 一七二四~一七九五)が作成した索引となっているが、じつは最終巻すなわち第一三巻は「補遺」と称され、グロシエによる中国の地誌、自然誌(中国の山岳、河川、特有の動植鉱物など)、政治体制、宗教、風俗、技芸や学問などについての解説となっている。ここで注目したいのは、この巻の冒頭を占める地誌の、最初の文章である。

中国(Tchong-koué)、あるいは中央の王国(Royaume du milieu)というのが、Chinois が彼らの帝国につけた名である。西モンゴル人はカタイ（Catay）と呼び、タタール満洲人（Tartares Mantcheoux）はニカン・クル（Nican-courou）、日本人はタウ（Thau）、そしてコーチシナおよびシャムの人々はチン（Cin）と呼ぶ[18]。

グロシエは明確に、「中国」なる名称が Chinois による自称だと述べており、さらにこの自称と並列して、Chinois 以外の諸族による呼称も列挙している。なお上文ではあえて原語のまま示したが、Chinois は「漢人」と訳すべきであろう。この語は、現在では漢人に限らない「中国人」の意味で用いられることが多いが、一八世紀当時の在華イエズス会士はしばしば漢人を表すのに限定して用い、満人（Tartares あるいは Tartares Mantcheou など）と明確に区別している場合が多い[19]。おそらくはその影響で、グロシエもこの『中国通史』第一三巻全体にわたってこの区別を採用している。一例を挙げれば「コレー（高麗）は、Chinois からはカオ・リ（Kao-li）と呼ばれ、Tartares Mantcheoux からはソルホ（Solho）と呼ばれている[20]」という文章における、「カオ・リ」とは明らかに高麗の漢語音（現在のピンインでは Gao li）、「ソルホ」とは満洲語における高麗（朝鮮）を指す語を指しており、Chinois は漢人、Tartares Mantcheoux は満人と捉えるべきである。すなわち、グロシエは「中国、あるいは中央の王国」を漢人による自称と捉え、満人やほかの諸族の人々による呼称と区別して述べたことになる。

さらにグロシエのいう「西モンゴル人」とは、現在でいえば中央アジアの人々を指しているだろう。そもそもカタイあるいはキタイ（Cathai；Catay；Qitai）の名は、遅くとも四世紀末期～五世紀には存在していた遊牧民族で、のち遼（九一六～一一二五）を建国した契丹に由来するといわれる。八世紀頃、突厥文字やウイグル文字で刻まれたさまざまな碑文にも、キタイの名が残されていることから、中央アジアの諸民族が契丹を称するのにこの名を用いており、さらに発展してトルコ語やロシア語、ギリシア語では中国の呼び名として用いられるようになったようである。「タタール満洲人」は、前述のとおり在華イエズス会士がよく用いた語で、満人を指す。「ニカン・クル」は、実際の満洲語の音とは若干齟齬しており、正しくは漢人を表す「ニカン・グルン（nikan gurun）」であろう。さらに、日本人が用いるという「タウ」とは、近世日本において唐人や唐話、唐船など、中国一般を指すのに用いられた「唐」を指すと思われる。最後にコーチシナとシャム、すなわち現在でいうところのベトナム南部とタイで呼ばれていたという「チン」は、秦の名に由来し、おもに南方海路を経由して、インドなど諸国で中国の呼称として用いられるようになったものと源を同じくすると思われる。

（2）十五省体制について

次にル・コントの報告における②について見てみよう。この部分は「中国」を構成するもっとも主要な行政単位である省について述べている。ル・コントの挙げた十五省は、明朝が全国を区分した十三の布政使司と南北直隷、およびそれに基づく清初の「直隷および十四省」あるいは「十五省体制」[21]に対応している。清朝はさらに十八省体制を敷くが、先行研究によればこれが定着するのは雍正末年から乾隆二二～三年頃、すなわち一七三五～五八年頃のことであり[22]、ル・コントの報告には未だ反映されるにいたっていない。グロシエの著述でも、おそらくは彼のもっとも重要な参考史料を提供したド・マイヤの活動時期が一八世紀前半に限られるために、十五省のままとなっている。

それ〔中国〕は十五の省（provinces）に分かれる。北には陝西（Chen-si）、山西（Chan-si）、北直隷（Pe-tcheli）がある。山東（Chan-tong）、江南（Kiang-nan）、浙江（Tche-kiang）、福建（Fo-kien）は東海に沿って並んでいる。広東（Quang-tong）、広西（Quang-si）、雲南（Yun-nan）、四川（Se-tchuen）は帝国の南および西の境界を形づくっている。中間には河南（Ho-nan）、湖広（Hou-quang）、貴州（Koei-tcheou）、江西（Kiang-si）が位置する。[23]

ただし、上のごとくグロシエが挙げた十五省は、ル・コントのものと一部異なっている。すなわち現在の安徽・江蘇の二省に該当する地域に関して、ル・コントは南京と称したが、グロシエでは江南となっている。もともと明朝は南京に都を置くと、これを中心とする領域を直轄地として直隷と称し、のちに北京に遷都して北直隷を設けたあとも、南直隷として残した。これが清初の順治二年（一六四五）に江南省と改称され、「直隷および十四省」の体制となった。[24] この点に関して、ル・コントとグロシエの違いは些細だが、当時の政治体制の微妙な移り変わりを如実に示してもいる。

グロシエはさらに、この十五の各省について、詳細な解説を加えている。すなわち北直隷省、江南省、江西省、福建省、浙江省、湖広省、河南省、山東省、山西省、陝西省、四川省、広東省、広西省、雲南省、貴州省の順番で、各省の地形や気候、風俗、建築物、主要都市の様子、地方行政の方式、各省の下に属する府などが解説されている。[25] これは先ほどの順番とは異なっているが、じつはこれと同じ順番で十五省について解説を加えた著作が、一八世紀前半に現れている。それがデュ・アルド『中国地誌』第一巻（一七三五）の「中国各省地誌（Déscription géographique des provinces de la Chine）」[26] である。デュ・アルド自身はイエズス会士だが、中国で活動した経験は無く、在華イエズス会士の報告を収集、整理してこの全四巻にわたる一大著作を編纂した。第一巻の序文では、デュ・アルドが参照した在華イエズス会士の名が列挙されており、マルティニやフェルビースト以下、ゴレ（Jean-Alexis de Gollet 郭中傳、一六六四〜一七四七）やゴービルにいたるまで、一七世紀から一八世紀前半に活動した人々が挙げられている。そのなかにはド・マイヤも含まれており、デュ・アルドとグロシエは、基本的にド・マイヤを中心に、一八世紀前半までの在華イエズス会士の報告という同じ情報源に依拠したために、十五省について上記のごとく同じ解説の仕方が見られるものと思われる。

ただ、グロシエ自身はデュ・アルドよりだいぶ後の人物であり、『中国通史』の出版自体が一八世紀末である以上、デュ・アルドが参照したものより後の時代の在華イエズス会士による報告を参照した可能性も残る。しかしすでに見てきたように、彼が中国のおもな行政単位として述べているのは旧来の十五省であって十八省ではなく、また十八省においては江南省が安徽省と江蘇省の二省へと改組されることから、グロシエの著述は出版こそ一八世紀末だったが、少なくともその一部においては、デュ・アルドとほぼ同じ一八世紀前半の情報源に依拠していたとみて差し支えないように思われる。いずれにせよ、ここではデュ・アルドも『中国通史』も、中国のおもな行政体制を十五省として報告していたことが重要である。

(3) 中国の空間的広がり

続いて、ル・コントの報告における③について見ていく。①と②では中国本土(漢地)の内部に目が向けられたが、③と④では中国の広がりと近隣諸地域との接触と包摂、いわば内と外の境界が問題となっている。本章においてもっとも注目したいのは、これらの部分である。まず③についてだが、ル・コントは中国の東西および南北の広がりについて述べ、ただし便宜上、フォルモサ島すなわち台湾島や、海南島、遼東を含んでおらず、これらを計算に含むなら「巨大な王国になることでしょう」と述べている。つまり中国の実際の領域には、計算から除外されたこれらの地域も含まれるということであろう。なお海南島や遼東は古代から中国の歴代王朝の版図に入っていた[27]が、台湾島が中国王朝の支配下に入ったのは前述のように一六八三年、まさに清朝康熙帝の時代のことで、ル・コントからすれば直近の出来事であった[28]。

この点に関しても、グロシエの著述はル・コントをほぼ踏襲した内容となっている。

中国は、正確にいえば北から南まで一八度、すなわち我がフランスでいうところの四五〇リューあり、緯度二五度を起点とする。その東西の広がりもこれに劣らない。これは近隣の、中国の支配に属している国々、たとえば海南島やフォルモサ島、遼東、タルタリーは含まない数字である。なぜなら、もし海南島の最南端から、タルタリーの現在中国皇帝の所有となっている最北端まで数え入れるとすれば、この君主の国家は北から南まで九〇〇リュー以上、東西は東海(mer orientale)から、一七五九年に中国人によって征服されたカシュガル国まで、一五〇〇リューほどになるからである。[29]

ここにもまた、ル・コントの報告には無かった新しい情報が一点、付け加わっている。前述のように一七五〇年代、清朝がジュンガリア（準部）とカシュガリア（回部）を征服し、これによって天山南北両路を「新疆」として版図に組み入れることに成功したことが[30]、すでに言及されている。

（4）藩部と朝貢国について

このような、清朝による新たな版図拡大については、最後の④の部分においてさらに詳しく述べられている。ル・コントは、コレー（高麗、朝鮮）、トンキン、シャム（タイ）、そしてタルタリーを、清朝に対し進貢あるいは服属の関係にある国ないし地域として挙げている。まず高麗ないし朝鮮は、古代にあった衛氏朝鮮を前漢武帝が征服し、いわゆる漢（あるいは朝鮮）四郡（楽浪、真番、臨屯、玄菟）を置いたが、のちに高句麗、百済、新羅の三国が並び立ち、中国王朝による直接支配は終わる。ただしその一方で中国との朝貢―冊封関係が始まり、その後の明朝および清朝にとっても朝鮮はもっとも重要な朝貢国のひとつだった。トンキンは現在のベトナム北部、紅河流域地方に該当する地域の呼称である。古代、ここには南越という国があった。やがて前漢武帝により征服されて交阯郡が置かれ、のち交州と名称を変えつつ、中国の版図に含まれていたが、一〇世紀頃独立した。しかし独立直後から中国王朝との朝貢―冊封関係が発生しており、明朝、清朝と大越（黎朝）においても継続された。タイでは七～八世紀にドヴァーラヴァティー王国が建てられ、一三世紀以降はタイ族による統一王朝が現れた。一四世紀以降のアユタヤ朝ではヨーロッパ諸国および日本との貿易を盛んに行う一方、明朝、清朝への朝貢―冊封関係も絶やさなかった。

最後のタルタリー（タルタリア）は、前章でも述べたごとく、かつてタタール人の支配領域、すなわちモンゴル帝国の伸長範囲とヨーロッパで考えられていた、アジアから東ヨーロッパにまでまたがる広大な地域で、とくに中央および北アジアを指す。『明史』巻三二七・外国八・韃靼を見ると、永楽年間にモンゴルの首領アルクタイ（？〜一四三四）がしばしば進貢を行い、皇帝がこれに厚く報じた[31]とする文章や、アルクタイの死後、北元第一二代カガンであるトクトア・ブハが年ごとに「朝貢」し、明朝皇帝はやはりこれに厚く報じた[32]という記述が見られるなど、朝貢―冊封関係が常態的に存在していた。しかし清朝が、入関以前に設けられた蒙古衙門を拡大して理藩院を設置すると、内・外モンゴル、新疆、チベット、青海といった藩部の事務がここで管理されるようになった。ごく簡潔にいえば、直接統治のおよぶ十八省（台湾を含む）とは異なり、藩部は間接統治に委ねられ、さらにその外に朝貢国が位置づけられたのである。ル・コントはタルタリーが「部分的に」中国に服属し、また「ほとんどの部分が」（すなわち全域ではない）中国に服属、あるいは進貢していると述べているが、これは当時ジューン＝ガルおよび回部の征服が未だ成っていなかったため、こうした述べ方になったのであろう。

　いま清朝の統治における、直接統治区域（十八省および台湾）―藩部―朝貢国というグラデーションについて言及したが、ル・コントの文章④においても、こうした微妙ながら明確な区別を行っている点が注目される。ル・コントの文章を原文とともに示すと、コレー、トンキン、シャムは「中国皇帝へ定期的に進貢しなければならず（ils doivent ... un tribut reglé à l'Empereur）」、タルタリーは「部分的に中国に服属している（qui est en partie soumisé à la Chine）」、そしてタルタリーのほとんどが中国皇帝に「服属、あるいはその進貢国になった（obéïssent ou sont devenus ses tributaires）[33]」となっている。ここで進貢と訳した部分は朝貢国、服属と訳した部分は藩部について言及したものとみて差し支えないだろう。さらにコレー、トンキン、シャムに関して「中国皇帝はその国王を指名するか、国王が即位する際に承認する（nomme les Rois ou les approuve quand ils prennent possession de la Couronne）[34]」とわざわざ付け加えられている点も重要である。これが朝貢と対になった冊封を指すことは明白であろう。

　以上のような、清朝における藩部と朝貢国に関する記述は、デュ・アルドとグロシエの著作にいっそう詳しい形で見出すことができる。まずデュ・アルドの著作から見ていこう。すでに述べたように、『中国地誌』第一巻では十五省について順番に解説がなされているが、そのほかの部分に次のような記述も見られる。

外国から来るすべてのものは、手紙であれ、贈り物であれ、使節であれ、従属の印と受け取られ、進貢品とみなされる。それ以降、彼らの歴史書では、当該の国の名前は中国の朝貢国のなかに記されることになる。[35]

さらに、これらの朝貢国のうち主要なものとして、「筆頭たる」朝鮮（高麗）以下、日本、「サマイブハン（Sa ma Ib han）」、すなわち明らかにサマルカンド（Samarcande）」、「パンコラ（Pan co la）、すなわちベンガル（Bengale）」が挙げられ、最後の「メテナ（Me tee na）」すなわちメディナもまた「中国の朝貢国のなかに数え入れられるのを免れることはなかった」という。[36] デュ・アルドが挙げた、中国側の認識によって「朝貢国」とみなされた国々の名は、『大明会典』一〇五〜一〇八・「朝貢一」〜「朝貢四」に見出すことができる。すなわち「朝鮮国」と「日本国」および「ベンガル（榜葛剌国）」は「東南夷」に、「サマルカンド（撒馬兒罕）」と「メディナ（黙徳那）」は「北狄」に区分されている。ちなみに『大清会典』になると、先行研究で「ほんとうに朝貢という儀礼行為にたずさわったものだけに削ぎ落として、当時の〔清朝側にとっての〕実情を忠実に写そうとした[37]」と指摘されたとおり、前掲のうち朝鮮以外の国名は見られない。すなわちデュ・アルド、あるいは彼に情報提供した一七世紀〜一八世紀前半の在華イエズス会士は、朝貢国に関しては『大明会典』をなんらかの形で参照していた可能性が高いといえる。

グロシエの著作では、朝貢国について、ル・コントやデュ・アルドとは段違いに詳しい解説がなされているだけでなく、清朝の政治体制の特徴をより際立たせた形式がとられている。というのは前述したごとく、『中国通史』第一三巻の第一部では中国の十五省が取り上げられているが、第二部は「タルタリー＝中国について（De la Tartarie Chinoise）[38]」、第三部は「中国の朝貢国（Etats tributaires de la Chine）[39]」となっており、ちょうど十五省体制―藩部―朝貢国という区分に対応しているのである。いま第三部について見てみると、高麗（朝鮮）、トンキン、コーチシナ、ハミ諸国、琉球諸島、の順番でそれぞれ解説がなされている。このうちトンキンとコーチシナの両国については、グロシエが「かつて安南（Ngan-nan）という、中国のもっとも広い地域のひとつを形成していた」[40]と記している。また「ハミ諸国」に関しては、ハミは現在の新疆ウイグル自治区東部に位置する地域だが、「諸国」ということで天山南北路の分岐点付近にあるオアシス都市国家群を指しており、トゥルファンなども含むものと思われる。実際、この「ハミ諸国」の節では「トゥルファン（Tou-eulh-fan）」への言及が散見される。とすれば、グロシエが「朝貢国」として挙げた国名は、『大清会典』に列挙された朝貢国の、朝鮮、安南国、土魯番（トルファン）、琉球に対応するといえよう。

問題は康熙〜嘉慶期の、どの『大清会典』かという点だが、もっとも出入が少ないのは康熙時代編纂の版における「朝貢一」である。先行研究において整理された表[41]に従えば、康熙帝時代に編纂された版の「朝貢一」には、グロシエが挙げた朝貢国がすべて含まれている一方で、これら以外に荷蘭（オランダ）、暹羅（シャム）、西洋（ポルトガルなど）も入っているが、オランダやポルトガルなどヨーロッパ諸国はもちろん、ヨーロッパとの関係が非常に強かったシャムに関しても、ヨーロッパ人の見方として「朝貢国」に配列するわけにはいかなかったのだろうと推測される。すなわちここにはヨーロッパ側の「実情」も紛れ込んでいる可能性があることになる。そのほか、グロシエともっとも時代の近い『乾隆会典』との類似性も見過ごせない。『乾隆会典』の大きな特徴として、康熙、雍正では「朝貢」に組み込まれていた「西番各寺」を、「西北番夷」として「理藩院」へ移すなど、藩部と朝貢国を截然と区別する傾向が強まっていることが明らかにされているが[42]、じつはグロシエも、後述するとおり、ハルハやオイラトなどモンゴル諸部族、そして「西番（Si-fan）」すなわちチベットなど「西北番夷」に列挙された諸地域あるいは部族を、第三部ではなく第二部に入れており、この点では『乾隆会典』を反映した内容ともとれる。

それではグロシエの著作の第二部「タルタリー＝中国について」は、何について述べているのか。「タルタリー＝中国」とは、すでに述べたごとくタルタリーと呼ばれる広大な土地のうち、中国側に近接した諸地域を指している。グロシエは具体的に、次のように述べている。

タルタリー＝中国とは、その北限がシベリアと接している。東限はカムチャッカ湾と東海に接している。南側は中国である。西側はカスピ海とカシュガルのあいだに建てられたタタール・カルムイク〔オイラト系モンゴルの一分派で、チベット仏教を信仰する人々〕である。今日ここに住んでいる種々多様な人々は、かつては概して、凶暴で好戦的な民族である、タタール・モンゴル（Tartares Moungales）あるいはモンゴルの名で理解されていた。(43)

グロシエはさらに、この第二部を「東方タルタリー＝中国（Tartarie Chinoise orientale）」と、「西方タルタリー＝中国（Tartarie Chinoise occidentale）」、さらに「中国の統治に服属しているその他の人々」の三章に分ける。まず「東方タルタリー＝中国」(44)は「瀋陽あるいはムクデン地方（Cheng-yang ou Mougden）」、「吉林（Kirin）地方」、「チチハル（Tçitcicar）地方」、そしてこれらの地方で用いられている満洲語に関する各節からなる。つまりグロシエのいう「東方タルタリー＝中国」はいわゆる東三省、すなわち清朝入関後、発祥の地である東北の管理のため、盛京将軍以下の三将軍が置かれた瀋陽、吉林、黒竜江を中心とする地方を指しているのであろう。

では「西方タルタリー＝中国」はというと、「モンゴル（Mongous）」、「ハルハ（Kalkas）」、「オルドス（Ordous）」、「ココノールのタタール（Tartares de Kokonor）」、「最近服属したオイラト（Eleuthes récemment soumis）」、最後にこの地方の野生動物たちに関する各節からなる。最初の「モンゴル」では、実際には「モンゴルの全域でもっとも文明化された区域」という「ホルチン（Cartching）」を中心に解説がなされている。「ココノールのタタール人」は、モンゴル語で青海湖を表すココノールあるいはフフノール（Kokonor；Xöx Nuur）であろう。グロシエは「民族上はオイラトあるいはカルムイクである」(45)という。モンゴル系遊牧民の一部族であるオイラトのうち、ホシュート部は一七世紀前半にオイラト全部を支配し、さらに青海地方へ進出してチベットを征服した。「ココノールのタタール人」

とは、この青海ホシュートを指すのであろう。さらに「最近服属したオイラト」とは何か。グロシエは「中国の支配は、一七五九年に乾隆帝の軍隊によってなされた、有名なオイラト王国の征服によって、さらにタルタリーにおいて拡大した[46]」と述べており、この「オイラト王国」はかつて「ホータンや、カシュガルおよびヤルカンドの諸都市を占拠していた[47]」という。これらの文章からすれば、「最近服属したオイラト」とは明らかに、一七世紀に中央アジアにおいて強勢を誇り、一七五九年に清朝によって征服されたジューン＝ガル（準部）を指している。以上の内容からすると、グロシエのいう「西方タルタリー＝中国」は、ちょうど『大清一統志』の乾隆四九年（一七六四）成書の版における「外藩各部」、あるいは『大清会典』のうち乾隆版（一七六四）の「理藩院」に該当している。

（5）土司（土官）制度について

以上は、グロシエの著作における第二部「タルタリー＝中国について」のうち、第一章と第二章の内容である。前者が東三省、後者が理藩院の管掌する外藩各部にあてられたことは、すでに述べたとおりである。それでは第二部の最後の章、すなわち「中国の統治に服属しているその他の人々」とは何か。その小見出しは「西番人（Si fans)」、「ロロ人（Lo-los)」、「山岳民であるミャオ人（Montagnards Miao-tsé)」、「台湾島、あるいはフォルモサ（isle Taï-ouan, ou Formose)」となっている。

まず西番とは、これまで何度か触れてきたごとく、チベットのことである。西番のほか、吐蕃の名もよく用いられる。七世紀初め、チベットにソンツェン・ガンボによって建設されたのが吐蕃国である。西番は管見の限り、宋代以降の漢籍に見出される名称で、たとえば『明史』巻三三〇・西域二・西番諸衛には「西番とは、西羌〔西の異民族〕であり、種族がもっとも多く、陝西から四川、雲南を経て西方の境界の外は、みなこれである[48]」という。グロシエいわく、西番は二種類に分かれ、「漢人（Chinois）は一方を黒い西番（Si fans noirs)、もう一方を黄色い西番（Si fans jaunes）と呼んでいる」という。まず「黒い西番」は「より巨大で、より惨めである。小隊ごとに居住し、小隊長によって治められ、小隊長は大隊長に属す」。これに対し「黄色い西番」は「いくつかの家系に分派し、それぞれの家系の最年長者がラマ（Lama）となり、黄色い衣服を身につける」という。[49] 管見の限り「黒西番」、「黄西番」という名称は漢語文献にほとんど見出すことのできない表現だが、上記の内容からすれば「黒西番」は、仏教以前のチベットで隆盛したポン教（もともと祖霊信仰・アニミズムを中心とする固有の宗教で、九世紀以降は仏教の影響で変化した）のことであり、仏教からの影響を遠ざけ古来の自然崇拝を中心とする一派をとくに「黒いポン」と称することがあるようである。「黄西番」はチベット仏教のいわゆる黄帽派、すなわちゲルク派のことであろう。ゲルク派は一四世紀末〜一五世紀初め、ツォンカパによって開かれた比較的新しい一派で、持戒を表す黄帽を用いる。

二つ目の「ロロ人」とは、「雲南に分布し、特殊で漢人とは異なる民族を形成している」[50]とのことである。これは雲南や四川など西南地方に分布している彝《イ》族を指すであろう。先行研究によれば、彝族の自称には「ロロポ」などがあり、元代以降は漢語で「羅羅」や「倮倮」（いずれも現代ピンインでluo luo）と称され、なかでも大規模な彝族居住区である四川の涼山は、元朝によって羅羅斯《ロロス》宣慰司が置かれ、明朝では四川行都司となり、清朝はさらに寧遠府を置いたという。[51] また「倮儸」とも呼ばれる。三つ目のミャオ人、あるいはミャオ族は、中国では貴州、雲南、四川など中国西南の各省を中心に居住している山岳民族である。なお「ミャオ」は漢人からみた呼称「苗」の音写であり、現在自称ではモンと呼ぶことが多いという。四つ目の台湾、あるいはフォルモサについてはすでに述べたとおりである。

以上のごとく、グロシエが「中国の統治に服属しているその他の人々」として挙げた西番などの人々は、デュ・アルドの著作でも、中国十五省、タルタリー地域と区別して、まとめて取り扱われている。[52] ただしデュ・アルドは「ココノール（Coconor）のタタール人」すなわち青海ホシュートをここに入れており、台湾を入れていない。前述のごとく、グロシエはココノール（フフノール）すなわち青海ホシュートを「西方タルタリー＝中国」に入れており、外藩各部のなかで扱っている。その一方で台湾に関しては、デュ・アルドは十五省のひとつ福建省に属する福州府の項目に入れている。[53]

さらに興味深いのは、「ロロ人」をめぐって、グロシエとデュ・アルドの記述が微妙に異なっている点である。まずデュ・アルドは、中国王朝が「彼らの酋長に、間断することなく、印璽と、知府（Tchi fou）や知州（Tchi tcheou）の地位にある漢人官僚がもつすべての権限を与えている」[54]という。これに対しグロシエは、次のように述べている。

彼らはかつて彼ら自身の統治者たちによって治められていた。しかし彼ら〔統治者たち〕は中国皇帝に服属している、彼らが印璽を保有し、漢人官僚が帯びるすべての栄誉の永続を享受するという条件で。皇帝はその協定のなかで、民事については省ごとの行政官に、同等の漢人官僚に従うのと同じ仕方で従うことと、さらに彼らの土地の継承は彼〔行政官〕を通して授受され、そこでは彼の承認なしではいかなる裁判も執行できないことを、取り決めた。[55]

かなり微妙な違いではあるが、中国皇帝がロロ人たちの酋長（統治者）に与える権限について、デュ・アルドは「間断することなく」と述べ、グロシエは「土地の継承」や「裁判」については必ず「省ごとの行政官」が介入しなければならない、と述べている点は重要である。ここで扱われている話題は、中国で元代以降、もともと南西諸民族の統治のために形成された土司（土官）制度であろう。これは現地の酋長を土州ないし県の「土官」に任命し、そのもとでの自治を認め、中央派遣の官僚に監督させるというものだった。これらの土官は世襲も認められる文官であり、デュ・アルドやグロシエのいう漢人官僚と同等の権限とは、この点を述べたものだろう。しかし雍正年間（一七二三～三五）にはこれが徐々に廃止へ向かい、土司の世襲も廃止され、さらに流官（朝廷が直接任命する官吏）へと改める改土帰流政策がとられることになる。内容的に、デュ・アルドの著作はどちらかといえば旧来の土司制度を、グロシエの方は土司の世襲が廃止され、制度が変わりつつある過渡期の状況を、反映しているようである。

そして上記の点は、グロシエが「中国の統治に服属しているその他の人々」としてまとめた内容全体に関わってくる。すなわちロロ人やミャオ族だけでなく、チベットや台湾もまた、土司（土官）制度から改土帰流へという変遷を経験しつつあった地域である。このように十五省や外藩各部、朝貢国のいずれとも微妙に異なる統治方法がとられつつ、清朝という帝国の一部をなしていた地域として、グロシエはその特色を認識したうえで、ひとつにまとめて翻訳したものと思われる。

以上のように、一七〜一八世紀の在華イエズス会士、および彼らから情報を得て著述を行ったデュ・アルドやグロシエは、明〜清初の中国という空間をヨーロッパへ向けて翻訳する際、直接統治区域としての十五省にのみ目を向けるのではなく、清朝の版図拡大に伴って多様化しつつあった清朝という帝国を組成する各部分を、外藩各部や土司（土官）制度の適用地域、そして朝貢国として、区分をかなりの程度明確にしていたのである。

2　アミオがもたらした新しい情報——『四訳館考』と『大清一統志』

（1）『四訳館考』の入手

以上見てきたごとく、一七〜一八世紀の在華イエズス会士は、明〜清初の十五省体制だけでなく、藩部や朝貢国についても区別しながら叙述し、中国版図内部における統治構造と、版図の外へと向かって広がる国際関係について記録していた。これらを踏まえて、次にアミオが清朝という空間をどのように翻訳したのか、検討していこう。

アミオによる「中国の朝貢国だった、あるいは現在朝貢国である人々に関する知識の手引き（Introduction à la connoissance〔ママ〕 des peoples qui ont été ou qui sont actuellement tributaires de la Chine）」と題する長い文章が、『メモワール』第一四巻（一七八九）に掲載された。そのおもな内容は、アミオが中国で入手したある文書のフランス語訳である。その文書の由来について、興味深い記述が冒頭にある。以下、少し長いが抜粋を示す。

文人や学者は、帝国の一部をなす、あるいは異なる時代に〔中国に〕服属していた多くの王国の名前が、永遠に忘れ去られてしまうことを恐れて、時代ごとに記録として残すための著作を作ってきた。〔中略〕一六四四年前後、かつて「満洲」と呼ばれていた東タタールは、信じがたいほど容易に中国〔漢地〕を征服した。〔中略〕「大清（Taï-Tsing）」帝国の封臣であると自ら公言するもの〔国〕の目録は、日々増えており、皇帝はあるとき、それらの名前を把握し、その治世の光明をより輝かすに違いない〔服属国に関する〕知識を、後世に伝えたいと欲した。そのために皇帝は、外国に関するすべての事務という独自の業務に携わる、二つの部署を立ち上げた。ひとつは外国事務の役所内にあり、「鴻臚寺（Houng-lou-sée）」、すなわち「儀礼と作法を教習する部署」という。もうひとつは礼部内にあり、「四訳館（Sée y-koan）」、すなわち「外国の書物を翻訳する部署」という。〔中略〕四訳館は二つの大きな部署、すなわち東方部と西方部に分かれており、それぞれ四か国ずつが割り振られている。すべての規則が定まったあと、皇帝は八旗〔Banniers〕の子弟のなかから、より開放的な精神をもち、より容易に言語を習得できる者として印象に残った者を選んだ。そして彼らをさまざまな国へ派遣し、当該の国の人々のごとく話し書くことができるよう学ばせ、訓練させた。皇帝は官僚に命じて彼らに随伴させ、彼らの振る舞いと学習を監督させた。とくに、彼らが派遣された国の人々の慣習や風俗だけでなく、その土地や、気候、中国からの距離、要するに興味を引くに違いないすべてのことを詳しく報告するよう指示した。〔中略〕彼らは帰還の際〔中略〕それぞれ学んだ言語でもっとも重要な語彙集を持ち帰った。これらの著述は礼部に保管され、皇帝は翰林院と呼ばれる役所の博士であり四訳館の監督である江蘩（Kiang-fan）に、すべて編纂し、その治世の光明の記念となり、後世への啓蒙となるような書物にするよう命じた。江蘩はその使命に取り組み、康熙三四年九月、すなわち一六九六年末頃に完成した。[56]

この文章は、じつは江蘩『四訳館考』序の翻訳とほぼ一致しており、これに若干の説明を付け加えたものとなっている。[57]

そもそも四訳館とは、アミオの翻訳からもわかるように、外交事務のため、礼部（六部のうち儀礼や祭祀、外交を扱う部）に属する形で設置された役所である。回回（ペルシア語）、緬甸（ビルマ語）、百訳（南西タイ諸語）、西番（チベット語）、高昌（ウイグル語）、西天（サンスクリット語）、八百（ラオスなどタイ系諸民族の言語）、暹羅（シャム＝タイ語）の八館からなる。稽察大臣（満人）二名が配置されたが、実際の業務の管掌には、その下の太常寺（礼部に属し、祭祀や礼楽を専門とする）少卿（漢人）一名が提督四訳館としてあたった。もともとは明の永楽帝のとき、言語文字を異にする朝貢各国との通訳のために四夷館という部署が設けられ、最初に蒙古（モンゴル語）、女直（女真語、満洲語）、西番（チベット語）をはじめとする八館が置かれ、その後明末までにさらに二館を加えた。[58] 清朝は明朝の制度を引き継ぎつつ、名称を四訳館に改め、乾隆一三年（一七四八）、朝貢使節を接待する会同館と合併して会同四訳館となった。これら四夷館、あるいは四訳館は漢語と各外国語の対訳辞書である『華夷訳語』を編纂した。そのなかには、モンゴル語などのほか、ラテン語の対訳辞書である『西洋館訳語』も含まれる。[59]

『四訳館考』は、康熙帝のとき提督四訳館の任にあった江蘩によって書かれたもので、巻一～八はそれぞれ回回館、西番館、暹羅館、高昌館、百訳館、緬甸館、西天館、八百館にあてられ、最後の巻九・一〇は「四訳館課集字詩」で、漢文で作られた五言律詩に、各言語の文字および発音による訳が付されている。アミオはこの『四訳館考』について、「とても幸運なことに、真正な写本、あるいはむしろそれとともに礼部に保存された手稿の原本を手に入れた」[60]という。すなわちアミオが「中国の朝貢国だった、あるいは現在朝貢国である人々に関する知識の手引き」のおもな底本としたのはこの『四訳館考』であり、この書物のみならず、四訳館という外交のための通訳専門の部署、そしてそこで編纂された『華夷訳語』という諸外国語との対訳辞書が清朝に存在するということがヨーロッパに伝わる最初の機会となった。

（2）アミオによる翻訳の内容――「撒馬児罕」の項目を例に

実際にアミオが翻訳した内容を見出しごとに示すと、以下のとおりとなっている（見出し番号は新居による）。

①礼部に属する、四訳館という名の部署について

②回回（Hoei-hoei）、あるいはマホメット教徒の部

③土魯番（Tourfan）国〔トゥルファン〕

④天方（Tien-Fang）国〔マッカ〕

⑤撒馬児罕（Sama-eulh-han）、あるいはサマルカンド国

⑥占城（Tchang-tching）国〔チャンパ、ベトナム南部にあった国〕

⑦日本（Ge-pen）国、すなわちジャポン（Japon）

⑧瓜哇（Koua-oua）国〔ジャワ、インドネシア〕

⑨真臘（Tchen-la）国〔クメール族の王国、カンボジア〕

⑩満剌加（Man-la-kia）国〔マラッカ〕

⑪西番（Si-fan）と呼ばれる地方の部

(1) チベット（Thibet）の山

(2) 漢語で嶺（Ling）と呼ばれる山

(3) 江（Kiang）の名をもつ河川

(4) 河（Ho）の名をもつ河川

(5) 湖

(6) ある石碑についての解説

(7) 河川の渡し場
(8) 西番にある池
(9) 蔵（Tsang）部にある池
(10) 西番各部、および衛（Ouei）の部にある廟（Miao）あるいは寺院
(11) 蔵部にある廟
(12) 喀木（Ka-mou）部にある廟
(13) 阿里（Nga-ly）部にある廟
(14) 西番各部の産物
(15) 西番の部に関する補足
(16) 西番の人々の一般的風俗

この①〜⑩は、『四訳館考』における巻一「回回館」に、⑪は巻二「西番館」に該当する。

それでは具体的な翻訳の中身を見てみることにしよう。ここでは例として、回回館に属する「撒馬児罕」すなわちサマルカンドの項目から、一部を抜粋して示す。サマルカンドは現在ウズベキスタン第二の都市だが、古くから中央アジアを代表するオアシス都市として栄え、南北朝〜唐代には、中央アジアのソグディアナにある九つのオアシス都市国家（昭武九姓）のひとつとなり、また一四〜一五世紀にはティムール朝の首都となった。ティムール朝滅亡後は、シャイバーニー朝の首都となり、さらに後にブハラ＝ハン国領となった。なお分析の便宜のため、いくつかに節を区切って番号を付す。

(イ) サマルカンドは我々が漢代から罽賓地（Tan-pin-ty）の名で知っている国である。それは哈烈（Ha-lie）の西、嘉峪関の西にある。その哈烈からの距離は三千里である。嘉峪関からは九千九百里隔たっている。〔中略〕

彼らの帽子は、頭を取り巻いている白い布きれに他ならない。漢の歴史家の報告によると、交易がサマルカンドではとても盛んとのことである。そこではあらゆる国の商人、あらゆる種類の商品を見出すことができ、金貨と銀貨が流通している、という。

(ロ) 同じ〔漢代の〕歴史家によれば、罽賓の王は昭武（Tchao-ou）の肩書をもっている。〔中略〕彼〔漢代の歴史家〕によればまた、この王が修鮮城（Sieou-sien-tcheng）という住居を構えており、そこに葱嶺山（Tsoung-ling-chan）という山があり、その上には順天神（Chun-tien-chen）、すなわち「天に従順な聖霊」に捧げられた小さな寺院がある。

(ハ) 彼らの宗教（religion）はマホメット教（Mahométane）である。彼らの祈りと王の言葉は或る書物に金文字で記されており、その書物の一葉一葉はごく繊細な羊皮でできており、技巧が凝らされ、永久に保存がきくように作られているようにみえる。

(ニ) 元帝（Yuen-ty）の治世において、サマルカンドの王は〔中国〕帝国の同盟国あるいは朝貢国であるかのような信任状を使節に託して派遣した。〔中略〕皇帝はこの使節を拒否し、この使節が勝手な振る舞いによって帝国に入り、法による許可を得ていない者たちとみなした。〔中略〕元帝の死後、罽賓地の王は彼ら〔中国に捕らわれた使節〕を引き渡してもらえるよう、新しい治世になった機会を捉えんとした。彼は成帝（Tcheng-ty）へ使節を派遣し、彼〔成帝〕の要求をすべて満たすよう命じた。皇帝はこの使節を歓待し、彼らに贈り物を与え、以前の使節で残っていた者を全員引き渡し、満腔の敬意をもって身柄を返した。〔中略〕武徳（Ou-tê）と貞観（Tchen-koan）のとき、罽賓地の使節は貢品を差し出した。彼らはさらに顕慶（Hien-tsing）三年にも〔進貢を〕加え、皇帝は今日では「撒馬児罕」の名で知られている都市に修鮮都〔督〕府（Sieou-sien-tou-fou）の名を与えた。

(ホ) 洪武〔Houng-ou〕二〇年（一三八八）、サマルカンドの王、帖木児（Timour ティムール）は、朝貢使節を派遣した。大使は満剌哈非（Man-la-ha-fei）といい、貢品はラクダと馬であった。同じ皇帝（洪武）の二七年、すなわち一三九五年、帖木児は、迭力必失（Tié-ly-pi-chě）を大使として、再び二百頭の馬を貢納した。(61)

上に引用した文章からもわかるように、アミオが翻訳したおもな内容は、各地域の地理や風俗のほか、とくに中国歴代王朝との朝貢などの関係の変遷となっている。(イ)、(ハ)、(ホ)に関しては、該当する原文を『四訳館考』巻一に見出すことができる。

(イ) 撒馬児罕、漢罽賓地也。在哈烈東北三千里、東去嘉峪関九千九百里、東西相距千里。〔中略〕市肆稠密、西南番賈多聚於此、交易用銀錢。

(ハ) 俗尚回回教、有拜天屋、青石雕鏤、極精巧、以羊皮裏經文文字、泥金書。〔中略〕王戴白圓帽。

(ホ) 明洪武二十年、國王帖木兒遣回回滿剌哈非、貢駝馬、優詔答之。二十七年、遣使迭力必失、貢馬二百匹。

以上の部分はおおむね原文に忠実な翻訳とみてよいだろう。

その一方で、残る(ロ)と(ニ)については、じつは『四訳館考』には原文が見当たらない。それではアミオが何を参照してこれらの文章を入れたのかというと、可能性として『新唐書』巻二二一上・西域上・罽賓、『隋書』巻八三・西域・漕国、および『大清一統志』巻四二〇・痕都斯坦が考えられる。「漕国」は曹国とも称し、昭武九姓（康、安、曹、石、米、何、火尋、戊地、史）のひとつであり、サマルカンドに該当する。「痕都斯坦」はヒンドゥスタンの音写で、清代にはムガル帝国の一帯がこのように呼ばれた。『大清一統志』巻四二〇・痕都斯坦では「罽賓国」、「賽瑪爾堪国（サマルカンド国、『四訳館考』とは異なる音写となっている）」についての内容が含まれており、ムガルに近接していたため、この項目に含まれたものと考えられる。ともあれ、まず(ロ)に関しては、次の文章が該当するように思われる。

罽賓、隋漕国也、居葱嶺南、〔中略〕王居修鮮城。【『新唐書』】

葱嶺山有順天神者、儀制極華、金銀鍱為屋、以銀為地、祠者日有千余人。【『隋書』】

其王姓昭武、都城方四里。【『大清一統志』】

㈡については、『大清一統志』の同じ項目に見られる文章が、おおむね該当するようである。

〔漢〕元帝放其使者于県度、絶而不通。成帝時、遣使謝罪、漢欲遣人報送其使。〔中略〕武徳、貞観間、遣使貢献。顕慶三年、以其地為修鮮都督府。

ここではサマルカンドを取り上げたが、ほかの項目にも共通していえるのは、全体的に『四訳館考』の内容がほぼ全訳される一方で、さらに内容を補うため『大清一統志』や歴代正史もよく用いられているという点である。ほかには『続文献通考』からの引用も散見される。また繰り返し述べているとおり、アミオは自らの参考文献を明記しない場合が多いが、稀に Taï-tsing-y-toung-ché（『大清一統志』）を参照したと明記する箇所も見られる。[62] なお『大清一統志』は、康熙から道光にいたるまで繰り返し編纂された、清朝の版図全域にわたる総合地誌である。新疆の征服を機に乾隆二九年（一七六四）に増訂が開始され、乾隆四九年（一七八四）に完成した版を例にとると、直隷以下貴州にいたるまでの直轄十八省に続き、「外藩」各部としてモンゴル各部、チベット、西域新疆が取り扱われ、最後に「朝貢諸国」として朝鮮や安南、琉球、オランダなど各国が入る。すなわち『大清一統志』とは、清朝の拡大していく版図についてその内実を明確にするだけでなく、清朝を中心に広がる国際関係について（清朝の立場から）定義する、という役割を負った書物といえる。

（3）『大清一統志』への依拠

上記のごとく、アミオは『四訳館考』を第一の底本として、中国とその「朝貢国だった、あるいは現在朝貢国である」国々との関係について翻訳してみせた。ただし『四訳館考』にはひとつ問題がある。それはこの書物の大半が、明代に王宗戴によって作られた『四夷館考』（前述のごとく、四夷館は四訳館の前身）に依拠しており、自ずと明代の出来事に関してもっとも詳細かつ多くの紙幅が割かれ、清代に関してはかなり内容が薄いということである。この点を補うため、アミオが用いたのが前述の『大清一統志』である。そしてアミオは、『四訳館考』をヨーロッパへ初めて紹介しただけでなく、『大清一統志』の存在をも最初にヨーロッパへ伝えることになった[63]。前に触れたように、グロシエの著述にも『大清一統志』に該当する内容は見られるのだが、そもそもグロシエはアミオの報告によってこの書物を知り、その内容を入手したと思われる。なぜならグロシエは、中国の人口について解説した部分で、はじめて『大清一統志』の書名を明記し、次のごとく述べているからである。

アミオ神父は、これまでかなり曖昧な方法でしか吟味されてこなかったこのこと〔中国の膨大な人口という問題〕について、論じなければならないと思った。〔中略〕彼がその興味深い議論の証拠として用いた事実および人口調査は、ある漢文の書物、すなわち『大清一統志（Tai-tsing-y-toung-tche）』、つまり「中国に関するもっとも重要な知識についての情報」から引き出された。この著作は現在の皇帝である乾隆の命令で作成、編纂され、その治世の第八年目に出版され、八〇套（tao）すなわち包み〔函〕、一〇〇冊以上になる。この漢文の著作は〔フランス〕王室図書館に見出すことができる[64]。

なおグロシエが言及しているのは乾隆八年（一七四三）成書の版とのことなので、これは康熙二五年（一六八六）に編纂が開始された最初の版であろう。

アミオが『大清一統志』に依拠していたことがもっとも顕著に現れるのは、「西番（Si-fan）」すなわちチベットに関する項目である。前掲の見出しでは⑪に該当し、①〜⑩の「回回館」(「回回」〜「満剌加」)とほぼ同じ紙幅が割かれている。チベットに関して、アミオは通常通り『四訳館考』も大いに用いており、ほぼその全訳を示しているが、それ以上に『大清一統志』巻四一三・西蔵からの引用が目立つ。とくにわかりやすいのは見出し番号⑪の(1)〜(14)で、これは『四訳館考』には全く見られず、反対に『大清一統志』巻四一三・西蔵の「山川」、「古蹟」、「津梁衛地諸渡」、「寺廟」、「喀木諸廟」、「阿里諸廟」、「土産」に、ほぼそのまま該当する。例として(10)〜(13)の廟に関する部分、すなわち「西番各部にある廟(Miao)あるいは寺院」のうち、最初の「衛(Ouei)部にある廟」から、四番目に出てくる廟に関する記述までを抜き出してみる。

1　ポタラ廟(Pou-ta-la-miao)。ラサから北西へ四里のところにあり、マルポリの丘(petit montagne Ma-eulh-pou-ly)の上にある。〔後略〕

2　イコチャオ廟(Y-ko-tchao-miao)。同じラサの中央にある。この地の伝承によれば、文成公主(Princesse Ouen-tcheng)の命令によって建立された。〔後略〕

3　パハンチャオ廟(Pa-han-tchao-miao)。ラサの北方にある。(私はそれがこの地方の外あるいは内にあるのかわからなかった。[65])この地、すなわち蔵部(Tsan-pou)の伝承によれば、吐蕃(Tou-fan)の王が外国から迎えた妃によって建立された。〔後略〕

4　カルダン廟(Ka-eulh-tan-miao)。すなわち、オイラトの王、カルダンの廟あるいは寺院である。ラサから南東へ八〇里のところにある。この地の伝承によれば、黄帽派のラマたち(Lamas qui portent le bonnet jaune)の始祖、あるいは漢人たちの表現でいえば「黄帽教(Religion des bonnets jaunes)」の族長であり元首である、ツォンカパ(Tsoung-ka-pa)の配慮によって築かれた。[66]〔後略〕

以上のごとくアミオが翻訳した内容は、『大清一統志』巻四一三・西蔵における「寺廟」の以下の部分に該当する。

布達拉寺。在喇薩西北四里、馬爾布里小山上。〔中略〕伊克招廟。在喇薩中。相伝唐文成公主所建。〔中略〕巴漢招廟。在喇薩北。相伝唐時吐蕃贊普所娶巴勒布国女子所建。〔中略〕噶爾丹廟。在喇薩東南八十里。相伝宗喀巴所建。

なお、チベットに関してはデュ・アルドもグロシエも、その著述のなかで基本的な情報を提供していたが、アミオが訳出したものは圧倒的に分量が多く、また中国の文献にきわめて忠実である。すでに触れたごとく、チベットが清朝の版図に入ったのは一八世紀のことであり、一七世紀に編纂され、なおかつ明代の情報が大部分を占める『四訳館考』では、上記のような詳細な地理情報は未だ入っていない。すなわちアミオは、ヨーロッパ人として初めて『大清一統志』を全面的に参照することによって、拡大し多様化していく清朝の版図の情報を、ほとんど時差なく把握し、そしてヨーロッパへ向けて伝えていたのである。

（4）『華夷訳語』の翻訳

さて以上のごとく『四訳館考』を中心に、部分的に『大清一統志』に大幅に依拠しながら翻訳を行ったアミオだが、前掲の見出しからわかるように、彼が翻訳したのは『四訳館考』巻二までの範囲であり、巻三「暹羅館」以下は翻訳されていない。この点に関して注目すべきは、『メモワール』第一四巻において、これまで検討してきた第一部に続く部分、すなわち第二部「請願書や信任状など、中国皇帝に上呈された文書（Recueil des Suppliques, Lettres de créance, et autres pièces adressées à l'Empereur de Chine）」である。この第二部では、順番に「回回各国」、「西番各国」、「暹羅（Siuenlo）」、「高昌（Kao-tchang）地方」、「百訳（Pe-y）」、「緬甸（Mien-tien）」、「八百（Pa-pe）」からのさまざまな「請願書や信任状など」の文書がフランス語に翻訳されている。つまり『四訳館考』の巻三以降はアミオによって翻訳されなかったが、その代わり、翻訳の範囲から外れた暹羅館や高昌館などの館に関しては、また別の文書を引き合いに出しながら説明したということになる。

それではこの第二部で翻訳された元の文書とは何か。じつはこれらこそ、漢文と諸外国語の対訳辞書の『華夷訳語』であり、より正確にいえば『華夷訳語』に付された「来文」に該当する。[67] ここでは例として「回回館各国から上呈された（envoyées du pays des Hoei-hoei）」文書として、アミオが訳出したものを取り上げる。本田実信の研究では、『回回館訳語』来文に示された漢文とペルシア文の両方が翻刻（ペルシア文はローマ字転写されている）されており、[68] それを参照すると、アミオが翻訳した一七の文書との異同が明らかとなる。アミオが付した番号をアラビア数字、本田翻刻版『回回館訳語』来文の文書番号をローマ数字で表すと、次の通りである。

1＝IX、2＝XXV、3＝XXIV、4＝XXIII、5＝XV、6＝XII、7＝X、8＝XI、9＝XVII、10＝XIX、11＝XX、12＝XIII、13＝V、14＝VI、15＝VII、16＝XVII、17＝XXVI

まず本田翻刻版では二六の文書が掲載されているが、アミオによる翻訳には一七しかなく、I～IV、VIII、XIV、XVI、XVIII、XXI、XXIIが抜けている。さらに本田翻刻版のXVIIに該当する文書の翻訳が、二回（9と16）現れる。そして文書の順番も大きく異なっている。

以上のような食い違いがなぜ生じたのか、理由は定かでない。しかしアミオが訳出した内容そのものは、該当する来文と基本的に齟齬しない。以下、第2（XXV）の文書を例として、アミオによる翻訳と、本田翻刻版から漢文のみ引用して対置する。アミオ自身、フランス語訳する際には漢文のみを参照したと思われるからである。[69]

アミオの翻訳：私、すなわち陛下の奴才でもっとも卑しいアヘマは、トゥルファン国から派遣され、陛下の荘厳なる宮廷の黄金の門の前に跪き、額で地面を叩いたのち、大胆にも勝手ながら一〇匹の梭甫（梭甫とは非常に上質で非常に幅の広い布の一種である）、二〇対の眼鏡、五頭のタタール馬を献上いたします。陛下がこれらすべてをご嘉納になられますよう。お恵みによって金糸の模様の入ったブロケード〔織物の一種、錦や金襴に似ている〕数匹と、茶葉数包みなどを賜りますよう、お願い申し上げます。私は大胆にも、このようなお願いをする勝手を、陛下が許して下さると信じております(70)。

本田翻刻版漢文：土魯番使臣阿黒麻、皇帝前奏。今奴婢照旧例、赴金門下叩頭、進貢梭甫十段、眼鏡二十副、達馬五匹、望乞収受。朝廷前求討織金花様段子、茶葉等物、望乞恩賜(71)。

以上のように、アミオが翻訳した内容は『回回館訳語』来文とおおむね一致している。

さて最後に論じなければならないのは、なぜアミオが『華夷訳語』の翻訳を示したのかという点である。前述のごとく、アミオは四訳館の存在や『大清一統志』を初めてヨーロッパへ紹介したが、じつは『華夷訳語』も同じで、アミオが最初の翻訳者であった。彼が何を強調しようとしたのかは、第二部の冒頭で明確に述べられている。

苦労してこれ〔『華夷訳語』の翻訳〕を読んだ人は、貢ぎ物と呼ばれるものが、正確には、より重要な目的のための、いくらかの商品のやりとりであることに気づくだろう。中国の政治においては、朝貢国と呼ばれる国々の義務が、恩恵によって埋め合わされるのである。これらの恩恵を、褒賞という名目で授けることが、その〔中国の〕国益なのである。その〔中国の〕権威によって、彼ら〔朝貢国〕にこれらの褒賞が、定期的に、適切に課されたすべての道具立てのなかで授けられる(72)。

この文章には、朝貢に関してそれまでヨーロッパではあまり知られていなかった事実、すなわち朝貢をする側が、中国から見返りとして莫大な下賜品を受け取り、利益を得ていた点が述べられている。アミオが多くの紙幅を割いて訳出した『華夷訳語』来文も、このような朝貢の性質をよく伝える史料となっている。

このように、アミオによる翻訳は、清朝の拡大していく版図についてつぶさに伝えようとするものであったと同時に、清朝が四訳館などを置いて、広範囲におよぶ国際関係を処理していたこと、そしてその国際関係の枠組みとなっていた朝貢体制を支える独自の理念をも、示そうとしたものであった。

おわりに

本章で見てきたように、一八世紀の在華イエズス会士、および彼らから情報を得ていたヨーロッパ人たちは、清朝という空間、および清朝を中心として広がっていく国際的な空間について、詳しく報告を行っていた。それらのなかでは、王朝の直接統治のおよぶ範囲だけでなく、土司制度の敷かれた地域および外藩という間接統治地域や、朝貢各国についてもそれぞれ区別しながら叙述がなされ、豊かな多様性を包含する空間としての清朝の像が鮮やかに描き出された。

こうした清朝像が練り上げられるなかで、アミオはとりわけ『大清一統志』を初めてまとまった形で翻訳することにより、清朝が版図拡大によって獲得していたチベットなど各地の情報を、ほとんど時差なくヨーロッパへ向けて伝えた。さらに四訳館および『華夷訳語』といった、いわば国際関係維持のための装置についてもヨーロッパへ初めて紹介し、朝貢体制における宗主国としての清朝についても、従来より格段に詳細な像を描いてみせた。このようなアミオによる『大清一統志』『四訳館考』『華夷訳語』の翻訳は、一八世紀後半当時において最新の情報に基づく中国像をヨーロッパへ伝達する役割を果たしたのである。

第9章　『中国帝国普遍史概説』と清朝官修典籍

はじめに

一六〜一八世紀の在華イエズス会士は、ヨーロッパへ大量の中国情報をもたらした。そのなかで、一六〜一七世紀に多く見られるのは、旅行記や、中国の地理や風土、政治制度や風習、文化や歴史などについて満遍なく記した概説書の類である。その代表として挙げられるのは、リッチ、セメド（Alvare de Semedo 曾徳昭、一五八五〜一六五八）、マガリャンイス、そしてル・コントによる各報告である。彼らの報告は、ヨーロッパ各国語に翻訳され、再版を重ね、さらにさまざまなヨーロッパ知識人の書物において言及された。しかし一七世紀後半頃から、在華イエズス会士はとくに或る話題に関して、他より多くの紙幅を割くようになる。その話題とは中国の歴史である。ゴウヴェア（António de Gouvea 何大化、一五九〇頃〜一六七七）の「中国君主国（Monarchia da China, dividida por Seis Idades）」（序文は一六五四）(1) あたりを皮切りに、在華イエズス会士による大部の中国通史が次々に著された。

この「中国君主国」は当時未公刊だったが、マルティニの『中国史初篇、全十部（*Sinicae Historiae Decas prima* 以下『中国史初篇』）』（一六五八）をはじめ、中国の歴史を叙述した在華イエズス会士の報告が、次々に出版された。

こうした在華イエズス会士における傾向は、中国の歴史に対する関心がヨーロッパ知識人のあいだで高まっていたことを反映している。実際に、一七〜一八世紀在華イエズス会士は、しばしばヨーロッパ知識人から中国の歴史について報告するようにとの要請を受けている(2)。

一七〜一八世紀ヨーロッパにおける中国の歴史への関心の高まりは、世界の起源と歴史に対する関心の高まりと深く関わっている。もちろん、こうした関心はずっと古い時代から存在したと思われる。しかし一七〜一八世紀には、従来と大きく異なる新しい探究の方法が模索された。中国史に対する関心のあり方も、こうした大きな流れと関わりつつ変容している。ただしこのような変容はヨーロッパの内側でのみ起こったわけではない。当時のヨーロッパには、少数の中国語学者を除くと、漢文や満文の典籍を読みこなす語学力や、内容を理解するのに十分な知識、参考文献を持つ者はほとんどいなかった。彼らが中国史について議論を交わすには、在華イエズス会士が中国で見聞し、あるいは中国文献を翻訳し、読み取った内容を基に作成した報告が不可欠だった。在華イエズス会士は、ヨーロッパ知識人の需要に応じて情報提供するだけでなく、自らヨーロッパにおける中国の歴史に関する議論にも参与し、中国の歴史に対する関心のあり方にさまざまな影響を与えた。

中国史に関する報告を著した在華イエズス会士として、ゴウヴェアとマルティニのほか、クプレ、パルナン、ド・マイヤ、ゴービルが挙げられる。彼らはさまざまな中国文献を参照しながら、中国上古からの主要な出来事を年代記の形式で整理し、中国史に関するさまざまな問題を検討している。またマガリャンイスやプレマールも、中国史に関する比較的長い記述を残している。

以上はいずれも一七〜一八世紀前半に活動した在華イエズス会士である(3)。彼らの中国史叙述に関しては、すでに多くの先行研究が存在する(4)。これらの研究によって、いくつかの興味深い事実が明らかになった。まずマルティニ以来の在華イエズス会士が、中国史との整合をはかるため、トリエント公会議（一五四五〜六三）において唯一の権威あるラテン語訳聖書と公認されたウルガタ訳聖書ではなく、七十人訳聖書に基づく年代法を採用したこと。また彼らが、『書経』や『資治通鑑』系統の書物に現れた上古中国における天文観察記録を、中国文明が非常に古くから発達していたことの証拠として重視し、記録の真実性を疑うヨーロッパ知識人とのあいだに熾烈な論争が展開されたこと。そして在華イエズス会士が実際に、いかなる中国文献を典拠としたかということ。この最後の点については、とくに最近研究が進んでおり、呉莉葦は膨大な中国歴代史書と在華イエズス会士による報告との対応関係を探り、また中砂明徳やスタンデルトは明清時代に出版された『綱鑑』などの通俗史書が、非常に大きな役割を果たしたことを明らかにした(5)。

このように研究が進む一方で、問題点も残されている。まず、一八世紀後半の在華イエズス会士については、ほとんど研究が進んでいない。また従来の研究は、在華イエズス会士と、ルノード(Eusèbe Renaudot 一六四六〜一七二〇)やド・メーラン、フレレといったヨーロッパ知識人との論争に多くの紙幅を割き、在華イエズス会士のあいだにも意見の相違が見られることについては、ほとんど論じていない。すでに第1章で触れたごとく、ジェルビヨンやル・コント、ブーヴェらいわゆる「国王の数学者たち」が中国へ派遣されて以降、これらフランス出身者と、従来在華イエズス会における最大勢力であったポルトガル出身者とのあいだに、主導権争いから来る重大な確執があった(6)。しかし対立は国家間にのみ、あるいは政治的にのみ存在したわけではない。

以上の点を踏まえて、本章ではまず一八世紀前半までの在華イエズス会士による中国史叙述、およびそれらに対するヨーロッパ知識人の反応について検討する。それからアミオの報告『年代記形式による、中国帝国普遍史概説(*Abrégé chronologique de l'Histoire universelle de l'Empire chinois* 以下『中国帝国普遍史概説』)』を取り上げ、一八世紀後半の在華イエズス会士が、前の世代からの伝統をただ継承しただけでなく、独自の知見に基づきさまざまな改変や批判を加えたことを明らかにする。

1　「世俗の」歴史としての中国史

(1)「神聖な」歴史と「世俗の」歴史

ヨーロッパにおいて、世界の歴史の包括的叙述が行われる際、それは長らく『旧約聖書』に記された天地創造やノアの大洪水といった出来事から説き起こす形をとった。一七～一八世紀においても、聖書は依然として世界史に起源を与える大きな存在ではあった。しかしこの時代のヨーロッパ知識人は、聖書に基づく「神聖な(sacrée)」歴史だけでなく、キリスト教世界以外の国々における「世俗の(profane)」歴史の研究にも、熱心に取り組んだ。この「世俗の」歴史には、古代ギリシアや古代ローマ、ペルシアやエジプト、インド、中国などの歴史が含まれる。ルネサンス期、人文主義の隆盛によってギリシアやローマの古典に対する研究が盛んになったことはよく知られている。そうしたなかで、ヘロドトスやトゥキディデスの歴史書も、世界の歴史を把握するための重要な参考文献となった。こうしたルネサンス期からの流れは、一七～一八世紀ヨーロッパにも引き継がれた。

以上の思潮を象徴する成果が、この時代に多く現れた「神聖な」歴史と「世俗の」歴史の二部からなる歴史書である。そのもっとも早い例のひとつは、フランスの著名な古典学者スカリジェール(Joseph Justus Scaliger 一五四〇～一六〇九)の『暦の訂正について(*Opus de emendatione tempore*)』(一五八三)である。スカリジェールは、聖書の年代記はつねに異教の歴史によって比較され、説明されなければならないと主張した。[7] その後一七～一八世紀には、フランスのイエズス会士ペトー(Domenicus Petavius あるいは Denis Pétau 一五八三～一六五二)による『神聖な年代史と世俗の年代史の両方を含む、時の計測に関する書(*Rationarium temporum in quo aetatum omnium sacra profanaque Historia chronologicis probationibus munita summatim traditur*)』(一六三三)や、イギリスのシャックフォード(Samuel Shuckford 一六九四頃～一七五四)による『連結された神聖な世界史と世俗の世界史(*The Sacred and Prophane History of the World Connected*)』（一七二八～一七三七）をはじめ、この形式による歴史書が多く現れた。(8)

（2）マルティニが用いた紀年法と年代計算

このように「異教の」歴史に対する関心が高まるなか、中国の歴史も大きな関心を集めるようになる。そのきっかけとなったのは、在華イエズス会士のマルティニによる『中国史初篇』（一六五八）である。このラテン語による著作は、中国古代の各王朝の各統治者の治世に起きたおもな出来事を年代順に記したものである。マルティニが参照した中国歴史書として、その内容から、唐の司馬貞（生卒年不明）による『史記索隠』、北宋の劉恕（一〇三二～一〇七八）による『資治通鑑外紀』、明の張居正（一五二五～一五八二）による『通鑑直解』などが考えられるが、実際どの年代記が用いられたのか、正確なところは不明である。

マルティニによる叙述は伏羲の治世から始まり、その初年は西暦紀元前二九五二年となっている。叙述全体は十部に分かれる。すなわち、伏羲から舜まで（前二九五二～前二二〇七）が第一部、夏の禹から桀（前二二〇七～前一七六六）が第二部、商の湯から紂まで（前一七六六～前一一二二）が第三部、周の武王から考王まで（前一一二二～前四二五）が第四部、威烈王から慎靚王まで（前四二五～前二四六）が第五部、秦の始皇帝から子嬰まで（前二四六～前二〇六）が第六部、前漢の高祖の治世（前二〇六～前一九四）が第七部、恵帝から武帝まで（前一九四～前八六）が第八部、昭帝から宣帝まで（前八六～前四八）が第九部、元帝から哀帝まで、すなわちキリスト生誕まで（前四八～〇）が第十部である。

上に西暦を併せて記したが、これらはマルティニ自身が書き込んだものである。さらに黄帝以降の年号は、「中国の六十年周期法（Sinae Cyclum suum sexaginta annis）」すなわち干支紀年と西暦を併記する形で示され、たとえば黄帝の治世初年は「イエス・キリスト生誕の二六九七年前、第一周期の第一年目（Ante Christum 2697. Cycle I. anno I）」と記されている。マルティニは、中国の歴史家たちに倣って、干支紀年の起点を黄帝の治世初年に置いたと自ら説明している。[9] マルティニのこの発言は、唐の張守節『史記正義』を踏まえたものと思われる。司馬遷は『史記』五帝本紀第一に「日を迎え筴を推す〔迎日推筴〕」すなわち暦を計算し、めどぎを用いて将来を推し量る、という黄帝の事蹟を記したが、この文に対し張守節は「大撓に命じて甲子を造らせ、容成に暦を造らせた」ことを指す、という注釈を加えた。[10]

またマルティニが西暦（キリスト生誕年を紀元とする暦）を用いたことは、一七世紀ヨーロッパにおける思潮の一端を反映している。一六世紀以前のヨーロッパには、とくに古代の出来事の年代を示す際の選択肢として、天地創造紀元やナボポラッサル紀元、オリンピック暦、ユリウス暦などさまざまな紀年法が併存し、しばしば複数が併用された。西暦もそうした選択肢のひとつにすぎなかった。すなわち古来ヨーロッパでは、さまざまな時間認識の仕方があり、したがって多様な時間表示の仕方が併存した。ドナルド・ウィルコックスは次のごとく述べている。

ヘレニズム期以降は天文学と数学が、〔時間表示の〕システムを作るのに貢献し、時間を〔天体〕運動に関する問題として取り扱った。初期キリスト教期以降は神学が、人間の直線的な歴史を、人格神の意志の首尾一貫し統合された表現として描くことができるシステムを求めた。ルネサンス期には、複雑かつ互いに矛盾する性質をもつ既存のシステムは、古典学の一部門としての年代記叙述の発展へと結びついた。これら三つの流れは、それぞれ一六世紀の思想家の著作に見出されるが、一体となって統合された年代記叙述への取り組みを生み出すにはいたらなかった。

この状況が大きく変化するきっかけを作ったといわれるのが、前に触れた一七世紀のイエズス会士ペトーである。彼は、上に挙げた三つの大きな流れを統合し、天文学や数学、神学、哲学のいずれの立場からも用いることのできる普遍的な時間表示法として、西暦を用いることの妥当性を証明し、主張した。[11]

以上のごとくマルティニは、西暦と干支紀年法を併用した。さらに、彼がこれらの紀年法を用いて表示した年代そのものにも、注目すべき点がある。マルティニは中国史の起点を伏義の治世初年に置き、これを紀元前二九五二年と算定したが、この年代算定は当時大いに物議を醸す可能性をはらんでいた。なぜなら紀元前二九五二年は、聖書に記されたノアの大洪水より大幅に先行するからである。すなわち当時ヨーロッパでは、アイルランドの大主教アッシャー（James Ussher 一五八一～一六五六）による、ウルガタ訳聖書[12]を基礎とした聖書年代法[13]が広く受け入れられていたが、このアッシャー年代法では、天地創造が紀元前四〇〇四年、大洪水が紀元前二三四八年と算定されている。聖書に従えば、ノアとその箱舟に載った家族、動物以外は、すべて大洪水によって滅んだことになるが、マルティニの著作によれば、中国では大洪水以前から以後まで途切れることなく君主政治が継続していたことになる。すなわち大洪水は、聖書に記されたような世界的なものではなく、局地的にしか起こらなかったことになる。これは聖書の正統性を揺るがしかねない大問題である。

この問題を、おそらくマルティニは自覚し、ウルガタ訳聖書ではなく七十人訳聖書[14]に基づいた年代法を採用することでその回避を試みた。七十人訳聖書に基づくエウセビオス（Eusebius 二六〇頃～三四〇頃）などの年代法では、天地創造は紀元前五二〇〇～五一九九年、大洪水は紀元前二九五七年であり、マルティニの著作における伏義の治世開始初年より、大洪水の年代のほうがわずかながら先行する。こうしてマルティニは、中国の歴史と聖書との調和をはかった[15]。

以上のごとく、マルティニが中国史叙述のなかで打ち立てた二つの方針、すなわち西暦と干支紀年法の併用と、七十人訳聖書に基づく年代計算は、後に続く一七～一八世紀在華イエズス会士に受け継がれた。

またマルティニの中国史はキリスト生誕年で終わっているが、この終点をより後まで延ばし、康熙二二年（一六八三）までの中国史を叙述したのがクプレである。彼が著した「中国帝政年表（Tabula chronologica Monarchiae Sinicae）」は一六八六年に完成し、翌年『中国の哲学者孔子』（一六八七）の付録として出版された。

（3）「神聖な」歴史との調和

マルティニおよびクプレが著した中国史は、ヨーロッパで広く読まれ、議論の的となった。そうした議論を眺めわたすと、しばしばその論点の中心が、マルティニらが伝えた中国史上の出来事が聖書と調和可能か否か、という問題にあったことに気づく。たとえば、マルティニは尭の治世中の出来事として、『書経』尭典に記された大洪水を挙げている[16]。一七〜一八世紀ヨーロッパでは、この大洪水がノアの大洪水と同一か否かがたびたび論争の種となった。

また同じく尭の治世中の出来事として、『淮南子』本経訓にある「尭の時代、太陽が同時に十個昇り、五穀および草木は枯れ、民は餓え苦しんだ[17]」という逸話を、マルティニは引用している。これも、旧約聖書の『ヨシュア記』第十章にある、太陽と月がほぼ一日沈まなかったという記述と同一の出来事を指しているのではないか、という議論がなされた[18]。

このように、聖書における記述との対応関係が問題になったのは、中国の歴史だけではない。たとえば古代ギリシアには、ゼウスが地上に大洪水を起こした際、デウカリオンとその妻は箱舟を造って生き延びた、という神話がある。この神話に描かれた大洪水が旧約聖書の大洪水と同一の出来事を指すのか否か、という問題は、一七〜一八世紀ヨーロッパでしばしば議論された[19]。

このようにマルティニやクプレが紹介した中国史は、基本的には「世俗の」歴史のひとつとして、すなわちいかに「神聖な」歴史を説明し、証明できるかという視点から、関心を集めたといえる。

2　聖書年代学をめぐる嵐と中国史

（1）ラ・ペレールとフォシウス

マルティニの伝えた中国の歴史は、ヨーロッパ知識人から大きな反応を得た。もっとも強い反応を示した一人が、オランダの学者フォシウス（Isaac Vossius　一六一八～一六八九）である。フォシウスは、オランダの著名な人文学者で神学者の父（Gerardus Joannes Vossius　一五七七～一六四九）をもち、アンソニー・グラフトンの言葉を借りれば、一六五九年当時のヨーロッパで年代学をめぐる嵐の中心にいた人物である。[20]この嵐はまさしく、ウルガタ訳聖書と七十人訳聖書のどちらの年代法に基づくべきか、という問題に発していた。そもそも、この嵐の発端となったのは、フランスの神学者ラ・ペレール（Isaac La Peyrère　一五九四頃～一六七六）が、『アダム以前の人間（*Prae-adamitae*）』（一六五五）などの著作において、アダムは最初の人間ではなく、カルデア人やエジプト人、アメリカ人の文明は大洪水のはるか以前から存在していた、などの説を展開したことだった。フォシウスは、ペレール説のもっとも過激な部分には必ずしも共鳴しなかったようだが、少なくとも天地創造や大洪水などの年代は、当時広く用いられていたウルガタ訳聖書に基づく年代法によって算定されているよりも、もっと古い時代に遡るという考えをもっていた。こうしたフォシウスの考えは、マルティニの伝えた中国史との出会いによって劇的に強まり、確信に変わったようである。フォシウスは、中国を世界でもっとも古く、高度な文明を打ち立てた国として絶賛し、中国の歴史を包括しうる七十人訳聖書の採用を強く訴えた。[21]

（2）ルノードの疑い

こうした反応がある一方、中国史は大きな疑念も呼び起こした。在華イエズス会士の伝えた中国史に疑いのまなざしを向けたヨーロッパ知識人として、まずルノードを取り上げる。ルノードは、フランス最初の新聞のひとつとして有名な『ガゼット・ド・フランス（*Gazette de France*）』紙の創刊者、テオフラスト・ルノード（Théophraste Renaudot　一五八六頃～一六五三）を父にもち、アカデミー・フランセーズおよび碑文文芸アカデミーの会員、コレージュ・ド・フランスのアラビア語教授、王室図書館東洋手稿の部の管理者といった肩書をもつ人物である。

ルノードは、おもに『二人のマホメット教徒旅行家による、九世紀のインドおよび中国への古き旅行記（*Anciennes Relations des Indes et de la Chine de deux voyageurs Mahométans, qui y allerent dans le neuvième siècle*）』（一七一八）において、中国の歴史の古さや、古代中国文明の水準に対する疑念を明らかにした。この著作は、彼が王室図書館にて、九世紀に中国（唐）を訪れた二人のアラブ商人によって書かれたという旅行記手稿を発見し[22]、これをフランス語に訳し、また自分の意見も大量に付して出版したものである。ルノードがこの翻訳を発表した大きな目的は、アラブ商人による中国についての記録を引き合いに出すことによって、真実の中国像を炙り出すことにあった。ルノードは、次のごとく述べている。

　中国人の精神や科学について、過度に好意的に語っているように見えるのは、宣教師たちだけではない。〔中略〕イザーク・フォシウス氏は、豊かな学識をもつ人物だが、彼以前の人々よりはるかに大きな称賛を〔中国人に〕与えた。〔中略〕これは一度も中国に足を踏み入れたことがなく、その言語も、この国の書物も、翻訳に頼らなければ理解することができない者の判断である。〔中略〕しかしアラブ人、すなわちこれら二つの旅行記の作者は中国へ行ったことがあり、その言語を理解することもできた、要するに彼らは中国人の科学について、過度の先入観を抱くフォシウス氏より適切な判断を下すことができたわけである[23]。

以上のごとくルノードは、フォシウスや在華イエズス会士が、中国文明を過大評価しているのではないかと疑い、彼らに対する反証としてアラブ商人の中国旅行記を世に示した。

ルノードの疑いは、フォシウスや在華イエズス会士による中国史理解にも及んでいる。[24] ルノードは次のごとく述べる。

宣教師たちは、彼ら〔中国人〕に福音の光を受け入れさせるために、中国の哲学者の権威を利用できると考えたが、この構想自体は称賛に値する。しかし一部の者たちは、あまりにも気ままに、中国の起源の古さに対する過剰な称賛を乱用するがゆえに、彼らの原則たるべき聖書およびキリスト教を害し、大洪水の世界性を損ない、世界が信じがたいほど古いのだと証言する結果を招いている。[25]

上の引用文の前半部分は、在華イエズス会士における適応主義（第1章を参照）について述べたものと理解できる。そして「一部の者たち」とは、中国文献に書かれたとおりに中国史の古さを信用し、中国史を容れるために七十人訳聖書を採用したフォシウス、およびマルティニやクプレを指している。マルティニとクプレについては、さらに次のような批判も見える。

中国史を〔六十年〕周期法に従って要約した人々は、その始まりを紀元前二六九七年と定めている。ヘブライ語およびウルガタ訳聖書によれば、大洪水からイエス・キリスト生誕まで二三二九年[26]に他ならない。この不都合を補うため、中国史の古さを擁護する人々は、七十人訳聖書に頼っている。[27]

（3）中国上古における干支紀年法と天文観察に対する疑い

上の文章では、マルティニらが七十人訳聖書に「頼っている」ことだけでなく、彼らが干支紀年法を取り入れたことも批判の対象となっている。ルノードによれば、フォシウスやマルティニ、クプレが七十人訳聖書を採用するのは、中国史の古さを頭から信じているからである。彼らがこのように信用した根拠は、中国文献の記載によれば干支紀年法が非常に古い時代に創始されたことにあり、中国の歴史叙述が干支紀年法に基づくことこそ、「中国の天文学が正確であることの証拠であり、また彼らの歴史書が真実であることの確かな刻印だ」と彼らは信じたのである。だからこそルノードは、中国史に対する疑いを表明する際、干支紀年法の開始時点が客観的に確定されるか否かという点を重視した。

干支紀年法の開始時点を、マルティニは黄帝の治世初年、すなわち紀元前二六九七年に置いた。クプレも同様で、さらに年表の始点もこの黄帝初年に置いている。ところが両者の文章は微妙に異なっており、マルティニは黄帝がこの紀年法を「発明した（inventum）」としているのに対し、クプレは黄帝の命を受けた大撓が「完成した（perfecit）」と記した。ルノードが突いたのはこの点である。彼は、この両者の食い違いによって「中国史に関する証言が非常に疑わしいものになった」と断じた[28]。

さらにルノードは、中国古代における天文観察の記録の信憑性を掘り崩すことに、大きな精力を注いでいる。なぜなら、通常の聖書年代法によった場合、大洪水よりはるか古い時代に、すでに天文観察が公式に記録されていたという点が、中国史の古さを信じる人々にとっての主要な根拠となっていたからである。天文現象は、それが起きた時点を確定するための強力な目印となる。古代中国人がこのことを認識し、歴史書に天文観察記録を残していたことは、中国で非常に古い時代から発達した文明を有していたことの証拠としても捉えられた。ルノードがとくに注目したのは、中国最古の天文観察とされる、顓頊の治世における五星会合の記録[29]である。ルノードは次のごとく述べる。

現代作家（modernes）がとりわけ長々と述べるのは、まさにこの点についてである。すなわち彼らは、中国人の天体暦や、彼らの六十年周期法〔干支紀年法〕、そして彼らの歴史書に記された天文観察が、天文に関する知識において彼ら〔中国人〕が他のあらゆる国民を凌駕していたことを、確実に証明していると述べるのである。

この意見は最近、クプレ神父が、これまで話には出ていたが、ヨーロッパでは誰も目にしたことがなかった中国人の天体暦を中国から携えてきたとき、大いに強まった。〔中略〕この神父は、パリで一六八七年に中国年表摘要〔「中国帝政年表」のこと〕を、〔六十年〕周期法およびいくつかの天文観察、とくに中国人がシ（Xe）と呼ぶ星座における五つの星の会合の観察記録と併せて出版した。(30)

「中国人がシ（Xe）と呼ぶ星座」とは、二十八宿のひとつ、室を指す。じつは『中国の哲学者孔子』に収められたクプレの「中国帝政年表」では、星座名は記されていない。それが「シ（Xe）」であると記したのはマルティニなので、ルノードは実際には両方の著作を参照しながらこの部分を書いたと思われる。この五星会合を、マルティニは紀元前二五一三〜二四三五年、クプレは紀元前二五一七〜二四五七年のいずれかの時点に観察された現象とした。(31)

これに対する反証として、ルノードは一七〜一八世紀の著名な天文学者、カッシーニ（Giovanni Domenico Cassini 一六二五〜一七一二）による検証結果を持ち出す。カッシーニは、マルティニの中国史やクプレの年表について検証し、上述の五星会合については、実際には五〇〇年も後の出来事だと述べた。(32) ルノードは複数の箇所でカッシーニ説を示しているが、そのなかで「カッシーニ氏はすべてのヨーロッパ人に対し、この天文観察が誤りであり、したがってそれから引き出されたすべての結論も同様〔に誤り〕であることを、請け合った(33)」と述べている。

（4）ド・メーランの疑問

中国史に対する疑念を表したのは、ルノードだけではない。科学アカデミー終身書記ド・メーランも、中国史に関心をもち、また疑問をもった一人である。彼は在華イエズス会士パルナンと頻繁に文通を行い、中国の科学やいわゆる「エジプト人中国植民説」について活発な議論を交わしていた。ド・メーランは、一七二八年一〇月一四日付のパルナン宛の手紙で、次のごとく述べている。

中国人が、古代の痕跡が残されたものすべてに対し、崇拝の念をもっている、あるいはもっているように見えるからといって、彼らの古代の歴史の信憑性を疑わずにいられるわけではない。彼らが描き出した〔古代の〕状況は、少なくとも細かい点においては、非常に疑わしい。〔中略〕私は、中国の歴史書には卓越した点、すなわちかの有名な各革命〔王朝交替〕においても中断の危機を免れた点があることを認めよう、それは中国の歴史書のほとんどすべてが食や、星の位置や会合といった天文観察に基づくことである。しかしこの点によって確定されるのは、〔各天文現象が起きた〕時代であり、各出来事の詳細や性質ではない。さらにおそらく、これらの天文計算や年代記のなかには、疑いの種が多く含まれている。

この疑念の根拠として、ド・メーランもルノードと同じくカッシーニによる検証結果を引き合いに出す。ド・メーランは、顓頊の治世における「かの有名な」五星会合が、中国の人々によって実際よりも五百年も前に起きたこととして伝えられてきた、というカッシーニによる批判に依拠したのであった。(34)

3 中国史を三つの時代に区分すること

(1) プレマールとパルナンによる反論

ルノードやド・メーランが呈した如上の疑問に対し、在華イエズス会士も敏感に反応した。とくにルノードは、ジャンセニストの主張を誤りとして排斥した大勅書「ウニゲニトゥス（Unigenitus Dei Filius）」（一七一三）に激しく反発した一人といわれる。(35) その著作で盛んに中国史に対する疑念や、在華イエズス会士に対する不信感を示した背景には、明らかにジャンセニストの敵対者イエズス会に対する批判の意図があった。こうした政治的背景もあり、在華イエズス会士の側も素早く反論を展開する必要に迫られたと推測される。

まず反応したのは、在華イエズス会士プレマールである。彼が一七二四年頃ヨーロッパへ送った手紙[36]では、ルノードの著作に対する反論が展開されている。その冒頭には次のように記されている。

私は、ルノード神父ほど名高い著述家が、闇のなかから作り話満載の著作をひねり出すことに心血を注いだとは、その名前を国王允許の箇所に見出すまで、想像すらできなかった[37]。

プレマールは他にも、件の二人のアラブ商人が中国に一度も足を踏み入れたことがないのは明らかだと述べる[38]などして、ルノードが王室図書館で見つけたという旅行記手稿は実在せず、すべてルノードの「作り話」に違いないと断言している。

もっとも、ルノードの著作の出版からほぼ半世紀後の一七六四年に『ジュルナル・デ・サヴァン（*Journal des Sçavans*）』誌上で書評を行ったド・ギーニュ（Joseph de Guignes 一七二一～一八〇〇）によれば、件の旅行記手稿についてルノードが与えた情報があまりにも少なかったことから、その実在を疑う声は論敵の在華イエズス会士以外にも、フランスやイギリス、イタリアから複数寄せられていた。ド・ギーニュは、ロンドン王立協会書記モートン（Charles Morton 一七一六頃～一七九九）から「ロンドンではみな、この手稿が実在しないことを確信しており、ルノード神父は単なる詐欺師だと言っている」とさえ聞かされたと述べている。ただし手稿が実在することは、複数の学者から要請を受けたド・ギーニュの調査によって証明された[39]。

さて、プレマールは、上記のごとく史料の信憑性に対する疑いをそのまま相手に返しただけでなく、別の角度からも中国人による中国史叙述の信憑性を主張しようと試みている。

中国の年代記に関しては、明らかに伝説上のものである（fabuleux）内容と、疑わしく不確実な（douteux & incertain）内容、そして確実かつ疑う余地のない（sûr & indubitable）内容を区別すべきである。このように賢明な批評は、中国のもっとも有名な歴史家たちから得られたのである。彼らの祖国に対する愛は、彼らにとって不確実に見えるすべての内容を、かの何世紀にもわたる期間から削除するのを妨げはしない。これらの賢明な歴史家たちは、威烈王から伏羲までの時代が、不確実（incertains）であり、正確（exacte）かつ真実の（vraie）年代記に収めるわけにはいかず、伏羲より前の時代は、神話上のもの（mythologique）とみなすべきだ、と指摘している。(40)

プレマールは、中国の年代記の内容は三段階、すなわち伏羲より前の「伝説上の」あるいは「神話上の」時代、伏羲〜威烈王（周王朝第三二代皇帝）の「疑わしく不確実な」時代、そして威烈王以降の「確実かつ疑う余地のない」時代に関する内容に区分されると述べている。この区分は、神話時代、神話と歴史の中間の時代、歴史時代、と言い換えても差し支えないだろう。この区分は、『資治通鑑』系統のいくつかの書物における叙述の起点および終点と重なる。まず北宋の司馬光『資治通鑑』および南宋の朱熹『資治通鑑綱目』は、威烈王の治世を起点とする。そして北宋の劉恕『資治通鑑外紀』および明の南軒『資治通鑑綱目前編』は伏羲の治世を起点とする（『外紀』の注は開闢〜伏羲をも取り扱う）。

ルノードが、中国の歴史書、およびその在華イエズス会士による翻訳に書かれたことの正確性を問題としたのに対し、プレマールは、中国の歴史家自身がそうした可能性を十分に認識し、確実な内容とそうでない内容を然るべく区別していると主張することによって、ルノードの問いを無効にしようとしたといえる。たとえばルノードは、顓頊の治世における五星会合について、カッシーニ説を援用し、マルティニやクプレの著作に書かれた年代を誤りとしたが、マルティニやクプレが依拠した中国の歴史書では、顓頊の治世は「疑わしく不確かな」時代にすぎず、この時代の出来事に関する記載事項に誤りがある可能性は、中国の歴史家自身すでに織り込み済みだということになる。
同様の主張が、パルナンのド・メーランに対する手紙（一七三〇）[41]にも見られる。前述のごとく、ド・メーランもルノードと同様カッシーニ説を根拠として、中国人が顓頊の治世における五星会合を、事実より五百年も前の出来事として偽った、と述べた。以下に引くパルナンの言葉は、この疑惑に対する反論と思われる。

その〔中国の〕歴史家たちは、自国の起源をより古い時代に見出そうとはしておらず、また〔彼らの起源が〕遠き聖なる地に由来するとか、国の栄光がその古代性に存するとか、信じ込んでいる様子は無い[42]。

パルナンはさらに、プレマールと同様、中国の歴史家が中国史を三つの時代に区分していることを説明する。パルナンは、伏羲より前は「伝説上の時代（temps fabuleux）」、伏羲～尭が「疑わしく（douteux）考証を要する」時代、もしくは「不確実な時代（regnes incertain）」、最後に尭以降に関しては中国の歴史家の「意見は完全に一致しており、いずれかの年について多少なりとも言い争うということはない[43]」とした。パルナンが各時代を表すのに用いた呼称は、プレマールが用いたものとほぼ一致している。

パルナンのごとく、歴史叙述の起点を尭の治世に置くのは、『資治通鑑』系統の書物のなかでは南宋の金履祥『資治通鑑前編』である。また中国における歴史書の元祖ともいわれる『書経』が尭の治世から筆を起こしており、さらにその尭典には、尭が臣下の羲和に命じて、天体の運行を計測させ、暦を制作させ、人々の暮らしに益するよう時節をととのえた（乃命羲和、欽若昊天、暦象日月星辰、敬授人時）という有名な文言が見られることも、パルナンが尭から歴史時代を始めるにあたって有力な根拠となったものと推測される。これらとは別に、パルナンはド・メーランに宛てた手紙で「康熙帝が翻訳させた」『資治通鑑綱目』、すなわち康熙三〇年に編纂された満文訳『御批資治通鑑綱目』を紹介している。この満文『御批綱目』は前編、正編、続編から成るが、なかでも前編については、その一部（伏羲～帝嚳）をフランス語訳している[44]。

（2）マガリャンイスによる区分

このようにプレマールやパルナンは、中国の歴史家自身、中国史叙述の内容をその信憑性によって厳しく区別しているると主張することによって、その合理的態度を強調するという新機軸を打ち出したといえる。ただしこの区分自体は、一七世紀の在華イエズス会士マガリャンイスの著作[45]に、原型が見られる。マガリャンイスの著作の第三章冒頭では、次のごとく述べられている。

この王国は非常に古くから存在し、二二の王朝、二三六人の王によって、四〇二五年ものあいだ同じ形態を保ったまま継承されてきた。というのも、確実で（certaine）疑う余地が無い（indubitable）と中国人がみなしている意見に従うと、〔中国という王国が〕始まってからそれだけの年数が経っているのである。彼らが非常に確からしいと考えている意見を選択したならば、この王国が始まってから今年、すなわち一六六八年にいたるまで、四六二〇年が経ったことになる。[46]

四〇二五年とは紀元前二三五七年から一六六八年までの年数であり、四六二〇年とは紀元前二九五二年から一六六八年までの年数である。ここでマルティニの著作を参照すると、伏羲の治世初年が紀元前二九五二年、また尭の治世初年が紀元前二三五七年と算定されており[47]、マガリャンイスがマルティニの著作に従っていることがわかる。とくに注目すべきは、中国には「確実で疑う余地が無い」とみなされている意見と、「非常に確からしい」とみなされている意見の二つがあり、それぞれ尭の治世初年と、伏羲の治世初年に中国の起源を置くと説明されていることである。

マガリャンイスはさらにもう一種類の意見を補い、かつより明確な形で中国人の三種類の意見を提示している。ひとつ目は天地創造の数十万年前に起源を置く意見で、孔子がその虚偽を明らかにして以来、中国の知識人たちはこうした意見が示された書物を「外典の（apocryfes）」、そして「伝説に関する（fabuleux）」ものとみなしている。

二つ目は、伏羲の統治初年、すなわち紀元前二九五二年に中国が創始されたとする意見である。中国のすべての知識人が、この意見を「確からしい（probable）」とみなし、一部の知識人は「疑う余地が無い（indubitable）」とさえみなしている。三つ目は、尭の治世初年、すなわち紀元前二三五七年に中国が創始されたとする意見である。もしこの考え方を拒否する中国人がいたら、異端者とみなされ、厳罰に処される。(48) この区分の仕方は、パルナンとほぼ同一といえよう。つまり「確からしい」意見とは『資治通鑑外紀』を代表とし、「確実で疑う余地が無い」意見とは『書経』や『資治通鑑前編』を代表として想定されたものだと推測される。

ではもっとも確実性の低い意見、すなわちはるかに古い時代である「天地創造の数十万年前に起源を置く」、孔子によってその虚偽が暴かれた「外典の（apocryfes）」書物に示された意見、とは何を指すのか。マガリャンイスによればこの意見が示された書物は歴史ではなく「伝説に関わる（fabuleux）」もの、と中国人によってみなされている。プレマールとパルナンも「伝説上の（fabuleux）」時代が、「疑わしく不確実な」時代に先行するとしている。

天地創造は、ウルガタ訳聖書に基づく年代法では紀元前四〇〇四年、七十人訳聖書に基づく年代法では紀元前五一九九年もしくは五二〇〇年とされることが多い。管見の限り、紀元前四〇〇〇～五〇〇〇年頃の数十万年前にもっとも近い年代に中国の起源を置いている説は、司馬貞『史記索隠』巻三十・三皇本紀第二に見出される。『史記索隠』の当該箇所では、天地開闢から伏羲や黄帝にいたるまでの上古帝王について、「図緯（河図や緯書）」にいかなる説が掲載されているか、言及がなされている。その一説によれば、最初の帝王である天皇は兄弟が一二人で、各一万八〇〇〇年生き、続く地皇は兄弟が一一人で、同じく各一万八〇〇〇年生き、次の人皇は兄弟が九人で、合計四万五六〇〇年生きたという。その後に五龍氏、燧人氏が続くが、これらの帝王の治世年数は記されていない。天皇から燧人氏まで四五万九六〇〇＋α年、燧人氏の後に伏羲が来るとすると、マガリャンイスが伏羲の治世初年を紀元前二九五二年としていることから、天皇の治世初年は紀元前四六万二五五二＋α年ということになる。

また同じ『史記索隠』の三皇本紀末尾には、天地開闢から獲麟（孔子が『春秋』を著す際、魯の哀公が西方に狩をし、麒麟を獲らえたという記事をもって、筆を擱いたことを指す）まで約三二七万六〇〇〇年とする、春秋緯の説も引かれており、興味深いが、こちらはマガリャンイスのいう「天地創造の数十万年前」とはあまりにもかけ離れている。いずれにせよ、「孔子がその虚偽を明らかに」したというマガリャンイスの言とはずれるものの、「外典の（apocryfes）」書物という言葉を見ても、マガリャンイスが緯書をもって「伝説に関する（fabuleux）」書物とした可能性は高いように思われる。

（3）ヨーロッパにおける時代区分

ただし在華イエズス会士が示した神話時代、中間の時代、歴史時代という区分は、中国の歴史書自体から直接採られたものではないと思われる。というのも、この区分の仕方は明らかにヨーロッパ由来だからである。ヨーロッパには古くから、これに類した時代区分の発想が存在している。その最初の考案者とされるのは、古代ローマの学者ウァロ（Marcus Terentius Varro 前一一六～前二七）である。ウァロは歴史を人類の誕生からオギコゴスの洪水[49]まで、この洪水から第一回目のオリュンピアの祭典まで、そしてそれ以降と三つに区分し、それぞれ「埋もれた」時代、「神話上の」時代、「歴史上の」時代と銘打っている[50]。このウァロによる区分を基にした区分法は、起点や終点となる年代を変えつつヨーロッパの歴史家たちに継承され、一八～一九世紀においても盛んに用いられている[51]。

4　天文観察記録をめぐる論争

（1）五星会合の検証

上述のごとくパルナンらは、中国史を三つの時代に区分することによって、ルノードやド・メーランの問題提起をいわば的外れなものにしようと画策したと考えられる。しかし顓頊の治世における五星会合の年代そのものについては、在華イエズス会士の側もマルティニやクプレの記述を正当化するにはいたらなかった。まずパリ天文台で台長カッシーニに師事した経験をもつ在華イエズス会士ゴービルが、その天文学の知識および漢文・満文の優れた能力を活かして再検討を行った。その結果ゴービルは、この五星会合は実際に観察された現象ではなく、「見かけ上の」、あるいは「システム上の」現象にすぎないと断定した。[52]

(2) 仲康日食への注目

しかし一八世紀の在華イエズス会士は、ただ五星会合に関する先人たちの記述を取り下げただけではない。プレマールは次のごとく述べる。

救い主の生誕の二一五五年以上前、中国に人が住んでいたことは確かである。このことは、この年に起こった日食によって証明される。〔中略〕R神父〔ルノード〕は、カッシーニ氏による証言を根拠として、この日食を否定している。しかし彼は、自分が引用したこの有名な天文学者の言葉を、理解できていない。我々がスーシェ神父に送った、中国の歴史書やそのほかの書物から抜粋した天文学的観察に関する話は、中国人が天文学に熟達していること、彼らが古くから観察を行っていたことを証明している。〔中略〕少なくともイエス・キリスト生誕の二一五五年前から、そこに〔キリスト生誕後〕一七二三年を付け加えた三八七八年ものあいだ、我々が中国と呼ぶ大国が、世界のこの部分で存在し続けてきた。この起源の古さは大したものである。中国人がすでに天体の運行を観察していた頃、R神父のペルシア人やアラブ人は、果たしてどこにいたのだろうか。[53]

紀元前二一五五年における日食観察とは、『書経』胤征にある、夏の仲康の治世に行われた日食観察[54]を指す。マルティニとクプレの各著作では、仲康の治世すなわち紀元前二一五九年から紀元前二一四六年までのあいだに起こった出来事として記されている。これに対しカッシーニは、仲康日食の年代を紀元前二〇〇七年とし、[55] ルノードもこれに従った。

では「救い主の生誕の二一五五年以上前、中国に人が住んでいたことは確か」とは何を意味するのか。じつはプレマールが前掲の手紙を書く少し前、中国文献に記録された仲康日食が確かに起き、その年代が紀元前二一五五年であることを証明しようとする試みが展開された。すなわち前述のごとく五星会合の記録について検討したゴービルが、五経に現れた三六の日食に関する記録をも検証したのである。その結果、三六のうち三一は正確であり、なかでも仲康日食は中国最初の日食に関する正確な記録であることが証明された。ゴービルは『書経』の漢文原典だけでなく、康熙年間に編纂された満文訳、すなわちおそらくは康熙一六年（一六八〇）に刻された庫勒訥等撰『日講書経解義』や、中国歴代の天文学者の説も分析し、仲康日食は北京では仲康の治世初年九月、すなわち紀元前二一五五年の一〇月一二日、朝六時五七分に観察されたという結論を出した。[56] ゴービルによる以上の検証に従えば、紀元前二一五五年には中国で正確な天文観察が行われ、かつ記録されたことになる。これはすなわち当時中国に発達した文明が存在したこと、さらに中国の起源が紀元前二一五五年以前に遡ることを意味する。

これ以降、『書経』における仲康日食の記録は、古代中国における天文学の発達、および古くからこれら天文現象の観察記録を伴ってきた中国歴史書の正確さを証明するものとして、頻繁に引き合いに出されるようになった。たとえばデュ・アルド『中国地誌』第一巻（一七三五）には、次のごとく記されている。

　たとえば仲康の治世中に起き、我らが天文学者によって実証された〔日〕食は、中国の年代学が覆う範囲の広大さを示す、もっとも明白な証拠のひとつである。[57]

さらに時代が下ってヴォルテールの世界史叙述にも、仲康日食に関する言及が見られる。

その〔中国の〕歴史叙述は、議論の余地の無く確かで、天文観察に基づく唯一のものであり、もっとも確実な年代学によって、紀元前二一五五年に起こったと算定されている日食まで遡る〔中略〕。ゴービル神父は、孔子の書物に記録された三六回におよぶ日食について検証し、そのなかで疑わしいもの、誤っているものはそれぞれわずか二回ずつしかないことを明らかにした(58)。

ヴォルテールは、従来のごとく「神聖な」歴史、すなわち聖書に基づく歴史を中心とするのではなく、当時最新の自然科学や人類学に基づく、客観的に証明可能な歴史のあり方を模索した。こうした態度が、たとえば「世界史叙述を、創世記およびアダムからではなく、中国に関する章から始めていること」など、彼の中国史の扱い方にとりわけ顕著に現れていることは、すでに諸先行研究によって明らかである(59)。ヴォルテールにとって、古来天文観察記録という客観的証拠を伴う形で行われてきた中国の歴史叙述は、とくに信頼性が高く(60)、なおかつ仲康日食の記録によってその起源の古さが裏づけられている。そのためヴォルテールは世界史叙述を中国から始めることができた。

5 いかなる中国文献を選択すべきか

(1) フレレの論文

ここまでの流れを整理すると、一七〜一八世紀ヨーロッパでの中国史をめぐる議論は、まず一七世紀後半のマルティニやクプレによる紹介に始まり、ルノードやド・メーランからの疑問や批判を受けて、一八世紀初めのプレマールやパルナンが中国史における三つの時代や、仲康日食の実在を強調する、という経過を辿ってきた。以上の議論からの成果を吸収し、さらに新たな角度から中国史について論争を交わす人々が現れる。その代表がフレレと在華イエズス会士ド・マイヤである。

フレレは、碑文文芸アカデミーの終身書記を務め、古代世界の研究に携わり、『百科全書』の「神話（Mythologie）」の項目などを執筆した人物である。彼はマルティニやクプレ、パルナン、ゴービルの著作を読むだけでなく、福建からヨーロッパへ渡りパリで中国語の通訳や王室図書館所蔵漢籍の目録作成などの任務にあたっていた中国人ホアン（Arcade Huang 中国名の表記不明、一六七九～一七一六）とも交流し、中国に関する知識を蓄積していた。[61]

とくに中国史の年代学的分析に熱心だったフレレは、一七三三年一一月に「中国年代学の古代性と正確性について（De l'antiquité et de la certitude de la chronologie chinoise）」という論文を碑文文芸アカデミーにて口頭発表し、その内容がアカデミーの紀要第一〇号（一七三六）に掲載された。[62] その冒頭には次の一文が見える。

> この論文が対象とする中国年代学は、もっぱら歴史時代（tems《ママ》 historiques）にのみ関わっている。我々の公開講演（lectures publiques）に対し定められた制限は、他のほぼすべての国々と同じく中国でも歴史時代の前にある伝説時代（tems《ママ》 fabuleux）について検討するために、我々が立ち止まることを許さない。[63]

この文章は、フレレの論文の主題が中国史における歴史時代の画定にあることをあらかじめ示している。プレマールやパルナンは、中国史が神話時代、「疑わしい時代」、歴史時代に区分されると述べたが、フレレにとって重要なのは歴史時代のみであり、またそれ以前の時代との区分をどの年代に置くかという問題だった。続けてフレレは、マルティニやクプレが黄帝の治世初年、すなわち紀元前二六九七年に歴史時代の起点を置き、黄帝より前の時代は中国では不確実とみなされていることを示した、と述べる。これは、マルティニとクプレが伏羲から黄帝にいたるまでの時代について言及しつつも、干支紀年法の開始時点を黄帝の治世初年に置き、とくにクプレは年表もこの年代から始めたことを指した発言と思われる。

ところが、フレレいわく、パルナンは「この事実を認めず、逆に科学アカデミーのド・メーラン氏に宛てて書いた手紙で、黄帝の前に九人の王が実在したことは、現在中国において議論の余地なく確かな事柄になっている、と主張した」。フレレはまた、在華イエズス会士たちが、この「九人の王」の統治期間の合計を六三四年とし、最初の王である伏羲の治世初年を紀元前三三三一年と算定した、とも述べている(64)。これは何を指しているのか。じつはパルナンが訳した満文訳『御批前編』には、黄帝に先行する九人の王、すなわち伏羲、神農、臨魁、帝承、帝明、帝直、帝釐、帝哀、帝楡罔の名が記されている。またマルティニやクプレは伏羲の治世初年を紀元前二九五二年とし、黄帝の治世初年を紀元前二六九七年としたが、パルナンは西暦や干支紀年法に基づく年代を示していない。しかしパルナンは、各統治者の在位期間を満文訳『御批前編』に従って記しており、「九人の王」の統治期間を合計すると六三四年、黄帝の治世初年をマルティニらに従って紀元前二六九七年とすると、計算上六三四年さかのぼった紀元前三三三一年が伏羲の治世初年となる(65)。パルナンはさらに、「年月の経過については、すべての中国人が、黄帝の治世から数え始めることに賛成している」としながらも、「〔中国の〕国民は、〔歴史から〕伏羲を削除することを決して認めない」とも述べている(66)。上に引いたフレレの発言は、こうしたパルナンの議論を指したものと思われる。

フレレは、中国史における歴史時代の開始を黄帝の治世初年としたマルティニやクプレ、また黄帝より遡った伏羲の治世初年としたパルナンのいずれもが、「現在中国で人気があり、一〇六四年頃に出版された編年史」に見られるシステム、すなわち「六〇〇〜七〇〇年前から世間に認められている、司馬光の編年史における年代システム」を採用している、とした。この「司馬光の編年史」とは、司馬光の『資治通鑑』それ自体のみというより、『資治通鑑』系列の諸々の書物を指すと思われる。そしてフレレは、中国史における歴史時代を確定するのに、この『資治通鑑』系列の書物に依拠するのが果たして適切なのか、詳細に論じていく。以下、フレレの議論の内容を整理してみよう。

（2）中国における歴史書編纂の歴史

フレレはまず、中国における歴史書には「正確さと真正さの点で著しく異なる」二つの種類がある、と述べる。一種類目は前漢の時代に生まれた。これは「同時代人の記録に基づいて書かれ、真正な検討を経てはじめて出版される」ため、「最高の歴史的正確さを備えているとみなすことができる」もの、すなわち正史である。二種類目は漢より前の時代について扱った歴史書であり、「真正な、あるいは同時代人による遺物がほとんど手に入らない時代になって、時機を逸して復元された歴史」から成る。(67) それではなぜ、漢より前の時代については、依拠すべき真正な遺物を手に入れることができないのか。それは秦始皇帝が「あらゆる古代の書物の駆逐」、すなわち「焚書(incendie de ces livres)」を断行したからである。こうして「古代の遺物が失われたせいで、中国の著述家たちは、彼らの歴史の最初の部分を復元することが不可能な状況に陥った」(68)。

始皇帝亡き後、前漢の時代には焚書を免れた古代の書物が捜索され、「注意深く、もっとも小さな断片にいたるまで集められた」。そして「これらの断片や切れ端を、この上なく巧妙に継ぎ合わせ、九巻の書物、すなわち今日中国でもっとも古く、もっとも真正と目される書物を作り上げた」。「九巻の書物」とは四書五経を指す。五経のうち『書経』『詩経』『春秋』の三つこそは、「焚書を免れた古代の歴史書の断片のうちほとんどすべてを含んでいる」が、四書には、「古代の歴史に関しては、経から抜き出されたものしか含まれていない」(69)。四書五経だけでなく、司馬談と司馬遷父子、劉歆、班固、皇甫謐らが現れ、『史記』や『漢書』、『帝王世紀』、そして『竹書紀年』が世に現れた。前漢の司馬談と司馬遷は黄帝の治世初年まで遡った。劉歆は三統暦を考案し、「想像上の時代(periodes imaginaires)」すなわち太極上元なる仮説上の時代を設定し、前漢の武帝太初元年から太極上元までを一四万三一二七年とした。これらに対し後漢の班固は、伏羲や黄帝など尭より前の王たちの名は残したが、彼らの治世年数を確定するのは不可能と考え、尭以降の統治者のみ治世年数を記載した(70)。また西晋の皇甫謐は、西晋初年の二六五年を尭の治世初年から二四二一年後とし、同時に尭の治世初年を紀元前二一五六年とした(71)。さらに同時代に発見された

『竹書紀年』は、「焚書以前」の書物であり、「一貫した流れをもつ年表」を構成し、『書経』など「歴史に関係する経の断片、すなわち各々のあいだに相当な空白部分が残る断片のみから作り出したとは、到底考えられない」。この注目すべき書は黄帝まで遡るが、黄帝の治世初年を紀元前二三八六年、尭の治世初年を紀元前二一四五年としており、『史記』や「最近の編年史（annales modernes）」すなわち『資治通鑑』系列の書物に記載された年代よりも、大幅に後に位置づけている[72]。

以上のごとき年代計算における分岐を解消するため、北宋の英宗の詔勅のもと司馬光らは『資治通鑑』系列の書物を編纂することとなった。この編纂者たちは黄帝の治世初年を紀元前二六九七年、すなわち『史記』で算定された年代より大幅に遡る年代とした。さらに彼らは黄帝の前に九人の王を加え、彼らの治世年数を合計六三四年とした。この内容は唐の司馬貞『史記索隠』から引かれたものである。これに飽き足らず、劉恕は『資治通鑑外紀』の注釈で伏羲と神農のあいだに「一五人の新しい王」を付け加え、彼らの治世年数を合計一二六〇年とした[73]。

（3）『書経』と『竹書紀年』の称揚

以上のごとくフレレは、中国における焚書前から北宋にいたるまでの、さまざまな歴史関係文献の編纂状況について概説した。その意図について、フレレは次のごとく述べている。

以上の、中国の歴史家に関する記述はごく不完全だが、彼らが漢より前の時代の年代学について絶えず加えてきた変更、その結果年表のこの部分に存在する不確実性、それゆえに我々がこの点について検討する権利を有することを知るには、十分である[74]。

焚書が引き起こした史料的制約によって、漢より前の時代の歴史には不確実な要素が多く、後代の歴史家の記述も一定しない。とすれば、この時代に関する正確な知識を得るには、どの文献に依拠すべきか、在華イエズス会士たちが依拠する『資治通鑑』系統の書物は果たして真正といえるのか。この点についてフレレは検討を加えていく。

フレレがまず検討の対象とするのは、『竹書紀年』に書かれた各年代と、その他の文献における年代との食い違いである。たとえば尭より前の統治者に関しては、『史記』や『資治通鑑』系統の書物には四人の統治者、すなわち黄帝、顓頊、帝嚳、帝摯の名が挙げられ、その治世年数は合計三三二年、『竹書紀年』には三人、すなわち黄帝、顓頊、帝嚳の名のみ挙げられ、治世年数は合計二四一年と算定されている。[75] さらに『竹書紀年』に従うと、上古の各王朝の成立年代は、概して『資治通鑑』系統の書物や『漢書』、『史記』に基づいて算出された年代より新しい。[76]

また、前述のごとくフレレは、焚書を免れた古代の歴史に関する史料のほぼすべてが、『書経』『詩経』『春秋』に集約されていると考えた。とくに『書経』のことは「歴史の書（livre d'histoire）」と呼び、史料的価値の高いものと捉えた。『書経』本文は尭の治世から始まり、伏羲も黄帝も登場しないが、このことについてフレレは次のごとく述べる。

尭より前のすべての王たちについて、〔『書経』を編纂したと伝えられる〕孔子が何も知らなかったというのは奇妙であり、これは私にとって、この哲学者の時代にはすでに、件の時代のことは想像されうるのみであり、伝説上の物語（histoire fabuleuse）とみなされていたということの、説得力ある証拠であるように見える。

さらに興味深いのは、フレレが『書経』尭典と『孟子』滕文公上に見える洪水の話に注目している点である。[77] フレレによれば、これらの話は「我らが大地の原初の状態の痕跡」について伝承されたものである。なぜなら「中国人は、他の東洋の国々や、ギリシアのもっとも古い哲学者たちと同様に、洪水あるいは流体は万物の最初の原理であり、万物は混沌の広大な流体のなかに雑然と浮かぶ、物質のさまざまな分離や結合によって形成されると考える」からである。このことはフレレにとって、尭こそ中国最初の統治者であり、『資治通鑑』系統の書物およびそれらを典拠とする在華イエズス会士の著作に含まれた黄帝や伏羲の治世は伝説上のものにすぎない、ということの重要な証拠のひとつだった。さらにこの伝承が「中国人にとっての聖典」に記載され、孔子と孟子という「この国でもっとも尊敬されている著述家たちの証言に基づいている」ことも、重要である。尭より前の時代に関して『書経』や『孟子』と矛盾する意見は、中国では「新しく、何の権威ももたない意見にすぎない」からである[78]。

(4) ド・マイヤの著作

以上のごとくフレレは、漢より前の時代について『資治通鑑』系統の書物に依拠することを批判し、『書経』および『竹書紀年』に従うべきことを提唱した。『書経』に従えば、尭の治世を境として歴史と伝説が明確に弁別され、さらに『竹書紀年』に従えば各年代は在華イエズス会士の報告よりも大幅に後へずれ、とくに尭の治世初年は紀元前二三五七年ではなく紀元前二一四五年と算定されると、フレレは考えた。このフレレの論文は、一八世紀当時のヨーロッパで広く読まれたと思われる。たとえばイギリス国教会主教ウォーバートンの著作や、『百科全書』の「年代学（Chronologie）」の項目を見ると、フレレ説がヨーロッパ知識人における中国上古史理解に対し一定の影響力を及ぼしたことが明らかである[79]。

そのため在華イエズス会士は、今回もまた素早く反応せざるを得なかった。フレレに対する反論は、おもにド・マイヤが担った。ド・マイヤは一七二九年、すなわちフレレの論文が出る前に、中国の歴史に関する大著の原稿を完成していた。その後フレレの論文に接したド・マイヤは、それに対する反応を、自分の原稿に付した長大な自序に込め、原稿とともに一七三七年にフランスへ送った。さらにド・マイヤは、一七三五〜八年にフレレへ手紙を書き、そのなかでフレレ論文に対する反論を展開した。それから約半世紀後、件の原稿は前章でも述べたようにフランスのイエズス会士グロシエによって、一七七七〜八五年に『中国通史』として出版され、その第一巻冒頭にはド・マイヤによるフレレ宛の手紙が挿入された[80]。この著作の題名には「『通鑑綱目』から訳し出された（traduit du *Tong-Kien-Kang-Mou*）」という文言が入っているが、ド・マイヤは自序でこの著作の底本について「康熙帝がタタ一ル語〔満洲語〕に翻訳させた歴史書」[81]と述べているので、正確にはパルナンがド・メーラン宛の手紙で紹介し、その一部を翻訳したのと同じ、康熙三〇年編纂の満文訳『御批綱目』を用いたと思われる。そのほか、本文では『外紀』や袁黄『歴史綱鑑補』、また『史記』、胡宏『皇王大紀』、鄭樵『通志』、馬端臨『文献通考』など、さまざまな歴史関係の文献が参考文献として挙げられている。

ド・マイヤは有巣氏から叙述を始めた。ただし次の燧人氏の治世末年、すなわち伏羲の統治開始の前年を紀元前二九五三年とし(マルティニやクプレと一致)、この年から西暦による年代表示を開始している。そして一七二二年すなわち康熙六一年で叙述を終えている。[82]上古の歴代統治者の系譜において、有巣氏をどこに位置づけるかは文献によって異なるが、『歴史綱鑑補』では天皇、地皇、人皇の三皇の後に有巣氏、燧人氏、伏羲氏の順番で叙述がなされ、ド・マイヤの著作と重なる。つまりド・マイヤは、初めて伏羲より前の統治者を中国史の範囲に含めた在華イエズス会士といえる。

(5)『竹書紀年』vs『資治通鑑』系列の書物

フレレは、ヨーロッパで初めて、中国における歴史編纂の歴史を概説した。これに対してド・マイヤは、フレレよりさらに詳しい概説を『中国通史』の自序およびフレレへの手紙で行っている。自序では、まず「中国人は、その帝政が始まったときから、歴史書のための役所を有している」と述べ、中国では非常に早くから、歴史編纂が国家事業として行われてきたことが強調される。さらにド・マイヤは、この中国の修史官を駆り立てるのは「真実を語ることへの欲求のみ」だと述べる。この「真実に対する愛」を、ド・マイヤは『春秋左氏伝』巻三六・襄公二五年条に記された「崔杼弑君」の物語や、唐太宗からの「自分が何か間違いを犯した場合、お前は必ず記録するか(朕有不善、卿必記邪)」との問いに対し、起居郎として歴史編纂に携わる褚遂良が「私の職掌は筆を執り記録することにありますので、皇上が行われたことは必ず書きます(臣職載筆、君挙必書)」と答えたという話(『新唐書』巻

一〇五・列伝第三十・褚遂良）を引いて、強調している。(83)

続いてド・マイヤは、中国の歴史関係文献を時代ごとに取り上げ、それぞれの内容や編纂の状況などについて概説する。彼が取り上げたおもな書物の名を列挙すると、まず『三墳』と『五典』すなわち伝説上の最古の書物から、『書経』をはじめとする五経、『史記』や『漢書』をはじめとする歴代正史、『春秋緯』や『春秋元命苞』など緯書、『資治通鑑』および『外紀』『綱目』『前編』『歴史綱鑑補』といった『資治通鑑』系列の書物、となっている。ド・マイヤはそれぞれの著者や注釈者の名も細かく挙げている。(84)

このようにド・マイヤは、中国における歴史編纂は長い伝統を有し、国家事業として非常に重視され、修史官は「真実に対する愛」によって歴史編纂に携わってきた、ということを盛んに強調した。これは中国の歴史書における年代計算の分岐などを指摘し、その真正性に疑問を投げかけたフレレに対する反論の一端を形成している。

次にド・マイヤによるフレレ宛の手紙を見てみよう。これらの手紙ではフレレ論文に対する直接的な反論が展開されている。論点はいくつかあるが、とくに注目すべきは『竹書紀年』、『書経』、『資治通鑑』系列の書物の真正さをめぐる議論である。まずフレレが真正の書として依拠した『竹書紀年』に関する議論を見てみる。ひとつ注意しなければならないのは、フレレがこの書の名をつねに『竹書（Tchou chou）』とのみ呼んでいたことである。ただしフレレの語っている内容からして、この『竹書』は『竹書紀年』以外ではありえない。これに対しド・マイヤは『竹書』と『竹書紀年（Tchou chu ki nien あるいは chronologie des Tchou chu）』を使い分け(85)、『竹書』と言う場合には『竹書紀年』をその一部として含む汲冢書全体を指した。この用語法のずれを、ド・マイヤは利用したのである。

ド・マイヤは南宋の洪邁『容斎随筆』続筆巻第一三・汲冢周書を取り上げ、洪邁が引いた『逸周書』巻四・世俘第四〇の中には、武王が狩を行い、虎二二頭や麋（となかい、あるいはなれしか）五二三五頭、犀一三頭をはじめとする動物を捕らえたという話や、四夷に産するというさまざまな奇妙な獣の話があり、これらが「とても信じ難く」、「空想上の」ものとしか思えないと述べている。そして、「『竹書』は、こうした類の大変ばかげた話の寄せ集めで溢れかえっている」と断じる[86]。つまり『逸周書』は、『隋書』経籍志に誤って汲冢書と記されて以降、汲冢周書と称され汲冢書のひとつとみなされたが、ド・マイヤはこの認識に沿って、『逸周書』の真正性に対する疑念を、汲冢書すなわち『竹書』全体に対する批判へと拡大しているわけである。ただし『四庫全書総目提要』史部六・別史類・逸周書にも「周書は汲冢からは出ていない（周書不出汲冢也）」と記されており、『逸周書』を汲冢書のひとつとみなすのは誤りだという認識はド・マイヤ当時一定程度広まっていたと思われるのだが、彼がこれを単に知らなかったのか、故意に無視したのかは不明である。

ド・マイヤはさらに、『竹書』および『竹書紀年』について「最新の研究の結果、誤りや誇張、不合理で溢れかえった偽書とする意見が一般的である」とも述べる。同じ場所でド・マイヤは南北朝の沈約に言及しており、ここでの『竹書紀年』は沈約の注本と伝えられ元代以降世に出回った今本を指すことが明らかである。『四庫全書総目提要』史部三・編年類・竹書紀年には、この今本について「繰り返し検討を重ねた結果、汲冢原書ではないと思われる（反覆推勘、似非汲冢原書）」と述べられている。また民国の王国維『今本竹書紀年疏証』自序には、今本『竹書紀年』が後代の人によって編纂された痕跡がはっきり残っているため「この三百年間、学者のなかでこの書を〔偽書と〕疑う者が多くいたのは言うまでもない」と述べられている。このように清代の学者たちのあいだで、今本『竹書紀年』を偽書と疑う意見が強まっていた状況について、ド・マイヤは言及したものと思われる[87]。

『書経』については、「非常に大きな空白」が存在することが強調される。ド・マイヤは、孔安国による書序に挙げられた百篇の中には「伊陟」「原命」「仲丁」「河亶甲」「祖乙」（以上商書）、「将蒲姑」（周書）など、篇名のみ残り、本文が漢代に伝わらなかった篇が多数存在すると述べる。そしてこうした空白は四書五経のすべてに存在し、後代の注釈者たちによって補われ、回復が進められてきたが、史料が不足している場合は、「疑わしく大家たちの保証を得ていない遺物によって補うよりは、当該の時代に空白を残したままにしておくほうが好まれた」という[88]。

こうして『書経』および中国上古の歴史に遺された空白を補うべく現れた書のひとつとして、『資治通鑑』が取り上げられる。フレレとは逆に、ド・マイヤが『資治通鑑』系列の書物に信頼を置いていることは、満文訳『御批綱目』を『中国通史』全体の底本として採用したことからすでに明らかである。ド・マイヤは上古史の部分を扱った『外紀』および『前編』が、とくに年代計算に関して「長い時間を要する、厳密な吟味を経た後で、初めて『通鑑』の冒頭に置かれた」と述べている。またフレレは、『外紀』や『前編』の年代計算が『竹書紀年』と大きく異なることを問題とし、後者に理があるとしたが、ド・マイヤにとっては偽書の疑いが濃い『竹書紀年』とのあいだに大きな差異があることは、むしろ『外紀』や『前編』にとって有利な証拠であり、さらにそれらの真正性は、権威ある正史のひとつ『漢書』とほぼ「完全に合致する」ことによって裏づけられていた。[89]

(6) 論争の成果

フレレとド・マイヤの論争は、結果として、ヨーロッパにおける中国史および中国の歴史書への理解を格段に深めたといえる。その表れのひとつが、一八世紀後半に編纂された『ブリタニカ百科事典』(初版、一七七一)の「中国人(Chinese)」の項[90]である。この事典では、他の「異教の」国々、すなわちエジプトやインド、ペルシア、日本に関する項目では、基本的にヨーロッパ人が著した旅行記などが典拠として示されている。これらの項目と鋭い対照をなしているのが「中国人」の項である。すなわち当該の項では、中国文献そのものが多数、典拠として引き合いに出されているのである。

とくに頻繁に登場する書名を挙げると、五経の『書経』や『春秋』のほか、『史記』、『資治通鑑外紀』といった史書、またド・マイヤがフレレ宛の手紙で詳細な紹介を行った羅泌の『路史』[91]がある。そのほか呂不韋、孔安国、孔穎達といった作家名も散見される。

6　アミオによる中国史叙述

（1）「普遍史」としての中国史

以上、一七世紀後半〜一八世紀前半の在華イエズス会士による中国史叙述、およびそれらに対するヨーロッパ知識人の反応について検討した。こうした前の世代の在華イエズス会士たちが打ち立てた叙述の方式、および中国史をめぐる議論は、一八世紀末のアミオによる叙述にも大きな影響を与えた。アミオの『中国帝国普遍史概説』は、一七六九年に王室図書館司書主幹のビニョン宛に送られた。[92] そもそも王室図書館は、一七〜一八世紀のあいだ、在華イエズス会士その他から送られた漢文および満文の書籍を大量に収集しており、[93] この目的のため、アミオもビニョンへ中国書籍およびそれらの翻訳を送っていた。

序章でも触れたが、ド・ギーニュ[94]は、アミオによる乾隆帝『御製盛京賦』のフランス語訳を出版する際、その前言において次のごとく述べている。一七六九年にアミオがビニョン宛に「きわめて興味深い幾冊かの書籍」を含む箱を送ろうとしたが、広東の税関で差し押さえられ、結局『御製盛京賦』のフランス語訳以外の送付を、翌年に延期することにした、[95] と。時期から考えて、このビニョン宛の「箱」には『中国帝国普遍史概説』の手稿も含まれていたと推測される。なお広東で一旦差し押さえられたという書籍のなかには、乾隆帝による『御製詩（*Yu-tché-tsi*）』二四巻や『御製綱鑑（*Yu-tché-kang-kien*）』があったという。[96]『御製詩』は乾隆帝による『御製詩』を指すと思われる（ただし一七六九年以前に出された初集三〇巻と第二集四四巻のうち、二四巻に該当するのがどの部分かは不明である）。そして注目すべき『御製綱鑑』は乾隆三二年（一七六七）編纂の『御批歴代通鑑輯覧』の別名であり、『中国帝国普遍史概説』とともに、その典拠のひとつとして、ヨーロッパへ送られたものと推測される。

こうして『中国帝国普遍史概説』は、おそらく一七七〇年かそれ以降にフランスへ送られた後、一七八八年出版の『メモワール』第一三巻に掲載され[97]、広く流通した。『メモワール』掲載の文章と、アミオの手稿（フランス国立図書館所蔵）を比較すると、手稿と刊本は大部分同一であるものの、一箇所大きな省略箇所がある。この点についてはすでに第1章で論じたので、ここでは詳しく立ち入らない。しかしもともと手稿に含まれていた、中国上古の統治者の系譜と、アダム以降の「人類の祖先」の系譜との同定に関する話題は、この報告に「普遍史」という題名がつけられた理由を推測するための材料となる。すなわち普遍史[98]とはもともと、聖書にもとづくキリスト教的世界史が冠していた名であり、本章で取り上げた「神聖な」歴史とほぼ同義語といえる。ヨーロッパでは中世以来、歴史叙述においては普遍史が主流であり、ヴォルテールによる聖書を中心としない新しい世界史叙述が現れた一八世紀においても、広く流通していた。

以上の背景を踏まえて、このアミオのつけた題名をあらためて眺めてみると、その大胆さが鮮明になってくる。すなわち、本来の普遍史の観点からすれば、中国の歴史は特殊な「世俗の歴史」にすぎない。ところが『中国帝国普遍史概説』という題名は、中国にも普遍史が存在すると述べているのに他ならない。第7章で論じたように、アミオは満洲語を文芸共和国の普遍語としてヨーロッパに示そうとしたが、それに加えて中国の歴史を普遍史として翻訳したことも、アミオが中国文明に世界的な意義を付与しようとしたことの明確な表れといえる。

（2）紀年法

アミオはマルティニ以来の伝統に従って、干支紀年法と西暦を併記して年代表示を行った[99]。彼は次のように述べる。近年ヨーロッパでは、大勢の人々が中国の歴史について取沙汰するようになったが、こうした人々のなかには、ウルガタ訳聖書に基づく年代法に執着し、これに合わないものはひとしなみに却下する者がいる[100]。トリエント公会議以降、ウルガタ訳聖書が「カトリック教会によって公認された唯一の版」となったこと、そしてウルガタ訳聖書に基づく「もっとも著名な年代学者たち」すなわちスカリジェールやペトー、アッシャー、マーシャムらが[101]最大の尊敬に値することは確かである。しかしトリエント公会議の決定は、ウルガタ訳以外の版をすべて誤りだとしたわけではなく、「聡明なカトリック教徒たちが、意味の不確定な原文について、異なるさまざまな版を比較対照しながら解明する自由を確保している」のである。ゆえに比較対照の結果、「もっとも理性に適う」七十人訳聖書年代法を採用するのは、正当なことである、という。[102] このような発言は、前述のごとく、在華イエズス会士が中国史の古さへの過剰な信頼のために七十人訳聖書を採用するという非正規的な方法を選んだと批判したルノード、および同様の考えをもつヨーロッパ知識人に向けたものと思われる。

ただしアミオが用いた年代法は、従来の在華イエズス会士の年代法とは少し異なる。従来の在華イエズス会士は、七十人訳聖書に基づく紀年法のなかでも、天地創造を紀元前五二〇〇～五一九九年、大洪水を紀元前二九五七年とするものを採用したが、アミオはより古い期間を包含する年代法を選んでいる。アミオの『中国帝国普遍史概説』は全三部に分かれており、前二部が盤古～黄帝の治世第六〇年に関する叙述で、第三部のみ年代記の形式になっていて、黄帝の治世第六一年～舜の死が扱われている。アミオは、黄帝の治世第六一年を西暦の紀元前二六三七年とし、この年が七十人訳聖書に基づく紀年法では天地創造の三三三五年後、大洪水の一〇七九年後にあたるとした。[103] つまりアミオが用いた紀年法は、天地創造を紀元前五九七二年、大洪水を三七一六年とするものである。他にもアミオは、バビロニア王国建設を紀元前三一七五年などと記している。[104] これはペズロン（Paul Yves Pezron 一六三九～一七〇六）の打ち立てた年代学である。ペズロンは、短い期間のみを扱うウルガタ訳聖書年代学がごく最近作られたもので、より長い期間を扱う七十人訳聖書年代学を「再建」すべきだとの説をとなえた。[105]

アミオの年代記では、天地創造および大洪水の年代が大幅に遡ったのと同時に、伏羲の治世の年代も、マルティニ以来の在華イエズス会士が紀元前二九五二年としたのに対し、紀元前三四六一年と五〇〇年以上遡った。ただし黄帝の治世初年は、マルティニらと同じ紀元前二六九七年であるため、伏羲～黄帝の期間が大幅に延長されている。つまりアミオは、この期間を確保するためペズロン年代学を採ったと考えられる。ではその意図とは何か。

（3）時代の区分、および中国文献の選択

マガリャンイスやパルナン、プレマールと同じく、アミオも中国史を三つの時代に区分した。まずもっとも古い盤古や三皇（天皇、地皇、人皇）～伏羲は「神話上の、または伝説上の時代（tems〔ママ〕 mythologiques ou fabuleux）」、続く伏羲～黄帝の治世第六〇年は「疑わしい、または不確実な時代（tems〔ママ〕 douteux ou incertains）」、最後に、黄帝の治世第六一年以降はすべて「歴史上の、または確実な時代（tems〔ママ〕 historiques ou certains）」である。従来の在華イエズス会士のものと明確に異なるのは、中間の時代と歴史時代の境目を黄帝の治世第六〇～一年に置いた点である。この差異は、底本の差異に直結している。

従来の在華イエズス会士は、『資治通鑑』や『綱目』と同じく威烈王か、あるいは『前編』と同じく尭か、どちらかに歴史時代の始点を置いた。これに対しアミオは、報告冒頭で「非常に簡潔でありながら、深遠な学識による成果に他ならない、ある書物が出版されたばかりだ」と語っている。彼によれば、その書物は黄帝から始まり、清朝皇帝にいたるまでのすべての中国統治者を並べた年代表であり、干支紀年法における一周期（六〇年）をひとつの「元」とし、上元、中元、下元の三元を一周期（一八〇年）、その一〇〇回の繰り返しをさらに大きな一周期（一八〇〇〇年）とする説を用いている[106]。「出版されたばかり」といえば、乾隆三二年編纂の『御批歴代通鑑輯覧』が該当するようにも思える。前述のごとく、『通鑑輯覧』はおそらく『中国帝国普遍史概説』とともにヨーロッパへ送られており、アミオの参考文献のひとつだったと考えられるが、肝心の内容が上記のアミオの言葉と一致しない。内容から見て、アミオが参照したと考えられるのは、康熙五四年編纂の『御定歴代紀事年表』や乾隆六年編纂の『御定万年書』などに付された、『歴代三元甲子編年』である。

いずれにせよ、アミオが参照した書物とは、彼の「我らが皇帝の筆になる、より正確にいえば、その威厳ある名のもとに発表された[107]」という言葉からして、乾隆帝の勅撰書であろう。清朝勅撰書の出版についてアミオは、「その賢明な情熱によって、日々中国における文芸の価値を高めつつある」清朝皇帝の指揮のもと、満漢両方の官僚に

よる議論と審議が重ねられ、最終的に「史料によって真実であると証明可能か、計算によって確実であると判断可能か」いずれかの事実のみが記録として残る、と絶賛する。[108] アミオの認識の正否はともかく、歴史時代の始点を、どの在華イエズス会士とも異なる黄帝六一年に置いた背景には、如上の清朝の文化政策に対する大きな信頼があったことは確かである。

こうしてアミオは黄帝の治世に歴史時代の始点を置き、伏羲が創始した中国という国家の統治を黄帝が完成したと意味づけた。[109] すでに論じたごとく、アミオが伏羲～黄帝の期間を大幅に延長したのは、この意味づけを確実にするためだったのではないか。アミオは、この期間を女娲と共工（この二氏はひとまとめにされている）、神農、臨魁、帝承、帝明、帝直、帝釐、帝哀、帝楡罔の世にあてている。『前篇』の巻首で伏羲と黄帝のあいだに列挙されたこれらの名は、パルナン以外の在華イエズス会士にはほとんど顧みられることがなかった（ただしパルナンは女娲と共工のみ、本文ではなく注に掲げている）が、アミオにとっては、中国という国家の完成という大事業が黄帝の治世に果たされたことに真実味をもたせるため、いわば準備期間としての九氏の在位期間が、是非とも必要だったのではないかと思われる。

なお、アミオは『歴代甲子図』と題する漢文の年表（周威烈王第一年～乾隆三六年）が描かれた帛書も送っており、現在フランス国立図書館に蔵されている（BN : ms. Chinois 643）。

（4）天文観察記録をめぐる議論

天文観察記録をめぐる在華イエズス会士とヨーロッパ知識人たちとの論争は、アミオにも受け継がれた。アミオは、上記の三つの天文観察記録に関するカッシーニ説を概観したうえで、この説を支持して中国文献の真正さを否定する人々の主張を「金の歯の物語（Histoire de la dent d'or）」と名づけている。[110] この言葉は、フランス科学アカデミー終身書記フォントネルが、シレジアのある少年の口に突然金の歯が生えてきたという逸話について語ったことに由来する。この不思議な現象について聞き、熱心にその原因を探ろうとした学者たちによって、さまざまな「金の歯の物語」が語られた。しかし結局、この金の歯は人為的に嵌め込まれたにすぎなかったのである。この顚末を踏まえて、フォントネルは、未知の現象に遭遇した際、その原因についてあれこれ憶測し、辻褄を合わせることに躍起になるより、まず事実を確かめることが肝要だと述べた[111]。前述のごとくカッシーニ説は、ルノードやド・メーランといったヨーロッパ知識人が、中国史の真正さに対し疑義を呈する際の大きな拠り所となったが、カッシーニやこうした追随者が事実の追究を怠っているという批判を、「金の歯」なる喩えに込めたのである。

ところで、アミオが攻撃したのは、中国語を解しないカッシーニらが中国の原典を確認することなく、ヨーロッパ人による翻訳のみに頼った点である。アミオは、カッシーニが頼った翻訳自体に問題があると考えた。ではカッシーニが頼った翻訳とは何か。他ならぬマルティニら在華イエズス会士の中国年代記である。つまりアミオの攻撃は、カッシーニを経由してマルティニら前の世代の在華イエズス会士へも及んだのである。

アミオは、次のごとく批判を展開した[112]。マルティニは「中国史において語られていないことについて語る罪」を犯した。その罪とは、「正文（texte）」と「注釈（glose）」を取り違え、一部の中国の注釈家に倣って、「正文」と「注釈」をひとつに合わせて中国年代記を作り上げたことにある。たとえば顓頊の時の五星会合について、「正文」で語られているのは「顓頊は天文の計算と観察に必要な改革を指示した。彼は寅の月を暦の始点と定めた」という内容のみである。しかるにマルティニが翻訳したのは、「勝手気ままに」追加された「注釈」を大量に含む、以下のごとき文章だと、アミオは言う。

地は純粋な陰で、中央でじっとしている。天は陽で、絶えず地の周りに浮かび、地を取り囲み、巡っている。しかしその「天地の」漠然とした姿しかわからなかったため、皇帝はある図を作り、そのなかでひとつの始点を定めた。彼は正しく虚と実、上昇と下降を区別した。この歳、春の始まりをもって正月元日と定められた。

五つの星が天で会合し、営室という星宿を通った。凍りついたすべてのものは、やっと解け出したばかり、隠れていた虫たちも冬眠から覚め、雄鶏は初めて三度ときの声をあげ、四つの足をもつ者や翼をもつ者をはじめ、自然万物が完全に調和した。そのため皇帝は、この時をもって彼の暦の根元と定めた。

つまりマルティニが言及して以来、たびたびヨーロッパ知識人による批判の対象となってきた五星会合は、本来「正文」には全く登場せず、「注釈」において初めて出現したものなのである。

アミオが「正文」として引用した文章は『資治通鑑綱目前編（*Tsée-tché, Toung-kien, Kang-mou, Tsien-pien*）』から、「注釈」とした文章は『綱鑑（*Kang-kien*）』から取ったと、本人が述べている。アミオのいう『資治通鑑綱目前編』とは、在華イエズス会士がよく用いた満文訳『御批前編』である可能性が高い。また、『綱鑑』とは、ド・マイヤが用いた袁黄『歴史綱鑑補』や、ゴービルが用いた鍾惺『鼎鋟鍾伯敬訂正資治綱鑑正史大全』、もしくは王世貞会纂『綱鑑大全』[113]など、明代の出版物のなかでいくつかの可能性がある。アミオの翻訳内容からすると、前半は明代の顧錫疇『綱鑑正史約』と、後半は上に挙げた三つのいずれとも似ている。以下、①漢文『前篇』巻首、②満文『前編』巻一、③『綱鑑正史約』巻一、④『綱鑑正史大全』巻一の該当箇所を引用する。

①改作曆象、以斗杓建寅之月為曆元。
②bodoro tuwarangge be halame arafi, tasha alihan biya bi hūwangli i uju obuha.
③改作曆象、以建寅之月為曆元。地純陰、凝聚於中、天浮陽、転施於外。周旋無端、其体渾渾、帝始為儀制、験其盈虚升降、制曆以孟春為元、故後世称帝為曆宗。
④帝作曆、始為儀制、験其盈虚升降、以孟春斗杓、建寅之月為元。是歳正月朔旦立春、五星会於天、歴営室、氷凍始泮、蟄虫始発、鶏始三号、天曰作時、地曰作昌、人曰作楽、鳥獣万物、莫不応和、故後世称顓頊為曆宗。

前述のように、「勝手気ままに」追加された「注釈」を大量に含む、とアミオによって表現された文章と、③と④の内容がほぼ一致していることは明らかである。こうしてアミオは、マルティニが「注釈」に依拠したことによって、本来「正文」には無い五星会合の記録が中国年代記に竄入された、と主張した。

ただし上の主張に類した内容は、一八世紀前半のパルナンにすでに見られる。パルナンは、『御批前編』の「正文（texte）」について、「五星会合について述べず、ただこの皇帝が計算の方法や、天象あるいは天体の運動を観察する方法を変更したことを述べるのみ」だと指摘した[114]。すでに取り上げた、伏羲と黄帝のあいだに九氏の治世を置く叙述の仕方も含め、パルナンとアミオのあいだに、序章で触れたような清朝宮廷における通訳の職掌だけでなく、思想的な面でも継承関係が見られることは注目に値する。

また、上記のものとは別の仕方での批判も見られる。それは、尭の治世における二分二至の確定について叙述する際、マルティニが「注釈」に依拠したゆえに、本来「正文」に書かれていた内容が抜けてしまった、というものである[115]。このときの「正文」とは、「皇帝によって最近出版された」満文訳『書経』、すなわち乾隆二五年編纂の『御製繙訳書経』尭典の経文と、この経書より「若干詳細な史書」、すなわち満文訳『御批前編』巻一の正文から採られている。また「注釈」は『通志』（宋、鄭樵）の巻二、朱熹の発言から採られている。朱熹の発言に関しては、書名が明記されていないが、『御批前編』巻一の注で朱熹の発言として引用された文章から採られた可能性が高い。

そもそも二分二至とは、尭が羲氏と和氏に暦法の整備を命じ、羲仲、羲叔、和仲、和叔の四名に手分けして確定させたといわれる。アミオが問題とするのは、『書経』と『前編』には、二分二至の際に鳥（春分）、火（夏至）、虚（秋分）、昴（冬至）という四つの星宿の南中が認められたとの記述があるのに対し、『通志』には四星宿に関する言及が無く、さらに朱熹が「冬至の際、日中は虚が南中し、夜中は昴が南中した」と述べたことである[116]。じつはマルティニの中国年代記も、二分二至のうち冬至の確定についてのみ叙述し、しかも冬至の際に虚が南中したと伝えられている、とした。これは明らかに「注釈」に依拠したゆえの矛盾であり、この矛盾がマルティニを通してカッシーニに伝わったために、カッシーニが「本文」とは異なる不正確な情報に基づいた検証を行うという結果を招いたのである。[117] このことを、以上のごとくアミオは厳しく批判した。

最後に、仲康日食に関してアミオはどのように述べたのか。『書経』胤征には、仲康即位後、天文官の羲と和が職務を放棄し、暦法を乱したために「季秋の月の朔日、日月が房宿において合しなかった」[118]、すなわち日食が起こったと記されている。仲康日食の記録の真実性について、もっとも精力的に議論を展開したのはゴービルだが、彼は自身の天文学上の知識を活用し、天文計算によって仲康日食の真実性を立証しようと努めた。

このいわゆる仲康日食については、従来の在華イエズス会士と同じく、アミオもその真実性を主張する。ただしその主張の仕方はゴービルらと大きく異なる。[119] アミオは、そもそも『書経』において仲康日食は「日食として」というより、いうより「ひとつの歴史的事実として」記録された、という。つまり『書経』の書き手は天文家としてというより、歴史家としてこの出来事を記した、というのである。それゆえにこの書物は「詐欺師には不可能な自然さ、素朴さを備えている」のであり、フレレが、天文学的知見のみに照らして『書経』の叙述を「甚だしい不合理性で満ち溢れている」などと断じたのは的外れだと、アミオは主張する。前述のごとく、フレレは『資治通鑑』系統の書物に比して、『書経』の真正さを高く評価した。しかしそのフレレも、『書経』の仲康日食に関する箇所に関しては、「不合理性で満ち溢れている」と批判し、この箇所は本来の『書経』には無く、後から拙劣な仕方で付け足されたのだろうと断じている。[120]

同様の批判は、アミオと同僚の在華イエズス会士ゴービルにも向けられる。ゴービルは、『書経』の史料としての重要性を認めつつも、さまざまな点で「絶対的な証明」を欠くとした。これに対しアミオは、次のごとく反論した。天文家なら日月の合する場所、時刻と時間など計算上必要なさまざまな情報を盛り込むべきだが、歴史家はむしろ淡々と、起きたことを見聞きしたまま叙述する必要がある。その点で『書経』の書き手はその役割を十全に果たしたといえる、と。

おわりに

マルティニ以来の在華イエズス会士は、『書経』や『資治通鑑』系統の書物など、さまざまな漢文および満文の文献に依拠して、中国史を叙述した。それらは、当時としては比較的典拠に忠実な内容だったといえる。しかしヨーロッパへ向けて中国史を翻訳するにあたって、独自の要素も少なからず付加された。そのおもなものとして、七十人訳聖書に基づく年代法の使用、神話時代・歴史時代・両者の中間の時代という時代区分の適用、そして天文観察記録の真実性の強調、そして『資治通鑑』系統の書物をはじめとする中国文献の真正さの証明といった要素を、本章では取り上げた。これらの要素は、しばしばさまざまなヨーロッパ知識人との論争の端緒となりながらも、歴代の在華イエズス会士によって継承されていった。

在華イエズス会士は、如上のさまざまな要素を付け加えることによって、中国における歴史叙述、および中国文明そのものの合理的側面を強く打ち出そうとしたものと思われる。この試みは一定の成功を収めたといえる。たとえばヴォルテールは、中国における歴史叙述が古来天文観察記録と一体となって行われてきた点に注目し、その合理性を高く評価した。さらに一九世紀半ば頃、イギリスで『中国に関する、歴史的かつ記述的な報告（*An Historical and Descriptive Account of China*）』（一八三六）と題する、大がかりな概説書が編まれた。これは地理学者、数学者、植物学者など各方面の専門家が集まって、中国古今の歴史や地理、言語、政体や産業、地質や動植物などについてまとめた書物である。編纂の中心となったマレー（Hugh Murray 一七七九～一八四六）は地理学者で、中国のほか、インドやアメリカについても研究を行った。この書物には、次のような文章が見える。

中国人は、インド人と同じように神話で溢れ、ほぼ同じくらい現実離れした年代記を有している。〔中略〕最初の人間である盤古から孔子までの十紀（ten kis）は、三二七万六〇〇〇年とする説から九六九六万一七四〇年とする説まで、さまざまな数え方がある。〔中略〕しかしながらそこには重要な違いがある、すなわちインド人が、何百万年にもおよぶ期間を自分たちの神聖な歴史のなかに含めているのに対し、中国人は神話に類した記録を、軽蔑と嫌悪を込めて、幼稚かつばかげているとみなし、異端の歴史にすぎないとしている。(121)

この文章には、中国の歴史家が神話と歴史を厳しく弁別するとした、在華イエズス会士たちの主張が明確に反映されている。

在華イエズス会士の最後の世代を代表するアミオも、従来の在華イエズス会士による中国史叙述から、多くの要素を継承した。その意味で、彼の『中国帝国普遍史概説』は、一七～一八世紀在華イエズス会士による中国史叙述の集大成といえる。

しかし、さらに『中国帝国普遍史概説』を詳細に分析した結果、伝統に対するさまざまな改変、すなわちペズロン年代法の採用や、歴史時代の始点を従来とは異なる黄帝六一年とする操作を含むだけでなく、マルティニやゴービルらによる中国文献の「正文」と「注釈」の混同や、中国文献の本来の性質に対する認識不足など、前の世代の在華イエズス会士に対する批判をも豊富に含むことが明らかになった。そして、これらの改変や批判は、中国文献の取捨選択の仕方と密接に結びついている。アミオは、従来の在華イエズス会士が盛んに利用した『綱鑑』などの「注釈」を放棄し、『書経』などの儒教経典のほか、とりわけ満文訳『御批前編』や『歴代三元甲子編年』といった清朝欽定書に依拠することを選んだのである。

興味深いことに、一八世紀後半の在華イエズス会士における「清王朝のオーソドクシーを求め」る態度については、これまでアミオと同期の在華イエズス会士シボによる『孝経』の翻訳に関するいくつかの研究において、指摘されたことがある。(122)つまり現在のところサンプルが多いとはいえないが、少なくとも経と史の二つの分野に関しては、一八世紀後半の在華イエズス会士の思想における、正統主義的傾向が明らかになりつつあるといえよう。このことにより、当該時期の在華イエズス会士の思想的独自性、さらには在華イエズス会士内部における思想的多元性の一端が開示されたといえるのではないか。

終　章　アミオの中国像とその後

以上九章にわたって、一八世紀後半の在華イエズス会士アミオによるさまざまな報告を検討し、その中国文明をめぐる翻訳について論じてきた。アミオによる翻訳は、リッチ以来の、そしてとくにパルナンら一七世紀後半～一八世紀前半に清朝宮廷に仕えたフランス出身在華イエズス会士による報告から、多くのものを継承していた。しかしそれに劣らず多くの独自性がアミオ報告にあることも明らかになった。その独自性のひとつは、アミオによる著述が、ともすれば雑多でとりとめがないようにさえ見えるほど幅広い主題を扱っていることにあるが、このことはまさに、アミオが中国文明をひとつの世界として捉え、その広大さと豊かさを描き出そうとしたことの表れであった。

従来、ヨーロッパでは中国がもっぱら道徳の方面において発展した国として描かれ、科学に関しては停滞しているという見方が一般的であり、在華イエズス会士もこうした見方を積極的に修正するにはいたらなかったが、アミオが中国音楽をめぐる報告を通して描き出そうとしたのは、まさに中国においてこそ古来「科学のなかの科学」が保存されてきたという新しい見方であった。そして従来の在華イエズス会士は、その適応政策にもかかわらず、宋明理学に関してはそれがカトリック神学とのあいだに解消しがたい矛盾を抱えているものと捉えて、基本的に否定的な立場をとり続けたが、アミオはあえてこうした宋明理学を一八世紀ヨーロッパにおける最新科学と接続してみせた。このことは、アミオが生きた一八世紀当時、ヨーロッパにおいて主要な普遍性の体現者の位置を科学が占めようとしていたという思潮と、密接に結びついているものと考えられる。

しかし第1章および第2章で明らかにしたごとく、アミオは決して中世以来ヨーロッパで継承されてきたカトリックの権威に疑念をさしはさんだわけではなく、むしろ真の科学を中国に見出そうとする彼の試みは、より強固なカトリックの普遍に対する信頼を前提とすることでいっそうの独自性を帯びることになったのである。そしてこうした態度は、典礼論争におけるカトリック教会の決定に反し、リッチによって打ち立てられた上帝・天＝天主説に回帰するというある種の過激さも含んでいた。

ただしアミオの報告に作用したのは、先述のごとき当時のヨーロッパにおける思潮だけではない。その科学をめぐる著述は、朱載堉らの思想に豊富に取り込まれた象数易学からの強い影響を感じさせるものであったし、『孔子伝』は、明清時代に『孔子聖蹟図』など孔子を記念し崇拝の意を表すことを目的とする著作が盛んに編まれていなければ、おそらく作られることはなかったであろう。そしてとりわけアミオの報告に強い影響を与えたのは、当時中国を支配した清という王朝であった。アミオは満洲語の文法および語彙をヨーロッパの知識人に向けて詳しく解説しただけでなく、在華イエズス会士として初めて、当時ヨーロッパにおける普遍語であったフランス語のごとき明晰さを備えた言語として、またヨーロッパでも共有に値する完全な言語として描き出そうとした。こうした試みは、アミオが活動した当時、乾隆帝のもとで進められていた『御製増訂清文鑑』の編纂などの清朝当局による満洲語の整備事業への大きな信頼に支えられたものだった。

そしてアミオが邸報を通して清朝の政治運営を観察し、そこに当時ヨーロッパにおける国家と社会の改革のなかで練り上げられつつあった「公共善」なる理念の実現を読み取ろうとしたことは、清朝における奏摺制度および軍機処など諮問機関の設置による合議制―側近政治への着目と強く結びついていた。さらにヨーロッパでは、アミオの翻訳を通して初めて『四訳館考』や『華夷訳語』、さらに『大清一統志』の内容が把握され、清朝という空間が十八省からなる直接統治区域だけでなく、その外側に広がる外藩各部や土司（土官）制度の適用地域といった多様な部分から構成されると同時に、朝貢諸国との外交関係のなかで多元的な国際秩序の中心にあることが知られた。そしてアミオが叙述した中国史とは、伏羲あるいは黄帝を確実な起源とし、清朝にいたるまで間断なく続く壮大な「普遍史」であり、アミオをこのような中国史叙述へ強く促したのは、清朝による満文訳『御批前編』や『歴代三元甲子編年』といった欽定史書編纂事業であった。

ただしここで注意しなければならないのは、清朝自身が、ヨーロッパに対して自らの普遍性を積極的に鼓吹しようとしたわけではなかったという点である。この点でのカトリック教会と清朝との態度の差異がとくに顕著になったのは、典礼論争においてである。カトリックが自らの普遍性を中国にまで押し広げようとしたことこそ典礼論争の発端となったわけだが、このとき康熙帝が打ち出したのは「票」によって内外の区別を明確にし、中国の道理に服さない者は外へ追い出すという方針だった。すなわち、アミオが清朝の文明の普遍性をヨーロッパへ向かって打ち出そうとしたことは、きわめて独自的な振る舞いだったといえるのである。

こうしてアミオは中国とヨーロッパのはざまに身を置き、この二つの世界のあいだを横断しながら中国文明の翻訳に取り組むことによって、科学、カトリック、清朝との絶えざる接触のなかで、やがて新たな独自の中国像、まさに普遍の帝国としての中国という形象を練り上げたのであった。

それではこのような独自性をもつアミオ報告は、来る一九世紀以降の時代においてどのような役割を果たすことになるのか。最後にこの点について見ていくことによって、アミオによる翻訳の意義を確認したい。

（1）その後の宣教師たち――嘉慶初期における宣教師と天主教の管理強化

イエズス会の解散以降も、アミオら最後の世代の在華イエズス会士は中国での活動を継続し、ヨーロッパへの報告も途絶えることはなかった。その一方で、イエズス会が北京に保有してきた四堂などの財産は、ラザリスト会の所管に移ることとなり、それまでイエズス会士が宮廷に得ていた官職も、ラザリスト会士はじめ他会派の宣教師へ受け継がれることとなった[1]。とくにアダム・シャール以来、つねに在華イエズス会士が要職に就いていた欽天監では、ポルトガル出身のデ・エスピニャ、ロドリゲス（André Rodrigues 安国寧、一七二九～一七九六）、そしてアルメイダ（José Bernardo de Almeida 索徳超、一七二八～一八〇五）という三名が監正あるいは監副を務めたのを最後に、イエズス会士の系譜は途絶えることとなるが、その後もフランシスコ会士ゴウヴェア（Alexandre Gouvea 湯士選、一七五八～一八〇八）、ラザリスト会士ローらが引き継ぐ。結局、道光六年（一八二六）に欽天監監副の任にあったセラ（Verissimo Monteiro da Serra 高守謙、一七七六～一八五二）が、老母の世話のためポルトガルへ帰ることを願い出て、「母の世話が終わったあとも、再び上京するには及ばない」との諭旨が出るまで[2]、宣教師から欽天監へ人員を補充する伝統は継続したのである。

しかし北京における宣教師をとりまく環境は、アミオの活動した一八世紀後半から、一九世紀に入り嘉慶帝の時代がやってくると、大きく変化したようである。このことを、まずヨーロッパ側の史料を手掛かりとして探ってみたい。広東イギリス領事館の通訳官メドウズ（Thomas Taylor Meadows 一八一五～一八六八）は、一八四九年に満洲語を題材とした著作を出版している[3]。これは『大清律例』、『聖諭広訓』（民衆教化のため、康熙帝の編んだ『十六条聖訓』を、雍正帝が条文ごとに敷衍したもの）、翻訳科挙（清朝が旗人を対象として設置した科挙）における解答など、実際の満文作品を通して、満洲語読解の方法を学ぶための著作である。彼は満洲語に関する基礎知識として、満洲文字の起源や流布についても語っているのだが、そのなかで、次のごとく述べている。

最近の満洲君主における排他的政策、および臣民のあいだでキリスト教信仰が拡大することへの恐れから、外国人が彼らの言語〔満洲語〕を学ぶことを阻止するための厳格な措置がとられた。この問題に関して、嘉慶一〇年（一八〇五）に発布された勅命が、「中国帝国制定法集成（Collected Statutes of the Chinese Empire）」の第八六八章で詳細に示されている。ここにおいて皇帝は、自らがこれまで、北京における満洲人と西洋の外国人との交際、および後者の教え〔キリスト教〕を満文の書籍として出版することを禁じる諭旨を何度も下してきた、と述べている。彼はさらに、これらの書籍におけるいくつかの節に対する批評へと移っていくが、なかでも二つの節が彼の憤慨を掻き立てたようである。第一の節は、「神の命令に背いて両親の命令に従うことはもっとも不敬である。聖女バルバラが、その罪深い父親の反抗的な命令に従うことを拒むと、彼は自らの手で彼女を殺した。すると神の怒りに触れ、彼は鋭い稲妻に撃たれて死に至った〔中略〕」というものである。もっとも彼を不快にした第二の節は、次のごとく引用されている。すなわち、「あるとき、邪悪のうちに日々を過ごしているペイセ（peise）〔ベイセ、貝子＝清朝宗室などに付与された第四等爵位〕がいた。彼のフチン（fuchin）〔フジン、福晋＝夫人〕は、彼女の強さをふり絞って説得したが、彼は聞く耳をもたなかった。ある日悪魔の群れがこのペイセを地獄へ引きずり込んだ。そのとき、フチンの高潔な振る舞いを見ていた神が、彼女に対し、その夫は火の海のなかで永遠に苦しみ続けることになるだろう、と告げた。高潔さに満ちた説得に耳を貸さない者は、神による永遠の罰から逃れられないということの証である」と。[4]

ここでメドウズが言及している嘉慶帝の勅命とは、嘉慶版の『大清会典事例』第八六八巻・八旗都統に引用された、嘉慶一〇年五月二〇日の諭旨[5]に該当するようである。そのなかでは、「京師西洋堂」すなわち北京四堂に属するヨーロッパ人が「旗民と交際してその教えを学ばせ、勝手に満文書籍を刊行して伝播すること（京師西洋堂人、有与旗民往来習教、並私刊清字書籍伝播之事）」を、嘉慶帝が繰り返し諭旨によって厳禁し、各堂の禁止書籍を検分のうえ、廃棄させるなどの措置をとってきたという内容に続いて、皇帝がキリスト教の書籍をあらためるなかで発見した「もっとも悖謬な」話として、「聖女バルバラ（聖女巴爾拔拉）」をめぐる顛末や、あるベイセ（貝子）とそのフジン（福晋）に関する説話が引かれている。

以上の、嘉慶帝が満文の天主教書籍から引用したという各内容や、それらをメドウズが事細かに把握していたということも興味深いが、ひとまずここで重要なのは、嘉慶帝が下した結論そのものである。(6) 嘉慶帝は、その硃批として「本朝の清語〔満洲語〕、騎射を恪守し（恪守本朝清語騎射）」、「釈〔仏教〕、道〔教〕の二氏も信じるべきではないのに（釈道二氏尚不可信）」（「ましてや西洋教などなおさらだ（況西洋教耶）」が続く）、「本分に背いて邪に従えば、おのずと人の列には値しない（背本従邪、自不歯於人類）」などと加えた。じつは嘉慶帝がこのような厳しい決定を下した背景には、直前に起きていた一連の事件があった。各先行研究(7)によれば、嘉慶九年（一八〇五）、広東新会出身の陳若望（若望はヨハネ、ヨハン、ジョンなどの洗礼名の音写）という天主教徒が、江西で逮捕された。取り調べによって、陳の所持品から西洋の文字や漢文で書かれた手紙、および天主教の書物などが多数見つかり、手紙のなかには直隷広平府から山東省登州府の海口にいたるまでの地図が入っていたという。尋問に対し、陳は、手紙はアルメイダから託されたもので、その内容も、地図がなぜ入っているのかも知らないと述べた。じつはこの地図は、北京西堂所属のイタリア出身アウグスティヌス会士アデオダート（Pietro Adeodato 徳天賜、一七六〇〜一八二一）によるもので、本来は布教聖省当局へ送られるはずだった。当時宣教師のうちポルトガル系の人々と、フランス系およびイタリア系の人々とのあいだで激化していた、直隷と山東における縄張り争いの調停を布教聖省に願い出るため、それぞれの宣教地盤の関係を明確化しようとしたのである。

しかし一連の事件の報告を受けた嘉慶帝は、この地図は反乱や侵略の陰謀と関わりがあるものとみて、危険視したという。その背景には、この時期にマカートニー使節団を突然派遣したり、一八〇二年には数か月にわたってマカオに艦隊を碇泊させたりしたイギリスへの警戒感があったと、矢沢利彦は指摘する。(8) 豊岡康史によれば、このイギリスの行動は、ナポレオンのエジプト遠征に伴う、ポルトガル植民地保護の一環であった。(9) この事件によってアデオダートは逮捕のうえ、取り調べを受け、しばらく熱河に監禁されたが、一八〇九年に北京への帰還を許されている。陳若望ら、ほかの逮捕者もそれぞれ処罰された。

ただしこの事件は、もうひとつ別の危険な現実も、嘉慶帝に認識させることとなった。それは北京の旗人のあいだで、密かに天主教信仰が広まっていたことである。アデオダートの取り調べを通して、北京四堂で宣教活動や事務を担当している中国人のなかに、鑲黄旗漢軍馬甲の周炳徳なる人物がおり、また海淀の楊家井地方に設けられた聖母堂では、内務府正白旗の閑散旗人で当時は暢春園看門（門番）だった王茂徳らが、会長を務めていたことなどが、明らかとなった[10]。

こうして嘉慶一〇年五月、旗人における天主教信者の捜査が命じられることとなったのである。この捜査によって、正藍旗漢軍歩軍校の佟瀾や、同旗漢軍副参領の李慶喜らが祖父の代から続く天主教徒であることが発覚した。そのほかにも、父の代からの天主教徒で、妻子兄弟も信者である旗人らの存在が、次々と明るみに出た[11]。すなわち、メドウズが言及し、『嘉慶会典事例』に引用された嘉慶一〇年五月二〇日の上諭とは、このような状況下で、旗人のあいだでの天主教信仰の拡大を目の当たりにした嘉慶帝が下したものだったのである。そしてこの流れの総仕上げとなったのが、やはり嘉慶一〇年五月における「管理西洋堂事務大臣」の設置ならびに「西洋堂事務章程」の発布と、嘉慶一六年四月（一八一一）における「天主教治罪専条[12]」の発布である。これらによって、宣教師と中国の人々、とくに旗人との交際が厳しく制限され、宣教師が書籍を出版したり、講釈を行ったりして人々を勧誘すること、また人々が天主教に入信することが犯罪として明確に規定され、厳罰化されることとなった。

こうした嘉慶初期における天主教宣教および信仰の厳罰化や、宣教師に対する管理強化は、天主教をめぐる文脈だけでなく、より広い政治的背景のなかで捉え直すことができるように思われる。すなわち清朝初期から続く、マーク・エリオットいうところの「満洲の古き道」＝「乗馬、弓術、質素倹約、そして満洲語の能力を重んじるスパルタ流の理想[13]」の奨励や、嘉慶初年から発生していた白蓮教の反乱および先に触れたイギリスへの警戒感などの国内外における情勢不安、さらには豊岡康史のいう「嘉慶維新[14]」との関わりも今後視野に入れて議論されるべきだろう。いずれにせよこの嘉慶初期における天主教絡みの一連の事件は、在華宣教師の活動を完全に消滅させることにこそならなかったが、彼らを現地の人々、そして満洲語をはじめとする諸文化への日常的な接触・研究からは大きく遠ざけることになったと思われる。

（2）満洲語研究におけるアミオ報告の影響

そしてプロテスタント最初の在華宣教師モリソン（Robert Morrison 馬礼遜、一七八二〜一八三四）による聖書の漢訳や華英辞典の編纂からは、また新しい中国研究の展開が始まる。また一七九二〜四年におけるマカートニー使節団、一八一六年のアマースト（William Pitt Amherst, Earl Amherst of Arracan 一七七三〜一八五七）使節団が、ごく短期間のうちに獲得した幅広い知見、さらに南京条約（一八四三）によって広州や上海など五港にイギリス領事館が設置されると、メドウズのような各館員による報告も、ヨーロッパにおける中国理解を促す新しい知識を供給することになる。しかし管見の限り、少なくとも天津条約（一八五八）で外国公使の北京駐在、および外国人の内地往来の自由が認められるまでは、こうした新しい報告者たちの拠点は、一八世紀から欧米各国の商館の置かれていた広州や、南京条約によって開かれた上海などに限られ、清朝宮廷のある北京からの報告はごく断片的なものにとどまっている。

以上のような一九世紀前半の状況は、この時代のヨーロッパにおける中国理解に、どのような影響をもたらしたのか。もっとも影響が大きかったのは、おそらく満洲語をめぐる理解である。本書で繰り返し論じてきたように、一八世紀、清朝宮廷に仕えたフランス出身の在華イエズス会士たちにとって、満洲語の習得は必須の課題であった。また清朝が推し進めた漢籍の満訳事業は、彼らがこの言語を通して膨大な中国文明の貯蔵庫に分け入っていくことを可能にしたため、彼らは満洲語の研究を深めていった。また彼らは、清朝の歴代皇帝、およびこの王朝の政治体制や文化事業などについて、必ずしもつねに褒め称えるばかりではなかったが、いずれにせよ膨大な紙幅を割いて事細かに描写し続けた。

このような在華イエズス会士における満洲語への関心は、一九世紀初頭のレミュザやクラプロートらに引き継がれ、公式の学科としてのヨーロッパ中国学（シノロジー）の創成期から、その重要な一端を形作っている。ただし一九世紀ヨーロッパにおける満洲語研究は、同時代の中国で活動していた欧米人の報告からは、あまり得るものが無かったようである。レミュザやクラプロートの満洲語研究において、主要な情報を提供したのは、つねに一八世紀の在華イエズス会士、とくにアミオであった。この両者の著作では、アミオの報告がじつに頻繁に引用されているが、とくにわかりやすい例としては、序章でも触れた、コレージュ・ド・フランスにおける「中国とタタール満洲の言語および文芸講座」創設（一八一四）の際、レミュザが発表したカリキュラムが挙げられる。このカリキュラムでは、それぞれの言語ならびに文芸に関する主要参考書が挙げられているが、満洲語に関しては、第7章で取り上げたフェルビースト（ただしレミュザはジェルビヨン作と誤解している）の著作のほか、アミオによる「タタール満洲語の文法」と『タタール満洲語・フランス語辞典』の二作、およびアミオの辞典の出版を請け負い、彼の報告に依拠して満洲語を研究したラングレによる『満洲語のアルファベット』が、挙がっているすべてである[15]。こうして一九世紀、満洲語がヨーロッパにおける学術的対象となっていく過程において、アミオの著作はつねに参照されることになった。

ただし、アミオによる『御製盛京賦』のフランス語訳について、「その翻訳は、それ自体ほどには原本〔李延基『清文彙書』〕に似ていない」（翻訳が原本からかけ離れている）、「むしろこの博識な宣教師自身の作品のようだ」、「アミオ神父はさらに漢語の文章〔語釈〕と満洲語の文章を混ぜ合わせてしまっている」と述べたクラプロートのように[16]、アミオの報告は必ずしもつねに肯定的に受け止められたわけではなかった。このクラプロートの批判は本書第7章で述べたごとくアミオの翻訳が説明的であることに関わっており、同様の批判は少なくない。しかし重要なのは、肯定的評価だけでなく、このような批判的評価の上にも、その後の満洲語研究の基礎が築かれたということである。つまり肯定されるにせよ叩き台になるにせよ、アミオの著作は必要不可欠な原資料となったのである。

この点は、マカートニー使節団の派遣などにより、新しい種類の情報が入っていたイギリスでも変わらない。再びメドウズの著作に戻ると、満洲語については「アミオ神父の著した、一七八七～九年発表の、フランス語による文法および辞典の出版以前は、おそらくヨーロッパでは研究されたことがなかった」と述べ、「おそらく満洲語について英語で書かれた著作は出版されたことがなかった」、すなわち一八四九年に出版された自身の著作が、英語による最初の満洲語研究書だと断言している。[17] メドウズは、決して手放しでアミオの著作を称賛しているわけではないが、満洲語学習の参考書として、『清文啓蒙』、『御製増訂清文鑑』、『清文彙書』、宜興『清文補彙』(乾隆五一年序、一七八六)という中国における出版物とともに、アミオによる辞典と「タタール満洲語の文法」の二点を挙げるなど、[18] やはりその学問の基礎にアミオの報告があったことは明らかである。

(3) 神学と科学の分野におけるアミオ報告の影響

それでは満洲語以外の分野では、アミオの報告は何を残したのだろうか。ニーダムがアミオを「言語学者にして歴史家、地理学者、人類学者、自然学者、気象学者である」[19] と評したことは、このような幅広い諸分野においてアミオ報告が拡散し、受容されたことを示している。とくに一九世紀ヨーロッパにおける中国関連の出版物では、それがフランス語であれ英語であれ、アミオの報告が頻繁に引用されているが、なかでも歴史的に重要と思われる例を二つ取り上げたい。まず、プロテスタント宣教師における引用の例である。カトリックに続いて一九世紀に中国での活動を開始したプロテスタント宣教師たちも、アミオの報告を大いに利用した。彼らは、モリソンをはじめ聖書の漢訳に取り組んだが、やがてGodを「上帝」と訳すか「神」と訳すかをめぐる激しい論争が繰り広げられることとなった。[20] そのなかで、『中国叢報(*Chinese Repository*)』第一七号(一八四八)誌上における、アメリカ聖公会伝道部のブーン(William Jones Boone 文恵廉、一八四六～一八九一)とロンドン宣教会員メドハースト(Walter Henry Medhurst 麦都思、一七九六～一八五七)との有名な論争が繰り広げられた。[21]

じつはこの論争において、「神」派のブーンと「上帝」派のメドハーストの両方に引用されたのが、アミオなのである。とくに頻繁に用いられたのは、ゴービルによる『書経』のフランス語訳注『書経、すなわち中国における聖典のひとつ（*Le Chou-king, un des livres sacrés des chinois*）』（一七七〇）において引用されているアミオの著述である（ただし両者はこの書物の作者を、ゴービルではなく編纂・出版を担当したド・ギーニュとしている）。これはゴービルによれば、彼が「中国の宗教（Religion des Chinois）」とくに中国における知識人ではなく、民衆のそれをめぐって、彼らが祈りを捧げる「国家的な崇拝対象（Divinités nationales）」が存在するか否かを調査するようアミオに命じたのにこたえて、アミオが提出した著述の一部である。アミオは中国文献（おもに『古今図書集成』神異典）を調査し、中国民衆の崇拝対象として「上帝（Chang-ti）」とならんで、さまざまな「エスプリ（シン）」すなわち神（Esprit（Chin Chen））」も存在することを示す文献を翻訳したのである。[22] そしてブーンはこのアミオの著述を、中国社会における崇拝対象として「神」がより上位であることの証拠として、逆にメドハーストはアミオが「神」を一貫して spirit（esprit）と訳し、God（Dieu）とは訳していないことに注意を促すため、引き合いに出したのであった。[23]

もうひとつの例として、音楽の分野におけるアミオ報告の引用を取り上げたい。中国音楽研究においては、一八世紀当時から現在にいたるまで、アミオの報告が参照され続けているが、その影響は、ただ単に世界における中国音楽に対する知識を増やしたということにとどまらない。ここではエリス（Alexander John Ellis 一八一四～一八九〇）がアミオの報告をどのように引用したかを見てみよう。エリスはもともとイギリスの数学者だったが、ドイツの高名な生理学者にして物理学者ヘルムホルツ（Hermann Ludwig Ferdinand von Helmholtz 一八二一～一八九四）の『音感覚論（*On the Sensations of Tone as a Physiological Basis for the Theory of Music*）』の英訳（一八七五）を手がけたことをきっかけに音響学の道へ進んだ。その後、諸民族の音階や音律の音響学的研究において先駆的業績を残し、とくにセント（cent）法を考案し、一オクターブを一二〇〇セント、一二平均律の半音ひとつを一〇〇セントなどと定義し、諸民族間のさまざまな音律や、微細な音程差を簡明かつ的確に表示できるようにしたことはよく知られている。

前述のごとく、エリスの最初の音響学的著作となったのはヘルムホルツ著『音感覚論』の英訳だが、その末尾には「翻訳者による追記（Additions by the Translator）」すなわちエリス自身による著述が付されている。そのなかで、中全音律（ミーントーン）と平均律という西洋音楽を代表する音律の歴史が叙述されているのだが、「アミオは中国の平均律（equal temperament）がピタゴラスよりもはるかに先行することを報告している」と述べている点[24]が注目される。これは本書第3章で言及した、黄帝の臣下の伶倫による十二律の発明を指している。伶倫によって発明されたと伝えられる十二律は、原理的には完全五度を単純に積み重ねるピタゴラス音律と同じと考えられるので、一六世紀以降西洋音楽において一般化したいわゆる十二平均律とは異なるが[25]、エリスは「平均律」という大きな枠組みのなかで中国の音律も捉え、それがヨーロッパにおける平均律より先行する可能性を、アミオの報告を参照することによって指摘したのである。

その説の正否はともかく、ここで重要なのは、ピタゴラスやアリストクセノスにはじまり、メルセンヌやバッハ、ハイドンそしてモーツァルトなど、ほとんどが西洋音楽の登場人物で占められたこの音律の歴史の叙述において、中国の音律がその先駆性によって視野に収められたという点である。その後エリスは、西ヨーロッパだけでなくペルシアやインド、シンガポールやジャワ、中国や日本そして西アフリカまで含む、世界各地の音律を詳細に調査し比較分析しているが[26]、このような研究の発端となった著述において中国の音律に注目が向けられていたこと、そしてそのように促したのがアミオの報告であったことは見過ごすことのできない事実である。

以上のごとく、さまざまな経路によってアミオの報告は受け継がれ、現在までの中国をめぐる知の一端を形づくっているのである。

注

序章　在華イエズス会士と文明の翻訳

（1）「思想の世界史は可能か」羽田正編『グローバルヒストリーと東アジア史』東京大学出版会、二〇一六年。
（2）代表的な研究として、以下のものが挙げられる。井上進『明清学術変遷史——出版と伝統学術の臨界点』平凡社、二〇一一年。王汎森『権力的毛細管作用——清代的思想、学術与心態』聯経出版事業、二〇一三年。ベンジャミン・エルマン（馬淵昌也・林文孝・本間次彦・吉田純訳）『哲学から文献学へ——後期帝政中国における社会と知の変動』知泉書館、二〇一四年。
（3）この点については石井剛『戴震と中国近代哲学——漢学から哲学へ』知泉書館、二〇一四年に詳しい。
（4）ヨーロッパにおける「アカデミーの時代」としての一八世紀については、隠岐さや香『科学アカデミーと「有用な科学」——フォントネルの夢からコンドルセのユートピアへ』名古屋大学出版会、二〇一一年の全体にわたって論じられているほか、「科学の普遍的な共和国」という表現については、とくに三六〇〜一頁を参照した。
（5）明朝と清朝の改暦事業において西学の果たした役割に関しては、橋本敬造による諸研究に詳しい。とくに以下の各著作を参照のこと。Keizo Hashimoto, *Hsü Kuang-ch'i and Astronomical Reform: The Process of the Chinese Acceptance of Western Astronomy, 1629–1635*, Kansai University Press, 1988. 橋本敬造「西法批判のなかの天学——康熙初年の暦獄を中心にして」『関西大学東西学術研究所紀要』第四〇号、二〇〇七年。
（6）川原秀城「西欧学術の東漸と中国・朝鮮・日本」、川原秀城編『西学東漸と東アジア』岩波書店、二〇一五年。
（7）この問題に取り組んだ代表的な著作として、以下のものが挙げられる。黄愛平・黄興濤共編『西学与清代文化』中華書局、二〇〇八年。祝平一「劉凝与劉壎——考証学与天学関係新探」『新史学』第二三巻第一期、二〇一二年。
（8）とくに代表的なのは、李奭学による以下の研究である。『中国晩明与欧州文学——明末耶蘇会古典型証道故事考詮』中央研究院、二〇〇五年。『訳述　明末耶蘇会翻訳文学論』香港中文大学出版社、二〇一二年。
（9）吉澤誠一郎「康有為之幾何公理——『実理公法全書』与追究普遍真理之夢想」、黄寛重主編『基調与変奏——七至二十世紀的中国』第二冊、国立政治大学歴史系、二〇〇八年。
（10）この点に関しては、後藤末雄『支那思想のフランス西漸』第一書房、一九三三年（改訂版は平凡社『中国思想のフランス西漸』全二巻、一九六九年刊）に詳しい。

(11) この点に関しては後藤末雄『中国思想のフランス西漸』第一巻に詳しい。

(12) ライプニッツにおける中国思想の影響については、堀池信夫の研究に詳しい。堀池信夫「ライプニッツの中国哲学研究——宣教論から哲学的普遍へ」、酒井潔ほか編『ライプニッツ読本』法政大学出版局、二〇一二年など。

(13) Abel Rémusat, *Mémoires sur les relations politiques des princes chrétiens, et particulièrement des rois de France avec les empereurs mongols*, Tome 2, Imprimerie royale, 1824, pp. 158–62.

(14) 朱謙之『中国思想対於欧洲文化之影響』上海人民出版社、二〇〇五年（商務印書館一九四〇年刊、正中書局一九四七年刊の複製）、二六～三三頁。

(15) Henri Cordier, "La Chine en France au XVIIIe siècle", *Comptes rendus des séances de l'Académie des Inscriptions et Belles-Lettres*, 52 (9), 1908, pp. 756–70.

(16) Virgile Pinot, *La Chine et la formation de l'esprit philosophique en France (1640–1740)*, Libraire Orientaliste Paul Geuthner, 1932. 後藤末雄『中国思想のフランス西漸』。

(17) Pinot, *La Chine et la formation de l'esprit philosophique en France*, p. 12.

(18) 後藤末雄の研究経歴については、後藤末雄『乾隆帝伝』国書刊行会、二〇一六年の解説として掲載の拙稿、二九二～六頁も参照されたい。

(19) 朱謙之『中国思想対於欧洲文化之影響』五～六頁。森紀子『転換期における中国儒教運動』京都大学学術出版会、二〇〇五年、第七章「泰州学派の再発見——虚無主義から唯情主義へ」。

(20) 朱謙之『中国思想対於欧洲文化之影響』三二七～五三、三五九～六二頁。

(21) 後藤末雄『中国思想のフランス西漸』第一巻、二七二～五頁、および同書第二巻、四五、五八頁。Walter Demel, "China in the Political Thought of Western and Central Europe", Thomas. H. C. Lee (ed.), *China and Europe : Images and Influences in Sixteenth to Eighteenth Centuries*, Chinese University Press, 1991 ; Adrian Hsia, "The Far East as the Philosopher's « Other » : Immanuel Kant and Johann Gottfried Herder", *Revue de littérature comparée*, 297, 2001 ; John Cranmer-Byng, *Lord Macartney's Embassy to Peking in 1793 : From Official Chinese Documents*, University of Hong Kong, 1961 ; James Louis Hevia, *Cherishing Men from Afar : Qing Guest Ritual and the Macartney Embassy of 1793*, Duke University Press, 1995.

(22) Augustin & Aloïs de Backer, *Bibliothèque des écrivains de la Compagnie de Jésus, ou notices bibliographiques*, 7 vols., Imprimerie de L. Grandmont-Donders, 1853–1861 ; Camille de Rochemonteix, *Joseph Amiot et les Derniers Survivants de la mission française à Pékin (1750–1795)*, Alphonse Picard, 1915 ; Louis Pfister, *Notices biographiques et bibliographiques sur les jésuites de l'ancienne mission de Chine 1552–1773*, 2 vols., Imprimerie de la Mission catholique, 1932–1934. なお最後に挙げたフィステルの著作は、彼の死後に出版された。

（23）その背景として、一九世紀後半から二〇世紀前半まで戦乱が繰り返されたため、おそらくとくに海外の研究者にとっては中国所蔵の檔案や古籍類の調査が困難だったことが挙げられる。

（24）井川義次『宋学の西遷——近代啓蒙への道』人文書院、二〇〇九年。このほか、『中国の哲学者孔子』を研究した代表的著作として、以下のものが挙げられる。Thierry Meynard, *Confucius Sinarum Philosophus (1687) : The First Translation of the Confucian Classics*, Institutum historicum Societatis Iesu, 2011 ; Thierry Meynard, *The Jesuit Reading of Confucius : The First Complete Translation of the Lunyu (1687) Published in the West*, Brill, 2015 ; David E. Mungello, *Curious Land : Jesuit Accommodation and the Origins of Sinology*, University of Hawaii Press, 1989.

（25）呉莉葦『当諾亜方舟遭遇伏羲神農——啓蒙時代欧洲的中国上古史論争』中国人民大学出版社、二〇〇五年。中砂明徳『江南——中国文雅の源流』講談社、二〇〇二年。同『中国近世の福建人——士大夫と出版人』名古屋大学出版会、二〇一二年。Nicolas Standaert, *The Intercultural Weaving of Historical Texts : Chinese and European Stories about Emperor Ku and His Concubines*, Brill, 2016.

（26）Isabelle Landry-Deron, *La preuve par la Chine : La 'Description' de J.-B. Du Halde, Jésuite, 1735*, Editions de l'Ecole des hautes études en sciences sociales, 2002.

（27）Mungello, *Curious Land*, pp. 13–4.

（28）Abel Rémusat, *Programme du cours de langue et de littérature chinoises et de tartare-mandchou*, Charles, 1815, pp. 7–8.

（29）大野英二郎『停滞の帝国——近代西洋における中国像の変遷』国書刊行会、二〇一一年、一一～二頁。

（30）このような scientia の体系については、Nicolas Standaert, "The Classification of Sciences and the Jesuit Mission in Late Ming China", Jan de Meyer & Peter M, Engelfriet eds., *Linked Faiths : Essays on Chinese Religions and Traditional Culture in Honour of Kristofer Schipper*, Brill, 1999 を参照のこと。

（31）ジョン・ヘンリー（東慎一郎訳）『一七世紀科学革命』岩波書店、二〇〇五年を参照のこと。

（32）山本義隆『世界の見方の転換（一）——天文学の復興と天地学の提唱』みすず書房、二〇一四年、xi～xii頁。

（33）リチャード・ポプキン（野田又夫・岩坪紹夫訳）『懐疑——近世哲学の源流』紀伊国屋書店、一九八一年を参照のこと。

（34）カピル・ラジ（水谷智・水井万里子・大澤広晃訳）『近代科学のリロケーション——南アジアとヨーロッパにおける知の循環と構築』名古屋大学出版会、二〇一六年、七頁。

（35）ジョゼフ・ニーダム（橋本敬造訳）『文明の滴定』法政大学出版局、一九七四年、四二～九頁。

（36）Rochemonteix, *Joseph Amiot et les Derniers Survivants* ; Emmanuel Davin, "Un éminent sinologue toulonnais du XVIIIe siècle, le R. P. Amiot, S. J. (1718–1793)", *Bulletin de l'Association Guillaume Budé*, 1 (3), 1961 ; Michel Hermans, "Joseph-Marie Amiot, Une figure de la rencontre de « l'autre » au temps des Lumières", Y. Lenoir & N. Standaert (eds.), *Les Danses rituelles chinoises d'après Joseph-Marie Amiot*,

Presses Universitaires de Namur, 2005.

(37) 公証人は、結婚・相続・遺言に関わる文書を作成し、賃貸借の証明をするといった職掌によって、都市と農村の生活において一定の影響力をもち、一八世紀フランス史研究で注目されてきた存在である。仲松優子「一八世紀バ＝ラングドック地方における公証人――制度的観点から」『千葉大学社会文化科学研究』第八号、二〇〇四年を参照。また国王公証人については同論文、一四四頁を参照。

(38) Liam Matthew Brockey, *Journey to the East : The Jesuit Mission to China, 1579–1724*, Harvard University Press, 2007, pp. 221–3, 366–401.

(39) フランス東インド会社、およびその専用の港湾都市ロリアンについては、羽田正『東インド会社とアジアの海』講談社、二〇〇七年、二八二～九五、三二六～七頁を参照。

(40) Pfister, *Notices biographiques et bibliographiques*, vol. 2, no. 334, 393 を参照。また、一七～一八世紀にヨーロッパへわたった中国人天主教徒については、Nicolas Standaert (eds.), *Handbook of Christianity in China*, vol. 1 (635–1800), Brill, 2001, pp. 449–55 において概説されている。

(41) 黄伯禄『正教奉褒』乾隆二十四年、三十六年、四十五年の条（韓琦・呉旻校注『熙朝崇正集・熙朝定案（外三種）』中華書局、二〇〇六年、三七六～七頁)。

(42)「臣等今接澳門来信、知本年七月間、波爾都噶爾亜国洋船来到、有西洋人高慎思能通天文算法、銭徳明通暁律呂、羅啓明知外科調和薬科。三人情願進京效力、倘蒙皇上俞允、伏祈敕下広東督撫、照令其派人伴送来京」。中国第一歴史檔案館編『中葡関係檔案史料匯編』中国檔案出版社、二〇〇二年、六〇頁。

(43) *Lettres édifiantes et curieuses, écrites des missions étrangères*, édition du Querbœuf, Tome 26, J. G. Merigot, 1783, p. 484. なお、以下本書で *Lettres édifiantes et curieuses, écrites des missions étrangères*, édition du Querbœuf, 26 vols., J. G. Merigot, 1780–1783 から引用する場合、*LEC* と略記する。

(44)「銭徳明素習律呂、在内閣蒙古堂繙訳哦囉嗦、臘定諸文」中国第一歴史檔案館編『清中前期西洋天主教在華活動檔案』第四冊、中華書局、二〇〇三年、第五五八。なお、この檔案の詳細については、本書第1章第4節を参照されたい。

(45) なお内閣蒙古堂、および蒙古堂で文書が翻訳される際に作成され、檔冊の形で整理・保存されたという中国第一歴史檔案館所蔵の『蒙古堂檔』については、澁谷浩一「中国第一歴史檔案館所蔵『蒙古堂檔』及び『満文奏勅』について」『満族史研究通信』第六号、一九九七年、二一～三一頁、および「清朝と内陸アジアの関係を研究するための第一級史料」『東方』第三一三号、二〇〇七年に詳しい。また、村上信明『清朝の蒙古旗人――その実像と帝国統治における役割』風響社、二〇〇七年、一六～二九頁、同「乾隆朝の繙訳科挙と蒙古旗人官僚の台頭」『社会文化史学』第四三号、二〇〇二年も参照のこと。

(46) 繙訳外藩各部落文字、内札薩克及喀爾喀四部落、阿拉善、額済納、青海蒙古、用蒙古字。科布多、伊犂之杜爾伯特、土爾扈特、和碩特、用托忒字。各回部用回子字。西蔵用唐古特字。俄羅斯用俄羅斯字。緬甸、南掌用緬字。西洋諸国用拉体諾字。

（47）これは外藩各部および朝貢各国の言語の通訳を専門とする四訳館のことと思われる。回回館、西番館など、言語ごとに館が分かれていた。詳しくは本書第8章を参照のこと。

（48）詳しくは本書第5章を参照のこと。

（49）托忒字、回子字、唐古特字、俄羅斯字、緬字、各傳該館人、至蒙古房訳写。拉体諾字、伝西洋堂人訳写。

（50）*LEC*, Tome 26, p. 484.

（51）Pfister, *Notices biographiques et bibliographiques*, vol. 1, pp. 507–8 ; Hermans, “Joseph-Marie Amiot”, pp. 68–9.

（52）De Backer, *Bibliothèque des écrivains de la Compagnie de Jésus, ou notices bibliographiques*, pp. 26–44 ; Pfister, *Notices biographiques et bibliographiques*, vol. 2, no. 392. またフィステルと徐家匯蔵書楼については、Gail King, “The Xujiahui（Zikawei）Library of Shanghai”, *Libraries and Culture*, 32（4）, 1997, p. 461 を参照。徐家匯蔵書楼は、明代中国におけるキリスト教信者士大夫の代表的人物の一人、徐光啓が上海に建てた徐家匯天主堂の隣に、一八四七年に設置された。

（53）Cécile Leung, *Etienne Fourmont (1683–1745) : Oriental and Chinese Languages in Eighteenth-Century France*, Leuven University Press, 2002, pp. 129–45.

（54）Hermans, “Joseph-Marie Amiot”.

（55）BN : ms. Bréquigny 2, p. 75.

（56）Joseph de Guignes, “Avis”, Jean Joseph Marie Amiot, *Éloge de la ville de Moukden et de ses environs : poëme composé par Kien-Long, Empereur de Chine*, Tilliard, 1770, pp. iii–v. なお、広東で一旦差し押さえられたという書籍のなかには、『御製詩』や『御製綱鑑』があったという。De Guignes, “Avis”, pp. xviii–xix.

（57）岡本隆司『近代中国と海関』名古屋大学出版会、一九九九年。

（58）Jean Guennou, *Missions étrangères de Paris*, Fayard, 1986, p. 132.

（59）この例として挙げられるのは、フランス出身の在華イエズス会士ブーヴェの第二回目の航海で「アンフィトリト（Amphitrite）」号が使われたこと、またフランスへ留学した二人の中国人青年、コー（Louis Gao または Aloys Ko）とヤン（Étienne Yang）の帰還航海などである。この二人については本書第1章第4節を参照。Paul Pelliot, “L’origine des relations de la France avec la Chine. Le premier voyage de l’« Amphitrite » en Chine, premier article”, *Journal de savants*, 10（10）, 1928 ; Joseph Dehergne, *Les deux Chinois de Bertin : L’enquête industrielle de 1764 et les débuts de la collaboration technique franco-chinoise*, Université de Paris, thèse 1965.

（60）広東における、フランス東インド会社の活動停止から領事館への引き継ぎについては、Anne Mézin, *Les Consuls de France au siècle des lumières (1715–1792)*, Ministère des Affaires étrangères, 1998, p. 680 を参照。ちなみに、アミオによる『御製盛京賦』フラン

ス語訳を出版したド・ギーニュの息子（Chrétien Louis Joseph de Guignes 一七五九〜一八四五）は、一七八三年から広東領事館で第二通訳官を務めた。

（61）Simone Balayé, *La Bibliothèque Nationale des origines à 1800*, Librairie Droz S. A., 1988, p. 254.

（62）Abel Rémusat, *Mémoire sur les livres chinois de la Bibliothèque du Roi et sur le plan du nouveau catalogue*, Imprimeur libraire, 1818.

（63）François Picard, "Joseph-Marie Amiot, jésuite français à Pékin, et le cabinet de curiosités de Bertin", *Musique, Images, Instruments*, 8, 2006, pp. 74–83.

（64）Georges Bussière, "Les ministères de Bertin, Bertin à la Cour, Bertin chez lui : Le « Petit Ministère » (1763–1780) IV", *Bulletin de la Société historique et archéologique du Périgord*, 36, 1909, pp. 159–62 ; Pierre Huard & Ming Wong, "Les enquêtes scientifiques françaises et l'exploration du monde exotique aux XVIIe et XVIIIe siècles", *BEFEO*, 52 (1), 1964, pp. 142–3 ; Joseph Dehergne, "Une Grande Collection : Mémoires concernant les Chinois (1776–1814)", *BEFEO*, 70, 1983, pp. 268–9.

（65）なおこれらの手稿の一部は、フランス国立図書館の電子サイト「ガリカ（Gallica）」においてデジタル化されており、閲覧することができる。

（66）Shun Ching Song, *Voltaire et la Chine*, Université de Provence, 1989, p. 275 ; Hermans, "Joseph-Marie Amiot", p. 48.

（67）De Backer, *Bibliothèque des écrivains de la Compagnie de Jésus*, vol. 3, p. 28 ; Pfister, *Notices biographiques et bibliographiques*, vol. 2, no. 392 ; Paul Demiéville, "Aperçu historique des études sinologiques en France", *Acta Asiatica*, 2, 1966, p. 71.

（68）Abel Rémusat, *Nouveaux mélanges asiatiques, ou recueil de morceaux de critique et de memoires*, 2, Libraire orientale de Dondey-Dupré, 1829, p. 262.

（69）Michel Brix & Yves Lenoir, "Une lettre inédite du Père Amiot à l'abbé Roussier (1781)", *Revue des archeologues et historiens d'art de Louvain*, 28, 1995 ; Michel Brix & Yves Lenoir, "Le "Supplément au Mémoire sur la musique des Chinois" du Père Amiot. Édition commentée", *Revue des archeologues et historiens d'art de Louvain*, 30, 1997 ; Yves Lenoir & Nicolas Standaert (eds.), *Les Danses rituelles chinoises d'après Joseph-Marie Amiot aux sources de l'ethnochorégraphie*, Presses Universitaires de Namur, 2005 ; François Picard, "Music : 17th and 18th Centuries", in Standaert (eds.), *Handbook of Christianity in China*, pp. 851–60 ; François Picard, *La musique chinois*, Minerve, 1991 (Édition corrigée, augmenté et mise à jour, You-Feng, 2003) ; Picard, "Joseph-Marie Amiot, jésuite français à Pékin".

（70）Pierre Huard, Jacqueline Sonolet & Ming Wong, "Mesmer en Chine : Trois lettres médicales du R. P. Amiot, rédigées a Pékin, de 1783 a 1790", *Revue de synthèse*, 3, 1960.

（71）竜雲『銭徳明——一八世紀中法間的文化使者』北京大学出版社、二〇一五年。同「銭徳明与『御製盛京賦』翻訳」『外交評論』九三、二〇〇六年。同「銭徳明之『孔子伝』創作意図分析」、呉建民主編『学術前沿与学科発展——外交学院二〇〇五年科学週論文集』世界知識出版社、二〇〇六年。同「従銭徳明与中国音楽的関係看其文化身分的変化」、劉樹森編『基督教在中国――比較研究視角下的近現代中西文化交流』上海人民出版社、二〇一〇年。

第1章　適応政策と中国研究の展開

（1）久保正彰「「アシア」管見」『中国――社会と文化』第四号、一九八九年、三一〇頁。なお「アシア（Asia）」の語源は、アッカド語で「太陽が昇る」などの意味を表す asu で、これに対しアッカド語で「太陽が沈む」などの意味を表す erebu が「エウローパ（Europa）」の語源となったとされる。

（2）方豪『中西交通史』上巻、上海人民出版社、二〇〇八年（中華文化出版事業委員会、一九五三～一九五四年刊の複製）、四四～五〇頁。

（3）方豪『中西交通史』一二八～三〇頁。

（4）方豪『中西交通史』一〇三～六頁。

（5）ラーダの中国派遣にかかるいきさつについては、中砂明徳「ラーダの中国行をめぐって――非律賓諸島箚記（一）」『京都大学文学部研究紀要』第五四号、二〇一五年を参照のこと。

（6）マルコ・ポーロとクルスの旅行記は、日本ではそれぞれ『東方見聞録』と『中国誌』という訳題で知られている。本書では以下の日本語訳および英訳を参照した。マルコ・ポーロ（月村辰雄・久保田勝一訳）『マルコ・ポーロ東方見聞録』岩波書店、二〇一二年。マルコ・ポーロ&ルスティケッロ・ダ・ピーサ（高田英樹訳）『世界の記――「東方見聞録」対校訳』名古屋大学出版会、二〇一四年。ガスパール・ダ・クルス（日埜博司訳）『中国誌――ポルトガル宣教師が見た大明帝国』講談社、二〇〇二年。ラーダの著作に関しては、C. R. Boxer (ed.), *South China in the Sixteenth Century: Being the Narratives of Galeote Pereira*, Printed for the Hakluyt Society, 1953 所収のものを参照した。

（7）布教保護権およびこれを背景としたポルトガルの東アジア進出については、以下の各研究に詳しい。高瀬弘一郎『キリシタン時代の文化と諸相』八木書店、二〇〇一年、三～一〇頁。浜岡究「布教保護権と国家意識」『武蔵大学人文学会雑誌』第一三四号、二〇〇三年。高橋裕史『イエズス会の世界戦略』講談社、二〇〇六年。エンゲルベルト・ヨリッセン「ポルトガルの領土拡張・イエズス会の宣教活動・文化的接触と衝突」『南山大学ヨーロッパ研究センター報』第六号、二〇〇〇年。

（8）高瀬弘一郎『キリシタン時代の文化と諸相』六～七頁を参照。またデマルカシオンについては、合田昌史『マゼラン――世界分割（デマルカシオン）を体現した航海者』京都大学学術出版会、二〇〇六年にも詳しい。

（9）豊岡康史『海賊からみた清朝――十八～十九世紀の南シナ海』藤原書店、二〇一六年、三一頁を参照。

（10）以下、ルッジェリの経歴に関しては、次の著作を参照した。Brockey, *Journey to the East*, pp. 30-4. 張西平「西方漢学的奠基人羅

明堅」『歴史研究』二〇〇一年第三期。Albert Chan, *Chinese Materials in the Jesuit Archives in Rome, 14th–20th Centuries : A Descriptive Catalogue*, Routledge, 2015, pp. 90–6.

（11）巡察師とは一六～一七世紀、海外宣教活動を拡大していたイエズス会が、各地の布教状況を査察するために派遣した宣教師のことを指す。

（12）南京官話については、以下の各論考を参照のこと。高田時雄「清代官話の資料について」『東方学会創立五十周年記念東方学論集』、一九九七年。中村雅之「明清官話の周辺」『ＫＯＴＯＮＯＨＡ』第一一七号、二〇一二年。

（13）パシオの経歴については、次の論文を参照した。Jesús López-Gay, "Father Francesco Pasio (1554–1612) and His Ideas about the Sacerdotal Training of the Japanese", *Bulletin of Portuguese-Japanese Studies*, 2001 (3).

（14）在華イエズス会士の適応主義については、以下の各著作を参照のこと。Mungello, *Curious Land*. 黄正謙『西学東漸之序章——明末清初耶蘇会史新論』中華書局、二〇一〇年。なおイエズス会がもともと適応主義的な傾向をもつことについて、ドーソンが「イエズス会の道徳哲学は、アリストテレスの『ニコマコス倫理学』に強く影響されていて、その教えから、イエズス会士の教育は非常な感化を受けていた」と指摘した点は重要である。このような教育のゆえに、彼らは「すべてに妥当するような倫理原則に反対し、いかなる抽象的理想的要求をも顧慮することなく、個々の特殊なケースを進んでとり扱った」という。日本や中国という、具体的な「個々の特殊なケース」に臨機応変に対応する、という適応主義が、ヴァリニャーノらの創意だけでなく、上記のようなイエズス会固有の傾向からも発生した可能性については、十分留意する必要がある。レイモンド・ドーソン（田中正美・三石善吉・末永国明訳）『ヨーロッパの中国文明観』大修館書店、一九七一年、六六～七頁。

（15）引用部分の和訳は、アレシャンドゥロ・ヴァリニャーノ（松田毅一訳）『日本巡察記』平凡社、一九七三年、九五頁に依拠した。

（16）Ines G. Županov, ""One Civility, But Multiple Religion". Jesuit Mission among St. Thomas Christians in India (16th–17th centuries)", *Journal of Early Modern History*, vol. 9, 3/4, 2005. また聖トマス信仰のキリスト教徒とは、使徒トマスがインドのマラバールで福音を説き、多くの人々をキリスト教信仰に導いたとする伝説に遡り、キリスト教のなかでも東方シリア教会の流れに属し、シリア式典礼を実施し、シリアの母教会から主教を迎えていたという。杉本良男「天竺聖トマス霊験記」『国立民族学博物館研究報告』第三一巻第三号、二〇〇七年を参照。

（17）この点については、スタンデルトによる次の論文も参照のこと。Nicolas Standaert, "Jesuit Corporate Culture as Shaped by the Chinese", John W. O'Malley (ed.), *The Jesuits : Cultures, Sciences, and the Arts, 1540–1773*, vol. 1, University of Toronto Press, 1999.

（18）五野井隆史「「イミタティオ・クリスティ」から「こんてむつすむん地」まで——"De Imitatione Christi"（『キリストに倣いて』）とイエズス会と日本のキリシタン」『藤女子大学紀要』第九号、二〇〇八年、一一～二一頁。

（19）五野井隆史「「イミタティオ・クリスティ」から「こんてむつすむん地」まで」一二頁。

(20) 黄一農『両頭蛇——明末清初第一代的天主教士大夫』国立清華大学出版社、二〇〇五年、三三～六四頁。なお黄一農は、当初在華イエズス会士が仏教用語を多用した背景として、彼らがキリスト教における天国と地獄や十戒などに類似した概念を仏教に見出し（仏教における極楽浄土と地獄、五戒など）、さらに中国における仏僧の政治的・社会的地位を、ヨーロッパにおける聖職者のそれらと同等のものと誤解した可能性を挙げている。

(21) 黄一農『両頭蛇』三三～六四頁。

(22) 李天綱「「補儒易仏」——徐光啓的比較宗教観」『上海社会科学院学術季刊』一九九〇年第三期、一二八頁。また沈淮の弾劾にはじまる、いわゆる南京教案については桐藤薫『天主教の原像——明末清初期中国天主教史研究』かんよう出版、二〇一四年、「侵略者疑惑と南京教案」の章を参照のこと。

(23) リッチによる天主即上帝説および儒教儀礼に対する許容の態度については、次の著作を参照のこと。柴田篤「『天主実義』の成立」『哲学年報』第五一号、一九九二年。桐藤薫『天主教の原像』。

(24) 福島仁「『中国人の宗教の諸問題』訳注（上）」『名古屋大学文学部研究論集（哲学）』第二五号、一九九〇年、一九二頁。またロドリゲス訪中、リッチの路線をめぐる論争などの経緯については、Brockey, *Journey to the East*, pp. 61–91 に詳しい。

(25) 『天学初函』、なかでも西洋科学を扱った器編については安大玉『明末西洋科学東伝史——『天学初函』器編の研究』知泉書院、二〇〇七年に詳しい。

(26) 『イエズス会学事規程』については、拙稿「アレーニ『西学凡』とその序、引、跋——明末中国における西学受容の一形態」『中国哲学研究』第二六号、二〇一二年、および桑原直己『キリシタン時代とイエズス会教育——アレッサンドロ・ヴァリニャーノの旅路』知泉書館、二〇一七年を参照のこと。

(27) 『中国の哲学者孔子』の内容や編纂過程、歴史的位置づけについては、以下の諸研究に詳しい。Mungello, *Curious Land*. 井川義次『宋学の西遷』。Meynard, *Confucius Sinarum Philosophus (1687)*.

(28) Mungello, *Curious Land*, p. 255 ; Brockey, *Journey to the East*, p. 152.

(29) ル・コントの著作『中国の現状に関する最新報告（*Nouveaux Mémoires sur l'état présent de la Chine*）』の表紙にも、「イエズス会士で「国王の数学者」であるルイ・ル・コント師による」と書かれている。Louis le Comte, *Nouveaux Mémoires sur l'état présent de la Chine*, 2 vols., Jean Anisson, 1696. なお以下、同書から引用の場合は、*NM* と略記する。

(30) Standaert, *Handbook of Christianity in China*, pp. 313–6.

(31) このシャム派遣使節の大使補佐を務めたショワジは「フェルビースト氏と交代するため中国へ向かう」このイエズス会士たちから、ポルトガル語や天文学を学び、また航海術について議論したと述べている。François-Timoléon de Choisy, *Journal ou suite du voyage de Siam*, Pierre Mortier, 1687, pp. 2-4. またショワジとシャム派遣使節については、二宮フサ「ヴェルサイユからアユタヤへ

——十七世紀ショワジ師の船旅」『東京女子大学紀要論集』第四二巻第一号、一九九一年、五九～六一頁を参照。

（32）*LEC*, Tome 18, pp. 222–32.

（33）Brockey, *Journey to the East*, pp. 154–9.

（34）章文欽『澳門与中華歴史文化』澳門基金会、二〇〇五年。余三楽「西洋館宇・巧暦匠心——紀念南堂創建四百周年」『国際漢学』第一四期、二〇〇六年。

（35）キナ皮はアンデス地方原産で、地元では古くからマラリアの特効薬として知られていたが、一六三〇年にペルー駐在のスペイン総督夫人がこれをマラリア治療に用いたことから、ヨーロッパに広まったといわれる。その後、一八二〇年にフランスのペルチエがキニーネの抽出に成功した。

（36）北京四堂の建設当時から二〇世紀にいたるまでの歴史については、矢沢利彦『北京四天主堂物語——もう一つの北京案内記』平河出版社、一九八七年に詳しい。また後藤末雄『乾隆帝伝』第I章も参照のこと。

（37）正福寺にまつわる歴史、および北京石刻芸術博物館に保存された各宣教師の墓については、明暁艶・魏揚波主編『歴史遺踪——正福寺天主教墓地』文物出版社、二〇〇七年を参照のこと。

（38）在華宣教師による、満洲語を用いた進講や西学書の編纂については、以下の著作に詳しい。渡辺純成「満洲語のユークリッド——東洋文庫所蔵の満文『算法原本』について」『満族史研究』第三号、二〇〇四年。同「東洋文庫所蔵の満洲語『算法原本』について」『数理解析研究所講究録』第一三九二号、二〇〇四年。同「満洲語医学書『格体全録』について」『満族史研究』第四号、二〇〇五年。同「清代の西洋科学受容」、岡田英弘編『清朝とは何か』藤原書店、二〇〇九年。同「清代前半の満洲語書籍にみる西欧の科学と宗教」、川原秀城編『西学東漸と東アジア』、二〇一五年。Catherine Jami, "Imperial Science Written in Manchu in Early Qing China : Does It Matter ?", F. Bretelle-Establet (ed.), *Looking at It from Asia*, Springer, 2010. 王氷「『律呂纂要』之研究」『故宮博物院院刊』、総一〇二、二〇〇二年第四期。陶亜兵『明清間的中西音楽交流』東方出版社、二〇〇一年、四七～五九頁。Pfister, *Notices biographiques et bibliographiques*, vol. 1, pp. 507–8.

（39）在華イエズス会士のフィギュリスムについては、多くの研究が存在する。その代表的な著作として、ここでは以下のものを挙げておく。Mungello, *Curious Land*, pp. 307–23 ; Michael Lackner, "Jesuit Figurism", Thomas H. C. Lee (ed.), *China and Europe*, Chinese University Press, 1991 ; Knud Lundbaek, *Joseph de Premare (1666–1736), S. J. : Chinese Philology and Figurism*, Aarhus University Press, 1991. 堀池信夫『中国哲学とヨーロッパの哲学者』上下巻、明治書院、一九九六～二〇〇二年。韓琦「白晋的『易経』研究和康熙時代的『西学中源』説」『漢学研究』第一六巻第一期、一九九八年。

（40）Joseph Henri Marie de Prémare, *Vestiges des principaux dogmes chrétiens*, Bureau des Annales de philosophie chrétienne, 1878, pp. 104–12.

（41）本書第4章を参照。

(42) ブーヴェの『易経』研究に対する康熙帝の関与については、呉伯娅『康雍乾三帝与西学東漸』宗教文化出版社、二〇〇二年、二七四〜九三頁を参照のこと。ただし在華イエズス会士におけるフィギュリスムは、そのあまりの大胆さからローマ教皇だけでなく、後続の在華イエズス会士からも厳しい批判を受け、一過性のものとして終わったとされる。Lackner, "Jesuit Figurism", pp. 136–8.

(43) 典礼論争については非常に多くの研究が存在するが、ひとまず概要を把握するには、以下の著作がもっとも適している。矢沢利彦『中国とキリスト教——典礼問題』近藤出版社、一九七二年。George Minamiki, *The Chinese Rites Controversy from Its Beginning to Modern Times*, Loyola University Press, 1985. 杉本良男「所謂典礼問題に就て」『国立民族学博物館調査報告』第六二号、二〇〇六年。

(44)「各省居住西洋人、並無為悪乱行之処、並非左道惑衆、異端生事。喇麻僧道等寺廟、尚容焼香行走、西洋人並無違法之事、反行禁止、似属不宜。各処天主教堂応倶照旧存留、凡進香供奉之人、仍許照常行走、不必禁止」。なおこの原文は、いわゆる「寛容勅令」の各版本を調査、比較分析した以下の研究から引用した。Nicolas Standaert, "The 'Edict of Tolerance' (1692): A Textual History and Reading", Arthur K. Wardega & António Vasconcelos de Saldanha (eds.), *In the Light and Shadow of an Emperor: Tomás Pereira, SJ (1645–1708)*, Cambridge Scholars Publishing, 2012.

(45) ジャン＝イヴ・グルニエ（山崎耕一訳）「一八世紀の政治社会史——世論の誕生（講演会要旨）」『一橋大学社会科学古典資料センター年報』第二一号、二〇〇一年、二五〜六頁。高橋勝幸「教会の保守化傾向を考える——諸宗教間対話は進んでいるか」『アジア・キリスト教・多元性』第一一号、二〇一三年、七一頁。

(46) 当時のヨーロッパでのイエズス会をめぐる敵意、とくにジャンセニストとの対立については、次の著作に詳しい。Pierre Antoine Fabre & Catherine Laurence Maire (eds.), *Les antijésuites. Discours, figures et lieux de l'antijésuitisme à l'époque modern*, Presses universitaires de Rennes, 2010.

(47) ラザリスト会による引継ぎ、およびローらについては、次の諸論文を参照。Marie Josèphe Ghislain, "Deux Lazaristes, originaires de la région de Chimay, émissaries de Louis XVI à la Cour Impériale de Pékin, 1785–1812", W. F. Vande Walle (ed.), *The History of the Relations between the Low Countries and China in the Qing Era (1644–1911)*, Leuven University Press, 2003; Hermans, "Joseph-Marie Amiot", pp. 44–5. 耿昇「遣使会伝教士在華活動考述」『中西文化研究』第二〇号、二〇〇八年。

(48) 修道会入会者は、初誓願をたてると有期誓願期に入り、修練を経て、終生誓願をたてるにいたる。

(49) 清朝による禁朝の過程については、呉伯娅『康雍乾三帝与西学東漸』に詳しい。

(50)「向来西洋各国、有願来天朝当差之人、原准其来京、但既来之後、即遵用天朝服色、安置堂内、永遠不准復回本国」乾隆五八年八月一九日の上諭。中国第一歴史檔案館編『乾隆朝上諭檔』第一七冊、檔案出版社、一九九一年、五二二〜三頁。

(51)「又奉旨、著仏保等伝与督撫、〔中略〕見有新到的洋人、若無学問只伝教者、暫留広東、不必往別省去、〔中略〕若西洋人内、有技芸巧思、或系内科大夫者、急速着督撫差家人送来。〔中略〕臣等凛奉聖諭、〔中略〕一面速査有無技芸巧思、或係内外科大夫之西洋人、以便急速差送。今査有新到西洋人拾壱名内、惟龐嘉賓拠称精於天文、石可聖拠称巧於糸律、林済各拠称善於做時辰鐘表、均属頗有技芸巧思」中国第一歴史檔案館編『康熙朝漢文硃批奏摺彙編』第一冊、檔案出版社、一九八四年、七〇一～四頁。
(52)『清中前期西洋天主教在華活動檔案』第四冊、第五五七～五六一。
(53) *LEC*, Tome 26, pp. 154–6.
(54) この問題については、以下の各著作を参照のこと。Hevia, *Cherishing Men from Afar*; John Cranmer-Byng & John E. Wills, Jr., "Trade and Diplomacy with Maritime Europe", John E. Wills, Jr. (ed.), *China and Maritime Europe, 1500–1800: Trade, Settlement, Diplomacy, and Missions*, Cambridge University Press, 2011, pp. 245–6.
(55) *NM*, Tome 1, p. 67.
(56) なお同じ題目のもと、さらに後継の報告集二巻（第一六巻と第一七巻）が出版されるが、出版年が一八一四年と時間が空いているうえ、編集者や出版地、出版者が異なるため、本書では異なる性質のものとして扱う。第一六・一七巻も含めた『メモワール』全体の書誌については、Dehergne, "Une Grande Collection" に詳しい。
(57) コーとヤンの渡仏に関する説明は、おもにDehergne, *Les deux Chinois de Bertin* および後藤末雄『中国思想のフランス西漸』第二巻、二三一～四七頁に依拠した。
(58) ルイ一四世時代の財務総監、コルベール（Jean-Baptiste Colbert 一六一九～一六八三）による重商主義的政策のもと設立された、陶磁器、織物、ガラス製品などの特権的手工業工場。
(59) Dehergne, *Les deux Chinois de Bertin*, pp. 9a–9b を参照。
(60) ルイスによれば、この「文学的（littéraire）」という語は、この文通がもつ政治的・イデオロギー的含意が、当時パリ高等法院の政府批判者たちを刺激しかねないとして、こうした含意を隠す覆いとして用いられたという。Gwynne Lewis, "Henri-Leonard Bertin and the Fate of the Bourbon Monarchy: the 'Chinese Connection'", Malcolm Crook et al. (eds.), *Enlightenment and Revolution: Essays in Honour of Norman Hampson*, Ashgate, 2004, p. 73. ベルタンと在華イエズス会士のあいだに交わされた「文学的通信」については、前掲のルイスによる論文のほか、以下の各著作に詳しい。Jacques Silvestre de Sacy, *Henri Bertin dans le sillage de la Chine, 1720–1792*, Éditions Cathasia, les Belles Lettres, 1970; Gwynne Lewis, *Madame de Pompadour's Protégé: Henri Bertin and the Collapse of Bourbon Absolutism C. 1750–1792*, Emlyn Publishing, 2011.
(61) ブノワから徴税請負人ドートロシュ（Nicolas-Jacques Papillon d'Auteroche 一七三〇～一七九四）に対する、一七六七年一一月一六日の手紙を参照。*LEC*, Tome 23, p. 546.
(62) Dehergne, *Les deux Chinois de Bertin*, pp. 207–98.
(63) BN: ms. Bréquigny 2.

（64）後藤末雄『中国思想のフランス西漸』第二巻、二三五頁。Song, *Voltaire et la Chine*, p. 246 ; Pinot, *La Chine et la formation de l'esprit philosophique en France*, p. 145.

（65）『イエズス会士書簡集』の中国関係の書簡は、日本ではその大部分が、矢沢利彦による優れた訳注をほどこされ、平凡社から出版されている。このシリーズは「康熙編」「雍正編」「乾隆編」にはじまり、六巻＋二冊で構成され、時期もしくは主題によって書簡を分類している。そのうち「雍正編」は、おもにヌルハチの玄孫で康熙帝の寵臣だったスヌ（蘇努、一六四八～一七二四）の家族のカトリック改宗に関する清朝の弾劾を扱った書簡を扱うほか、「信仰編」と「中国の布教と迫害」編も、中国におけるカトリック宣教に関する書簡で占められている。

（66）BN : ms. Bréquigny 6, pp. 222–7.

（67）手稿は BN : ms. Bréquigny 7. 出版物は *Mémoires concernant l'histoire, les sciences, les arts, les mœurs, les usages, &c. des Chinois*, Tome 13, Nyon, 1788, pp. 74–308. なお、以下本書で *Mémoires concernant l'histoire, les sciences, les arts, les mœurs, les usages, &c. des Chinois*, 15 vols., Nyon, 1776–1791 から引用する場合、*MCC* と略記する。

（68）BN : ms. Bréquigny 7, pp. 6–25.

（69）Claudia von Collani, "Chinese Emperors in Martino Martini Sinicae historicae decas prima (1658)", Adrian Hsia & Ruprecht Wimmer (Hrsg.), *Mission und Theater : Japan und China auf der Gesellschaft Jesu*, Schnell und Steiner, 2005, p. 117.

（70）本書第4章第3節も参照のこと。また在華イエズス会士のなかのフィギュリストについては、本章注39に挙げた各研究に詳しい。

（71）BN : ms. Bréquigny 7, pp. 6–25, esp., pp. 12–3.

（72）Edward D. Andrews, *Bible Difficulties Genesis : CPH Apologetic Commentary*, Christian Publishing House, 2016, p. 130.

（73）ピカールも、アミオの報告が宣教に関する内容をほとんど含まないことを指摘し、その背景にベルタンの意向があった可能性を示唆している。Picard, "Joseph-Marie Amiot", p. 75.

（74）隠岐さや香「数学と社会改革のユートピア――ビュフォンの道徳算術からコンドルセの社会数学まで」、金森修編『科学思想史』勁草書房、二〇一〇年、一五五頁。

第2章　典礼論争後における孔子像の創造

（1）『中国の哲学者孔子』の内容や編纂過程、歴史的位置づけについては、以下の諸研究に詳しい。Mungello, *Curious Land* ; Meynard, *Confucius Sinarum Philosophus (1687)*. 井川義次『宋学の西遷』。

（2）David E. Mungello, *The Great Encounter of China and the West, 1500–1800*, Rowman & Littlefield Publishers, 2012, pp. 114–5.

（3）*MCC*, Tome. 12, pp. 1–508.

（4）ウォーバートンの中国観については、Qian Zhongshu, "China in the English Literature of the Eighteenth Century", Adrian Hsia (ed.), *The Vision of China in the English Literature of the Seventeenth and Eighteenth Century*, Chinese University Press, 1998, pp. 133–5 に詳しい。

（5）Étienne de Silhouette (tr.), *Dissertations sur l'union de la religion, de la morale, et de la politique, tirées d'un ouvrage de M. Warburton*, 2 vols., G. Darrès, 1742 ; Étienne de Silhouett (tr.), *Essai sur l'Homme, par Monsieur Alexandre Pope*, M. M. Bousquet et Cie, 1736.

（6）*Nouvelles ecclésiastiques*, 21 Avril 1731, Le Clère, 1731, pp. 81–2. やはりシルエットによる、スペインのイエズス会士モラレス（Baltasar Gracián y Morales 一六〇一～一六五八）の著作のフランス語訳と併せて、書評の対象となった。

（7）グロチウスはオランダの法学者および神学者で、代表作に『戦争と平和の法について（*De jure belli ac pacis*）』（一六二五）がある。プーフェンドルフはドイツの法学者で、代表作に『自然法と万民法（*De jure naturae et gentium*）』（一六七二）がある。ヴィトリアリウスはライデンの人気教授で、グロチウスの著作および神聖ローマ帝国公法に関する講義を行った。

（8）Étienne de Silhouett, *Idée générale du gouvernement et de la morale des Chinois et réponse a trois critiques*, G.-F. Quillau, 1731, pp. 80–101.

（9）Silhouett, *Idée générale du gouvernement et de la morale des Chinois*, G.-F. Quillau, 1729, p. i.

（10）ただしシルエットは「我々は孔子から〔直接〕彼の著作を受け継いだのではなく、この大哲学者の言説と文章の記録を収集し、後世に遺す骨折りをしたある弟子から受け継いだ」とも述べており、少なくとも『大学』などが孔子自ら編纂した書ではないことは認識していた。Silhouett, *Idée générale*（1729）, p. i.

（11）シルエットはより明快に、孔子の言説の理解が「自然法の研究に有益だ」とも述べている。Silhouett, *Idée générale*（1729）, pp. 1–2.

（12）Silhouett, *Idée générale*（1729）, pp. 3–4. また『中国の哲学者孔子』の該当箇所は pp. cxvi–cxxiv である。

（13）Silhouett, *Idée générale*（1729）, pp. 5–11.

（14）Silhouett, *Idée générale*（1729）, pp. 11–6.

（15）「平天下」に該当する解説は見当たらない。

（16）Silhouett, *Idée générale*（1729）, pp. 16–23.

（17）Silhouett, *Idée générale*（1729）, pp. 23–7.

（18）シルエットのいう「大量の金」が文字通り黄金を指すのか、銀や銅といった他の金属を指すのか、意図は不明である。なお、一七世紀中国が、アメリカ大陸産銀と日本産銀の一大集積地となっていたことについては、岸本美緒『東アジアの「近世」』山川出版社、一九九八年、七～一八頁を参照。

（19）Silhouett, *Idée générale*（1729）, pp. 28–34.

（20）Silhouett, *Idée générale*（1729）, pp. 34–8.

(21)『教会新報』については、以下の論文を参照。Marie Hélène Froeschlé Chopard, "L'évolution d'un périodique ennemi des philosophes : Les *Nouvelles ecclésiastiques* entre 1750 et 1780", Didier Masseau (dir.), *Les Marges des Lumières françaises (1750–1789)*, Droz, 2004.

(22) *Nouvelles ecclésiastiques*, 21 Avril 1731, p. 82.

(23) *Nouvelles ecclésiastiques*, 21 Avril 1731, p. 82. なお、パリ大学神学部が挙げた検閲項目、およびル・コントの著作における該当箇所は、次の著作において整理されている。Landry-Deron, *La preuve par la Chine*, pp. 99–101.

(24) Silhouette, *Idée générale* (1731), pp. 80–101.

(25) Jean Baptiste Du Halde, *Description géographique, historique, chronologique, politique, et physique de l'Empire de la Chine et de la Tartarie chinoise*, Tome 2, Lemercier, 1735, pp. 286–366, esp., pp. 319–34. なお、以下同書から引用する場合、*DECTC*と略記する。

(26) Landry-Deron, *La preuve par la Chine*, pp. 156–7.

(27) *DECTC*, Tome 2, pp. 319–20.

(28) BN : ms. NAF 4420.

(29) BN : ms. NAF 4420, pp. 8–10.

(30) "Avertissement", *MCC*, Tome 12, p. iii.

(31) *MCC*, Tome 12, p. 5.

(32) *MCC*, Tome 12, pp. 11–2.

(33) 元、明、清の各時代に出版された各種『孔子聖蹟図』、および各本同士の関係については、以下の諸著作に詳しい。加地伸行『孔子画伝――聖蹟図にみる孔子流浪の生涯と教え』集英社、一九九一年。佐藤一好「張楷の生涯と詩作と「聖蹟図」」『学大国文』第三四号、一九九一年。竹村則行「元・兪和『孔子聖蹟図』賛を踏襲した明・張楷『孔子聖蹟図』賛について」『文学研究』第一〇七号、二〇一〇年。同「『聖蹟全図』（康熙二十五年序刊本）を踏襲した清末・顧沅の『聖蹟図』」『文学研究』第一一一号、二〇一四年。許瑜翎「明代孔子「聖蹟図」研究――以伝世正統九年本『聖蹟図』為中心」、修士論文（国立台湾師範大学美学系）、二〇〇九年。

(34) 龔発達・肖玉編『聖蹟図』湖北教育出版社、一九九四年、前言、および何新主編『孔子聖蹟図』中国書店、二〇一二年、『孔子聖蹟図』簡介。

(35) *MCC*, Tome 12, p. 358.

(36) 本章は筆者の博士論文（二〇一四）第一章を基礎としているが、その後北京で出版された竜雲『銭徳明』（二〇一五）を二〇一七年初めに入手し、同書九四～一一七頁でもこの『孔子家語』に該当する部分に注目していることを知った。ただし竜雲の同書は全体として、アミオが参照した中国文献に関しては、彼が書名を明記した書物のみ（しかしアミオはしばしば自分の参照した文献を明記していない）を扱う傾向があるため、おそらくこの部分でも、アミオが書名を明記したために『孔子家語』との比較対照を行ったものと思われる。なぜなら『孔子家語』と一致する箇所以外は、どの文献にどの程度従っているか論じておらず、したがってなぜ『孔子家語』に一致する部分がほかの部分に比べて特異なのか、なぜアミオの意図がここに表れていると推定できるのかという論証が抜けているからである。さらに竜雲は『孔子伝』が置かれた歴史的文脈についても論証しておらず、筆者のものとは結論が異なっていることをここに付記しておく。

(37) 以下の各著作。小島毅『中国近世における礼の言説』東京大学出版会、一九九六年。同『宋学の形成と展開』創文社、一九九九年。鷲尾祐子「前漢郊祀制度研究序説――成帝時郊祀改革以前について」『中国古代史論叢』二〇〇四年。また、清朝皇帝による祭天儀礼については、本書第6章にて詳述する。

(38) 鷲尾祐子「前漢郊祀制度研究序説」四頁。

(39) *MCC*, Tome 12, p. 202.

(40) *MCC*, Tome 12, pp. 203–4.

(41) *MCC*, Tome 12, p. 203.

(42) 菅谷暁「『デザイン論』考（二）」『論集』第二九号、一九八九年、一五三頁。

(43) *MCC*, Tome 12, p. 204.

(44) 臣聞之、誦詩三百、不足以一献、一献之礼、不足以大饗、大饗之礼、不足以大旅、大旅具矣、不足以饗帝。

(45) *MCC*, Tome 12, pp. 208–9.

(46) *Nouvelles ecclésiastiques*, 24 Juillet 1731, p. 147.

(47) 陳受頤「三百年前的建立孔教論――跋王啓元的清署経談」『中欧文化交流史事論叢』台北商務印書館、一九七〇年。

第3章　中国音楽における科学の発見

(1) 以上の内容については、拙稿「清朝宮廷における西洋音楽理論の受容」、川原秀城編『中国の音楽文化――三千年の歴史と理論』、勉誠出版、二〇一六年を参照のこと。またおもに宣教師を媒介とする、一六～一八世紀における中国とヨーロッパとの音楽交流については、以下の各研究を参照のこと。川原秀城「西洋楽典の東漸」『西学東漸と東アジア』岩波書店、二〇一五年（初出一九九〇年）。馮文慈『中外音楽交流史』湖南教育出版社、一九九八年。陶亜兵『明清間的中西音楽交流』東方出版社、二〇〇一年。王冰「『律呂纂要』之研究」『故宮博物院院刊』二〇〇二年第四期。同「『律呂纂要』内容来源初探」『自然科学史研究』第三三巻第四期、二〇一四年。陳万鼐『『清史稿楽志』研究』人民出版社、二〇一〇年。Wang Bing & Manuel Serrano Pinto, "Thomas Pereira and the Knowledge of Western Music in the 17th and the 18th Centuries in China", *Europe and China : Science and the Arts in the 17th*

and 18th Centuries, World Scientific, 2012. 翁攀峰「関於「康熙十四律」思想来源的初歩探討」『文化芸術研究』第六巻第一期、二〇一三年。

（2）深堀彩香「音楽面からみるイエズス会の東洋宣教——一六世紀半ばから一七世紀初期におけるゴア、日本、マカオを対象として」博士論文（愛知県立芸術大学）、未公刊、二〇一五年、一五三～四頁。

（3）この点については本書終章において詳しく述べる。

（4）このアミオ報告に関する代表的な先行研究を、以下に挙げる。Ysia Tchen, *La musique chinoise en France au XVIIIe siècle*, Publications Orientalistes de France, 1974 ; Jim Levy, "Joseph Amiot and Enlightenment Speculation on the Origin of Pythagorian Tuning in China", Theoria 4, 1989 ; Lam Ching Wah, "Jean-Joseph-Marie Amiot's Writings on Chinese Music", Chime 16–17, 2005 ; Picard, "Joseph-Marie Amiot". 竜雲「論伝教士銭徳明対中国音楽的接受」、趙進軍主編『外交学院二〇〇八年科学週論文集』世界知識出版社、二〇〇九年。同「従銭徳明与中国音楽的関係看其文化身分的変化」。同『銭徳明』、第二章第三節「銭徳明与中国音楽」。

（5）Tchen, *La musique chinoise*.

（6）中国古代、黄河と洛水のなかから出現したとされる神秘的な図。万物生成過程の象徴として捉えられ、易学と結びつき、とくに宋代以降盛んに解釈が施されるようになった。

（7）Amiot, *Mémoire sur la musique des chinois, tant anciens que modernes*, Nyon l'aîné, 1779, p. 6.

（8）Pierre Joseph Roussier, *Mémoire sur la musique des Anciens*, Lacombe, 1770. なお、ルーシェの議論については、次の各研究において言及がなされている。Thomas Christensen, *Rameau and Musical Thought in the Enlightenment*, Cambridge University Press, 1993, pp. 295–6. ジョスリン・ゴドウィン（高尾謙史訳）『音楽のエゾテリスム——フランス「一七五〇～一九五〇」秘教的音楽の系譜』工作舎、二〇〇一年、四二～五〇頁。Matthew Gelbart, *The Invention of "Folk Music" and "Art Music": Emerging Categories from Ossian to Wagner*, Cambridge University Press, 2007, pp. 125–6.

（9）Roussier, *Mémoire sur la musique des Anciens*, pp. 26–32.

（10）Roussier, *Mémoire sur la musique des Anciens*, pp. 32–4.

（11）Roussier, *Mémoire sur la musique des Anciens*, p. 33.

（12）後藤末雄『中国思想のフランス西漸』第二巻、二六二～六頁。

（13）朱載堉の音楽理論については、以下の著作に詳しい。戴念祖『朱載堉——明代科学和芸術巨星』人民出版社、一九八六年。同『天潢真人朱載堉』大象出版社、二〇〇八年。田中有紀「朱載堉音楽理論の思想的研究」博士論文（東京大学）、未公刊、二〇一四年。

（14）Amiot, *Mémoire sur la musique des chinois, tant anciens que modernes*, p. 6.

（15）Amiot, *Mémoire sur la musique des chinois, tant anciens que modernes*, pp. 77, 86–7, 118–9. なお、アミオが言及した『呂氏春秋』や『淮南子』の内容は、朱載堉『楽律全書』のなかの『律学新説』第一部第二巻に引用されている。

（16）Amiot, “Abrégé chronologique de l’Histoire universelle de l’empire chinois”, *MCC*, Tome 13, p. 234. なお出版年は『中国音楽に関するメモワール』より後（一七八八）だが、報告手稿自体は一七六九年にヨーロッパへ送られている。この報告については本書第9章で詳しく論じる。

（17）Amiot, *Mémoire sur la musique des chinois, tant anciens que modernes*, pp. 6–7, 122.

（18）Frances Amelia Yates, *Giordano Bruno and the Hermetic Tradition*, Chicago University Press, 1964, p. 15.

（19）Claude E. J. P. Pastoret, *Zoroastre, Confucius et Mahomet*, Buisson, 1788, p. 8.

（20）一七八六年九月二六日付の手紙。BN : ms. Bréquigny 1, p. 159. なおこの報告の後半は *MCC*, Tome 13 に収録されたが、前半部分は未刊行である。

（21）Comte de Mellet, “Recherches sur les tarots”, Antoine Court de Gébelin, *Monde primitif, analysé et comparé avec le monde modern*, vol. 8, Tome 1, Valleyre, 1781.

（22）Court de Gébelin, 52 *Monde primitif*, vol. 8, Tome 1, pp. 387–8.

（23）神田喜一郎・西川寧監修『清鄭板橋懐素自叙帖——岣嶁碑』二玄社、一九七〇年。

（24）Court de Gébelin, *Monde primitif*, vol. 8, p. 388.

（25）ピエール゠イヴ・ボルペール（深沢克己訳）『「啓蒙の世紀」のフリーメイソン』山川出版社、二〇〇九年、三四～五頁。

（26）Amiot, *Mémoire sur la musique des chinois, tant anciens que modernes*, pp. 3–4.

（27）Amiot, *Mémoire sur la musique des chinois, tant anciens que modernes*, p. 4.

（28）富永茂樹「徳と効用のあいだ——フランス革命期における科学と芸術」『人文学報』第七〇号、一九九二年、六一頁。

（29）Amiot, *Mémoire sur la musique des chinois, tant anciens que modernes*, p. 6.

（30）次の各研究を参照。Daniel Pickering Walker, *Studies in Musical Science in the Late Renaissance*, Brill, 1978. ジョスリン・ゴドウィン（斉藤栄一訳）『星界の音楽　神話からアヴァンギャルドまで——音楽の霊的次元』工作舎、一九九〇年、一九八～三〇二頁。Victor Coelho (ed.), *Music and Science in the Age of Galileo*, Kluwer Academic Publishers, 1992. ジェイミー・ジェイムズ（黒川孝文訳）『天球の音楽——歴史の中の科学・音楽・神秘思想』白揚社、一九九八年。大愛崇晴「ケプラーにおける協和音の問題」『美学』第五七巻第四号、二〇〇七年、五五～六八頁。

（31）Amiot, *Mémoire sur la musique des chinois, tant anciens que modernes*, p. 29.

（32）Amiot, *Mémoire sur la musique des chinois, tant anciens que modernes*, p. 127.

（33）Amiot, *Mémoire sur la musique des chinois, tant anciens que modernes*, pp. 128–34.
（34）児玉憲明「劉歆の音律理論」『待兼山論叢』第一五号（哲学）、一九八一年。
（35）Amiot, *Mémoire sur la musique des chinois, tant anciens que modernes*, pp. 131–3.
（36）Amiot, *Mémoire sur la musique des chinois, tant anciens que modernes*, p. 132.
（37）田中有紀「朱載堉音楽理論の思想的研究」。なお、易の解釈学は古来、象数易学と義理易学に大別される。象数易学とは易卦の生成原理を象形や数理の点から解こうとし、義理易学は易の経文からその義理を明らかにするものである。
（38）邵雍および朱熹の象数易学については、次の著作を参照。吾妻重二「朱子の象数易思想とその意義」『フィロソフィア』第六八号、一九八〇年。川原秀城「数と象――皇極経世学小史」『中国――社会と文化』第一二号、一九九七年。木下鉄矢「理・象・数そして数・象・理――朱熹の易理解」『東洋古典学研究』第三号、一九九七年。
（39）朱熹曰、〔中略〕如説律数、蓋自然之理、与先天図一般、更無安排。〔中略〕朱熹所謂与先天図一般者、夫先天図出於河図洛書者也。〔中略〕蓋河図之奇、洛書之偶、参伍錯綜而律度二数方備。此乃天地自然之妙、非由人力安排者也。
（40）朱載堉がいかに河図洛書の数を用いたのかについては、田中有紀「朱載堉の黄鐘論「同律度量衡」――累黍の法と九進法、十進法の併存」『中国哲学研究』二〇一一年、八三～七頁に詳しい。
（41）Amiot, *Mémoire sur la musique des chinois, tant anciens que modernes*, pp. 135–46.
（42）Amiot, *Mémoire sur la musique des chinois, tant anciens que modernes*, Planche XX.
（43）Amiot, *Mémoire sur la musique des chinois, tant anciens que modernes*, p. 130.
（44）Jean Philippe Rameau, *Traité de l'harmonie, reduite à ses principes naturels*, Ballard, 1722.
（45）たとえば Roussier, *Mémoire sur la musique des Anciens*, p. 7 など。
（46）Rameau, *Traité de l'harmonie*, pp. 3–6.
（47）アミオがこのように、一見突拍子もない関係づけを行った背景には、ルーシェによるラモー批判も関係していると思われる。ルーシェはラモーの熱心な弟子ではあったが、ラモーが音楽システムの原理を、自らの根音バスに引きつけて説明するのみだと批判し、アミオが一七五四年にフランスへ送った李光地『古楽経伝』（一七〇七）のフランス語訳に基づいて、古代エジプト、ギリシア、中国の音楽システムに共通する三倍音列こそが、原理の解明の鍵だと主張した。Christensen, *Rameau and Musical Thought*, pp. 295–6. ゴドウィン（高尾謙史訳）『音楽のエゾテリスム』四四～六頁。Picard, "Joseph-Marie Amiot", pp. 73–4.
（48）Rameau, *Traité de l'harmonie*, Preface.
（49）Le commentaire de Roussier, en Amiot, *Mémoire sur la musique des chinois*, p. 130.
（50）*MCC*, Tome 11, pp. 527–38.

（51）ビュフォン（菅谷暁訳）『自然の諸時期』法政大学出版局、一九九四年、四五〜七頁。

（52）Roussier, *Mémoire sur la musique des Anciens*, pp. 32–4.

（53）Amiot, *Mémoire sur la musique des chinois, tant anciens que modernes*, p. 95.

（54）Pierre Sonnerat, *Voyages aux Indes orientales et a la Chine*, Froullé, 1782, p. 222.

（55）後藤末雄『中国思想のフランス西漸』第二巻、四五〜五九頁。

（56）Sonnerat, *Voyages aux Indes orientales et a la Chine*, p. 259.

（57）Sonnerat, *Voyages aux Indes orientales et a la Chine*, pp. 227–8.

（58）Adrian Hsia, “The Far East as the Philosopher’s « Other » : Immanuel Kant and Johann Gottfried Herder”, *Revue de littérature compare*, 297, 2001, p. 21.

（59）Sonnerat, *Voyages aux Indes orientales et a la Chine*, p. 543.

（60）Denis Diderot & Jean le Rond d’Alembert, *Encyclopedié ou Dictionnaire raisonné sciences, des arts et des métiers*, Briasson, 1751–1772, Tome 10, p. 898. なお、以下同書から引用する場合、*Encyclopedié* と略記する。

（61）*Dictionnaire de l’Académie Française*, Tome 2, Pierre Beaume, 1778, p. 125.

（62）Amiot, *Mémoire sur la musique des chinois, tant anciens que modernes*, pp. 39, 45.

（63）Amiot, *Mémoire sur la musique des chinois, tant anciens que modernes*, p. 85.

（64）ヨーロッパにおける「思弁的音楽（musique spéculative)」の担い手の系譜（ラモーやルーシェ含む）については、ゴドウィン（高尾謙史訳）『音楽のエゾテリスム』一〇〜三、二八〜三〇、四二〜五〇頁を参照のこと。

（65）*DECTC*, Tome 3, pp. 326–8.

（66）*LEC*, Tome 21, pp. 462–7.

（67）Voltaire, “Fragmens sur l’histoire générale”, *Collection Complette des oeuvres de Mr. de Voltaire*, Tome 37, François Grasset, 1774, pp. 226–7.

（68）小田部胤久『芸術の逆説——近代美学の成立』東京大学出版会、二〇〇一年、四〜五頁。

（69）Amiot, *Mémoire sur la musique des chinois, tant anciens que modernes*, p. 147.

（70）Amiot, *Mémoire sur la musique des chinois, tant anciens que modernes*, pp. 147–8.

（71）Picard, “Joseph-Marie Amiot”, p. 76.

（72）隠岐さや香『科学アカデミーと「有用な科学」』四〜五頁。

（73）隠岐さや香『科学アカデミーと「有用な科学」』一三二〜三頁。

第４章　メスメリズムと陰陽理論の邂逅

（１）福島仁「『中国人の宗教の諸問題』訳注（上）」四頁。

（２）アミオによるこれらの論考は、以下の著作に取り上げられた。Linda L. Barnes, *Needles, Herbs, Gods, and Ghosts : China Healing and the West to 1848*, Harvard University Press, 2005, pp. 202–10. ただしこの著作のアミオに関する部分は、ほとんど史料からの引用にとどまっている。

（３）Franz Anton Mesmer, *Mémoire sur la découverte du magnétisme animal*, Firmin Didot le jeune, 1779, pp. 74–8.

（４）ジャン・チュイリエ（高橋純・高橋百代共訳）『眠りの魔術師メスマー』工作舎、一九九二年、一二四頁。Robert Darnton, *Mesmerism and the End of the Enlightenment*, Harvard University Press, 1968, p. 8

（５）チュイリエ（高橋純・高橋百代共訳）『眠りの魔術師メスマー』一四五～六頁。Darnton, *Mesmerism.*

（６）Darnton, *Mesmerism*, pp. 11–2.

（７）Pierre Huard, Jacqueline Sonolet & Ming Wong, "Mesmer en Chine : Trois lettres médicales du R. P. Amiot, rédigées a Pékin, de 1783 a 1790", *Revue de synthèse*, 3, 1960, pp. 61–2.

（８）Huard (et al.), "Mesmer en Chine", p. 61, n. 1. またルイ＝オーギュスタン・ベルタンの経歴については、Hugues du Tems, *Le clergé de France, ou tableau historique et chronologique des archevêques*, Tome 2, Delalain, 1774, p. 604 に詳しい。

（９）Mellet, "Recherches sur les tarots", pp. 395–411.

（10）Mesmer, *Mémoire sur la découverte du magnétisme animal*, 1779.

（11）チュイリエ（高橋純・高橋百代共訳）『眠りの魔術師メスマー』二八七～九二頁。

（12）チュイリエ（高橋純・高橋百代共訳）『眠りの魔術師メスマー』三四六～五四頁。隠岐さや香『科学アカデミーと「有用な科学」』二三六～九頁。

（13）Huard (et al.), "Mesmer en Chine", p. 62.

（14）"Nouvelles Littéraires : *Rapport des Commissaires nommés par le Roi, pour l'examen du Magnétisme Animal*", *Mercure de France*, Samedi 4 Septembre 1784, pp. 7–22.

（15）BN, Bréquigny 1, pp. 159–63.

（16）Darnton, *Mesmerism*, p. 116. チュイリエ（高橋純・高橋百代共訳）『眠りの魔術師メスマー』三四四～五頁。

（17）ルイ＝オーギュスタン・ベルタンに対する一七八三年八月一日、および一七八四年八月一八日の手紙と、メレ伯に対する一七九〇年七月二四日の手紙が、Huard (et al.), "Mesmer en Chine", pp. 61–91 において翻刻されている。ユアールらはパリ大学医学部所蔵の手稿を翻刻したが、それらのうち一七八三年八月一日付と一七八四年八月一八日付の手稿は、フランス国立図書館にも所蔵がある（資料番号 Bréquigny 5 および Bréquigny 2）が、ユアールらによる翻刻と比較すると、大部分変わらないものの、フランス国立図書館所蔵のもののほうが若干簡略である。

（18）*Lettre à M. Desvoyes*, 18 8bre 1784, reprinted in Huard (et al.), "Mesmer en Chine", pp. 75–7.

（19）*Lettre à M. Desvoyes*, 1er 8bre 1783, reprinted in Huard (et al.), "Mesmer en Chine", p. 62.

（20）シャルラタンやタバランについては、蔵持不三也『シャルラタン——歴史と諧謔の仕掛人たち』新評論、二〇〇三年に詳しい。

（21）「功夫（工夫）」は、朱子学では「『聖人到達』を実現するために不可欠の営為」として説かれ、朱熹は居敬と窮理を学問における工夫とし、静座と読書をそれぞれの実践法とした（「学者工夫、唯在居敬窮理二事」『朱子語類』巻第九・学三）。また仏教では仏道修行、とくに禅宗においては座禅に専心することを指す。

（22）「気功」の語は晋代からすでに見られるが、長らく「導引」「吐納」「行気」などと称されることが多かった。一九五〇年代に入って、中国の劉貴珍が気功療養院を設立し、専門書を著したことなどをきっかけに、「気功」の名称が普及したようである。

（23）*Lettre à M. Desvoyes*, 1er 8bre 1783, reprinted in Huard (et al.), "Mesmer en Chine", pp. 62–3.

（24）Cibot, "Notice du Cong-fou des Bonzes Tao-sée", *MCC*, Tome 4, pp. 441–51. なお、この報告は無署名であるため、これまでアミオによるものとするか、シボによるものとするか、意見が分かれてきた。たとえばユアールは "Mesmer en Chine", p. 62, n. 2 でアミオの報告とし、ニーダムはシボのものとしている。Joseph Needham, *Science and Civilization in China*, vol. 5, Cambridge University Press, 1983, p. 170, n. (a). 本書においても、同報告はシボ作との見解をとる。なぜなら同じ「功夫（工夫）」の語を、本文に引くとおりアミオが Kong fou と音写するのに対し、同報告では Cong-fou と音写するなど、表記のゆれが散見され、同一人物によるものとは認めがたいからである。

（25）Cibot, "Notice du Cong-fou des Bonzes Tao-sée", p. 442.

（26）*Encyclopédie*, Tome 3, p. 208.

（27）呉軍「老剃頭匠的絶活——端打推拿」『文史博覧』二〇一二年第六期、六六頁。申庚「旧京理髪業」『北京工人』一九九八年第七期、四六頁。

（28）これらはいずれも、按摩の代表的手法である。たとえば清代の張振鋆『釐正按摩要術』（一八八九）第二巻には、按法（押さえる、撫でる）、摩法（さする）、掐法（つねる、つかむ）、揉法（もむ）、推法（おす）、運法（まわす）、搓法（すりもむ）、揺法（ゆさぶる）といった手法についての解説がある。

（29）*Lettre à M. Desvoyes*, 18 8bre 1784, reprinted in Huard (et al.), "Mesmer en Chine", pp. 75–7.

（30）安定洲「薬王的由来」『中国道教』一九九五年第一期。

（31）中国医学では、経絡を通って全身に気血がめぐることで生命が維持されると考える。そのもっとも主要な十二経脈（『黄帝内経霊枢』経脈篇第十）は陰と陽に分かれ、手足それぞれに三陰経（太陰、少陰、厥陰）と三陽経（陽明、太陽、少陽）があり、六臓六腑にひとつずつ連絡しており、それぞれ対応する症状がある。鍼を用いる際には、「陰より陽を引き、陽より陰を引く」（「故善用針者、従陰引陽、従陽引陰」『黄帝内経素問』陰陽応象大論篇第五）ようにする。これは、陰経の気血を除くことで陽経の気血を補い、陽経の気血を除くことで陰経の気血を補うようにすることを指す。アミオの言葉は、以上のごとき治療理念を捉えたものと考えられる。

（32）*Lettre à M. Desvoyes*, 1er 8bre 1783, reprinted in Huard (et al.), "Mesmer en Chine", pp. 66–7. この考え方については、たとえば『黄帝内経素問』陰陽応象大論篇第五に現れているといえよう。「陰陽のあり方が規律に反したところに、病が生じる。〔中略〕陰が過剰になれば陽が損なわれ、陽が過剰になれば陰が損なわれる。陽が過剰になれば熱、陰が過剰になれば寒となる〔此陰陽反作、病之逆従也。〔中略〕陰勝則陽病、陽勝則陰病。陽勝則熱、陰勝則寒〕」。

（33）吉原瑛「導引に関する研究（その一）——中国古代の体操術」『体育学研究』第一〇巻第一号、一九六五年、四五頁。導引については、吉原瑛「中国近世の導引」『体育学研究』第一一巻第四号、一九六七年も参照のこと。

（34）*Lettre à Comte de Mellet*, 24 7bre 1790, reprinted in Huard (et al.), "Mesmer en Chine", p. 90. 経絡の疎通をはかり、そのなかを流れる気血を調和させる、という按摩法の理念を捉えた言葉であろう。

（35）*Lettre à M. Desvoyes*, 1er 8bre 1783, reprinted in Huard (et al.), "Mesmer en Chine", p. 64.

（36）*Lettre à M. Desvoyes*, 1er 8bre 1783, reprinted in Huard (et al.), "Mesmer en Chine", p. 67.

（37）*Lettre à M. Desvoyes*, 1er 8bre 1783, reprinted in Huard (et al.), "Mesmer en Chine", p. 64.

（38）Mesmer, *Mémoire sur la découverte du magnétisme animal*, p. 76.

（39）Mesmer, *Mémoire sur la découverte du magnétisme animal*, pp. 33, 82, 77–8.

（40）*Lettre à M. Desvoyes*, 18 8bre 1784, reprinted in Huard (et al.), "Mesmer en Chine", p. 75.

（41）*Lettre à M. Desvoyes*, 18 8bre 1784, reprinted in Huard (et al.), "Mesmer en Chine", p. 77.

（42）こうした身体観を示す文章はさまざまな中国文献に見られるが、さしあたりアミオと同時代の銭泳（一七五九～一八四四）による文章を引用する。「人稟天地之気以為生、故人身似一小天地、陰陽五行、四時八節、一身之中、皆能運会」『履園叢話』第七・人身一小天地。

（43）*Lettre à M. Desvoyes*, 18 8bre 1784, reprinted in Huard (et al.), "Mesmer en Chine", p. 74.

（44）Mesmer, *Mémoire sur la découverte du magnétisme animal*, p. 74.

（45）Charles Deslon, "Observations sur le magnétisme animal", *Journal de medicine, chirurgie, pharmacie, &c.*, Tome 54, octobre 1780, pp. 309–11.

(46) *Lettre à M. Desvoyes*, 1er 8bre 1783, reprinted in Huard (et al.), "Mesmer en Chine", pp. 68–70.

(47) 趙撝謙『六書本義』については、周美華「趙撝謙『六書本義』『六書説』述要」『中国文哲研究通訊』第一二巻第三期、二〇〇二年に詳しい。

(48) アミオの図では、乾、坤、兌、坎の四卦が配され、それぞれ「すべて陽 (tout yang)」すなわち太陽、「すべて陰 (tout yn)」すなわち太陰、「陽が陰より多い (plus d'yang que d'yn)」すなわち少陰、「陰が陽より多い (plus d'yn que d'yang)」すなわち少陽、という付記がある。ところが趙撝謙『六書本義』をはじめ、この図を載せた書籍の多くでは北から時計回りに、乾、巽、坎、艮、坤、震、離、兌の八卦を配し、乾と坤が北と南で相対し、坎と離が東と西で相対する。すなわち、アミオが兌を置いた場所には、『六書本義』などに従えば、離の卦を置くべきだということになる。このずれはアミオの故意によるものか、否か。そこで同じ報告を見てみると、アミオがこの四つの卦を、たびたび「四元素 (Quaternaire)」と呼んでいることに気づく。「四元素 (Quarternaire)」とは、ヨーロッパではもともとピタゴラス学派のひとりエンペドクレス（前四九〇頃~前四三〇）によって提唱された万物の四根、すなわち地、水、火、空気を指す語である。しかしアミオは、このピタゴラス学派由来のものより起源が古く「神聖な」四根が存在し、これこそ中国の天地自然河図の周りに配された四卦だと述べている。このように、ギリシア哲学の四根の概念を利用していることからすると、やはりアミオの本意では、兌ではなく離の卦を置きたかったのだと推測される。なぜなら乾、坤、坎、離の四卦は古来、天、地、水、火の象徴（兌は沢の象徴）だが、これらはギリシアの四根すなわち空気、地、水、火に対応可能と考えられるからである。アミオの図に離ではなく兌の卦が配されているのは、単純な誤りによるものと思われる。ちなみに、中国の六十四卦がそれぞれ何を象徴するかについては、イントルチェッタやクプレらがすでに紹介している。Philippe Couplet, Prospero Intorcetta et al., *Confucius Sinarum Philosophus : sive Scientia Sinensis*, D. Horthemels, 1687, p. xlii–xliv.

(49) *Lettre à M. Desvoyes*, 1er 8bre 1783, reprinted in Huard (et al.), "Mesmer en Chine", p. 69.

(50) *Lettre à M. Desvoyes*, 1er 8bre 1783, reprinted in Huard (et al.), "Mesmer en Chine", p. 69.

(51) Mark Kauntze, *Authority and Imitation : A Study of the Cosmographia of Bernard Silvestris*, Brill, 2014, p. 75.

(52) "Quod vero sit universi corporis fomes et prima subiectio", Chalcidii V. C., *Timaeus de Platonis, translates item eiusdem in eundem commentaries*, Justus à Colster, 1617, p. 317.

(53) *Lettre à M. Desvoyes*, 18 8bre 1784, reprinted in Huard (et al.), "Mesmer en Chine", p. 74.

(54) クラウス・リーゼンフーバー「トマス・アクイナスにおけるプラトニズム」『中世思想研究』第一九号、一九七七年。

(55) *Lettre à M. Desvoyes*, 18 8bre 1784, reprinted in Huard (et al.), "Mesmer en Chine", p. 74.

(56) 山本義隆『磁力と重力の発見』第一巻、みすず書房、二〇〇三年、二一~五頁。

(57) 山本義隆『磁力と重力の発見』第一巻、七~一二頁。

(58) Darnton, *Mesmerism*, pp. 11–2. チュイリエ（高橋純・高橋百代共訳）『眠りの魔術師メスマー』四四〜五〇頁。「微細な精気」は、世界の全物質のなかに浸透、潜在した活動性の原質で、物体を構成する粒子を引きつけたり斥けたりすると考えられた。この概念は、もともとデカルト機械論の継承者パワー（Henry Power 一六二三〜一六六八）が提唱し、ニュートンに受け継がれた。以下の各著作を参照。藤井清久「粒子論哲学からニュートン原子論へ――キリスト教的原子論の系譜」、化学史学会編『原子論・分子論の原典』第一巻、学会出版センター、一九八九年、二五頁。山本義隆『磁力と重力の発見』第三巻、七八九〜九〇、八六三頁。

(59) Mesmer, *Mémoire sur la découverte du magnétisme animal*, p. 80.

(60) Allison Muri, *The Enlightenment Cyborg : A History of Communications and Control in the Human Machine, 1660–1830*, University of Toronto Press, 2007, p. 52.

(61) 利瑪竇『天主実義』上巻、第二篇「詳釈世人錯認天主」。『天主実義』に現れた中国の万物生成理論に対する見方については、以下の各研究に詳しい。柴田篤「明末天主教の霊魂観――中国思想と対話をめぐって」『東方学』第七六輯、一九八八年。福島仁「ヨーロッパ人による最初の理気論――西洋の神と朱子学の理」『中国――社会と文化』第四号、一九八九年。柴田篤「『天主実義』の成立」『哲学年報』第五一号、一九九二年。同「天主教と朱子学――『天主実義』第二篇を中心にして」『哲学年報』第五二号、一九九三年。同「中・西の対話を支えるもの――明末天主教思想をめぐって」『九州中国学会報』第四〇号、二〇〇二年。

(62) Nicolas Longobardo, "Traité sur quelques points de la réligion des Chinois", Gottfried Wilhelm von Leibniz, *Epistolae ad diversos*, vol. 2, Sumto Bern. Christoph. Breitkopfii, 1735, pp. 260–1, 265–7. また、福島仁「『中国人の宗教の諸問題』訳注（上）」二〇、二四〜五頁を参照のこと。ただしこの節での日本語訳は筆者自身による。

(63) *Confucius Sinarum Philosophus*, pp. lv–lvii. また、クプレらの宋学者たちに対する見方については、次の各著作に詳しい。Knud Lundbaek, "Notes sur l'image du Néo-Confucianisme dans la littérature européenne du XVIIe à la fin du XIXe siècle", *Actes du IIIe colloque international de sinologie*, Les Belles Lettres, 1983 ; Knud Lundbaek, "The Image of Neo-Confucianism in *Confucius Sinarum Philosophus*", *Journal of History of Ideas*, 44 (1), 1983. 井川義次『宋学の西遷』。

(64) Prémare, *Vestiges des principaux dogmes chrétiens*, pp. 104–12.

(65) Gottfried Wilhelm von Leibniz, *Discours sur la théologie naturelle des Chinois*, présentés, traduits et annotés par Christiane Frémont, L'Herne, c. 1987, pp. 97–127.

(66) BN : ms. Bréquigny 1, p. 159 ; *Lettre à M. Desvoyes*, 1er 8bre 1783, reprinted in Huard (et al.), "Mesmer en Chine", p. 65.

(67) Thomas Aquinas, *Summa contra gentiles*, Liber primus, Cap. 20, "Quod Deus non est corpus".

(68) BN : ms. Bréquigny 1, p. 159.

(69) Darnton, *Mesmerism*, pp. 36–8.

（70）アミオのこうした、神を宇宙論の最上位に置きつつも、議論の中心を神からずらす態度には、一七〜一八世紀理神論からの何らかの影響があった可能性が考えられる。

（71）*Lettre à M. Desvoyes*, 18 8bre 1784, p. 80.

第5章　一八世紀在華イエズス会士と北京社会との接点

（1）本書第1章第2節も参照のこと。

（2）北堂はもともと蚕池口に建てられたが、一九世紀前半に道光帝の命令で没収された後、役人に払い下げられ、教会堂も破壊された。その後、清朝とフランスとの黄埔条約（一八四四）締結のために派遣されたラグルネ（Théodore de Lagrené 一八〇〇〜一八六二）らの働きかけによって、清朝に没収されていたカトリック教会が、信者と司教らに返還されることとなった。ところが教会堂の再建の段階で、蚕池口というその場所が宮廷に近すぎ、王朝の体制にとっても、また当時進められていた宮廷拡張の構想にとっても支障になるとの懸念が清朝側から出され、やがてフランス側との折衝の末、西安門大街をはさんで若干西北にある西什庫へ移転することになった。その後、現在にいたるまでこの場所に保存されている。この点については矢沢利彦『北京四天主堂物語』一三三〜二八四頁に詳しい。

（3）清代北京の内城と外城については、以下の研究を参照のこと。唐暁峰「明・清時代の北京城の都市計画と構成配置のもつ意味」、千田稔編『東アジアの都市形態と文明史』国際日本文化研究センター、二〇〇四年。熊遠報「一八世紀における北京の都市景観と住民の生活世界——康熙六旬『万寿盛典図』を中心に」『東洋文化研究所紀要』第一六四号、二〇一三年。ただし後に挙げた熊遠報の研究によれば、満洲人は農工商に属する産業への従事を禁じられたため、彼らの家庭内外において日常生活上の諸サービスに従事する人々が不可欠となり、実際には内城に多くの漢人が居住していたという。熊遠報の同論文、二六二〜四頁。

（4）張西平「西方漢学的奠基人羅明堅」。Chan, *Chinese Materials*, pp. 90-6. なお『新編天主実録』は、版本によって『新編天主聖教実録』、『新編西竺国天主聖教実録』の異名がある。

（5）林金水『利瑪竇与中国』中国社会科学出版社、一九九六年、二八六〜三一六頁。黄一農『両頭蛇』三三〜六四頁。

（6）徐光啓についての研究著作は膨大に存在するが、以下、徐光啓の経歴に関しては次の著作を参照した。Peter Engelfriet, *Euclid in China : The Genesis of the First Chinese Translation of Euclid's Elements, Books I-VI (Jihe Yuanben, Beijing, 1607) and Its Reception Up to 1723*, Brill, 1998, pp. 56–102 ; Willard J. Peterson, "Learning from Heaven : The Introduction of Christianity and Other Western Ideas into Late Ming China", John E. Wills Jr. (ed.), *China and Maritime Europe, 1500–1800 : Trade, Settlement, Diplomacy, and Missions*, Cambridge University Press, 2010, pp. 78–134, esp., pp. 102–34.

（7）上海にある徐家の墓地は、二本の河流が合する場所にあるため徐家匯（匯は合流するの意）と呼ばれ、一八四七年、中国に再進出を果たしたフランス人イエズス会宣教師によってこの地に教会（徐家匯教堂）が建てられた。

（8）授時暦と大統暦を含む中国の暦法に関しては、次の著作を参照した。藪内清『科学史からみた中国文明』日本放送出版協会、一九八一年。ジョゼフ・ニーダム（吉田忠ほか訳）『中国の科学と文明』（東畑精一・藪内清監修）第五巻（天の科学）、思索社、一九七六年。また後藤末雄『乾隆帝伝』も参照のこと。

（9）「〔万暦〕三十八年、監推十一月壬寅朔日食分秒及虧円之候、職方郎范守己疏駁其誤。礼官因請博求知暦学者、令与監官昼夜推測、庶幾暦法靡差。於是五官正周子愚言、大西洋帰化遠臣龐迪我、熊三抜等、携有彼国暦法、多中国典籍所未備者。乞視洪武中訳西域暦法例、取知暦儒臣率同監官、将諸書尽訳、以補典籍之欠。先是、大西洋人利瑪竇進貢土物、而迪我、三抜及龍華民、鄧玉函、湯若望等先後至、倶精究天文暦法。礼部因奏、精通暦法、如雲路、守己為時所推、請改授京卿、共理暦事。翰林院検討徐光啓、南京工部員外郎李之藻亦皆精心暦理、可与迪我、三抜等同訳西洋法、俾雲路等参訂修改。然暦法疏密、莫顕於交食、欲議修暦、必重測験。乞勅所司修治儀器、以便従事。疏入、留中。未幾雲路、之藻皆召至京、参預暦事。雲路拠其所学、之藻則以西法為宗。〔中略〕已而光啓上暦法修正十事、〔中略〕因挙南京太僕少卿李之藻、西洋人龍華民、鄧玉函、報可、九月癸卯開暦局。三年、玉函卒、又徴西洋人湯若望、羅雅谷訳書演算。光啓進本部尚書、仍督修暦法」『明史』巻三十一、志第七、暦一、暦法沿革。

（10）「議政王等遵旨会議、前命大臣二十員、赴観象台測験、南懐仁所言、逐款皆符、呉明烜所言、逐款皆錯」『大清聖祖仁（康熙）皇帝実録』康熙八年二月七日の条。なお以下『大清実録』から引用の場合は、『康熙実録』『乾隆実録』等と略記する。

（11）呉伯婭『康雍乾三帝与西学東漸』宗教文化出版社、二〇〇二年、二二一頁を参照。

（12）Standaert, "Jesuit Corporate Culture", pp. 326–63.

（13）ただし当時宮廷に登用された宣教師には、イエズス会以外の修道会に属する人々も含まれる。たとえば、ラザリスト会宣教師ペドリニはイエズス会士ペレイラと共同で、康熙帝の命により『律呂纂要』（一六八〇年代頃）ならびに『御製律呂正義続編』（一七一三）を著した。これらは西洋音楽理論を初めて漢訳、満訳した西学書である。次の著作を参照のこと。Wang Bing & Pinto, "Thomas Pereira and the Knowledge of Western Music in the 17th and 18th Centuries in China". またペドリニは西洋音楽について、康熙帝と簡単な会話も交わしており、その様子は Joyce Lindorff, "Pereira's Musical Heritage as Context for His Contributions in China", Luis Saraiva (ed.), *Europe and China: Science and the Arts in the 17th and 18th Centuries*, World Scientific, 2012, p. 155 に記されている。なお上記の『纂要』『正義』と併せて、『律呂節要』と題する書物も、ペレイラとペドリニの共作あるいはいずれか一方の手にかかる可能性が高い。この書物については拙稿「清朝宮廷における西洋音楽理論の受容」を参照されたい。

（14）ダントルコール（小林太市郎訳注、佐藤雅彦補注）『中国陶瓷見聞録』平凡社、一九七九年に詳しく整理されている。

（15）「康熙五十二年閏五月十一日、准兵部諮車駕清吏司案呈、准養心殿諮称、康熙五十二年四月二十九日、監視養心殿李秉忠、監視武英殿布爾賽等八人、西洋人費隠、単爻占、麦大成、湯尚賢往四川等九省去、列名緑頭牌啓奏、奉旨。布爾賽、李秉忠著派出四川、貴州、雲南省。著布爾賽、西洋人費隠、単亥占去回来、従湖広省画江西、広東、広西省。著李秉忠、西洋人麦大成、湯尚賢去河南、江南二省画。去的官員如若画完、就従彼処往浙江、福建画去。〔中略〕四川、雲南、貴州、湖広省去的西洋人費隠、単亥占各騎馬五匹、〔中略〕江西、広東、広西省去的西洋人麦大成、湯尚賢、伊等各騎馬五匹」『明清史料』丁編第八本、商務印書館、一九五一年、七六八頁。

(16) 本文および前注に示した檔案以外の中国側史料に関しては、李孝聡「記康熙『皇輿全覧図』的測絵及其版本」『故宮学術季刊』第三〇巻第一期、二〇一二年を参照のこと。

(17)『皇輿全覧図』の制作に関して、ヨーロッパ側史料を使った研究としては、次の著作を参照。Cordell Y. K. Yee, "Traditional Chinese Cartography and the Myth of Westernization", J. B. Harley & David Woodward (eds.), *Cartography in the Traditional East and Southeast Asian Societies*, vol. 2, Book 2, The University of Chicago Press, 1994; Ugo Baldini, "Guillaume Bonjour (1670–1714): Chronologist, Linguist, and "Casual" Scientist", Saraiva (ed.), *Europe and China.*

(18) 陳国棟「康熙小臣養心殿総監造趙昌生平小考」、馮明珠編『盛清社会与揚州研究』遠流出版、二〇一一年、二八二頁、注四七。

(19)『欽定大清会典事例』嘉慶二三年奉勅撰、巻一一七六、内務府、養心殿造辦処および武英殿修書処。常建華『乾隆事典』遠流出版、二〇〇八年、五五〜六頁。

(20)「内閣侍読学士李秉忠、為河南按察使司按察使」『雍正実録』巻之六十一、雍正五年九月十二日の条。また、Jonathan Spence, "Claims and Counter-Claims: The Kangxi Emperor and the Europeans (1661–1722)", David Mungello (ed.), *The Chinese Rites Controversy: Its History and Meaning*, Steyler Verlag, 1994 も参照のこと。

(21) 陳国棟「康熙小臣養心殿総監造趙昌生平小考」二八〇〜一頁。Jin Guoping, "'Amicíssimos', Tomás Pereira and Zhao Chang", Antonio Vasconcelos de Saldanha & Arthur K. Wardega (eds.), *In the Light and Shadow of an Emperor: Tomás Pereira, SJ (1645–1708), The Kangxi Emperor and the Jesuit Mission in China*, Cambridge Scholars Publishing, 2012, pp. 229–30, n. 4.

(22) 趙昌やヘシヘンと在華イエズス会士との関係に注目した研究として、以下の著作が挙げられる。陳青松「趙昌家世及其与伝教士的往来――兼述其在康雍時期的際遇前掲論文」『亜洲研究』第六期、二〇〇九年。陳国棟「養心殿総監造趙昌――為康熙皇帝照顧西洋人的内務府成員之一」『故宮文物月刊』第三四三号、二〇一一年。同「康熙小臣養心殿総監造趙昌生平小考」。同「武英殿総監造赫世亨――活躍於「礼儀之争」事件中的一位内務府人物」『故宮学術季刊』第三〇巻第一号、二〇一二年。Jin Guoping, "'Amicíssimos', Tomás Pereira and Zhao Chang".

(23) 陳国棟「康熙小臣養心殿総監造趙昌生平小考」二七一〜二頁。この点については、楊珍はより簡単に、趙昌を正白旗人としている。楊珍『歴程・制度・人――清朝皇権略探』学苑出版社、二〇一五年の第三章「皇帝・大臣」第四節「康雍皇権更替時的両名獲罪者――趙昌与魏珠」を参照。

(24) 陳国棟「康熙小臣養心殿総監造趙昌生平小考」二九三〜六頁。
(25) 陳国棟「武英殿総監造赫世亨」。
(26)「養心殿、武英殿等処管製造、帯西洋人事、伊都立、張常住、王道化、趙昌」、陳垣輯『康熙与羅馬使節関係文書』台湾学生書局、一九七四年。なおこの檔案については、矢沢利彦、陳国棟らも言及している。矢沢利彦編訳『イエズス会士中国書簡集』第四巻(社会篇)、平凡社、一九七三年、三六頁、注一一。矢沢利彦編訳『イエズス会士中国書簡集』第六巻(信仰編)、平凡社、一九七四年、九〇〜一頁、注一六。陳国棟「武英殿総監造赫世亨」二五七頁、注二。
(27) *LEC*, Tome 18, pp. 1–30, esp., p. 20.
(28) *LEC*, Tome 22, pp. 5–8.
(29) 杉山清彦『大清帝国の形成と八旗制』名古屋大学出版会、二〇一六年、四六〜五三頁。またマチの祖先の由来については、同書一三九〜四〇頁も参照のこと。
(30) 俄羅斯文館については、以下の著作を参照のこと。柳澤明「内閣俄羅斯文館の成立について」『早稲田大学大学院文学研究科紀要(別冊、哲学・史学編)』第一六集、一九八九年。肖玉秋「清季俄羅斯文館延聘俄人教習研究」『史学月刊』二〇〇八年第一二期。閻立『清末中国の対日政策と日本語認識――朝貢と条約のはざまで』東方書店、二〇〇九年。
(31) この点については後藤末雄著『乾隆帝伝』第III章と第IV章の本文および校注を参照のこと。
(32)「[天主教]因其教之甚、是以民人遵效而入、以致満洲人等亦有遵效而入者、竟将世代宗祠全行抛棄、以父母之祭倶不焚奠。臣之愚見、八旗之人倶系従随太祖、太宗所来之旧人、習気敦厚、只知依頼皇恩而生。今竟背其本原、而皈依外国小人之教、忘本棄旧、有碍風化、似此不得不厳行禁止」乾隆元年三月一四日(一七三六)の上奏。呉旻・韓琦編校『欧洲所蔵雍正乾隆朝天主教文献滙編』上海人民出版社、二〇〇八年、五二頁。またこの上奏をめぐる詳細については後藤末雄『乾隆帝伝』第III章の本文および校注を参照のこと。
(33) この点に関しては、呉旻・韓琦編校『欧洲所蔵雍正乾隆朝天主教文献滙編』五八頁に翻刻された乾隆二年一〇月二二日(一七三六)および乾隆二年一〇月二七日(一七三七)の上奏文、ならびに後藤末雄『乾隆帝伝』第IV章の本文および校注を参照のこと。
(34) 乾隆帝によるこれらの事業、および在華イエズス会士の任用については後藤末雄『乾隆帝伝』を参照のこと。
(35) *LEC*, Tome 26, p. 484.
(36) この教案については、Bernward Henry Willeke, *Imperial Government and Catholic Missions in China during the Years 1784–1785*, Franciscan Institute, 1948 に詳しい。
(37)『乾隆朝上諭檔』第一二冊、第七〇三、一二五八。『清中前期西洋天主教在華活動檔案』第二冊、第三七五。
(38) *MCC*, Tome 15, pp. 373–81.

(39) *MCC*, Tome 15, pp. 382–3.
(40) BN : ms. Français 9089, pp. i–iii.
(41) *LEC*, Tome 24, pp. 161–2.
(42) *LEC*, Tome 23, pp. 587–8.
(43) *LEC*, Tome 23, pp. 588–91.
(44) *LEC*, Tome 23, pp. 591–3.
(45) *LEC*, Tome 24, pp. 162–217.
(46) これらの刑罰については、川久保悌郎「清代に於ける辺疆への罪徒配流について――清朝の流刑政策と辺疆その一」『弘前大学人文社会』第一五号、一九五八年を参照した。
(47) 矢沢利彦編訳『中国の布教と迫害』平凡社、一九八〇年、一六八～九四頁（ただし本文に掲げたブルジョワ報告の日本語訳自体は、すべて新居による）。
(48) 「巡視五城、分中東南西北、毎城給事中或御史、満漢各一人」『大清会典則例』乾隆一三年奉勅撰、都察院六。「順治十年議準、令五城御史各率所属辦理地方之事、釐剔姦弊、整頓風俗」『大清会典』乾隆二九年奉勅撰、都察院五・巡城職掌。
(49) 中央研究院歴史語言研究所内閣大庫檔案二三〇七〇七。
(50) じつは矢沢利彦も「チンテ」に成徳の字をあてているのだが、自身「一応成徳という字を当ててみた」と述べているとおり（矢沢利彦編訳『中国の布教と迫害』二五六頁）、史料に基づいた結果ではなく、また成徳という実在の人物に行きついたわけでもなかった（おそらく音から連想して、名前として比較的使われやすい文字を当てはめたものと思われる）。
(51) 中央研究院歴史語言研究所内閣大庫檔一九六八七〇。
(52) 「中南北三営参将各一人、游撃各一人、掌訓練弁兵、分駐巡緝。守備十有九人、千総十有五人、把総三十人、掌分守営汛、緝捕姦匪」『乾隆会典』歩軍統領。
(53) マギャ氏を含む八大家については、杉山清彦『大清帝国の形成と八旗制』四八、五〇頁を参照のこと。
(54) *LEC*, Tome 24, pp. 223–57.
(55) *LEC*, Tome 18, pp. 77–83.
(56) 鐘鳴旦・杜鼎克・蒙曦主編『法国国家図書館明清天主教文献』第二六冊、台北利氏学社、二〇〇九年、二五五～八一頁。
(57) 槇原茂「信徒のアソシアシオン」、福井憲彦編・綾部恒雄監修『アソシアシオンで読み解くフランス史』山川出版社、二〇〇六年、三〇～四〇頁を参照のこと。
(58) 川村信三『キリシタン信徒組織の誕生と変容――「コンフラリヤ」から「こんふらりや」へ』教文館、二〇〇三年。

（59）*LEC*, Tome 24, pp. 193–200.
（60）川村信三『キリシタン信徒組織の誕生と変容』。
（61）*LEC*, Tome 26, pp. 179–80.
（62）François Picard, Jean-Christophe Frisch, Ensemble Meihua Fleur de Prunus, Chœur du Centre Catholique Chinois de Paris, & XVIII–21 Musique des Lumières, *Joseph-Marie Amiot (1718–1793) : Messe des Jésuites de Pékin*, France, 1998（CD）; XVIII–21 Musique des Lumières, & Fleur de Prunus, *Chine : Jésuites & Courtisanes*, France, 1999（CD）; Jean-Christophe Frisch, Chœur du Beitang, & XVIII–21 Musique des Lumières, *Vêpres à la Vierge en Chine*, France, 2004（CD）.

第6章　アミオがとらえた清朝の統治構造

（1）Joanna Waley-Cohen, “China and Western Technology in the Late Imperial Eighteenth Century”, *The American Historical Review*, 98, 1993, pp. 1536–7 ; Joanna Waley-Cohen, *The Culture of War in China : Empire and the Military under the Qing Dynasty*, St. Martin’s Press, 2006, pp. 61, 81–3 ; Nancy E. Park, “Corruption in Eighteenth-Century China”, *The Journal of Asian Studies* 56（4）, 1997, p. 968 ; Johan Elverskog, *Our Great Qing : The Mongols, Buddhism, and the State in Late Imperial China*, University of Hawaii Press, 2006, pp. 3, 93, 174.
（2）常建華編著『乾隆事典』七七頁の「邸報」の項を参照。
（3）前掲の『乾隆朝上諭檔』および『乾隆実録』のほか、中国第一歴史檔案館編『乾隆朝起居注』全四二冊、広西師範大学出版社、二〇〇二年を参照した。
（4）矢沢利彦『西洋人の見た中国皇帝』東方書店、一九九二年。
（5）矢沢利彦『西洋人の見た中国皇帝』二六頁、二九頁。リッチとマルティニの報告からの引用も、ここでは矢沢利彦による訳をとっている。
（6）矢沢利彦『西洋人の見た中国皇帝』六一～二頁。
（7）吉川浩「ラ・ブリュイエールの文学史的位置――『レ・カラクテール』におけるポルトレの発展を中心に」『人文学』第五四号、一九六一年、一八～九頁。
（8）Mungello, *Curious Land*, p. 300.
（9）この部分に関しては、日本語訳をブーヴェ（後藤末雄訳、矢沢利彦校注）『康熙帝伝』平凡社、一九七〇年から引用した。四六、五五、六九～七〇、七二～一一一頁。
（10）ブーヴェ（後藤末雄訳）『康熙帝伝』七頁。
（11）ブーヴェ（後藤末雄訳）『康熙帝伝』所収の矢沢利彦による解説、二〇九～一八頁。

（12）Mungello, *Curious Land*, p. 303. 矢沢利彦『西洋人の見た中国皇帝』一一四～五頁。

（13）*MCC*, Tome 9, pp. 18–24.

（14）以下、該当する『上諭檔』の文書を示す。

乾隆四十四年十一月初六日、内閣奉上諭。朕自践阼以来、恭遇郊壇大祀、一切儀文典礼、悉本誠恪之心、敬謹将事、以期昭格、歴四十四年如一日、弗敢有懈弛。惟是越歳庚子、朕春秋已届七旬、雖自身精力如旧、凡升降拜献、尚可弗愆於儀、但迎神進爵儀典繁重、若各壇位前倶仍親詣、転恐過疲労生憊、於精意或有未孚、非所以天精禋而答鴻貺也。因思正位上香献爵、朕必当躬晋申虔、至列祖列祖配位前上香、朕仍親到其献、帛爵諸礼、著自今年冬至南郊為始、令諸皇子代陳。

（15）古代中国における皇帝儀礼については、次の各著作を参照のこと。金子修一『古代中国と皇帝祭祀』汲古書院、二〇〇一年。同『中国古代皇帝祭祀の研究』岩波書店、二〇〇六年。

（16）小島毅『中国近世における礼の言説』東京大学出版会、一九九六年を参照。また、王権と天の結びつき、および郊祀制度については同『宋学の形成と展開』創文社、一九九九年も参照のこと。

（17）乾隆五一年十一月初二日、上於瀛台召見諸皇子、軍機大臣等、諭曰、人君者天之子、当以敬天勤民為首務、方可以承昊貺。〔中略〕朕臨御五十一年以来、恭遇郊壇大祀、無不祇粛躬親、冬至南郊親詣五十一次。

（18）*MCC*, Tome 14, pp. 536–41.

（19）『ユダヤ戦記』や『ユダヤ古代誌』の著者ヨセフス（Flavius Josephus 三七～一〇〇頃）は、神権政治の概念をうち出し、古代ユダヤにおける大祭司職と祭儀行為に大きな関心を寄せた。ソーマ（宮庄哲夫訳）「ヨセフスと大祭司」、フェルトマン・秦剛平共編『ヨセフス・ヘレニズム・ヘブライズム』I、山本書店、一九八五年。

（20）矢沢利彦『西洋人の見た中国皇帝』一八四～九頁では、こうした中国皇帝による祭天儀礼について、宣教師が残したさまざまな報告が整理されているが、乾隆帝による儀礼およびアミオの報告は、その範囲に含まれていない。

（21）Joachim Bouvet, *Portrait historique de l'Empereur de la Chine, présenté au Roy*, Estienne Michallet, 1697, pp. 73–4.

（22）康熙一〇年に関しては「四月、聖祖仁皇帝以亢暘不雨、躬詣天壇祷祀。前期致斎三日、王以下陪祀、各官咸斎戒。前期一日、御素服詣壇致祭、継以雨足告謝各壇」とある。また康熙二六年に関しては「諭、京師為天下根本之地、乃幾月不雨、朕甚憂之、欲躬行祈祷。大小臣工、宜尽誠斎戒、毋循故事。欽此。祀日、聖祖仁皇帝雨冠素服、不設鹵簿、大駕、乗馬、詣天壇」とある。『乾隆会典則例』礼部・祠祭清吏司・大祀一・雩祀。

（23）「康熙某年孟夏、久旱、上虔誠祈祷、由乾清門歩祷至天壇」『清稗類鈔』礼制類・禱雨。

（24）コンタンサンからスーシェへの手紙（一七二七年一二月一五日）には、京報あるいは邸報（gazette）に関する詳細な説明がある。*LEC*, Tome 21, pp. 95–182. 雍正帝を「大神祇官（grand pontife）」とする記述は、同じ手紙の p. 172 に見える。なおコンタンサンからデュ・アルドへの手紙（一七三〇年一〇月一九日）にも、京報あるいは邸報に基づいた報告が見える。*LEC*, Tome 21, pp. 295–383.

(25) *MCC*, Tome 2, pp. 9–17.

(26) 唐の玄宗が自らの誕生日を祭日として以降、「千秋節」や「長春節」などの名称で呼ばれていたが、明朝には万寿節の名が定着し、そのほか聖寿節なども称された。また清朝では、皇帝の六〇歳や七〇歳といった節目の年に、北京郊外から故宮への道が華やかに装飾され、さまざまな趣向を凝らした出し物が披露される万寿盛典が執り行われている。村上正和『清代中国における演劇と社会』山川出版社、二〇一四年、八七～一二〇頁を参照のこと。

(27) 石濱裕美子「パンチェンラマと乾隆帝の会見の背景にある仏教思想について」『内陸アジア言語の研究』第九号、一九九四年。平野聡『清帝国とチベット問題――多民族統合の成立と瓦解』名古屋大学出版会、二〇〇四年、一一三～六頁。

(28) *MCC*, Tome 9, pp. 6–11.

(29) *MCC*, Tome 9, p. 24.

(30) たとえばコンタンサンは、雍正帝が、北京・山東で大雨による被害が出た際、被災民に対し「父らしい愛情（tendresse paternelle）」をもって臨んだことを、報告している。*LEC*, Tome 21, pp. 167–70. また、中国において、父親に対する尊敬は「父親を代表するもの」すなわち「老人、先生、役人、皇帝」と関係する、とした在華イエズス会士の諸報告が、モンテスキューの中国観の形成にいかに関わったかについては、後藤末雄『中国思想のフランス西漸』第二巻、五二～三頁を参照。

(31) *MCC*, Tome 9, p. 18.

(32) 尚書額駙公臣福隆安謹奏、臣等面奉諭旨。明歳恭遇皇上七旬万寿、所有恩詔、応於元旦頒発。〔中略〕陵寝官員兵丁執事人等、倶加恩賜。一、自王以下宗室覚羅、十五歳以上者、倶加恩賜。〔中略〕一、満漢孝子、順孫、義夫、節婦、該管官細加諮訪、確具事実、奏交礼部、核実旌表。

(33) *MCC*, Tome 9, pp. 11–7.

(34) *MCC*, Tome 11, pp. 581–4.

(35) なお『起居注』乾隆四九年正月六日の条と、『実録』乾隆四九年正月壬辰の条によれば、出発はさらに一月二一日まで延期された。

(36) *MCC*, Tome 11, pp. 584–5.

(37) 乾隆五十一年六月十四日、内閣奉上諭。前因畢沅奏、豫省頻歳不登、民飢鮮食、山西富戸聞風、前往放債準折地畝、災黎遇有豊年、無田可種。〔中略〕又拠畢沅奏、現在査弁災区、賤售地畝、恐中州無籍之徒、恃有査弁諭旨、竟思白退地畝、不帰原価。応令買主将原契呈出、官為追価等語。所言甚属公正、深得大臣為国之体。当経諭旨宣諭、夫晋民之与豫民、雖分両省、而自朕視之則如赤子也。赤子之安危肥瘦、無一不在慈父愛惜之中。

（38）前注の「夫晋民之」以下を参照のこと。

（39）MCC, Tome 13, pp. 454-7. なお、こうした「父」のイメージは、フランスにおいて、伝統的に王の表象に結びつけられ、フランス革命開始時点においてもよく用いられた。ロジェ・シャルチエ（松浦義弘訳）『フランス革命の文化的起源』岩波書店、一九九九年、一六九〜七一頁を参照。また、この河南における贖地政策と、それをめぐる諸問題については、岸本美緒「清代中期の飢饉救済と贖地問題」『歴史評論』第八〇六号、二〇一七年に詳しい。

（40）乾隆五十一年正月二十五日、内閣奉上諭。何裕城奏、江西省市糧価近日稍昂、由江楚商民販運過多所致等語。上年江楚等省被旱成災、収成歉薄、全頼隣省米糧、接済商民均向江西四川等省、販運糧石、以資口食費。〔中略〕今何裕城因該省糧価加増、帰咎於商民販運過多、是意存遏糴、此何言哉。〔中略〕前拠李世傑奏、因商販赴川、即碾動常平倉穀応糴、所弁甚合機宜。又拠舒常奏、江楚等省、商民赴該処販買米石、官為照料、令其迅速運回。該督撫等、皆能無分畛域、弁理妥協。

（41）前注の「該督撫等」以下を参照。

（42）MCC, Tome 13, p. 424.

（43）杉山清彦「大清帝国の支配構造」、岡田英弘編『清朝とは何か』藤原書店、二〇〇九年、一四五頁。

（44）ここでは杉山清彦「大清帝国の支配構造」を参照、引用した。とくに清朝の多層構造については、同論文の一四二頁に掲載された図に明快に示されている。

（45）以下、マーク・エリオット（楠木賢道訳）「清代満洲人のアイデンティティと中国統治」『清朝とは何か』藤原書店、二〇〇九年、一〇八〜一一三頁を参照、引用した。またエリオットが提示した「満洲の道（Manchu's Way）」については、Mark C. Elliot, *The Manchu Way: The Eight Banners and Ethnic Identity in Late Imperial China*, Stanford University Press, 2002 に詳しい。

（46）MCC, Tome 13, p. 487.

（47）MCC, Tome 13, pp. 490-3.

（48）Bouvet, *Portrait historique de l'Empereur de la Chine*, pp. 13-4.

（49）杉山清彦『大清帝国の形成と八旗制』を参照。

（50）以下、次の著作を参照、引用した。川出良枝『貴族の徳、商業の精神――モンテスキューと専制批判の系譜』東京大学出版会、一九九六年、八〜一〇頁。同「近代フランスにおける公私観念の転換――『武』の公共性から『商』の公共性へ」、佐々木毅・金泰昌編『欧米における公と私』東京大学出版会、二〇〇二年、三三〜五頁。ジャン＝マリー・アポストリデス（水林章訳）『機械としての王』みすず書房、一九九六年、四五〜五二頁。

（51）MCC, Tome 11, pp. 590-8 ; MCC, Tome 13, pp. 449-54 ; MCC, Tome 14, pp. 525-7, 544-54.

（52）本書第7章を参照。
（53）*MCC*, Tome 9, pp. 25–41 ; *MCC*, Tome 11, pp. 598–606.
（54）*MCC*, Tome 13, p. 458.
（55）該当するのは次の部分である。尚書和字寄、留京弁事王大臣、総管内務府大臣、乾隆四十八年六月初五日奉上諭。拠留京弁事王大臣等奏、初三日亥刻、雷雨、体仁閣失火、初四日寅刻、始行救熄。
（56）*MCC*, Tome 11, pp. 509–14.
（57）*MCC*, Tome 14, p. 543.
（58）岸本美緒・宮嶋博史『世界の歴史（一二） 明清と李朝の時代』中央公論社、一九九八年、三六〇頁。
（59）岸本美緒・宮嶋博史『明清と李朝の時代』八九～九〇頁を参照。
（60）杉山清彦『大清帝国の形成と八旗制』四一七～八頁。
（61）川出良枝『貴族の徳、商業の精神』一六～七頁。また、たとえば一八世紀のモンテスキューにおいても、貴族は依然として「権力の公共性への窓口」だった。安藤隆穂「啓蒙思想の公共空間」、安藤隆穂編『フランス革命と公共性』名古屋大学出版会、二〇〇三年、一五頁。
（62）そもそも、アミオが前述のごとく乾隆帝の祭天儀礼に注目したことも、少なからず「公共善」への意識から来るものだったと思われる。なぜなら、アンシャン・レジーム期のフランスでは、「公共善」の独占が、王の権威の基礎づけにおいて大きな役割を果たし、こうした理念に身体性を付与したのが、王の儀礼だったからである。二宮宏之『フランス　アンシアン・レジーム論――社会的結合・権力秩序・叛乱』岩波書店、二〇〇七年、二七八頁。
（63）これと題名が重なる著作としては、イギリスの東洋学者セール（George Sale 一六九七～一七三六）らの *An Universal History : From the Earliest Accounts to the Present Time*（1736–1744）のフランス語訳版（一七八二）があるが、この著作で中国史に関する部分は基本的に在華イエズス会士の報告に基づいており、アミオがとくに批判対象として挙げたとは考えにくい。なお「普遍史」については本書第9章を参照のこと。
（64）*MCC*, Tome 13, p. 499.
（65）川出良枝『貴族の徳、商業の精神』二〇～一頁。
（66）Günther Lottes, "China in European Political Thought, 1750–1850", *China and Europe*, pp. 81–4.
（67）George Anson（Richard Walter ed.）, *A Voyage Round the World in the Years 1740–1744*, London, 1748. この旅行記が、中国人の性質および政体に関するイエズス会士の報告を虚偽に満ちたものとし、当時大成功を収めたことについては、Demel, "China in the Political Thought of Western and Central Europe", p. 47 を参照。この旅行記を論拠とするモンテスキューの中国論については、後藤末雄

『中国思想のフランス西漸』第一巻、四五〜八、五八〜九頁。
（68）後藤末雄『中国思想のフランス西漸』第一巻、一四六〜五四頁。
（69）*MCC*, Tome 9, pp. 45–57.
（70）水林章『公衆の誕生、文学の出現——ルソー的経験と現代』みすず書房、二〇〇三年、二七〜九頁。
（71）*MCC*, Tome 11, p. 606.
（72）*MCC*, Tome 14, p. 524.
（73）森原隆「フランス絶対王政期における『ガゼット』の成立について」『人文学報』第六三号、一九八八年。同「一八世紀後期フランスにおける外国紙と『ガゼット』」『金沢大学文学部論集』史学科篇第一六号、一九九六年。
（74）*MCC*, Tome 14, pp. 524–5.
（75）*LEC*, Tome 21, p. 98.
（76）*MCC*, Tome 11, pp. 512–4.
（77）*MCC*, Tome 14, p. 560.
（78）聖諭宣講については、木津祐子「「聖諭」宣講——教化のためのことば」『中国文学報』第六六号、二〇〇三年を参照。
（79）小林亜子「フランス革命期の公教育と公共性」、安藤隆穂編『フランス革命と公共性』。
（80）安藤隆穂「啓蒙思想の公共空間」一九、二三頁。

第7章　「文芸共和国」の普遍語としての満洲語

（1）第1章注38に掲げた各参考文献を参照のこと。
（2）*MCC*, Tome 15, pp. 374–5.
（3）一八〜一九世紀ヨーロッパ人による満洲語研究の歴史については、以下の各著作で概観されている。Louis Mathieu Langlès, *Alphabet Mantchou*, troisième édition, Imprimerie impériale, 1787 ; Thomas Taylor Meadows, *Translations from the Manchu*, Press of S. W. Williams, 1849 ; Pamela Kyle Crossley & Evelyn Sakakida Rawski, "A Profile of the Manchu Language in Ch'ing History", *Harvard Journal of Asiatic Studies*, 53 (1), 1993, pp. 87–90.
（4）"Elementa Linguae Tartaricae", *Relations de divers voyages curieux de M. Thevenot*, Thomas Moette, 1696. この著作は当時、ジェルビヨンによるものとする認識が一般的だったが、ペリオによって、フェルビーストの作であることが明らかになった。Paul Pelliot, "Le véritable auteur des 'Elementa linguae tartaricae'", *T'oung Pao*, 21, 1922. なお「エレメンタ」とは、ラテン語でアルファベットを指す。Michael David Coogan, "Alphabets and Elements", *Bulletin of the American Schools of Oriental Research*, 216, 1974.

（5）BN : ms. Mandchou 275.

（6）“Grammaire Tartare-Mantchou”, *MCC*, Tome 8 ; *Dictionnaire Tartare-Mantchou-François*, Tome 1–3, Rédigé et publié avec des additions et l’Alphabet de cette langue, par L. Langlès, F.-A. Didot l’aîné, 1789–1790.

（7）*Éloge de la ville de Moukden et de ses environs : poème*, N. M. Tilliard, 1770. BN : ms. Mandchou 285 : *Hymne mandchou chanté à l’occasion de la conquête du Jin-chuan*［金川］; “Art Militaire des Chinois”, *MCC*, Tome 7, 1780. この *Hymne mandchou* は、アミオによれば、両金川遠征から戻った将軍アグイを迎えるに際して歌われた「凱歌」で、全一八章、各章は四句から成る。「文学に精通した満洲人高官はみな熱心に、その詩作の才能というより、彼らの長〔皇帝〕の意思に従うことへの熱意を示そうとします」（pp. 3–4）と述べられていることからして、官僚の作と思われる。アミオは満文（満洲字およびローマ字音写）とそのフランス語訳および注釈を載せている。漢文『平定両金川方略』芸文一は、アグイ凱旋（一七七六）の際、郊労の楽に、『御製平定両金川凱歌』の他、于敏中『平定両金川鐃歌』一六章が用いられたことを伝える。しかし、現在まで確認できた満文『平定両金川方略』は、すべて芸文を収めていないため、アミオの訳したものが『平定両金川鐃歌』なのか否か、不明である。

（8）Langlès, *Alphabet Mantchou* ; Rémusat, *Programme du Cours* ; Abel Rémusat, *Recherches sur les langues tartares, ou Mémoires sur différens points de la grammaire et de la littérature des Mandchous, des Mongols, des Ouigurs et des Tibetains*, Imprimerie royale, 1820 ; Heinrich Julius von Klaproth（trad.）, *Lettres sur la Littérature Mandchou, traduites du Russe de M. Afanasii Larionowitch Leontiew*, l’Imprimerie de Fain, 1815 ; Klaproth, *Chrestomathie Mandchou*, Imprimerie royale, 1828. 羽田亨『満和辞典』国書刊行会、一九七二年（京都帝国大学満蒙調査会、一九三七年の複製）、II頁。池上二良「満漢字清文啓蒙に於ける満洲語音韻の考察」『満洲語研究』汲古書院、一九九九年。

（9）河内良弘『満洲語文語文典』京都大学学術出版会、一九九六年、ix頁。

（10）バークによれば、「言語文化」の概念はとりわけドイツの言語学者によって、「時代と場所によって異なる言語のイメージや、言語に関する一連の態度、そしてその体系を考察するため」に用いられている。ピーター・バーク（原聖訳）『近世ヨーロッパの言語と社会——印刷の発明からフランス革命まで』岩波書店、二〇〇九年、二頁。

（11）たとえばマルティニは、清による中国征服についての報告（*De bello Tartarico historia*, Balthasaris Moreti, 1654）で、Tartari の語を用いている。

（12）Bouvet, *Portrait historique de l’Empereur de la Chine*, p. 85.

（13）Bouvet, *Portrait historique de l’Empereur de la Chine*, p. 37.

（14）*Éloge de la ville de Moukden*, p. vi.

（15）*MCC*, Tome 13, p. 73.

（16）*MCC*, Tome 7, p. 10.

（17）*MCC*, Tome 1, pp. 286–7.
（18）*LEC*, Tome 19, p. 277.
（19）*MCC*, Tome 13, pp. i–ii.
（20）ヨーロッパにおける république des Lettres の概念については、以下の著作を参照のこと。Paul Dibon, "Communication in the Respublica Literaria of the 17th Century", *Res. Publica Litterarum*, 1, 1978 ; Françoise Waquet & Hans Bots, *La République des lettres*, Belin, 1997.
（21）水林章『公衆の誕生、文学の出現』一三頁。
（22）水林章『公衆の誕生、文学の出現』一四頁。
（23）*MCC*, Tome 13, p. 40.
（24）河内良弘『満洲語文語文典』二一頁。
（25）*MCC*, Tome 13, p. 40.
（26）*MCC*, Tome 13, pp. 45–7.
（27）バーク（原聖訳）『近世ヨーロッパの言語と社会』五六〜八〇頁。
（28）豊島正之「言語普遍の系譜」、真島一郎編『だれが世界を翻訳するのか——アジア・アフリカの未来から』人文書院、二〇〇五年。小鹿原敏夫『ロドリゲス日本大文典の研究』和泉書院、二〇一五年。またイエズス会宣教の言語戦略という点では、印刷の問題も重要である。この点に関しては鈴木広光『日本語活字印刷史』名古屋大学出版会、二〇一五年に詳しい。
（29）バーク（原聖訳）『近世ヨーロッパの言語と社会』一一六頁。
（30）BN : ms. Mandchou 275, pp. 2–7.
（31）水林章『公衆の誕生、文学の出現』一三〜四頁。
（32）フールモンの経歴や学問、およびド・ギーニュとの関係については、Leung, *Etienne Fourmont (1683–1745)* を参照。フールモンとド・ギーニュは、ともに碑文・文芸アカデミー会員だった。
（33）"Avis", *Éloge de la ville de Moukden*, pp. xvii–xix ; Knud Lundbaek, *The Traditional History of the Chinese Script*, Aarhus, 1988, p. 52.
（34）Amiot, *Éloge de la ville de Moukden*, p. vii.
（35）*MCC*, Tome 7, pp. 10–1.
（36）ジャン＝ブノワ・ナドー&ジュリー・バーロウ（中尾ゆかり訳）『フランス語のはなし——もうひとつの国際共通語』大修館書店、二〇〇八年、五〇、六四頁。
（37）"François, ou Française Encyclopedié", *Encyclopedié*, Tome 7, p. 286.
（38）ナドー&バーロウ（中尾ゆかり訳）『フランス語のはなし』九二頁。

(39) “François, ou Française”, *Encyclopedié*, Tome 7, p. 286.

(40) Amiot, *Éloge de la ville de Moukden*, p. i. このように、乾隆帝を詩人として評価する態度は、アミオの他の報告にも見える。「私の想像では、あなた方のヴォルテールが亡くなった後、かの少しく広大な名声を得ているという詩人たちのなかで、我々の乾隆帝より年長の者はいません」*MCC*, Tome 13, p. 418.

(41) BN : ms. Mandchou 285, pp. 3–4.

(42) *LEC*, Tome 19, pp. 268–9, 278–81.

(43) *LEC*, Tome 19, p. 271.

(44) BN : ms. Mandchou 285, p. 3.

(45) Amiot, *Éloge de la ville de Moukden*, pp. 1–2.

(46)「太歳〔中略〕在亥、曰大淵献」『爾雅』釈天。「季秋之月、日在房、昏虚中、旦柳中」『礼記』月令。

(47) BN : ms. Mandchou 285, p. 6.

(48) Langlès, *Alphabet Mantchou*. ラングレは、一七九五年創設のパリ東洋語学校の初代運営者で、ペルシア語、マレー語、満洲語などの講座を担当した。また、王室図書館の東洋手稿の部管理人、碑文・文芸アカデミー会員、ペテルブルク科学アカデミー名誉会員だった。Pierre Huard & Ming Wong, “Les enquêtes françaises sur la science et la technologie chinoises au XVIIIe siècle”, *BEFEO*, 53 (1), 1966, p. 142.

(49) フィステルらもこの見解をとっている。Pfister, *Notices biographiques et bibliographiques*, Tome 2, p. 845.

(50) Amiot, *Dictionnaire*, Tome 1, p. v.

(51) ラングレは、印刷工ディドー（Firmin Didot 一七六四～一八三六）と協働して満洲字活字を作り、自身の著作や、自身が編纂、出版したアミオの『タタール満洲語・フランス語辞典』に用いた。

(52) 呈也。授也。手拿着給与人。使献之。小人与上人呈書信之呈。

(53) Amiot, *Dictionnaire*, Tome 1, pp. 22, 122.

(54) アミオは、漢字について著述する際、張自烈『正字通』（一六七一）や『康熙字典』（一七一六）を参照しており（“Lettre sur les caractères chinois”, *MCC*, Tome 1, pp. 275–324）、ここでもこれらの字書を参照した可能性がある。

(55) Langlès, *Alphabet Mantchou*, p. 164.

(56) *MCC*, Tome 11, p. 516.

(57) Amiot, *Dictionnaire*, Tome 1, p. vi.

(58) ただしアミオが送った『御製盛京賦』の原文は、広東の官憲によって差し押さえられ、結局フランス語訳のみパリに到達した。

Amiot, *Éloge de la ville de Moukden*, p. lv ; Lundbaek, *The Traditional History of the Chinese Script*, p. 52.

（59）Amiot, *Dictionnaire*, Tome 1, p. v.

（60）清朝の帝国統治と満洲語の問題については、以下の研究に詳しい。村田雄二郎「ラスト・エンペラーズは何語で話していたか？——清末の「国語」問題と単一言語制」『ことばと社会』第三号、二〇〇〇年、六〜三一頁。Elliot, *The Manchu Way*. 承志『ダイチン・グルンとその時代——帝国の形成と八旗社会』名古屋大学出版会、二〇〇九年。加藤直人『清代文書資料の研究』汲古書院、二〇一六年。庄声『帝国を創った言語政策——ダイチン・グルン初期の言語生活と文化』京都大学学術出版会、二〇一六年。

（61）『中国通史』におけるド・マイヤの著述、および編纂者グロシエによる著述については、本書第8〜9章において詳しく取り上げる。

（62）Joseph Anne Marie de Moyriac de Mailla, *Histoire générale de la Chine, ou Annales de cet empire, traduit du* Tong-Kien-Kang-Mou, Tome 1, Ph.-D. Pierres, 1777, p. xxv–xxvi. なお以下、*Histoire générale de la Chine*, 12 vols., 1777–1783 から引用する場合は、*HGC* と略記する。

（63）中砂明徳『中国近世の福建人』一八六頁。また『御批通鑑綱目』の典拠となった版本などについては、同書、一八七〜九、四一四、四一五頁を参照のこと。

（64）Standaert, *The Intercultural Weaving of Historical Texts*, pp. 74–6.

（65）原文では改元後の「崇徳」が使われている。

（66）Amiot, *Éloge de la ville de Moukden*, p. 301.

（67）ここでの日本語訳は、中嶋幹起「『電脳処理　御製増訂清文鑑』（第一分冊）刊行に寄せて」『地域・文化研究：東アジア』第六号、一九九三年、一五四頁から引用した。

（68）Langlès, *Alphabet Mantchou*, pp. 74–89.

（69）Amiot, *Éloge de la ville de Moukden*, p. vi.

（70）*LEC*, Tome 19, p. 283.

（71）*LEC*, Tome 19, p. 274.

（72）*DECTC*, Tome 4, p. 86.

（73）パリ科学アカデミー、すなわち一六六六年に創設され、一六九九年の改革によって明確に組織化されたパリ王立科学アカデミーについては、隠岐さや香『科学アカデミーと「有用な科学」』を参照。

（74）*MCC*, Tome 1, p. 17.

（75）清代の翰林院については、次の論文を参照。黨武彦「清代の翰林院——清初から嘉慶期まで」『専修大学人文科学研究所月報』

第一九五号、二〇〇一年。なお清末の郭嵩燾は、ヨーロッパのアカデミーを翰林院とした。同論文、一一頁。

（76）水林章『公衆の誕生、文学の出現』一三〜四頁。

（77）Liliya M. Gorelova (ed.), *Manchu Grammar*, Brill, 2002, pp. 26–8.

（78）なおリッチは、儒教によって結ばれた中国文官の世界をアカデミアと表現したようである。平川祐弘『マッテオ・リッチ伝』第一巻、平凡社、一九六九年、一四一〜二頁。

（79）Amiot, *Dictionnaire*, Tome 3, pp. xviii–xix.

（80）隠岐さや香『科学アカデミーと「有用な科学」』。また同書における「学者（savant）」の語の用法については、八頁を参照。

（81）水林章『公衆の誕生、文学の出現』六三〜七二頁。

（82）Noël Golvers, *Ferdinand Verbiest, S. J. (1623–1688) & the Chinese Heaven : The Composition of the Astronomical Corpus, Its Diffusion and Reception in the European Republic of Letters*, Leuven University Press, 2003, pp. 163–4.

（83）Verbiest, "Elementa", pp. 7–8.

第8章　清朝の統治空間をめぐる最新情報

（1）『地理学』の内容については、プトレマイオス（中務哲郎訳、織田武雄監修）『プトレマイオス地理学』東海大学出版会、一九八六年を参照されたい。

（2）クルスについては、第1章第1節を参照のこと。またクルスによる中国各省に関する記録については、クルス（日埜博司訳）『中国誌』、とくに九五〜一三七頁を参照した。

（3）クルス（日埜博司訳）『中国誌』六八、七七頁。

（4）明朝の朝貢各国については、岡本弘道「明朝の「朝貢体制」の体系的把握に向けて――『明実録』による憲宗期朝貢事例表の作成を中心に（物質文化の環流と継承からみた東アジア）」『東アジア文化交渉研究』第四号、二〇一一年を参照した。

（5）Matteo Ricci, *Della entrata della Compagnia di Giesù e Christianità nella Cina*, Maddalena Del Gatto & Piero Corradini (eds.), Quodlibet, 2000, p. 9.

（6）Ricci, *Della entrata della Compagnia di Giesù*, p. 9. なおこの天円地方に関する部分は、版本の違いからか、日本語訳版であるリッチ（川名公平訳、矢沢利彦注）『中国キリスト教布教史』一には見当たらない。

（7）*Della entrata della Compagnia di Giesù*, p. 49. なおこの部分の解釈については、前掲日本語訳『中国キリスト教布教史』における矢沢利彦注を参考にした。

（8）ここではおもに、以下の各概説書に従った。上田信『海と帝国――明清時代』講談社、二〇〇五年。岸本美緒・宮嶋博史『明清と李朝の時代』。また清朝—ビルマ（コンバウン朝）関係については、鈴木中正「清・ビルマ関係——戦争と和平：一七六六～一七九〇年」『東南アジア——歴史と文化』第一〇号、一九八一年を参照した。

（9）ただしチベット仏教の観点からみれば、清朝とチベットは単純な支配—被支配の関係ではなく、逆に清朝皇帝がチベット仏教に帰依し、チベット仏教世界のなかに組み込まれたことになる。この点に関しては石濱裕美子『清朝とチベット仏教——菩薩王となった乾隆帝』早稲田大学出版部、二〇一一年に詳しい。

（10）濱下武志『近代中国の国際的契機——朝貢貿易システムと近代アジア』東京大学出版会、一九九〇年。

（11）杉山清彦『大清帝国の形成と八旗制』三九二～四〇二頁。

（12）杉山清彦『大清帝国の形成と八旗制』四〇二～一五頁。

（13）これらの詳細については、後藤末雄『乾隆帝伝』を参照のこと。

（14）*NM*, p. 34.

（15）*NM*, pp. 36-8.

（16）*NM*, pp. 44-5.

（17）*HGC*, Tome 11, pp. 1-2.

（18）*HGC*, Tome 13 (volume de supplément : rédigé par Jean Baptiste Grosier), Chez Moutard, 1785, pp. 2-3.

（19）この点に関して、ブーヴェやアミオによる使い分けについては本書第6章も参照のこと。

（20）*HGC*, Tome 13, p. 177.

（21）真水康樹「清朝十八省体制の成立——明清期中国における省体制と省成立指標」『法政理論』第四五巻第三号、二〇一三年、三五二～三頁。

（22）真水康樹「清朝十八省体制の成立」三五二～三頁。

（23）*HGC*, Tome 13, p. 3.

（24）真水康樹「清朝十八省体制の成立」三五二～三頁。

（25）*HGC*, Tome 13, pp. 3-90.

（26）*DECTC*, Tome 1, pp. 131-256.

（27）海南島が中国の版図に入ったのは、遅くとも前漢武帝のときまで遡り、武帝が南越国を征服して置かれた珠崖と儋耳の二郡が、現在の海南島に該当するといわれる。明清時代には瓊州府が置かれ、海南島の名も地名としてよく用いられた。遼東も「〔燕の〕王喜三三年、秦は遼東を攻め落とし、燕王喜を捕虜にし、ついに燕を滅ぼした（三十三年、秦拔遼東、虜燕王喜、卒滅燕）」（『史記』巻三四・燕召公世家）など、その名が『史記』に頻出しており、遅くとも前漢にはその地名が定着し、遼東郡が置かれて中国王朝の版図に入ったことがわかる。
(28) 一九世紀以前のヨーロッパで、台湾が Formosa と呼ばれたことはよく知られている。以下、周婉窈『図説台湾の歴史』にもとづいて簡潔に述べる。フォルモサ（formosa）とはポルトガル語で美しいという意味であり、一六世紀に草木の生い茂るこの島を通り過ぎたポルトガル人が、「麗しの島（Ilha Formosa）」と呼んだことに由来する。そもそも台湾島の統治の歴史を遡ると、古くは『三国志』や『隋書』に記された「夷洲」「流求」という地名が現在の台湾に該当するという説もあるが、確証は無い。しかし宋代には漢人が定住し、元代には台湾島の西部に位置する澎湖諸島が元の支配下に入った。一六世紀、台湾の一部で大肚王国という部族国家が建設されたが、一七世紀にはオランダ東インド会社によって占領され、一時はスペインも台湾島の一部を占領した。そして一六六二年、オランダ人を駆逐した鄭成功が台湾に政権を建てたが、一六八三年に清朝に敗北し、以後清朝の版図に入ることとなった。周婉窈（濱島敦俊監訳、石川豪・中西美貴訳）『図説台湾の歴史』平凡社、二〇〇七年、四七～六三頁。
(29) *HGC*, Tome 13, pp. 2-3.
(30) 清朝と中央ユーラシア諸国あるいは諸民族との攻防については、野田仁『露清帝国とカザフ＝ハン国』東京大学出版会、二〇一一年、および小沼孝博『清と中央アジア草原——遊牧民の世界から帝国の辺境へ』東京大学出版会、二〇一四年に詳しい。
(31) 阿魯台已数入貢、帝倶厚報之。
(32) 脱脱不花歳来朝貢、天子皆厚報之。
(33) *NM*, pp. 37-45.
(34) *NM*, p. 37.
(35) *DECTC*, Tome 1, p. 95.
(36) *DECTC*, Tome 1, p. 95.
(37) 岡本隆司『中国の誕生——東アジアの近代外交と国家形成』名古屋大学出版会、二〇一七年、二二頁。
(38) *HGC*, Tome 13, p. 91.
(39) *HGC*, Tome 13, p. 177.
(40) *HGC*, Tome 13, p. 187.
(41) 岡本隆司『中国の誕生』三二頁。
(42) この問題に関しては、岡本隆司『中国の誕生』のとくに三一～四七頁を参照のこと。
(43) *HGC*, Tome 13, p. 91.
(44) *HGC*, Tome 13, pp. 92-122.
(45) *HGC*, Tome 13, p. 133.

(46) *HGC*, Tome 13, p. 134.

(47) *HGC*, Tome 13, p. 135.

(48) 西番、即西羌、族種最多、自陝西歴四川、雲南西徼外、皆是。

(49) *HGC*, Tome 13, p. 150.

(50) *HGC*, Tome 13, p. 153.

(51) 馬学良「国際彝学研究の回顧と展望〈特集〉中国西南民族調査中間報告III)」『比較民俗研究』第一五号、一九九七年、二三三〜四頁。

(52) *DECTC*, Tome 1, pp. 49–73.

(53) *DECTC*, Tome 1, pp. 177–88.

(54) *DECTC*, Tome 1, p. 65.

(55) *HGC*, Tome 13, p. 153.

(56) *MCC*, Tome 14, pp. 4–7.

(57) 原文から、該当すると思われる部分を示す。「皇上天亶神霊、膺籙御宇、誕敷文徳、載纘武功、闓沢徧於群黎、声教訖乎四海、以故彫題椎髻之国、凡前代之所未征、前王之所未臣者、靡不奉冠帯、稟正朔、梯航踵接、稽顙帰心。小共大球、来庭来享、倚歟盛哉、何風之隆也。〔中略〕国有司隷、於大鴻臚者、為朝鮮、琉球、安南諸国、而四訳館之所掌、凡三十余国、統以八館、列為東西、爰択師儒、分館教習、而設少卿以董之。虆不敏、攝官承乏、〔中略〕乃於考課之暇、裒集旧簡、編次成書、為之著天時土地寒暖燥湿之殊、山川道里険易遠近之異、民風習俗悍朴文質之分、物産土宜多寡貴賤之別、以及往古沿革叛服之故、前人統馭得失之由、〔中略〕雖聖天子不貴異物、不動遠人、而風教漸被、同軌同倫、自三五以来未嘗有也。〔中略〕康熙三十四年乙亥嘉平月、翰林院提督四訳館太常寺少卿加四級漢陽江虆序」。なお本章では、『四訳館考』の版本として『北京図書館古籍珍本叢刊』第五九巻、書目文献出版社、一九八七年所収の康熙刻本影印を用いた。

(58) 『明史』巻七十四・職官三・太常寺(附提督四夷館)。

(59) 『華夷訳語』についてはさまざまな研究があるが、最近のもっとも代表的な成果として栗林均『『華夷訳語』(甲種本)モンゴル語全単語・語尾索引』東北アジア研究センター、二〇〇三年を挙げておきたい。また『西洋館訳語』については、拙稿「一八世紀在華イエズス会士を媒介とした中国思想の伝播とその影響」『三島海雲記念財団学術研究奨励金(平成二六年度人文科学部門)報告書』二〇一六年を参照のこと。

(60) *MCC*, Tome 14, p. 7.

(61) *MCC*, Tome 14, pp. 27–34.

(62) *MCC*, Tome 14, p. 13.
(63) デュ・アルドの著作などに『一統志』の名が現れることもあるが、それは内容からみて『大明一統志』を指す。
(64) *HGC*, Tome 13, pp. 268–9.
(65) これはアミオ自身による注記である。
(66) *MCC*, Tome 14, pp. 219–20.
(67) ただし『回回館訳語』の作成年代ごと、所蔵機関ごとの各種版本を比較した本田実信によれば、すべての版本に来文が収録されているわけではなく、来文が収録されているのは第一種（乙種）のみで、しかも版本によっては収録されていないものもあるということである。本田実信「「回回館訳語」に就いて」『北海道大学文学部紀要』第一一号、一九六三年。なお『華夷訳語』の各種版本については、前掲の栗林均『「華夷訳語」（甲種本）モンゴル語全単語・語尾索引』ⅰ頁に詳しい。それによれば乙種本とは、「明の永楽五年（一四〇七）、中国周辺からもたらされる外国語の文書を翻訳するために置かれた四夷館において編纂され、後に清朝の四訳館に引き継がれた」版本とのことである。
(68) 本田実信「「回回館訳語」に就いて」一五〇〜九頁を参照した。
(69) 管見の限り、アミオがペルシア文を読解できた証拠は無い。
(70) *MCC*, Tome 14, pp. 242.
(71) ここでは、本田実信「「回回館訳語」に就いて」一五二頁において翻刻された漢文を引用して示した。
(72) *MCC*, Tome 14, pp. 239–40.

第9章　『中国帝国普遍史概説』と清朝官修典籍

(1) ゴウヴェア「中国君主国」については浅見雅一「アントニオ・デ・ゴヴェアの中国史研究について」『史学』第六八巻第三・四号、一九九九年に詳しい。同論文によれば、「中国君主国」は当時未公刊ながら、一七世紀後半には写本の形で在華キリスト教宣教師のあいだに伝わり、マルティニらの中国史叙述に影響を与えた可能性が高いという。
(2) Virgile Pinot, *Documents inédits relatifs à la connaissance de la Chine en France de 1685 à 1740*, P. Geuthner, 1932, p. 7 ; Jean Jacques Dortous de Mairan, *Lettres de M. De Mairan, au R. P. Parrenin*, Desaint & Saillant, 1759, pp. 4–5 ; Dehergne, *Les deux Chinois de Bertin*, p. 9a.
(3) なお、ド・マイヤとゴービルの各報告は一八世紀末〜一九世紀初に出版されたが、報告が作られたのは前者が一七三七年以前、後者は一七四九年である。*HGC*, Tome 1, p. xxvii ; Antoine Gaubil, *Traité de la chronologie chinoise : divisé en trois parties*, Treuttel et Wurtz, 1814, p. i.
(4) Leopold de Saussure, "La chronologie chinoise et l'avènement des Tcheou", T'oung pao 23 & 29, 1924 & 1932 ; Pinot, *La Chine et la*

formation de l'esprit philosophique en France, pp. 189–279 ; Edwin Van Kley, "Europe's 'Discovery' of China and the Writing of World History", *The American Historical Review*, 76 (2), 1971 ; Marie-Françoise Milsky, "Les souscripteurs de 'L'histoire générale de la China' du P. de Mailla", *Actes du IIe colloque international de sinologie*, Les Belles Lettres, 1980 ; Edwin Van Kley, "Chinese History in Seventeenth-Century European Reports", *Actes du IIIe colloque international de sinologie*, Les Belles Lettres, 1983 ; John W. Witek, "Chinese Chronology : A Source of Sino-European Widening Horizons in the Eighteenth Century", *Actes du IIIe colloque international de sinologie* ; Mungello, *Curious Land* ; David E. Mungello, "European Philosophical Responses to Non-European Culture : China", Daniel Garber & Michael Ayers (eds.), *The Cambridge History of Seventeenth-Century Philosophy*, Cambridge University Press, 2003 ; Claudia von Collani, "Chinese Emperors in Martino Martini *Sinicae historicae decas prima* (1658)", Adrian Hsia & Ruprecht Wimmer (Hrsg.), *Mission und Theater*, Regensburg : Schnell und Steiner, 2005. 李天綱『跨文化的詮釈——経学与神学的相遇』星出版社、二〇〇七年。

（5）呉莉葦『当諾亜方舟遭遇伏羲神農』。中砂明徳『江南』。同『中国近世の福建人』。Standaert, *The Intercultural Weaving of Historical Texts*.

（6）本書第1章を参照のこと。

（7）Peter Harrison, *'Religion' and the Religions in the English Enlightenment*, Cambridge University Press, 1990, p. 139. スカリジェールの歴史叙述については、Anthony T. Grafton, "Joseph Scaliger and Historical Chronology : The Rise and Fall of a Discipline", *History and Theory*, 14, 1975 に詳しい。

（8）これらの著作については、以下の研究に詳しい。Donald J. Wilcox, *The Measure of Times Past : Pre-Newtonian Chronologies and the Rhetoric of Relative Time*, The University of Chicago Press, 1987, pp. 203–8 ; Jed Z. Buchwald & Mordechai Feingold, *Newton and the Origin of Civilization*, Princeton University Press, 2013, pp. 384–6 ; Harrison, *'Religion' and the Religions in the English Enlightenment*, pp. 139–43. なお先行研究によれば、イスラーム圏あるいはペルシア語圏では、九～一六世紀頃に人類あるいは王統の起源に対する強い意識を伴って、歴史編纂が盛んに展開されていた。こうした起源の追究と『旧約聖書』との密接な関わりも含め、とても興味深い。詳しくは以下の各研究を参照されたい。真下裕之「インド・イスラーム社会の歴史書における「インド史」について」『神戸大学文学部紀要』第三八号、二〇一一年。大塚修「ペルシア語文化圏における普遍史書の研究——九～一五世紀の歴史叙述における人類史認識」、博士論文（東京大学）、未公刊、二〇一三年。小笠原弘幸『イスラーム世界における王朝起源論の生成と変容——古典期オスマン帝国の系譜伝承をめぐって』刀水書房、二〇一四年。

（9）Martino Martini, *Sinicae Historiae Decas prima*, Straub, 1658, pp. 14–5.

（10）「筴音策。迎、逆也。黄帝受神筴、命大撓造甲子、容成造暦是也」張守節『史記正義』。なお、大撓が甲子〔干支紀年法〕を作り、容成が暦を作ったとする文自体は、秦の呂不韋『呂氏春秋』審分覧第五、勿躬第一七などにも見られる。ただしこの張守節による注釈は、劉恕『資治通鑑外紀』などにも受け継がれており、マルティニが直接どの文献を参照したのかは不明である。

（11）Wilcox, *The Measure of Times Past*, pp. 203–8. さらに歴史叙述における時間の観念については、佐藤正幸『歴史認識の時空』知泉書館、二〇〇四年を参照のこと。

（12）トリエント公会議（一五四六）で公認され、西方教会でもっとも広く用いられてきたラテン語訳聖書。「ウルガタ」の名は「普及版」を意味する。

（13）ヨーロッパにおける聖書年代法、および聖書を基準とした歴史叙述については、岡崎勝世「キリスト教的世界像」、秋田茂ほか編著『「世界史」の世界史』ミネルヴァ書房、二〇一六年に詳しい。

（14）旧約聖書の最古のギリシア語訳で、アレクサンドリアのユダヤ人共同体の要求に応えるため、紀元前二～三世紀頃作成されたといわれる。「七十人訳」という呼称は、七二人のユダヤ人学者が七二日間で完成したという伝承に由来する。

（15）この問題については、以下の諸著作に詳しい。Pinot, *La Chine et la formation de l'esprit philosophique en France*, pp. 189–279 ; Van Kley, "Europe's 'Discovery' of China" ; Van Kley, "Chinese History" ; Mungello, *Curious Land*, pp. 16, 102–3, 124–33 ; Mungello, "European Philosophical Responses" ; Collani, "Chinese Emperors".

（16）帝曰、咨四岳、湯湯洪水、方割、蕩蕩懐山襄陵、浩浩滔天、下民其咨、有能俾乂。Martini, *Sinicae Historiae Decas prima*, pp. 26–7.

（17）逮至尭之時、十日並出、焦禾稼、殺草木、而民無所食。

（18）Samuel Shuckford, *The Sacred and Prophane History of the World Connected*, vol. 3, Book XII, 1728, p. 462.

（19）一七～一八世紀ヨーロッパにおいて、この二つの大洪水が同一のものか否か論じた著作は多い。たとえば Antoine Banier, *La mythologie et les fables expliquées par l'histoire*, Tome 3, 1740, Paris, pp. 42–51 を参照。

（20）Anthony Grafton, "Isaac Vossius, Chronologer", Eric Jorink & Dirk van Miert（eds.）, *Isaac Vossius (1618–1689) between Science and Scholarship*, Brill, 2012, p. 43.

（21）Grafton, "Isaac Vossius, Chronologer" ; Scott Mandelbrote, "Isaac Vossius and the Septuagint", *Isaac Vossius (1618–1689)*.

（22）Isabelle Landry-Deron, "Le parfait bonheur des peuples : Traduction d'extraits d'un manuel chinois pour fonctionnaires de la fin du XVIIe siècle", Jean-Louis Bacqué-Grammont, Angel Pino, & Samaha Khoury（eds.）, *D'un Orient l'autre : Actes des troisièmes journées de l'Orient*, Peeters, 2005, pp. 117–8.

（23）Eusèbe Renaudot, *Anciennes Relations des Indes et de la Chine de deux voyageurs Mahométans, qui y allerent dans le neuvième siècle*, Coignard, 1718, pp. 340–1.

（24）とくに以下の部分。Renaudot, *Anciennes Relations*, pp. 340–97.

（25）Renaudot, *Anciennes Relations*, pp. xxxviii.

（26）ペタウの計算。

（27）Renaudot, *Anciennes Relations*, pp. 354–5.

（28）Renaudot, *Anciennes Relations*, pp. 354–5 ; Martini, *Sinicae Historiae Decas prima*, p. 25 ; Couplet, "Tabula chronologica Monarchiae Sinicae", *Confucius Sinarum Philosophus*, Danielem Horthemels, 1687, p. 1.

（29）「顓頊作曆、以孟春為元、是時正月朔旦立春、五星会於天歷営室也」『資治通鑑外紀』巻一に付せられた注釈。

（30）Renaudot, *Anciennes Relations*, pp. 350–1.

（31）Couplet, "Tabula chronologica", p. 2 ; Martini, *Sinicae Historiae Decas prima*, p. 21.

（32）Giovanni Domenico Cassini, "Reflexions sur la chronologie chinoise par Monsieur Cassini", *Du Royaume De Siam : Contenant plusieurs Piéces détachées*, Tome 2, Abraham Wolfgang, 1691, pp. 304–21, esp., pp. 309, 316–8.

（33）Renaudot, *Anciennes Relations*, pp. 359–61.

（34）*Lettres de M. de Mairan*, pp. 4–9.

（35）Mathurin Lescure (ed.), *Journal et Mémoires de Mathieu Marais*, Tome 1, Firmin Didot, 1863, p. 412.

（36）"Lettre du Pere Prémare, Missionnaire de la Compagnie de Jesus à la Chine, au Pere***, de la même Compagnie", *LEC*, Tome 21. なおこの手紙に関しては、一八世紀当時から、パルナンの作と考える説と、プレマールの作と考える説（レミュザなど）があり、正解は不明である。Le Marquis Fortia d'Urban, "De l'Antiquité du monde", Charles Malo (ed.), *La France Littéraire*, Série 2, Tome 5, Imprimerie de Ducessois, 1838, p. 49.

（37）*LEC*, Tome 21, p. 183.

（38）*LEC*, Tome 21, p. 184.

（39）De Guignes, "Lettre... au sujet de deux Voyageurs Mahométans, dont les Relations ont été traduites & publiées par M. l'Abbé Renaudot", *Journal des Sçavans*, Novembre 1764.

（40）*LEC*, Tome 21, p. 206.

（41）*LEC*, Tome 21, pp. 457–527.

（42）*LEC*, Tome 21, pp. 483.

（43）*LEC*, Tome 21, pp. 461–84.

（44）BN : ms. Français 17240, "Lettre du Pere Prémare a Pekim 12 aoust 1730", pp. 91–121.

（45）Gabriel de Magalhães, *Nouvelle relation de la Chine*, Barbin, 1688. これは一六八八年になって初めて出版されたが、その出版された本の表紙の記述によれば、原稿自体は一六六八年に完成されていた。またマガリャンイスは原稿をポルトガル語で書いたが、出版にあたってフランス語に翻訳された。この著作については Mungello, *Curious Land*, pp. 91–105 に詳しい。

（46）Magalhães, *Nouvelle relation de la Chine*, p. 73.

（47）Martini, *Sinicae Historiae Decas prima*, pp. 21, 36.

（48）Magalhães, *Nouvelle relation de la Chine*, pp. 73–4.

（49）オギュゴス（Ogyges）はギリシア神話のなかの王で、その治世中に世界を覆う大洪水が発生した、という伝説がある。

（50）Paul François, "Nec adfirmare nec refellere : les jeux du mythe et de l'histoire", Christian Rico et al.（eds.）, *Mythes et savoirs dans les textes grecs et latins*, Presses Universitaires du mirail, 2008, p. 101.

（51）たとえば Pierre Bayle, *Réponse aux questions d'un provincial*, Tome 2, Leinier Leers, 1706, pp. 324–36 ; Berlié, *Essai historique et chronologique*, J. Deville, 1766, pp. 24–28.

（52）ゴービルからド・メーランに宛てた一七二九年一〇月一〇日の手紙、Renée Simon（ed.）, *Antoine Gaubil S. J., Correspondance de Pékin, 1722–1759*, Librairie Droz, 1970, p. 226. またパルナンからド・メーランに宛てた一七二九年八月一二日の手紙にも、このゴービルの見解が引かれている。BN : ms. Français 17240, p. 118.

（53）*LEC*, Tome 21, pp. 206–7.

（54）「乃季秋月朔、辰弗集于房」『書経』胤征。注には「辰、日月所会。房、所舎之次。集、合也。不合即日食可知」とある。

（55）Cassini, "Reflexions sur la chronologie chinoise", pp. 304–21. なお、マルティニは夏至が確定された年代を、尭の治世第二〇年すなわち紀元前二三三七年と算定したが、カッシーニは紀元前二三四七年と誤読したようである。

（56）この説は、ゴービルからスーシェ宛の手紙（一七二三年八月一八日付）をはじめ、さまざまな文書に見られる。*Gaubil Correspondance de Pékin*, pp. 60–1. 仲康日食をめぐる一連の検証内容は、Antoine Gaubil, "Dissertation sur l'eclipse solaire rapportée dans le Chou-king", Etienne Souciet（ed.）, *Observations Mathématiques, Astronomiques, Geographiques, Chronologiques et Physiques, tirées des anciens livres chinois*, Tome 1, Rollin, 1729, pp. 140–50 に整理されている。

（57）*DECTC*, Tome 1, 1735.

（58）Voltaire, *Abregé de l'histoire universelle*, Tome 1, Jean Neaulme, 1754, p. 2.

（59）Urs App, *The Birth of Orientalism*, University of Pennsylvania Press, 2010, pp. 37–8. またヴォルテールの中国文明および中国史に対する見方については、Song, *Voltaire et la Chine* に詳しい。

（60）このことについて、ヴォルテールの別の著作では、中国人は古来「天の歴史と地の歴史を結合させ、互いに証明し合うようにした」とも述べられている。Voltaire, *Abregé de l'histoire universelle*, Tome 1, pp. 2–3.

（61）フレレの経歴や、ホアンとの交流については以下の各研究に詳しい。Danielle Elisseeff-Poisle, *Nicolas Fréret (1688–1749), réfle-*

xions d'un humaniste du XVIIIe siècle sur la Chine, Presses Universitaires de France, 1978 ; Danielle Elisseeff-Poisle, "Chinese Influence in France, Sixteenth to Eighteenth Centuries", *China and Europe*, 1991, pp. 155–7.

（62）Nicolas Frèret, "De l'antiquité et de la certitude de la chronologie chinois", *Mémoires de Académie des inscriptions & belles-lettres*, Tome 10, 1736, pp. 377–402（以下本書で *Mémoires de Académie des inscriptions & belles-lettres* から引用する場合、*MAI* と略記する）. なおフレレはこの論文の補足を一七三九年に発表し、その内容が一七四三年と一七五三年に分けて掲載された。"Éclaircissement sur la Mémoire lû au mois de Novembre 1733, touchant l'antiquité et la certitude de la chronologie chinoise", *MAI*, Tome 15, 1743, pp. 493–564. "Suite du traité touchant la certitude et l'antiquité : servant d'éclaircissement au Mémoire lû sur la même matiére au mois de Novembre 1733", *MAI*, Tome 18, 1753, pp. 178–205.

（63）*MAI*, Tome 10, p. 377.

（64）*MAI*, Tome 10, pp. 377–8.

（65）BN : ms. Français 17240, pp. 91–8. 劉恕『資治通鑑外紀』巻一。『外紀』によれば、各統治期間は伏羲が一一〇年あるいは一一六年、神農が一二〇年あるいは一四〇年、臨魁が六〇年あるいは八〇年、帝承が六年か六〇年、帝明が四九年、帝直が四五年、帝釐が四八年、帝哀が四三年、帝楡罔が五五年である。神農と臨魁、帝承の統治期間について、パルナンはそれぞれ一四〇年、八〇年、六〇年の説を採った。また伏羲の統治期間のみ、パルナンは記していない。六三四年という計算結果から逆算すると、フレレはマルティニが示した一一五年という期間をあてはめたものと思われる。

（66）BN : ms. Français 17240, p. 121.

（67）*MAI*, Tome 10, p. 380.

（68）*MAI*, Tome 10, pp. 381–2.

（69）*MAI*, Tome 10, pp. 382–4.

（70）以上の劉歆、班固に関する記載は、『漢書』巻二十一下・律暦志第一下を参照して書かれたと思われる。

（71）皇甫謐『帝王世紀』には、尭～西晋の各治世年数について尭が九八年、舜が八一年、禹～傑が四三二年、湯～紂が六二九年、殷滅亡～周滅亡が八六七年、秦は四九年、前漢高祖～更始二年が二三〇年、後漢建武元年～延康元年が一九五年、三国が四五年とある。以上を合計すると二六二六年となり、フレレの計算より二〇〇年以上長い。

（72）*MAI*, Tome 10, pp. 384–6. なお『竹書紀年』に関するこれらの計算は、ゴービルの報告に基づいてなされたようである。Gaubil, "Dissertation sur l'eclipse solaire", p. 62 ; *Gaubil Correspondance de Pékin*, pp. 481–4.

（73）*MAI*, Tome 10, pp. 387–8. なお「一五人の新しい王」とは、『外紀』巻一の注釈に登場する、大庭氏～無懐氏を指す。劉恕は伏羲～無懐氏を一二六〇年と算定している。ところで、劉恕が参照したと思われる『史記索隠』三皇本紀第二には、大庭氏から無懐氏まで一五人の名が並んでいるが、『外紀』を見ると巻須氏が抜けて一四人の名しか見当たらない。

（74）*MAI*, Tome 10, p. 388.

（75）フレレは、『資治通鑑』系統の書物および『史記』としているが、『外紀』に従うと合計三四一年、『史記』（三家注）だと二五七年で、フレレの計算と合わない。これに対し、パルナンが訳した満文『資治通鑑前編』に従うと、黄帝、少昊、顓頊、帝嚳の四人の治世年数は合計三三一年で、フレレの計算に合致する。

（76）*MAI*, Tome 10, pp. 388–90. ただしフレレの計算は、しばしば『竹書紀年』など各文献の記載と合わない。

（77）フレレが言及した文章に該当する原文は、以下のとおり。「帝曰、咨四岳、湯湯洪水、方割、蕩蕩懐山襄陵、浩浩滔天、下民其咨、有能俾乂」『書経』尭典。「当尭之時、天下猶未平、洪水横流、氾濫於天下、草木暢茂、禽獣繁殖、五穀不登、禽獣偪人、獣蹄鳥跡之道交於中国」『孟子』滕文公上。

（78）*MAI*, Tome 10, pp. 390–2.

（79）William Warburton, *Essai sur les hiéroglyphes des Égyptiens*, Tome 2, Hippolyte-Louis Guerin, 1744 ; *Encyclopedié*, Tome 3, p. 391.

（80）*HGC*, Tome 1, pp. lxxv–clxvi. なお、ド・マイヤの原稿はフランス国立図書館に蔵されている（BN : ms. Français 12210–12214）。

（81）*HGC*, Tome 1, p. vi.

（82）第8章で述べたごとく、これに続く一七七七年（乾隆四二）までについての叙述はグロシエによって追加されたものと思われる。

（83）*HGC*, Tome 1, pp. ii–vi.

（84）*HGC*, Tome 1, pp. vii–lxxiv.

（85）この問題に関する議論は、以下の著作にも若干見える。呉莉葦『当諾亜方舟遭遇伏羲神農』四八二～五、五四三頁。

（86）*HGC*, Tome 1, pp. lxxxv–lxxxviii.

（87）*HGC*, Tome 1, p. lxxxix. 王国維『今本竹書紀年疏証』倉聖明智大学、一九一六年、疏序一。

（88）*HGC*, Tome 1, pp. cxv–cxviii.

（89）*HGC*, Tome 1, pp. cxx–cxxiv.

（90）*Encyclopædia Britannica*, A. Bell and C. MacFarquhar, Vol. 2, 1771, pp. 184–92. この項目では、中国上古の歴史、とくに天皇・地皇・人皇から伏羲・神農・黄帝にいたるまでの時代に関する説明が、中心となっている。

（91）*HGC*, Tome 1, pp. lxxix–lxxxii.

（92）*MCC*, Tome 13, p. iii.

（93）ビニョン家は代々王室図書館司書主幹の職を世襲した。Bibliothèque nationale de France (ed.), *Les directeurs de la Bibliothèque nationale*, Bibliothèque nationale de France, 2004, p. 4. 一七七二年にビニョンの後を継いだ息子も、アミオらと文通を行った。また王

室図書館による中国書籍の収集については、Leung, *Etienne Fourmont (1683–1745)* に詳しい。

(94) ド・ギーニュは、ヘブライ語や中国語の研究者として著名なフールモンの弟子で、コレージュ・ド・フランスのシリア語教授を務めた。本書序章第3節も参照のこと。

(95) De Guignes, "Avis", *Éloge de la ville de Moukden*, pp. iii–v.

(96) De Guignes, "Avis", pp. xviii–xix.

(97) *MCC*, Tome 13, pp. 74–308.

(98)「普遍史」から「世界史」への流れについては、岡崎勝世『聖書vs.世界史——キリスト教的歴史観とは何か』講談社、一九九六年に詳しい。

(99) ただしそのほかに天地創造紀元、ユリウス暦、アブラハム紀元なども同時に用いている。

(100) BN : ms. Bréquigny 7, pp. 6–7.

(101) これらの名は、一八世紀知識人が当時の代表的な年代学者として列挙したものと一致する。たとえばギボン（Edward Gibbon 一七三七〜一七九四）が子供時代を振り返って記した次の一文は、非常に有名である。「いかにも子供らしい平衡感覚によって、私は大胆にもスカリジェールとペトー、マーシャムとニュートンのそれぞれのシステムを、それらの原文を検討することもなしに、比較考察しようと考えた。アッシリアとエジプトの支配者たちが私の最重要人物で、クリケットの球だった。そして私の眠りは、七十人訳聖書とヘブライ語版〔ウルガタ訳聖書〕の調停をはかる困難によって妨げられた」。"Memoirs of My Life and Writings", John Sheffield (ed.), *Miscellaneous Works of Edward Gibbon, Esquire*, vol. 1, P. Wogan, 1796, p. 31.

(102) BN : ms. Bréquigny 7, pp. 7, 23–5.

(103) *MCC*, Tome 13, p. 234.

(104) *MCC*, Tome 13, p. 78.

(105) Rhoda Rappaport, *When Geologists were Historians, 1665–1750*, Cornell University Press, 1997, p. 78. ペズロンはシトー修道会の修道士で、パリ大学の神学および歴史学教授を務めた。Adam Sutcliffe, *Judaism and Enlightenment*, Cambridge University Press, 2003, p. 64.

(106) *MCC*, Tome 13, pp. 74–5, 232–3. また佐藤正幸『歴史認識の時空』四九〜六五頁も参照のこと。

(107) *MCC*, Tome 13, p. iii.

(108) *MCC*, Tome 13, pp. 73–7.

(109) BN : ms. Bréquigny 7, p. 13.

(110) *MCC*, Tome 13, pp. 89–90.

(111) Mark Goldie & Robert Wokler (eds.), *The Cambridge History of Eighteenth-Century Political Thought*, Cambridge University Press, 2006,

pp. 205–6.

(112) *MCC*, Tome 13, pp. 90–2.

(113) Gaubil, *Traité de la chronologie chinoise*, p. iv. なおゴービルは自らの底本を *Tse-tchi-kang-kien-ta-tsuen* とのみ述べており、いくつかの可能性が残る。スタンデルトは『資治綱鑑正史大全』に同定している。Standaert, "Jesuit Accounts of Chinese History and Chronology and Their Chinese Sources", p. 73.

(114) BN : ms. Français 17240, pp. 115, 118.

(115) *MCC*, Tome 13, pp. 94–100.

(116)「是為羲氏和氏、乃命以順天之道、歴象日月星辰、分為四序、以授民時」から「和叔居朔方、理朔易、以正冬至」までの部分、『通志』巻二。「朱子曰、按帝尭時、冬至日在虚、昏中昴、今冬至日在斗、昏中壁」『御批資治通鑑綱目前編』巻一注。なお、最後に引用した朱熹の言の典拠は『晦庵集』巻六五かと思われる。

(117) マルティニの中国年代記、およびカッシーニの著作における該当箇所を以下に示す。Martini, *Sinicae Historiae Decas prima*, pp. 25–6 ; Cassini, "Reflexions sur la chronologie chinoise", pp. 61–3.

(118)「乃季秋月朔、辰弗集于房」『書経』胤征。注には「辰、日月所会。房、所舎之次。集、合也。不合即日食可知」とある。

(119) 仲康日食に関するアミオの議論は *MCC*, Tome 13, pp. 101–13 において展開されている。

(120) *MAI*, Tome 10, p. 395.

(121) Hugh Murray et al., *An Historical and Descriptive Account of China*, vol. 1, Oliver & Boyd, 1836, p. 40.

(122) 以下の各研究を参照のこと。井川義次「ヨーロッパ人による「孝」の解釈」『大久保隆郎教授退官紀念論集――漢意とは何か』東方書店、二〇〇一年、八一六頁。潘鳳娟「孝道、帝国文献与翻訳」『編訳論叢』第五巻第一期、二〇一二年。

終　章　アミオの中国像とその後

(1) この問題については、矢沢利彦『北京四天主堂物語』一一三～一二三頁に詳しい。

(2)『道光実録』道光六年九月一二日の条に、「又諭、欽天監監副高守謙、因母年老、呈請終養、著加恩准其回西洋本国。該管大臣、即伝知高守謙、伊終養事畢、亦不必再行来京」とある。また矢沢利彦『北京四天主堂物語』一三六～七頁も参照のこと。

(3) Meadows, *Translations from the Manchu*.

(4) Meadows, *Translations from the Manchu*, pp. 12–3.

(5) 該当部分は「諭、前因京師西洋堂人、有与旗民往来習教、並私刊清字書籍伝播之事、畳経降旨厳行飭禁。並令将各堂所禁書籍、検出繳銷、当交軍機大臣、将検出書籍査看、旋拠簽出各条呈覧。朕幾余披閲、〔中略〕其中尤為悖謬者、則称聴父母所命、相反於天主之命、為大不孝。有聖女巴爾抜拉、不肯聴従逆命、被頑父親手殺之。天主義怒、至以暴雷撃死之。〔中略〕又称、当時有一箇貝子、終日行非理之事。福晋極力勧之、不従。一日有一群魔鬼拉貝子、下地獄。天主以福晋有徳行、黙啓他使知伊夫火海永遠苦難。可見不聴善勧、決免天主永罰、等語」である。なお、元の諭旨は『清中前期西洋天主教在華活動檔案』第二冊、第四二九に収められている。

（6）この諭旨は、「嗣後旗民人等、務当恪守本朝清語騎射、読聖賢書、遵守経常。釈道二氏尚不可信、况西洋教耶。亟応湔除旧染、勿再聴信邪言、執迷不悟、背本従邪、自不歯於人類。有負朕諄諄訓誡至意矣。将此通諭知之」という文章で結ばれている。

（7）この事件の詳細については、以下の各研究に従った。矢沢利彦『北京四天主堂物語』一二四〜八頁。胡建華『百年禁教始末——清王朝対天主教的優容与厲禁』中共中央党校出版社、二〇一四年、一七五〜八三頁。なお後者は『清中前期西洋天主教在華活動檔案』所収の檔案がおもに用いられている。

（8）矢沢利彦『北京四天主堂物語』一二四頁。

（9）豊岡康史『海賊からみた清朝』二四七〜五〇頁。

（10）胡建華『百年禁教始末』一七七〜八頁。

（11）胡建華『百年禁教始末』一八〇〜三頁。

（12）これらの出来事については、以下の各研究に詳しい。矢沢利彦「嘉慶十年の天主教禁圧」『東亜論叢』第一輯、一九三九年。胡建華『百年禁教始末』一八七〜九七頁。

（13）エリオット（楠木賢道訳）「清代満洲人のアイデンティティと中国統治」一一二頁。

（14）豊岡康史「嘉慶維新（一七九九年）再検討」『信大史学』第四〇号、二〇一五年を参照のこと。

（15）Rémusat, *Programme du cours*, p. 32.

（16）Klaproth, *Chrestomathie Mandchou*, p. 235.

（17）Meadows, *Translations from the Manchu*, p. vii.

（18）もう一点、最後に挙がっているのはガブレンツ（Hans Conon von der Gabelentz 一八〇七〜一八七四）による著作である。Meadows, *Translations from the Manchu*, pp. 22-82.

（19）Joseph Needham, *Science and Civilisation in China*, vol. 5 (Chemistry and Chemical Technology) ; Pt. 3 (Spagyrical Discovery and Invention), Cambridge University Press, 1974, p. 222.

（20）この論争については多くの先行研究があるが、とくに代表的成果として柳父章『「ゴッド」は神か上帝か』岩波書店、二〇〇一年および金香花「聖書翻訳における等価概念の一側面——「God」の訳語を中心に」『アジア・キリスト教・多元性』第一一号、二〇一三年が挙げられる。

（21）*The Chinese Repository*, vol. 17, no. 1–10, 1848, pp. 17–646.

（22）Antoine Gaubil, *Le Chou-king, un des livres sacrés des chinois*, N. M. Tilliard, 1770, pp. 345–8.

（23）*The Chinese Repository*, vol. 17, no. 1, pp. 27–8 ; vol. 17, no. 10, 506–7.

（24）Alexander John Ellis, “Additions by Translator”, Hermann von Helmholtz（trans. by Alexander John Ellis）, *On the Sensations of Tone as a Physiological Basis for the Theory of Music*, 2nd English Edition, Longmans, Green, 1885, p. 548.

（25）ピタゴラス音律を積み重ねていくと、やがて出発音と同名音とのあいだにピタゴラス・コンマと称される微細な音程のずれが生じる。このずれによる著しい不協和を緩和するため、十二の音律に等分ずつ割り振ったのが十二平均律である。なお本書における本題からは外れるが、十二平均律を先に発明したのも中国だとする説が現在では主流のようである。もっとも、この中国における十二平均律とは、本書第3章で触れたようにおもに明代の朱載堉による理論を指し、さらに南朝宋の何承天（三七〇～四四七）まで遡るとする説もある。また日本の暦算学者中根元圭（一六六二～一七三三）も十二平均律の理論を打ち立てたとされる。中国や日本における十二平均律については、田中有紀『中国の音楽論と平均律——儒教における楽の思想』風響社、二〇一四年および遠藤徹「中根元圭著『律原発揮』の音律論に関する覚え書き」『東京学芸大学紀要（芸術・スポーツ科学系）』第六六号、二〇一四年を参照のこと。

（26）Alexander John Ellis, *On the Musical Scales of Various Nations*, Journal of the Society of arts, 1885. なおこの著作の中国に関する部分でも、アミオがたびたび引用されている。pp. 514–20.

あとがき

筆者とイエズス会宣教師アミオとの最初の接点は、音楽であった。もともと小さいときから西洋古典音楽に親しんでいたが、学部時代を過ごした国立音楽大学では世界のさまざまな社会や文化、時代の音楽に触れる機会に恵まれた。そうしたなかではじめて中国に関心をもつきっかけとなったのは、日中（抗日）戦争〜文革期、さらに一九八〇〜九〇年代の色とりどりの楽曲や演劇作品だった。二〇世紀中国で生み出されたこれらの作品が、民間音楽や西洋古典音楽、ポピュラー音楽から引用された多様な要素を土台としており、またさまざまな役割を担わされたことを知り、これらの音楽が中国の社会や文化の一部を形成するにいたった淵源に遡ってみたいと思った。そこで桜美林大学大学院の修士課程へ進み、二〇世紀初頭の中国で西洋音楽がどのように受容され、当時の知識人による新しい国家の構想にどのような影響を与えたのかを研究テーマとすることにした。幸運なことに同大学図書館には、日本に留学した浙江出身者の同郷会による『浙江潮』（一九〇三）が一〇期分揃っており、西洋音楽の導入に関する記事も収められていた。ほとんど一字ずつ辞書と首っ引きで、牛歩のごとき進度ではあったが、このときはじめて生の史料に触れられる喜びを知ったように思う。

その後、東京大学大学院の修士課程へ移り、さらに中国音楽の歴史を遡ってみようと文献を探していたとき、大学図書館の書庫に『中国音楽に関するメモワール』のリプリント版があるのを見つけた。これがアミオとの最初の出会いである。それまではもっぱら中国人か日本人によって書かれた中国音楽論を読んできたのだが、これはヨーロッパの宣教師がヨーロッパの人々へ向けて書いた文章であり、しかもヨーロッパではじめての本格的な中国音楽に関する解説ということで、西洋音楽が中国に大々的に導入される一世紀以上前に、すでにヨーロッパの側が中国音楽にこれほどの関心を寄せていたということが新鮮な驚きであった。読み始めてすぐ、学部時代にフランス語初級の授業で早々に挫折したことを深く後悔することとなったが、アミオが中国音楽に見出した並々ならぬ希望、すなわち「science のなかの science」がそこにはあるはずだという主張には妙な魅力があり、それがいったい何なのかが気になって、慣れぬ表記法に苦労しながらも読み進めていったのだった。中国の伝統音楽についてほとんど知識の無かった私にとっては教科書がわりになる一方で、ラモーの《優雅なインドの国々》や《一つ目巨人》といった楽曲名が出てくると懐かしさを感じることもあった。

やがて音楽に限らず、というより音楽を含む中国文明の全体をアミオがどのように「翻訳」したのかという問題に関心をもつようになり、『メモワール』全巻を所蔵する機関へ出かけていっては閲覧し、必要な部分を複写させてもらうという作業をしばらく繰り返した。その後、一九世紀以前の公刊史料は、フランス国立図書館の電子図書館「ガリカ（Gallica）」などインターネット上で比較的手軽に見ることができるようになり、だいぶ敷居が低くなった。中国側の史料に関しても同様で、筆者がアミオに関心をもち始めた二〇〇五年当時と現在とでは隔世の感があり、本書が完成へ向かっていく段階でもデジタル史料の恩恵を受ける場面は少なくなかった。

こうした過程を経て、以下の各論文を発表した。

「十八世紀におけるイエズス会士アミオと中国音楽」『中国――社会と文化』第二二号、二〇〇七年。
「イエズス会士アミオのみた乾隆帝と清朝官僚」『中国――社会と文化』第二六号、二〇一一年。
「一八世紀在華イエズス会士アミオと満洲語」『東洋学報』第九三巻第一号、二〇一一年。
"The Jesuit Jean- Joseph-Marie Amiot and Chinese Music in the Eighteenth Century", Luis Saraiva (ed.), *History of Mathematical Sciences : Portugal and East Asia IV : Europe and China : Science and the Arts in the 17th and 18th Centuries*, World Scientific, 2012.

そしてこれらの論文を土台として博士論文を完成させ、二〇一四年に東京大学に提出した。またその後、以下の関連論文を発表した。

「メスメリズムと陰陽理論の邂逅」『中国哲学研究』第二八号、二〇一五年。
「一八世紀後半の在華イエズス会士による中国史叙述」『東方学』第一二九輯、二〇一五年。
「在華イエズス会士による中国史叙述」、川原秀城編著『西学東漸と東アジア』岩波書店、二〇一五年。

本書は、博士論文および上記の各論文を大幅に加筆修正したものに、さらに刊行にあたって新たに書き下ろした三つの章（序章と終章は除く）を加えて構成されている。

こうして学部のときにはじめて中国に関心をもって以来、若干の紆余曲折はあったものの、なんとか挫折せずに研究を続けてこられ、今回公刊の運びとなったのは、さまざまな方からのご指導やご助言があったお陰である。まず桜美林大学大学院のときの指導教官である町田隆吉氏からは、漢文史料を読解するための最初の手ほどきを受けた。史料がもつ手触りや奥行きといったものをはじめて肌で感じ、歴史学という学問に引きつけられたのはこのときであった。東京大学大学院での指導教官の吉澤誠一郎氏からは、論文の書き方を、それこそテニヲハから教わった。また、『中国音楽に関するメモワール』を苦労して読み終わった後、なかなか論点が形にならないことに悩んでいたとき、吉澤氏から、それだけ読んだのだから必ず何かあるはずでしょうと助言されたことは大きな励みとなり、議論の段階へと進むことができた。もしあの時点で挫けていたら、博士論文は書けなかっただろう。そして同じく東京大学大学院において川原秀城氏の指導を受けられたことも幸運であった。氏による西学のゼミは日本では貴重であり、かつ毎回刺激的であった。欧米や中国語圏では、とくに二一世紀に入ってから在華宣教師や西学の研究が急速に盛り上がり、すでに中国学における主要な一角を成しつつあるが、日本ではいまだに周辺的な一分野との認識が根強く、こうした状況のなかで川原氏の存在は心強いものであった。

それにしても、博士論文を完成し提出したあとに真の窮地が待っているとは思わなかった。口頭試問では、吉澤氏、川原氏のほか、岸本美緒氏、深沢克己氏、杉山清彦氏からたいへん厳しい問いが次々に投げかけられた。研究者人生最初の厳しい試練であった。今回の刊行にあたっては、このときの問いにできる限り答えられるよう努めたつもりである。

そのためにも、海外に滞在して視野を広げる機会を得られたことは有難かった。まだ博士課程在籍中の二年間、中国政府奨学金を得て中国人民大学清史研究所に留学した。清史編纂プロジェクトの中心地で得られる刺激は多く、また満洲語の手ほどきを受けたのもこの場所であった。当時明清史を専門とする院生のほとんどが満洲語の授業に出ており、彼らから多くを学んだことが後に生きてきた。また博士の学位取得後、九か月間にわたって台湾中央研究院歴史語言研究所に訪問学人として受け入れられた。台湾は現在、世界でもっとも明清史および在華宣教師に関する研究が進んでいる拠点のひとつであり、ここでの研究交流はたいへん貴重なものだった。さらに台湾大学の佐藤将之氏、および氏が中心となって組織されている日本漢学の研究会の諸氏との交流は、台湾生活において大きな支えとなった。

もちろん国内の研究者各位からも、多くの有益な意見や助言を与えられた。私が自分の書いたものを送るたび、必ず厳しくも有益なコメントを下さる京都大学の中砂明徳氏には、この場を借りて心よりの感謝を示したい。加えて氏の紹介によって、国立民族学博物館の齋藤晃氏を代表とする「近世カトリックの世界宣教と文化順応」研究プロジェクトに参加し、中南米やインド、日本、中国という世界各地での宣教に関する最新の研究成果に触れられたことも、私にとって大きな収穫であった。また、満洲語による西学書の研究の先鞭をつけられた東京学芸大学の渡辺純成氏、中国回族に関する研究の第一人者である武蔵大学の黒岩高氏、近世儒教思想の専門家である立教大学の林文孝氏、そして琉球からみた近世中国や日本について貴重な研究を発表されている東京大学の渡辺美季氏からも、折に触れて貴重な助言を受けた。そして現在所属している東洋文化研究所の教員ならびに職員の各位、および原稿のチェックを引き受けてくれた若手研究者の上出徳太郎氏、福島亮氏、王雯璐氏の助力が無ければ、本書は完成できなかった。ただし本書における文責がすべて筆者にあることは言うまでもない。

なお本書の執筆と刊行にあたっては、日本学術振興会科学研究費補助金 JP10J02734、JP15H06111、JP17K13327、および平成二九年度研究成果公開促進費（学術図書）、そして公益財団法人三島海雲記念財団学術研究奨励金第五二回の助成を得た。また、一般財団法人東方学会から第三四回東方学会賞を授けられたことも、大きな励みとなった。

最後になったが、本書は名古屋大学出版会の橘宗吾氏と山口真幸氏の多大な尽力と忍耐の賜物である。この場を借りて感謝申し上げる。そして本書の締めくくりとして、夫村上正和の公私にわたる支えへの感謝を述べることをお許しいただきたい。

二〇一七年八月

新居 洋子

中砂明徳著
中国近世の福建人
—士大夫と出版人—
A5・592 頁
本体6,600円

杉山清彦著
大清帝国の形成と八旗制
A5・574 頁
本体7,400円

岡本隆司著
中国の誕生
—東アジアの近代外交と国家形成—
A5・562 頁
本体6,300円

岡本隆司編
宗主権の世界史
—東西アジアの近代と翻訳概念—
A5・412 頁
本体5,800円

吉澤誠一郎著
天津の近代
—清末都市における政治文化と社会統合—
A5・440 頁
本体6,500円

安藤隆穂編
フランス革命と公共性
A5・368 頁
本体5,000円

隠岐さや香著
科学アカデミーと「有用な科学」
—フォントネルの夢からコンドルセのユートピアへ—
A5・528 頁
本体7,400円

カピル・ラジ著　水谷智／水井万里子／大澤広晃訳
近代科学のリロケーション
—南アジアとヨーロッパにおける知の循環と構築—
A5・316 頁
本体5,400円

池上俊一監修
原典 ルネサンス自然学 上・下
菊・650/656頁
本体各9,200円

岡田裕成／齋藤晃著
南米キリスト教美術とコロニアリズム
菊・494 頁
本体6,600円

《著者略歴》

新居《にい》 洋子《ようこ》

1979年　東京に生まれる
2002年　国立音楽大学音楽学部卒業
2012年　東京大学大学院人文社会系研究科博士課程修了
現　在　東京大学東洋文化研究所国際学術交流室特任助教，
国立民族学博物館共同研究員，桜美林大学・武蔵
大学非常勤講師，博士（文学）

イエズス会士と普遍の帝国

2017年11月10日　初版第1刷発行

定価はカバーに
表示しています

著　者　新　居　洋　子
発行者　金　山　弥　平

発行所　一般財団法人　名古屋大学出版会
〒464-0814　名古屋市千種区不老町1 名古屋大学構内
電話(052)781-5027/FAX(052)781-0697

© Yoko Nii, 2017
Printed in Japan
印刷・製本 ㈱太洋社
ISBN978-4-8158-0889-1
乱丁・落丁はお取替えいたします。

JCOPY 〈出版者著作権管理機構 委託出版物〉
本書の全部または一部を無断で複製（コピーを含む）することは，著作権法上での例外を除き，禁じられています。本書からの複製を希望される場合は，そのつど事前に出版者著作権管理機構（Tel：03-3513-6969，FAX：03-3513-6979，e-mail：info@jcopy.or.jp）の許諾を受けてください。

索　引

ア　行

カ　行

タ・ナ行

ハ　行

マ・ヤ行

ラ・ワ行

図表一覧

参考文献

1　一次史料（未公刊史料）

（1）フランス国立図書館手稿の部（**Bibliothèque nationale de France, Département des manuscrits**）所蔵史料

Bréquigny 1 : Mélanges sur la Chine et les Chinois : Amiot, le P., Notes et mémoires sur la Chine et les Chinois.

Bréquigny 2 : Mélanges sur la Chine et les Chinois : Amiot, le P., Notes et mémoires sur la Chine et les Chinois.

Bréquigny 5 : Mélanges sur la Chine et les Chinois : Amiot, le P., Notes et mémoires sur la Chine et les Chinois.

Bréquigny 6 : Mélanges sur la Chine et les Chinois : Mémoire du P. Amiot sur l'art militaire des Chinois, et traduction de traités de tactique chinois.

Bréquigny 7 : Mélanges sur la Chine et les Chinois : Abrégé chronologique de l'histoire universelle de l'Empire chinois, par le P. Amiot.

Bréquigny 13 : Mélanges sur la Chine et les Chinois : Amiot, le P., Notes et mémoires sur la Chine et les Chinois.

Chinois 643 : Gang jian jia zi tu.

Français 9089 : Mémoire sur la musique des Chinois, tant anciens que modernes, par le P. Amiot, Jésuite（1776）.

Français 12210-12214 : Histoire générale de Chine, tirée des Annales de l'Empire, par le P. Moyriac De Mailla, Jésuite（1729）.

Français 17240 : Mélanges sur la Chine ; Histoire chinoise, par Parrenin, le P. Dominique.

Mandchou 3 : Dasan-i nomun-i bithe. Shu jing.

Mandchou 136 : Ze j'i tung giyan g'ang mu bithe.

Mandchou 275 : Grammaire mandchoue, par le P. Jean Domenge.

Mandchou 285 : Hymne mandchou chanté à l'occasion de la conquête du Jin-chuan [金川].

NAF 4420 : La vie de Koung-tsee, appelé vulgairement Confucius,..., par le Père Amiot（1784）.

NAF 22170 : Mélanges sur la Chine. XVIIIe siècle : Recherches sur l'art militaire des Chinois.

（2）台湾所蔵史料

内閣大庫檔案（中央研究院歴史語言研究所）。

清代宮中檔奏摺及軍機処檔摺件（国立故宮博物院）。

2　公刊史料

(1)欧　文

Amiot, Jean Joseph Marie, *Éloge de la ville de Moukden et de ses environs : poëme composé par Kien-Long, Empereur de Chine*, Paris : Tilliard, 1770.

Amiot, Jean Joseph Marie, *Mémoire sur la musique des chinois, tant anciens que modernes*, Paris : Nyon l'aîné, 1779.

Amiot, Jean Joseph Marie, *Dictionnaire Tartare-Mantchou-François*, 3 vols., Rédigé et publié avec des additions et I'Alphabet de cette langue, par L. Langlès, Paris : F.-A. Didot l'aîné, 1789-1790.

Banier, Antoine, *La mythologie et les fables expliquées par l'histoire*, 3 vols., Paris : Briasson, 1738-1740.

Bayle, Pierre, *Réponse aux questions d'un provincial*, Tome 2, Rotterdam : Leinier Leers, 1706.

Berlié, *Essai historique et chronologique*, Lyon : J. Deville, 1766.

Bouvet, Joachim, *Portrait historique de l'Empereur de la Chine, présenté au Roy*, Paris : Estienne Michallet, 1697（ブーヴェ（後藤末雄訳，矢沢利彦校注）『康熙帝伝』平凡社，1970年).

Buffon, *Des Époques de la nature*（*Histoire naturelle, générale et particulière*, supplément Tome 5), Paris : l'Imprimerie Royale, 1778（ビュフォン（菅谷暁訳）『自然の諸時期』法政大学出版局，1994年).

Cassini, Giovanni Domenico, "Reflexions sur la chronologie chinoise par Monsieur Cassini", *Du Royaume De Siam : Contenant plusieurs Piéces détachées*, 2, Amsterdam : Abraham Wolfgang, 1691, pp. 304-21.

Chalcidii V. C., *Timaeus de Platonis, translates item eiusdem in eundem commentaries*, Leiden : Justus à Colster, 1617.

Choisy, François-Timoléon de, *Journal ou suite du voyage de Siam*, Amsterdam : Pierre Mortier, 1687.

Couplet, Philippe & Intorcetta, Prospero et al., *Confucius Sinarum Philosophus : sive Scientia Sinensis*, Paris : D. Horthemels, 1687.

Court de Gébelin, Antoine, *Monde primitif, analysé et comparé avec le monde modern*, 8（1), Paris : Valleyre, 1781, pp. 395-411.

Cruz, Gaspar da, *Tractado das cousas da China*, Évora : Andre de Burgos, 1569（ガスパール・ダ・クルス（日埜博司訳）『中国誌——ポルトガル宣教師が見た大明帝国』講談社，2002年).

De Guignes, Joseph, "Lettre...au sujet de deux Voyageurs Mahométans, dont les Relations ont été traduites & publiées par M. l' Abbé Renaudot", *Journal des Sçavans*, Novembre 1764, pp. 718-25.

De Mailla, Joseph Anne Marie de Moyriac, *Histoire générale de la Chine, ou Annales de cet empire, traduit du Tong-Kien-Kang-Mou*, 13 vols., Paris : Ph. D. Pierre, Clousier, 1777-1785.

De Mairan, Jean Jacques Dortous, *Lettres de M. de Mairan, au R. P. Parrenin*, Paris : Desaint & Saillant, 1759.

Dentrecolles, François Xavier, *Lettre du pere d'Entrecolles missionnaire de la Compagnie de Jésus, sur la porcelaine*, Paris : Jean Frederic Bernard, 1738（ダントルコール（小林太市郎訳注）『中国陶瓷見聞録』平凡社，1979年)。

Deslon, Charles, "Observations sur le magnéetisme animal", *Journal de medicine, chirurgie,*

pharmacie, &c., 54, octobre 1780, pp. 289–317.
Dictionnaire de l'Académie Française, 2 vols., Nîmes : Pierre Beaume, 1778.
Dictionnaire universel françois et latin, vulgairement appelé Dictionnaire de Trévoux, nouvelle édition, 8 vols., Paris : Compagnie des libraires, 1771.
Diderot, Denis, & D'Alembert, Jean le Rond, *Encyclopedié ou Dictionnaire raisonné sciences, des arts et des métiers*, Paris : Briasson, 1751–1772.
Du Halde, Jean Baptiste, *Description géographique, historique, chronologique, politique, et physique de l'Empire de la Chine et de la Tartarie chinoise*, 4 vols., Paris : Lemercier, 1735.
Du Tems, Hugues, *Le clergé de France, ou tableau historique et chronologique des archevêques*, Tome 2, Paris : Delalain, 1774.
Encyclopædia Britannica, Edinburgh : A. Bell and C. MacFarquhar, vol. 2, 1771,
Frèret, Nicolas, "De l'antiquité et de la certitude de la chronologie chinois", *Mémoires de Académie des inscriptions & belles-lettres*, 10, 1736, pp. 377–402.
Frèret, Nicolas, "Éclaircissement sur la Mémoire lû au mois de Novembre 1733, touchant l'antiquité et la certitude de la chronologie chinoise", *Mémoires de Académie des inscriptions & belles-lettres*, 15, 1743, pp. 493–564.
Frèret, Nicolas, "Suite du traité touchant la certitude et l'antiquité ; servant d'éclaircissement au Mémoire lû sur la même matiére au mois de Novembre 1733", *Mémoires de Académie des inscriptions & belles-lettres*, 18, 1753, pp. 178–205.
Gaubil, Antoine, "Dissertation sur l'eclipse solaire rapportée dans le Chou-king", Souciet, Etienne (ed.), *Observations Mathématiques, Astronomiques, Geographiques, Chronologiques et Physiques, tirées des anciens livres chinois*, Tome 1, Paris : Rollin, 1729.
Gaubil, Antoine, *Le Chou-king, un des livres sacrés des Chinois*, Paris : N. M. Tilliard, 1770.
Gaubil, Antoine, *Traité de la chronologie chinoise : divisé en trois parties*, Paris : Treuttel et Wurtz, 1814.
Gaubil Antoine, Correspondance de Pékin（ゴービル書簡の翻刻集：Renée Simon（ed.）, *Antoine Gaubil S. J., Correspondance de Pékin, 1722–1759*, Genève : Librairie Droz, 1970）.
Klaproth, Julius Heinrich（trad.）, *Lettres sur la Littérature Mandchou, traduites du Russe de M. Afanasii Larionowitch Leontiew*, Paris : Fain, 1815.
Klaproth, Julius Heinrich, *Chrestomathie Mandchou*, Paris : Imprimerie royale, 1828.
Langlès, Louis Mathieu, *Alphabet Mantchou*, troisième édition, Paris : Imprimerie impériale, 1807.
Le Comte, Louis, *Nouveaux Mémoires sur l'état présent de la Chine*, 2 vols., Paris : Jean Anisson, 1696.
Leibniz, Gottfried Wilhelm von, *Discours sur la théologie naturelle des Chinois*, 1716（présentés, traduits et annotés par Christiane Frémont, Paris : L'Herne, c. 1987）.
Lettres édifiantes et curieuses, écrites des missions étrangères, édition du Querbœuf, 26 vols., Paris : J. G. Merigot, 1780–1783（矢沢利彦編訳『イエズス会士中国書簡集』全 6 巻,『中国の医学と技術』,『中国の布教と迫害』, 平凡社, 1970–1980 年。ただし全訳ではない）.
Longobardo, Nicolas, "Traité sur quelques points de la réligion des Chinois", Gottfried Wilhelm von Leibniz, *Epistolae ad diversos*, 2, Lipsiae : sumto Bern. Christoph. Breitkopfii, 1735.
Magalhães, Gabriel de, *Nouvelle relation de la Chine*, Paris : Barbin, 1688.
Martini, Martino, *Sinicae Historiae Decas prima*, Munich : Straub, 1658.

Meadows, Thomas Taylor, *Translations from the Manchu*, Canton : Press of S. W. Williams, 1849.
Mellet, Comte de, "Recherches sur les tarots", Antoine Court de Gébelin, *Monde primitif, analysé et comparé avec le monde modern*, 8 (1), Paris : Valleyre, 1781, pp. 395-411.
Mémoires concernant l'histoire, les sciences, les arts, les mœurs, les usages, &c. des Chinois, 15 vols., Paris : Nyon, 1776-1791.
Mercure de France, Paris : Panckouche, Samedi 4 Septembre 1784.
Mesmer, Franz Anton, *Mémoire sur la découverte du magnétisme animal*, Geneve et Paris : Firmin Didot le jeune, 1779.
Murray, Hugh et al., *An Historical and Descriptive Account of China*, vol. 1, Edinburgh : Oliver & Boyd, 1836.
Nouvelles ecclésiastiques, Paris : Le Clère, 1728-1803.
Pastoret, Claude E. J. P., *Zoroastre, Confucius et Mahomet*, Paris : Buisson, 1788.
Prémare, Joseph Henri Marie de, *Vestiges des principaux dogmes chrétiens*, Paris : Bureau des Annales de philosophie chrétienne, 1878.
Rameau, Jean Philippe, *Traité de l'harmonie, reduite à ses principes naturels*, Paris : Ballard, 1722.
Rémusat, Abel, *Programme du cours de langue et de littérature chinoises et de tartare-mandchou*, Paris : Charles, 1815.
Rémusat, Abel, *Mémoire sur les livres chinois de la Bibliothèque du Roi et sur le plan du nouveau catalogue*, Paris : Imprimeur libraire, 1818.
Rémusat, Abel, *Recherches sur les langues tartares, ou Mémoires sur différens points de la grammaire et de la littérature des Mandchous, des Mongols, des Ouigurs et des Tibetains*, Paris : Imprimerie royale, 1820.
Rémusat, Abel, *Nouveaux mélanges asiatiques, ou recueil de morceaux de critique et de mémoires*, 2, Paris : Libraire orientale de Dondey-Dupré, 1829.
Renaudot, Eusèbe, *Anciennes Relations des Indes et de la Chine de deux voyageurs Mahométans, qui y allerent dans le neuvième siècle*, Paris : Coignard, 1718.
Ricci, Matteo, *Della entrata della Compagnia di Giesù e Christianità nella Cina*, in Pasquale M. D'Elia (ed.), *Fonti Ricciane*, Rome : Liberia dello Stato, 1942-1949 (Maddalena Del Gatto and Piero Corradini (eds.), *Della entrata della Compagnia di Giesù e Christianità nella Cina*, Macerata : Quodlibet, 2000. マッテーオ・リッチ（川名公平訳，矢沢利彦訳注）『イエズス会によるキリスト教のチーナ布教について』（中国キリスト教布教史 1），岩波書店，1982 年）.
Roussier, Pierre Joseph, *Mémoire sur la musique des Anciens*, Paris : Lacombe, 1770.
Sheffield, John (ed.), *Miscellaneous Works of Edward Gibbon, Esquire*, 1, Dublin : P. Wogan, 1796.
Shuckford, Samuel, *The Sacred and Prophane History of the World Connected*, 2 vols., London : R. Knaplock & J. Tonson, 1728-1730.
Silhouette, Étienne de, *Idée générale du gouvernement et de la morale des Chinois*, Paris : G.-F. Quillau, 1729.
Silhouette, Étienne de, *Idée générale du gouvernement et de la morale des Chinois et réponse a trois critiques*, Paris : G.-F. Quillau, 1731.
Silhouette, Étienne de (tr.), *Essai sur l'Homme, par Monsieur Alexandre Pope*, Lausanne & Geneve : M. M. Bousquet et Cie, 1736.

Silhouette, Étienne de (tr.), *Dissertations sur l'union de la religion, de la morale, et de la politique, tirées d'un ouvrage de M. Warburton*, 2 vols., Londres : G. Darrès, 1742.

Sonnerat, Pierre, *Voyages aux Indes orientales et a la Chine*, Paris : Froullé, 1782.

Souciet, Etienne (ed.), *Observations Mathématiques, Astronomiques, Geographiques, Chronologiques et Physiques, tirées des anciens livres chinois*, Tome 1, Paris : Rollin, 1729.

Verbiest, Ferdinand, "Elementa Linguae Tartaricae", *Relations de divers voyages curieux de M. Thevenot*, Paris : Thomas Moette, 1696, pp. 1-34.

Voltaire, *Abregé de l'histoire universelle*, La Haye : Jean Neaulme, 1753.

Voltaire, "Fragmens sur l'histoire générale", *Collection Complette des oeuvres de Mr. de Voltaire*, Tome 37, Lausanne : François Grasset, 1774.

Warburton, William, *Essai sur les hiéroglyphes des Égyptiens*, 2, Paris : Hippolyte-Louis Guerin, 1744.

（2）漢文（※なお十三経注疏、二十六史は省略した。また末尾のカッコ内は本書で使用した版本。）

呂不韋（秦）『呂氏春秋』（王利器『呂氏春秋注疏』四川：巴蜀書社，2002年）。

著者不明『黄帝内経素問』（崔為『黄帝内経素問訳注』哈爾浜：黒竜江人民出版社，2003年）。

王粛（魏）『孔子家語』（『孔子家語逐字索引』香港：商務印書館，1992年）。

皇甫謐（晋）『帝王世紀』（台北：芸文印書館，1967年）。

張湛（晋）注『列子』（『列子逐字索引』香港：商務印書館，1996年）。

裴駰（南朝宋）『史記集解』（『校刊史記集解索隠正義札記』北京：中華書局，1977年）。

司馬貞（唐）『史記索隠』（『校刊史記集解索隠正義札記』北京：中華書局，1977年）。

張守節（唐）『史記正義』（『校刊史記集解索隠正義札記』北京：中華書局，1977年）。

王冰（唐）注『黄帝内経素問』（『重広補注黄帝内経素問』台北：芸文印書館，1967年）。

史崧（宋）音釈『黄帝内経霊枢』（台北：台湾中華書局，1965年）。

司馬光（宋）『資治通鑑』（台北：宏業書局，1974年）。

劉恕（宋）『資治通鑑外紀』（台北：台湾商務印書館，1967年）。

朱熹（宋）『晦庵集』（『景印文淵閣四庫全書』第1143-1146冊，台北：台湾商務印書館，1983-1986年）。

朱熹（宋）『四書章句集注』（北京：中華書局，1983年）。

朱熹（宋）『朱子語類』（『朱子全書』第14-18冊，上海：上海古籍出版社，2002年）。

鄭樵（宋）『通志』（北京：中華書局，1983年）。

金履祥（宋）『資治通鑑前編』（東京大学東洋文化研究所所蔵，率祖堂叢書，1887年）。

趙撝謙（明）『六書本義』（台北：商務印書館，1973年）。

陳鎬（明）『闕里誌』（『北京図書館古書珍本叢刊』第23冊，北京：書目文献出版社，1987年）。

高濂（明）『遵生八牋』（『遵生八牋校注』北京：人民衛生出版社，1994年）。

薛応旂（明）『四書人物備考』（国立公文書館所蔵，高野山釈迦文院本『新刻七十二朝四書人物考注釈四十巻』，明万暦刊）。

王世貞（明）『綱鑑大全』（東洋文化研究所所蔵，横秋閣蔵板，明刊本）。

利瑪竇（明）『天主実義』（『天学初函』第1冊，台北：台湾学生書局，1965年。マテオ・リ

ッチ（柴田篤訳注）『天主実義』平凡社，2004 年）。

朱載堉（明）『楽律全書』（『北京図書館古書珍本叢刊』第 4 冊，北京：書目文献出版社，1987 年）。

袁黄（明）『歴史綱鑑補』（『綱鑑合編』北京：北京市中国書店，1985 年）。

鍾惺（明）『鼎鋟鍾伯敬訂正資治綱鑑正史大全』（東洋文化研究所所蔵，呈祥館蔵板，崇禎元年跋）。

顧錫疇（明）『綱鑑正史約』（東洋文化研究所所蔵，浙江：浙江書局，同治 8 年刊）。

張行言（清）『聖門礼楽統』（『四庫全書存目叢書』第 272 冊，済南：斉魯書社，1995–1997 年）。

聖祖玄燁批（清）『御批資治通鑑綱目』（『景印文淵閣四庫全書』第 689・690 冊，台北：台湾商務印書館，1983–1986 年）。

江蘩（清）『四訳館考』（『北京図書館古籍珍本叢刊』第 59 巻，北京：書目文献出版社，1987 年）。

張廷玉等（清）『明史』（北京：中華書局，1974 年）。

阿桂等（清）『平定両金川方略』（『景印文淵閣四庫全書』第 360–361 冊，台北：台湾商務印書館，1983–1986 年）。

阮元（清）『重栞宋本十三經注疏附校勘記』（台湾：芸文印書館，1955 年）。

銭泳（清）『履園叢話』（北京：中華書局，1979 年）。

張振鋆（清）『釐正按摩要術』（北京：北京市中国書店，1986 年）。

黄伯禄（清）『正教奉褒』（韓琦・呉旻校注『熙朝崇正集・熙朝定案（外三種）』中華書局，2006 年）。

徐珂（民国）『清稗類鈔』（北京：中華書局，1984–1986 年）。

張廷玉等（清）『欽定大清会典』乾隆二九年奉勅撰（清末刊本，東京大学総合図書館南葵文庫蔵）。

允祹等（清）『欽定大清会典則例』乾隆一三年奉勅撰（内府刊本，東京大学東洋文化研究所大木文庫蔵）。

托津等（清）『欽定大清会典事例』嘉慶二三年奉勅撰（台北：文海出版社，1992 年）。

崑岡等（清）『欽定大清会典』光緒二五年奉勅撰（上海：商務印書館，1908 年）。

和坤等（清）『欽定大清一統志』乾隆二九年奉勅撰（『景印文淵閣四庫全書』474–483 巻，台北：商務印書館，1983–1986 年）。

『大清聖祖仁（康熙）皇帝実録』全 6 冊，台北：華聯出版社，1964 年。

『大清世宗憲（雍正）皇帝実録』全 2 冊，台北：華聯出版社，1964 年。

『大清高宗純（乾隆）皇帝実録』全 30 冊，台北：華聯出版社，1964 年。

『大清仁宗睿（嘉慶）皇帝実録』全 8 冊，台北：華聯出版社，1964 年。

『大清宣宗成（道光）皇帝実録』全 12 冊，台北：華聯出版社，1964 年。

陳垣輯『康熙与羅馬使節関係文書』台北：台湾学生書局，1974 年。

呉旻・韓琦編校『欧洲所蔵雍正乾隆朝天主教文献滙編』上海：上海人民出版社，2008 年。

中国第一歴史檔案館編『乾隆朝上諭檔』全 18 冊，北京：檔案出版社，1991 年。

中国第一歴史檔案館編『乾隆朝起居注』全 42 冊，桂林：広西師範大学出版社，2002 年。

中国第一歴史檔案館編『康熙朝漢文硃批奏摺彙編』全 8 冊，北京：檔案出版社，1984 年。

中国第一歴史檔案館編『中葡関係檔案史料匯編』全 2 冊，北京：檔案出版社，2002 年。

中国第一歴史檔案館編『清中前期西洋天主教在華活動檔案』全 4 冊，北京：中華書局，2003

年。

中国科学院編『明清史料』丁編，全 10 冊，上海：商務印書館，1951 年。

鐘鳴旦・杜鼎克・蒙曦主編『法国国家図書館明清天主教文献』第 26 冊，台北：台北利氏学社，2009 年。

(3) 満文（満漢併記を含む）

dzi jy tung giyan g'ang mu bithe（『御批満文資治通鑑綱目』），康熙 30 年（1691）。
han i araha manju gisun i buleku bithe（『御製清文鑑』），康熙 47 年（1708）。
cing wen ki men bithe（舞格撰『満漢字清文啓蒙』），雍正 8 年（1730）。
han i araha mukden i fujurun bithe（『御製盛京賦』），乾隆 8 年（1743）。
manju isabuha bithe（李延基編『清文彙書』），乾隆 16 年（1751）。
han i araha ubaliyambuha dasan i nomun（『御製繙訳書経』），乾隆 25 年（1760）。
han i araha nonggime toktobuha manju gisun i buleku bithe（『御製増訂清文鑑』），乾隆 36 年（1771）。

3　研究著作

(1) 和　文

浅見雅一「アントニオ・デ・ゴヴェアの中国史研究について」『史学』第 68 巻第 3・4 号，1999 年，225-51 頁。

浅見雅一・松澤克行「中国第一歴史档案館及び中国国家図書飴所蔵の前近代日本関係史料の調査」『東京大学史料編纂所報』第 37 号，2001 年，151 頁。

浅見雅一・五野井隆史・松澤克行「北京市所在の前近代日本関係史料の調査」『東京大学史料編纂所報』第 38 号，2002 年，132 頁。

浅見雅一『キリシタン時代の偶像崇拝』東京大学出版会，2009 年。

吾妻重二「朱子の象数易思想とその意義」『フィロソフィア』第 68 号，1980 年，145-75 頁。

吾妻重二『朱子学の新研究――近世士大夫の思想的地平』創文社，2004 年。

アポストリデス，ジャン・マリー（水林章訳）『機械としての王』みすず書房，1996 年（Jean Marie Apostolidès, *Le roi-machine : spectacle et politique au temps de Louis XIV*, Paris : Éditions de Minuit, 1981）。

安大玉『明末西洋科学東伝史――『天学初函』器編の研究』知泉書館，2007 年。

安藤隆穂編『フランス革命と公共性』名古屋大学出版会，2003 年。

井川義次「ヨーロッパ人による「孝」の解釈」『大久保隆郎教授退官紀念論集――漢意とは何か』東方書店，2001 年，805-25 頁。

井川義次『宋学の西遷――近代啓蒙への道』人文書院，2009 年。

池上二良『満洲語研究』汲古書院，1999 年。

石井剛『戴震と中国近代哲学――漢学から哲学へ』知泉書館，2014 年。

石田幹之助『欧米・ロシア・日本における中国研究』科学書院，1997 年（『欧人の支那研究』共立社書店，1932 年および『欧米に於ける支那研究』創元社，1942 年の復刊）。

石濱裕美子「パンチェンラマと乾隆帝の会見の背景にある仏教思想について」『内陸アジア言語の研究』第 9 号，1997 年，27-62 頁。

石濱裕美子『清朝とチベット仏教――菩薩王となった乾隆帝』早稲田大学出版部，2011 年。

井上進『明清学術変遷史——出版と伝統学術の臨界点』平凡社，2011 年。

彌永信美『幻想の東洋——オリエンタリズムの系譜』青土社，1987 年。

ヴァリニャーノ，アレシャンドゥロ（松田毅一訳）『日本巡察記』平凡社，1973 年（Alejandro Valignano, *Sumario de las cosas de Japón*, 1583 および *Adiciones del sumario de Japón*, 1593 の翻訳）。

上田信『海と帝国——明清時代』講談社，2005 年。

江上波夫・高田時雄編『東洋学の系譜』大修館書店，1992-1996 年。

エリオット，マーク（楠木賢道訳）「清代満洲人のアイデンティティと中国統治」，岡田英弘編『清朝とは何か』藤原書店，2009 年，108-23 頁。

エルマン，ベンジャミン（馬淵昌也・林文孝・本間次彦・吉田純訳）『哲学から文献学へ——後期帝政中国における社会と知の変動』知泉書館，2014 年（Benjamin Elman, *From Philasophy to Philology : Intellectual and Social Aspects of Change in Late Imperial China*, Cambridge, Mass : Harvard University Press, 1984）。

遠藤徹「中根元圭著『律原発揮』の音律論に関する覚え書き」『東京学芸大学紀要（芸術・スポーツ科学系）』第 66 号，2014 年，83-98 頁。

閻立『清末中国の対日政策と日本語認識——朝貢と条約のはざまで』東方書店，2009 年。

大愛崇晴「ケプラーにおける協和音の問題」『美学』第 57 巻第 4 号，2007 年，55-68 頁。

大塚修「ペルシア語文化圏における普遍史書の研究——9〜15 世紀の歴史叙述における人類史認識」，博士論文（東京大学），未公刊，2013 年。

大野英二郎『停滞の帝国——近代西洋における中国像の変遷』国書刊行会，2011 年。

岡崎勝世『聖書 vs. 世界史——キリスト教的歴史観とは何か』講談社，1996 年。

岡崎勝世『キリスト教的世界史から科学的世界史へ——ドイツ啓蒙主義歴史学研究』勁草書房，2000 年。

岡崎勝世『世界史とヨーロッパ——ヘロドトスからウォーラーステインまで』講談社，2003 年。

岡崎勝世『科学 vs. キリスト教——世界史の転換』講談社，2013 年。

岡崎勝世「キリスト教的世界像」，秋田茂ほか編著『「世界史」の世界史』ミネルヴァ書房，2016 年，132-53 頁。

小笠原弘幸『イスラーム世界における王朝起源論の生成と変容——古典期オスマン帝国の系譜伝承をめぐって』刀水書房，2014 年。

小鹿原敏夫『ロドリゲス日本大文典の研究』和泉書院，2015 年。

岡美穂子『商人と宣教師——南蛮貿易の世界』東京大学出版会，2010 年。

岡本隆司『近代中国と海関』名古屋大学出版会，1999 年。

岡本隆司『中国の誕生——東アジアの近代外交と国家形成』名古屋大学出版会，2017 年。

岡本弘道「明朝の「朝貢体制」の体系的把握に向けて——『明実録』による憲宗期朝貢事例表の作成を中心に（物質文化の環流と継承からみた東アジア）」『東アジア文化交渉研究』第 4 号，2011 年，415-46 頁。

隠岐さや香「数学と社会改革のユートピア——ビュフォンの道徳算術からコンドルセの社会数学まで」，金森修編『科学思想史』勁草書房，2010 年。

隠岐さや香『科学アカデミーと「有用な科学」——フォントネルの夢からコンドルセのユートピアへ』名古屋大学出版会，2011 年。

小田部胤久『芸術の逆説——近代美学の成立』東京大学出版会，2001 年。

小沼孝博『清と中央アジア草原――遊牧民の世界から帝国の辺境へ』東京大学出版会，2014年。

加地伸行『孔子画伝――聖蹟図にみる孔子流浪の生涯と教え』集英社，1991年。

加藤直人『清代文書資料の研究』汲古書院，2016年。

金子修一『古代中国と皇帝祭祀』汲古書院，2001年。

金子修一『中国古代皇帝祭祀の研究』岩波書店，2006年。

川久保悌郎「清代に於ける辺疆への罪徒配流について――清朝の流刑政策と辺疆その一」『弘前大学人文社会』第15号，1958年，27-60頁。

河内良弘『満洲語文語文典』京都大学学術出版会，1996年。

川出良枝『貴族の徳，商業の精神――モンテスキューと専制批判の系譜』東京大学出版会，1996年。

川出良枝「近代フランスにおける公私観念の転換――『武』の公共性から『商』の公共性へ」，佐々木毅・金泰昌編『欧米における公と私』東京大学出版会，2002年。

川原秀城「『律呂正義』続編について――西洋楽典の東漸」『中国研究集刊』第9号，1990年，534-43頁。

川原秀城「数と象――皇極経世学小史」『中国――社会と文化』第12号，1997年，394-57頁。

川原秀城編『西学東漸と東アジア』岩波書店，2015年。

川原秀城編『中国の音楽文化――三千年の歴史と理論（アジア遊学201）』勉誠出版，2016年。

川村信三『キリシタン信徒組織の誕生と変容――「コンフラリヤ」から「こんふらりや」へ』教文館，2003年。

神田喜一郎・西川寧監修『清鄭板橋懐素自叙帖――岣嶁碑』二玄社，1970年。

岸本美緒『東アジアの「近世」』山川出版社，1998年。

岸本美緒「清代中期の飢饉救済と贖地問題」『歴史評論』第806号，2017年，68-80頁。

岸本美緒・宮嶋博史『世界の歴史（12）明清と李朝の時代』中央公論社，1998年。

木津祐子「「聖諭」宣講――教化のためのことば」『中国文学報』第66号，2003年，85-108頁。

木下鉄矢「理・象・数そして数・象・理――朱熹の易理解」『東洋古典学研究』第3号，1997年，23-66頁。

桐藤薫『天主教の原像――明末清初期中国天主教史研究』かんよう出版，2014年。

金香花「聖書翻訳における等価概念の一側面――「God」の訳語を中心に」『アジア・キリスト教・多元性』第11号，2013年，33-53頁。

久保正彰「「アシア」管見」『中国――社会と文化』第4号，1989年，310-7頁。

蔵持不三也『シャルラタン――歴史と諧謔の仕掛人たち』新評論，2003年。

栗林均『『華夷訳語』（甲種本）モンゴル語全単語・語尾索引』東北アジア研究センター，2003年。

グルニエ，ジャン＝イヴ（山崎耕一訳）「18世紀の政治社会史――世論の誕生（講演会要旨）」『一橋大学社会科学古典資料センター年報』第21号，2001年，22-31頁。

桑原直己『キリシタン時代とイエズス会教育――アレッサンドロ・ヴァリニャーノの旅路』知泉書館，2017年。

合田昌史『マゼラン――世界分割（デマルカシオン）を体現した航海者』京都大学学術出

版会，2006 年。

小島毅『中国近世における礼の言説』東京大学出版会，1996 年。

小島毅『宋学の形成と展開』創文社，1999 年。

小関武史「ヨーロッパにおける中国知識の伝播——諸種事典を中心に」石川文康・井川義次編『知は東から——西洋近代哲学とアジア』明治書院，2013 年，67-90 頁。

児玉憲明「劉歆の音律理論」『待兼山論叢』（哲学）第 15 号，1981 年，33-47 頁。

後藤末雄『中国思想のフランス西漸』全 2 巻，平凡社，1969 年（初版は『支那思想のフランス西漸』第一書房，1933 年）。

後藤末雄（新居洋子校注）『乾隆帝伝』国書刊行会，2016 年。

ゴドウィン，ジョスリン（斉藤栄一訳）『星界の音楽　神話からアヴァンギャルドまで——音楽の霊的次元』工作舎，1990 年（Joscelyn Godwin, *Harmonies of Heaven and Earth*, London : Thames and Hudson, c. 1987)。

ゴドウィン，ジョスリン（高尾謙史訳）『音楽のエゾテリスム——フランス「1750-1950」秘教的音楽の系譜』工作舎，2001 年（Joscelyn Godwin, *L'ésotérisme musical en France 1750-1950*, Paris : A. Michel, 1991)。

五野井隆史「「イミタティオ・クリスティ」から「こんてむつすむん地」まで——“De Imitatione Christi”（『キリストに倣いて』）とイエズス会と日本のキリシタン」『藤女子大学紀要』第 9 号，2008 年，1-15 頁。

小林亜子「フランス革命期の公教育と公共性」，安藤隆穂編『フランス革命と公共性』名古屋大学出版会，2003 年，95-151 頁。

佐藤一好「張楷の生涯と詩作と「聖蹟図」」『学大国文』第 34 号，1991 年，79-98 頁。

佐藤正幸『歴史認識の時空』知泉書館，2004 年。

ジェイムズ，ジェイミー（黒川孝文訳）『天球の音楽——歴史の中の科学・音楽・神秘思想』白揚社，1998 年（Jamie James, *The Music of the Spheres : Music, Science, and the Natural Order of the Universe*, New York : Grove Press, 1993)。

柴田篤「明末天主教の霊魂観——中国思想と対話をめぐって」『東方学』第 76 号，1988 年，94-107 頁。

柴田篤「『天主実義』の成立」『哲学年報』第 51 号，1992 年，147-66 頁。

柴田篤「天主教と朱子学——『天主実義』第二篇を中心にして」『哲学年報』第 52 号，1993 年，125-44 頁。

柴田篤「中・西の対話を支えるもの——明末天主教思想をめぐって」『九州中国学会報』第 40 号，2002 年，53-69 頁。

澁谷浩一「中国第一歴史檔案館所蔵『蒙古堂檔』及び『満文奏勅』について」『満族史研究通信』第 6 号，1997 年，21-31 頁。

澁谷浩一「清朝と内陸アジアの関係を研究するための第一級史料」『東方』第 313 号，2007 年，31-4 頁。

シャルチエ，ロジェ（松浦義弘訳）『フランス革命の文化的起源』岩波書店，1999 年（Roger Chartier, *Les Origines culturelles de la Révolution française*, Paris : Éditions du Seuil, 1990)。

周婉窈（濱島敦俊監訳，石川豪・中西美貴訳）『図説台湾の歴史』平凡社，2007 年（『台湾歴史図説——史前至一九四五年』台北：聯経出版，1997 年）。

承志『ダイチン・グルンとその時代——帝国の形成と八旗社会』名古屋大学出版会，2009 年。

庄子大亮「古代の言説とヨーロッパ・アイデンティティ――古代ギリシアにおける「他者」の言説」『人文知の新たな総合に向けて――21世紀COEプログラム「グローバル化時代の多元的人文学の拠点形成」』第2回報告書1（歴史篇），2004年。

庄声『帝国を創った言語政策――ダイチン・グルン初期の言語生活と文化』京都大学学術出版会，2016年。

菅谷暁「「デザイン論」考（1）」『論集』第29号，1989年，153-75頁。

杉本良男「所謂典礼問題に就て」『国立民族学博物館調査報告』第62号，2006年，371-420頁。

杉本良男「天竺聖トマス霊験記」『国立民族学博物館研究報告』第31巻第3号，2007年，305-417頁。

杉山清彦「大清帝国の支配構造」，岡田英弘編『清朝とは何か』藤原書店，2009年，132-49頁。

杉山清彦『大清帝国の形成と八旗制』名古屋大学出版会，2015年。

鈴木武雄「北京北堂教会目録について――16世紀以降，中国へ渡来した宣教師たちのもたらした書物」『数理解析研究所講究録』第1583号，2008年，77-88頁。

鈴木中正「清・ビルマ関係――戦争と和平：1766-1790」『東南アジア――歴史と文化』第10号，1981年，3-16頁。

鈴木広光『日本語活字印刷史』名古屋大学出版会，2015年。

ソーマ（宮庄哲夫訳）「ヨセフスと大祭司」，フェルトマン・秦剛平共編『ヨセフス・ヘレニズム・ヘブライズム』I，山本書店，1985年，33-68頁。

高瀬弘一郎『キリシタン時代の文化と諸相』八木書店，2001年。

高田佳代子「イエズス会後期における中国理解について――『大学』と『易経』を中心に」修士論文（東京大学），未公刊，2008年。

高田時雄「清代官話の資料について」『東方学会創立五十周年記念東方学論集』，1997年，771-84頁。

高橋勝幸「教会の保守化傾向を考える――諸宗教間対話は進んでいるか」『アジア・キリスト教・多元性』第11号，2013年，55-75頁。

高橋裕史『イエズス会の世界戦略』講談社，2006年。

竹村則行「元・兪和『孔子聖蹟図』賛を踏襲した明・張楷『孔子聖蹟図』賛について」『文学研究』第107号，2010年，37-68頁。

竹村則行「『聖蹟全図』（康熙二十五年序刊本）を踏襲した清末・顧沅の『聖蹟図』」『文学研究』第111号，2014年，37-66頁。

田中有紀「朱載堉の黄鐘論「同律度量衡」――累黍の法と九進法，十進法の並存」『中国哲学研究』2011年，66-104頁。

田中有紀「何瑭の陰陽論と楽律論――明代後期楽論および朱載堉との比較を通して」『中国哲学研究』2014年，1-63頁。

田中有紀「朱載堉音楽理論の思想的研究」，博士論文（東京大学），未公刊，2014年。

田中有紀『中国の音楽論と平均律――儒教における楽の思想』風響社，2014年。

チュイリエ，ジャン（高橋純・高橋百代共訳）『眠りの魔術師メスマー』工作舎，1992年（Jean Thuillier, *F. A. Mesmer ou l'extase magnétique*, Paris : Robert Laffont, 1988）。

唐暁峰「明・清時代の北京城の都市計画と構成配置のもつ意味」，千田稔編『東アジアの都市形態と文明史』国際日本文化研究センター，2004年，165-77頁。

黨武彦「清代の翰林院——清初から嘉慶期まで」『専修大学人文科学研究所月報』第 194 号, 2001 年, 1-15 頁。

ドーソン, レイモンド（田中正美・三石善吉・末永国明訳）『ヨーロッパの中国文明観』大修館書店, 1971 年（Raymond Stanley Dawson, *The Chinese Chameleon : An Analysis of European Conceptions of Chinese Civilization*, London : Oxford University Press, 1967）。

富永茂樹「徳と効用のあいだ——フランス革命期における科学と芸術」『人文学報』第 70 号, 1992 年, 59-94 頁。

豊岡康史「嘉慶維新（1799 年）再検討」『信大史学』第 40 号, 2015 年, 1-26, 60 頁。

豊岡康史『海賊からみた清朝——十八〜十九世紀の南シナ海』藤原書店, 2016 年。

豊島正之「言語普遍の系譜」, 真島一郎編『だれが世界を翻訳するのか——アジア・アフリカの未来から』人文書院, 2005 年, 103-16 頁。

中嶋幹起「『電脳処理　御製増訂清文鑑』（第一分冊）刊行に寄せて」『地域・文化研究：東アジア』第 6 号, 1993 年, 147-59 頁。

中砂明徳『江南——中国文雅の源流』講談社, 2002 年。

中砂明徳「イエズス会の極東関係史料——「大発見の時代」とその後」, 澤顯浩編著『東アジア書誌学への招待』第 2 巻, 東方書店, 2011 年, 195-229 頁。

中砂明徳『中国近世の福建人——士大夫と出版人』名古屋大学出版会, 2012 年。

中砂明徳「ラーダの中国行をめぐって——非律賓諸島箚記（1）」『京都大学文学部研究紀要』第 54 号, 2015 年, 77-139 頁。

仲松優子「18 世紀バ＝ラングドック地方における公証人——制度的観点から」『千葉大学社会文化科学研究』第 8 号, 2004 年, 143-9 頁。

中村雅之「明清官話の周辺」『KOTONOHA』第 117 号, 2012 年, 16-7 頁。

ナドー, ジャン＝ブノワ＆バーロウ, ジュリー（中尾ゆかり訳）『フランス語のはなし——もうひとつの国際共通語』大修館書店, 2008 年（Jean-Benoît Nadeau & Julie Barlow, *The Story of French*, New York : St. Martin's Press, 2006）。

新居洋子「アレーニ『西学凡』とその序, 引, 跋——明末中国における西学受容の一形態」『中国哲学研究』第 26 号, 2012 年, 1-33 頁。

新居洋子「18 世紀在華イエズス会士を媒介とした中国思想の伝播とその影響」『三島海雲記念財団学術研究奨励金（平成 26 年度人文科学部門）報告書』2016 年。

新居洋子「清朝宮廷における西洋音楽理論の受容」, 川原秀城編『中国の音楽文化——三千年の歴史と理論（アジア遊学 201）』勉誠出版, 2016 年, 124-44 頁。

ニーダム, ジョゼフ（橋本敬造訳）『文明の滴定』法政大学出版局, 1974 年（Joseph Needham, *The Grand Titration : Science and Society in East and West*, London : Allen and Unwin, 1969）。

ニーダム, ジョゼフ（吉田忠ほか訳）『中国の科学と文明』（東畑精一・藪内清監修）第 5 巻天の科学, 思索社, 1976 年（Joseph Needham, *Science and Civilisation in China*, vol. 3 (Mathematics and the Sciences of the Heavens and the Earth), New York : Cambridge University Press, 1959）。

二宮宏之『フランス　アンシアン・レジーム論——社会的結合・権力秩序・叛乱』岩波書店, 2007 年。

二宮フサ「ヴェルサイユからアユタヤへ——十七世紀ショワジ師の船旅」『東京女子大学紀要論集』第 42 巻第 1 号, 1991 年, 59-61 頁。

野田仁『露清帝国とカザフ＝ハン国』東京大学出版会，2011 年。

バーク，ピーター（原聖訳）『近世ヨーロッパの言語と社会——印刷の発明からフランス革命まで』岩波書店，2009 年（Peter Burke, *Languages and Communities in Early Modern Europe*, Cambridge : Cambridge University Press, 2004）。

橋本敬造「西法批判のなかの天学——康熙初年の暦獄を中心にして」『関西大学東西学術研究所紀要』第 40 号，2007 年，21-38 頁。

羽田亨『満和辞典』国書刊行会，1972 年（京都帝国大学満蒙調査会，1937 年の複製）。

羽田正『東インド会社とアジアの海』講談社，2007 年。

羽田正編『グローバルヒストリーと東アジア史』東京大学出版会，2016 年。

浜岡究「布教保護権と国家意識」『武蔵大学人文学会雑誌』第 134 号，2003 年，114-24 頁。

濱下武志『近代中国の国際的契機——朝貢貿易システムと近代アジア』東京大学出版会，1990 年。

平川祐弘『マッテオ・リッチ伝』全 3 冊，平凡社，1969 年。

平野聡『清帝国とチベット問題——多民族統合の成立と瓦解』名古屋大学出版会，2004 年。

深堀彩香「音楽面からみるイエズス会の東洋宣教——16 世紀半ばから 17 世紀におけるゴア，日本，マカオを対象として」，博士論文（愛知県立芸術大学），未公刊，2015 年。

福井文雅『欧米の東洋学と比較論』隆文館，1989 年。

福島仁「ヨーロッパ人による最初の理気論——西洋の神と朱子学の理」『中国——社会と文化』第 4 号，1989 年，25-33 頁。

福島仁「『中国人の宗教の諸問題』訳注（上）」『名古屋大学文学部研究論集（哲学）』第 25 号，1990 年，47-73 頁。

藤井清久「粒子論哲学からニュートン原子論へ——キリスト教的原子論の系譜」，化学史学会編『原子論・分子論の原典』第 1 巻，学会出版センター，1989 年，5-32 頁。

プトレマイオス（中務哲郎訳，織田武雄監修）『プトレマイオス地理学』東海大学出版会，1986 年。

フュレ，フランソワ＆オズーフ，モナ（河野健二・阪上孝・富永茂樹監訳）『フランス革命事典』5，みすず書房，2000 年。

ヘンリー，ジョン（東慎一郎訳）『一七世紀科学革命』岩波書店，2005 年（John Henry, *The Scientific Revolution and the Origins of Modern Science*, New York : St. Martin's Press, 1997）。

ポーロ，マルコ（月村辰雄・久保田勝一訳）『マルコ・ポーロ東方見聞録』岩波書店，2012 年。

ポーロ，マルコ＆ピーサ，ルスティケッロ・ダ（高田英樹訳）『世界の記——「東方見聞録」対校訳』名古屋大学出版会，2014 年。

ポプキン，リチャード（野田又夫・岩坪紹夫訳）『懐疑——近世哲学の源流』紀伊国屋書店，1981 年（Richard Popkin, *The History of Sceptism from Erasmus to Descartes*, Assen : V. Gorcum, 1960）。

堀池信夫『中国哲学とヨーロッパの哲学者』上下巻，明治書院，1996-2002 年。

堀池信夫「ライプニッツの中国哲学研究——宣教論から哲学的普遍へ」，酒井潔ほか編『ライプニッツ読本』法政大学出版局，2012 年。

ボルペール，ピエール＝イヴ（深沢克己訳）『「啓蒙の世紀」のフリーメイソン』山川出版社，2009 年。

本田実信「「回回館訳語」に就いて」『北海道大学文学部紀要』第 11 号，1963 年，154-224

頁。

馬学良「国際彝学研究の回顧と展望（〈特集〉中国西南民族調査中間報告 III）」『比較民俗研究』第 15 号，1997 年，233–43 頁。

槇原茂「信徒のアソシアシオン」，福井憲彦編，綾部恒雄監修『アソシアシオンで読み解くフランス史』山川出版社，2006 年。

真下裕之「インド・イスラーム社会の歴史書における「インド史」について」『神戸大学文学部紀要』第 38 号，2011 年，51–107 頁。

真水康樹「清朝十八省体制の成立——明清期中国における省体制と省成立指標」『法政理論』第 45 巻第 3 号，2013 年，352–76 頁。

マルコン，フェデリコ「思想の世界史は可能か」，羽田正編『グローバルヒストリーと東アジア史』東京大学出版会，2016 年，103–22 頁。

水林章『公衆の誕生，文学の出現——ルソー的経験と現代』みすず書房，2003 年。

村上信明「乾隆朝の繙訳科挙と蒙古旗人官僚の台頭」『社会文化史学』第 43 号，2002 年，63–80 頁。

村上信明『清朝の蒙古旗人——その実像と帝国統治における役割』風響社，2007 年。

村上正和『清代中国における演劇と社会』山川出版社，2014 年。

村田雄二郎「ラスト・エンペラーズは何語で話していたか？——清末の「国語」問題と単一言語制」『ことばと社会』第 3 号，2000 年，6–31 頁。

森紀子『転換期における中国儒教運動』京都大学学術出版会，2005 年。

森原隆「フランス絶対王政期における『ガゼット』の成立について」『人文学報』第 63 号，1988 年，121–44 頁。

森原隆「18 世紀後期フランスにおける外国紙と『ガゼット』」『金沢大学文学部論集』史学科篇第 16 巻，1996 年，33–68 頁。

矢沢利彦「嘉慶十年の天主教禁圧」『東亜論叢』第 1 輯，1939 年。

矢沢利彦『中国とキリスト教——典礼問題』近藤出版社，1972 年。

矢沢利彦『北京四天主堂物語——もう一つの北京案内記』平河出版社，1987 年。

矢沢利彦『西洋人の見た中国皇帝』東方書店，1992 年。

柳澤明「内閣俄羅斯文館の成立について」『早稲田大学大学院文学研究科紀要（別冊，哲学・史学編）』第 16 集，1989 年。

柳父章『ゴッドは神か上帝か』岩波書店，2001 年。

藪内清『科学史からみた中国文明』日本放送出版協会，1981 年。

山崎耕一「一八世紀のフランス」，佐藤彰一・中野隆生編『フランス史研究入門』山川出版社，2011 年，128–41 頁。

山本義隆『磁力と重力の発見』全 3 巻，みすず書房，2003 年。

山本義隆『世界の見方の転換（1）——天文学の復興と天地学の提唱』みすず書房，2014 年。

熊遠報「18 世紀における北京の都市景観と住民の生活世界——康熙六旬『万寿盛典図』を中心に」『東洋文化研究所紀要』第 164 号，2013 年，164–99 頁。

吉川浩「ラ・ブリュイエールの文学史的位置——『レ・カラクテール』におけるポルトレの発展を中心に」『人文学』第 54 号，1961 年，18–33 頁。

吉原瑛「導引に関する研究（その一）——中国古代の体操術」『体育学研究』第 10 巻第 1 号，1965 年，45 頁。

吉原瑛「中国近世の導引」『体育学研究』第 11 巻第 4 期，1967 年，213–21 頁。

ヨリッセン，エンゲルベルト「ポルトガルの領土拡張・イエズス会の宣教活動・文化的接触と衝突」『南山大学ヨーロッパ研究センター報』第6号，2000年，29-36頁。

ラジ，カピル（水谷智・水井万里子・大澤広晃訳）『近代科学のリロケーション——南アジアとヨーロッパにおける知の循環と構築』名古屋大学出版会，2016年（Kapil Raj, *Relocating Modern Science : Circulation and the Construction of Knowledge in South Asia and Europe, 1650-1900*, Basingstoke : Palgrave Macmillan, 2007)。

リーゼンフーバー，クラウス「トマス・アクィナスにおけるプラトニズム」『中世思想研究』第19号，1977年，148-53頁。

ロウビンズ，ロバート・ヘンリー（中村完・後藤斉訳）『言語学史』第3版，研究社出版，1992年。

鷲尾祐子「前漢郊祀制度研究序説——成帝時郊祀改革以前について」『中国古代史論叢』2004年，1-32頁。

渡辺純成「満洲語のユークリッド——東洋文庫所蔵の満文『算法原本』について」『満族史研究』第3号，2004年，40-90頁。

渡辺純成「東洋文庫所蔵の満洲語『算法原本』について」『数理解析研究所講究録』第1392号，2004年，90-103頁。

渡辺純成「満洲語医学書『格体全録』について」『満族史研究』第4号，2005年，22-113頁。

渡辺純成「清代の西洋科学受容」，岡田英弘編『清朝とは何か』藤原書店，2009年，272-89頁。

渡辺純成「清代前半の満洲語書籍にみる西欧の科学と宗教」，川原秀城編『西学東漸と東アジア』岩波書店，2015年，143-75頁。

（2）欧　文

Albrieux, Léone & Pralon-Julia, Dolorès (translation), Compère, Marie-Madeleine (annotation), *Ratio Studiorum : plan raisonné et institution des études dans la Compagnie de Jésus*, Paris : Belin, 1997.
Andrews, Edward D., *Bible Difficulties Genesis : CPH Apologetic Commentary*, Cambridge : Christian Publishing House, 2016.
App, Urs, *The Birth of Orientalism*, Philadelphia : University of Pennsylvania Press, 2010.
Balayé, Simone, *La Bibliothèque Nationale des origines à 1800*, Genève : Librairie Droz S. A., 1988.
Baldini, Ugo, "Guillaume Bonjour (1670-1714) : Chronologist, Linguist, and "Casual" Scientist", Luis Saraiva (ed.), *Europe and China : Science and the Arts in the 17th and 18th Centuries*, Singapore : World Scientific, 2012, pp. 241-94.
Barnes, Linda L., *Needles, Herbs, Gods, and Ghosts : China Healing and the West to 1848*, Cambridge, MA : Harvard University Press, 2005.
Bibliothèque nationale de France (ed.), *Les directeurs de la Bibliothèque nationale*, Paris : Bibliothèque nationale de France, 2004.
Boxer, C. R. (ed.), *South China in the Sixteenth Century : Being the Narratives of Galeote Pereira*, London : Printed for the Hakluyt Society, 1953.
Brix, Michel & Lenoir, Yves, "Une lettre inédite du Père Amiot à l'abbé Roussier (1781)", *Revue des archeologues et historiens d'art de Louvain*, 28, 1995, pp. 63-74.
Brix, Michel & Lenoir, Yves, "Le "Supplément au Mémoire sur la musique des Chinois" du Père

Amiot. Édition commentée", *Revue des archeologues et historiens d'art de Louvain*, 30, 1997, pp. 79-111.

Brockey, Liam Matthew, *Journey to the East : The Jesuit Mission to China, 1579-1724*, Cambridge : Harvard University Press, 2007.

Buchwald, Jed Z., & Feingold, Mordechai, *Newton and the Origin of Civilization*, Princeton and Oxford : Princeton University Press, 2013.

Bussière, Georges, "Les ministères de Bertin, Bertin à la Cour, Bertin chez lui : Le « Petit Ministère » (1763-1780) IV", *Bulletin de la Société historique et archéologique du Périgord*, 36, 1909.

Camps, Arnulf, *Studies in Asian Mission History : 1956-1998*, Leiden : Brill, 2000.

Chan, Albert, *Chinese Materials in the Jesuit Archives in Rome, 14th-20th Centuries : A Descriptive Catalogue*, London : Routledge, 2015.

Chopard, Marie Hélène Froeschlé, "L' évolution d' un périodique ennemi des philosophes : Les *Nouvelles ecclésiastiques* entre 1750 et 1780", Didier Masseau (dir.), *Les Marges des Lumières françaises (1750-1789)*, Genève : Droz, 2004, pp. 91-110.

Christensen, Thomas, *Rameau and Musical Thought in the Enlightenment*, Cambridge : Cambridge University Press, 1993.

Coelho, Victor (ed.), *Music and Science in the Age of Galileo*, Dordrecht : Kluwer Academic Publishers, 1992.

Collani, Claudia von, "Chinese Emperors in Martino Martini Sinicae historicae decas prima (1658), Adrian Hsia & Ruprecht Wimmer (Hrsg.), *Mission und Theater*, Regensburg : Schnell und Steiner, 2005, pp. 113-38.

Coogan, Michael David, "Alphabets and Elements", *Bulletin of the American Schools of Oriental Research*, 216, 1974, pp. 61-3.

Cordier, Henri, "La Chine en France au XVIIIe siècle", *Comptes rendus des séances de l'Académie des Inscriptions et Belles-Lettres*, 52 (9), 1908, pp. 756-70.

Cranmer-Byng, John, *Lord Macartney's Embassy to Peking in 1793 : From Official Chinese Documents*, Hong Kong : University of Hong Kong, 1961.

Cranmer-Byng, John & Wills, John E. Jr., "Trade and Diplomacy with Maritime Europe", John E. Wills, Jr. (ed.), *China and Maritime Europe, 1500-1800 : Trade, Settlement, Diplomacy, and Missions*, Cambridge ; New York : Cambridge University Press, 2011, pp. 183-254.

Crossley, Pamela Kyle, "The Rulership of China", *The American Historical Review*, 97 (5), 1992, pp. 1468-83.

Crossley, Pamela Kyle, *The Manchus*, Cambridge, Mass. : Wiley-Blackwell, 1997.

Crossley, Pamela Kyle & Rawski, Evelyn Sakakida, "A Profile of the Manchu Language in Ch'ing History", *Harvard Journal of Asiatic Studies*, 53 (1), 1993, pp. 63-102.

Darnton, Robert, *Mesmerism and the End of the Enlightenment*, Cambridge, MA : Harvard University Press, 1968（稲生永訳『パリのメスマー——大革命と動物磁気催眠術』平凡社，1987年）.

Davin, Emmanuel, "Un éminent sinologue toulonnais du XVIIIe siècle, le R. P. Amiot, S. J. (1718-1793)", *Bulletin de l'Association Guillaume Budé*, 1 (3), 1961, pp. 380-95.

De Backer, Augustin & Aloïs, *Bibliothèque des écrivains de la Compagnie de Jésus, ou notices bibliographiques*, 7 vols., Liége : Imprimerie de L. Grandmont-Donders, 1853-1861.

Dehergne, Joseph, *Les deux Chinois de Bertin : L'enquête industrielle de 1764 et les débuts de la collaboration technique franco-chinoise*, Université de Paris, thèse 1965.
Dehergne, Joseph, "Une Grande Collection : Mémoires concernant les Chinois (1776-1814)", *Bulletin de l'École française d'Extrême-Orient*, 70, 1983, pp. 267-98.
De la Gabelentz, Hans Conon, *Élémens de la grammaire Mandchoue*, Altenbourg : Comptoir de la littérature, 1832.
Demel, Walter, "China in the Political Thought of Western and Central Europe", Thomas. H. C. Lee (ed.), *China and Europe : Images and Influences in Sixteenth to Eighteenth Centuries*, Hong Kong : Chinese University Press, 1991, pp. 45-64.
Demiéville, Paul, "Aperçu historique des études sinologiques en France", *Acta Asiatica* 2, 1966, pp. 56-110.
Dibon, Paul, "Communication in the Respublica Literaria of the 17th Century", *Res. Publica Litterarum*, 1, 1978, pp. 43-55.
D'Urban, Le Marquis Fortia, "De l'Antiquité du monde", Charles Malo (ed.), *La France Littéraire*, 2 (5), Paris : Imprimerie de Ducessois, 1838, pp. 33-65.
Elisseeff-Poisle, Danielle, *Nicolas Fréret (1688-1749), réflexions d'un humaniste du XVIIIe siècle sur la Chine*, Paris : Presses Universitaires de France, 1978.
Elisseeff-Poisle, Danielle, "Chinese Influence in France, Sixteenth to Eighteenth Centuries", Thomas H. C. Lee (ed.), *China and Europe : Images and Influences in Sixteenth to Eighteenth Centuries*, Hong Kong : Chinese University Press, 1991, pp. 151-63.
Elliot, Mark C., *The Manchu Way : The Eight Banners and Ethnic Identity in Late Imperial China*, Stanford : Stanford University Press, 2002.
Ellis, Alexander John, *On the Musical Scales of Various Nations*, London : Journal of the Society of arts, 1885.
Elverskog, Johan, *Our Great Qing : The Mongols, Buddhism, and the State in Late Imperial China*, Hawaii : University of Hawaii Press, 2006.
Engelfriet, Peter, *Euclid in China : The Genesis of the First Chinese Translation of Euclid's Elements, Books I-VI (Jihe Yuanben, Beijing, 1607) and Its Reception Up to 1723*, Leiden ; Boston ; Köln : Brill, 1998.
Fabre, Pierre Antoine & Maire, Catherine Laurence (eds.), *Les antijésuites. Discours, figures et lieux de l'antijésuitisime à l'époque modern*, Rennes : Presses universitaires de Rennes, 2010.
François, Paul, "Nec adfirmare nec refellere : les jeux du mythe et de l'histoire", Christian Rico et al. (eds.), *Mythes et savoirs dans les textes grecs et latins*, Toulouse : Presses Universitaires du mirail, 2008, pp. 96-110.
Gelbart, Matthew, *The Invention of "Folk Music" and "Art Music" : Emerging Categories from Ossian to Wagner*, Cambridge : Cambridge University Press, 2007.
Ghislain, Marie Josèphe, "Deux Lazaristes, originaires de la région de Chimay, émissaries de Louis XVI à la Cour Impériale de Pékin, 1785-1812", W. F. Vande Walle (ed.), *The History of the Relations between the Low Countries and China in the Qing Era (1644-1911)*, Leuven : Leuven University Press, 2003, pp. 167-202.
Goldie, Mark & Wokler, Robert (eds.), *The Cambridge History of Eighteenth-Century Political Thought*, Cambridge : Cambridge University Press, 2006.

Golvers, Noël, *Ferdinand Verbiest, S. J. (1623-1688) & the Chinese Heaven : the Composition of the Astronomical Corpus, Its Diffusion and Reception in the European Republic of Letters*, Leuven : Leuven University Press, 2003.

Gorelova, Liliya M. (ed.), *Manchu Grammar*, Leiden ; Boston ; Köln : Brill, 2002.

Grafton, Anthony T., "Joseph Scaliger and Historical Chronology : The Rise and Fall of a Discipline", *History and Theory*, 14, 1975, pp. 156-85.

Grafton, Anthony, "Isaac Vossius, Chronologer", Eric Jorink & Dirk van Miert (eds.), *Isaac Vossius (1618-1689) between Science and Scholarship*, Leiden ; Boston : Brill, 2012, pp. 43-84.

Guennou, Jean, *Missions étrangères de Paris*, Paris : Fayard, 1986.

Guy, Basil, *The French Image of China before and after Voltaire*, Genève : Institut et musée Voltaire, 1963.

Harrison, Peter, *'Religion' and the Religions in the English Enlightenment*, Cambridge : Cambridge University Press, 1990.

Hashimoto Keizo, *Hsü Kuang-ch'i and Astronomical Reform : The Process of the Chinese Acceptance of Western Astronomy, 1629-1635*, Osaka : Kansai University Press, 1988.

Helmholtz, Hermann von (trans. by Alexander John Ellis), *On the Sensations of Tone as a Physiological Basis for the Theory of Music*, 2nd English Edition, London : Longmans, Green, 1885.

Hermans, Michel, "Joseph-Marie Amiot, Une figure de la rencontre de « l'autre » au temps des Lumières", Y. Lenoir & N. Standaert (eds.), *Les Danses rituelles chinoises d'après Joseph-Marie Amiot*, Namur : Presses Universitaires de Namur, 2005, pp. 11-62.

Hevia, James Louis, *Cherishing Men from Afar : Qing Guest Ritual and the Macartney Embassy of 1793*, Durham : Duke University Press, 1995.

Hsia, Adrian, "The Far East as the Philosopher's « Other » : Immanuel Kant and Johann Gottfried Herder", *Revue de littérature compare*, 297, 2001, pp. 13-29.

Huard, Pierre, Sonolet, Jacqueline & Ming Wong, "Mesmer en Chine : Trois lettres médicales du R. P. Amiot, rédigées a Pékin, de 1783 a 1790", *Revue de synthèse*, 3, 1960, pp. 61-98.

Huard, Pierre & Ming Wong, "Les enquêtes scientifiques françaises et l'exploration du monde exotique aux XVIIe et XVIIIe siècles", *Bulletin de l'Ecole française d'Extrême-Orient*, 52 (1), 1964, pp. 143-55.

Jami, Catherine, "Imeperial Science Written in Manchu in Early Qing China : Does It Matter ?", F. Bretelle-Establet (ed.), *Looking at It from Asia*, New York : Springer, 2010, pp. 371-91.

Jin Guoping, "'Amicíssimos', Tomás Pereira and Zhao Chang", Antonio Vasconcelos de Saldanha & Arthur K. Wardega (eds.), *In the Light and Shadow of an Emperor : Tomás Pereira, SJ (1645-1708), The Kangxi Emperor and the Jesuit Mission in China*, Newcastle upon Tyne : Cambridge Scholars Publishing, 2012, pp. 228-51.

Kauntze, Mark, *Authority and Imitation : A Study of the Cosmographia of Bernard Silvestris*, Leiden : Brill, 2014.

King, Gail, "The Xujiahui (Zikawei) Library of Shanghai", *Libraries and Culture*, 32 (4), 1997, pp. 456-62.

Lackner, Michael, "Jesuit Figurism", Thomas H. C. Lee (ed.), *China and Europe : Images and Influences in Sixteenth to Eighteenth Centuries*, Hong Kong : Chinese University Press, 1991, pp.

129–49.
Lam Ching Wah, "Jean-Joseph-Marie Amiot's Writings on Chinese Music", Chime 16–17, 2005, pp. 127–47.
Landry-Deron, Isabelle, *La preuve par la Chine : La 'Description' de J.-B. Du Halde, Jésuite, 1735*, Paris : Editions de l'Ecole des hautes études en sciences sociales, 2002.
Landry-Deron, Isabelle, "Le parfait bonheur des peuples : Traduction d'extraits d'un manuel chinois pour fonctionnaires de la fin du XVIIe siècle", Jean-Louis Bacqué-Grammont, Angel Pino, & Samaha Khoury (eds.), *D'un Orient l'autre : Actes des troisièmes journées de l'Orient*, Paris ; Louvain : Peeters, 2005, pp. 109–22.
Lanson, Gustave, *Voltaire*, Paris : Hachette, 1906.
Lenoir, Yves & Standaert, Nicolas (eds.), *Les Danses rituelles chinoises d'après Joseph-Marie Amiot aux sources de l'ethnochorégraphie*, Namur : Presses Universitaires de Namur, 2005.
Lescure, Mathurin (ed.), *Journal et Mémoires de Mathieu Marais*, Tome 1, Paris : Firmin Didot, 1863.
Leung, Cécile, *Etienne Fourmont (1683–1745) : Oriental and Chinese Languages in Eighteenth-Century France*, Leuven : Leuven University Press, 2002.
Levy, Jim, "Joseph Amiot and Enlightenment Speculation on the Origin of Pythagorian Tuning in China", *Theoria* 4, 1989, pp. 63–88.
Lewis, Gwynne, "Henri-Leonard Bertin and the Fate of the Bourbon Monarchy : the 'Chinese Connection'", Malcolm Crook et al. (eds.), *Enlightenment and Revolution : Essays in Honour of Norman Hampson*, Aldershot : Ashgate, 2004, pp. 69–90.
Lewis, Gwynne, *Madame de Pompadour's Protégé : Henri Bertin and the Collapse of Bourbon Absolutism c. 1750–1792*, Gloucester : Emlyn Publishing, 2011.
Lindorff, Joyce, "Pereira's Musical Heritage as Context for His Contributions in China", Luis Saraiva (ed.), *Europe and China : Science and the Arts in the 17th and 18th Centuries*, Singapore : World Scientific, 2012, pp. 153–60.
Long, Yun, *Un jésuite à la croisée de deux cultures : le rôle du père Joseph-Marie Amiot (1718–1793)*, Thèse de doctorat (Paris 4 en cotutelle avec l'Université de Pékin).
López-Gay, Jesús, "Father Francesco Pasio (1554–1612) and His Ideas about the Sacerdotal Training of the Japanese", *Bulletin of Portuguese-Japanese Studies*, 2001 (3), pp. 27–42.
Lottes, Günther, "China in European Political Thought, 1750–1850", Thomas. H. C. Lee (ed.), *China and Europe : Images and Influences in Sixteenth to Eighteenth Centuries*, Hong Kong : Chinese University Press, 1991, pp. 65–98.
Lundbaek, Knud, "Notes sur l'image du Néo-Confucianisme dans la littérature européenne du XVIIe à la fin du XIXe siècle", *Actes du IIIe colloque international de sinologie*, Paris : Les Belles Lettres, 1983, pp. 131–76.
Lundbaek, Knud, "The Image of Neo-Confucianism in *Confucius Sinarum Philosophus*", *Journal of History of Ideas*, 44 (1), 1983, pp. 19–30.
Lundbaek, Knud, *The Traditional History of the Chinese Script*, Aarhus : Aarhus University Press, 1988.
Lundbæk, Knud, *Joseph de Premare (1666–1736), S. J. : Chinese Philology and Figurism*, Aarhus : Aarhus University Press, 1999.

Mandelbrote, Scott, "Isaac Vossius and the Septuagint", Eric Jorink & Dirk van Miert (eds.), *Isaac Vossius (1618-1689) between Science and Scholarship*, Leiden ; Boston : Brill, 2012, pp. 85-118.

Meynard, Thierry, *Confucius Sinarum Philosophus (1687) : The First Translation of the Confucian Classics*, Rome : Institutum historicum Societatis Iesu, 2011.

Meynard, Thierry, *The Jesuit Reading of Confucius : The First Complete Translation of the Lunyu (1687) Published in the West*, Leiden : Brill, 2015.

Mézin, Anne, *Les Consuls de France au siècle des lumières (1715-1792)*, Paris : Ministère des Affaires étrangères, 1998.

Milsky, Marie-Françoise, "Les souscripteurs de 'L'histoire générale de la China' du P. de Mailla", *Actes du IIe colloque international de sinologie*, Paris : Les Belles Lettres, 1980, pp. 101-23.

Minamiki, George, *The Chinese Rites Controversy from Its Beginning to Modern Times*, Chicago : Loyola University Press, 1985.

Mungello, David E., *Curious Land : Jesuit Accommodation and the Origins of Sinology*, Honolulu : University of Hawaii Press, 1989.

Mungello, David E., "European Philosophical Responses to Non-European Culture : China", Daniel Garber & Michael Ayers (eds.), *The Cambridge History of Seventeenth-Century Philosophy*, Vol. 1, Cambridge : Cambridge University Press, 2003, pp. 87-100.

Mungello, David E., *The Great Encounter of China and the West, 1500-1800*, Lanham : Rowman and Littlefield, 2012.

Muri, Allison, *The Enlightenment Cyborg : A History of Communications and Control in the Human Machine, 1660-1830*, Toronto : University of Toronto Press, 2007.

Needham, Joseph, *Science and Civilization in China*, vol. 5, Cambridge : Cambridge University Press, 1983.

Park, Nancy E., "Corruption in Eighteenth-Century China", *The Journal of Asian Studies* 56 (4), 1997, pp. 967-1005.

Pelliot, Paul, "Le véritable auteur des 'Elementa linguae tartaricae'", *T'oung Pao*, 21, 1922, pp. 367-86.

Pelliot, Paul, "L'origine des relations de la France avec la Chine. Le premier voyage de l'« Amphitrite » en Chine, premier article", *Journal de savants*, 10(10), 1928, pp. 433-51.

Peterson, Willard J., "Learning from Heaven : The Introduction of Christianity and Other Western Ideas into Late Ming China", John E. Wills Jr. (ed.), *China and Maritime Europe, 1500-1800 : Trade, Settlement, Diplomacy, and Missions*, Cambridge : Cambridge University Press, 2010.

Pfister, Louis, *Notices biographiques et bibliographiques sur les jésuites de l'ancienne mission de Chine 1552-1773*, 2 v., Chang-hai : Imprimerie de la Mission catholique, 1932-1934.

Picard, François, "Music : 17th and 18th Centuries", in Nicolas Standaert (eds.), *Handbook of Christianity in China*, vol. 1 (635-1800), Leiden ; Boston : Brill, 2001, pp. 851-60.

Picard, François, *La musique chinois*, Paris : Minerve, 1991. (Édition corrigée, augmenté et mise à jour, Paris : You-Feng, 2003.)

Picard, François, "Joseph-Marie Amiot, jésuite français à Pékin, et le cabinet de curiosités de Bertin", *Musique, Images, Instruments*, 8, 2006, pp. 68-85.

Pinot, Virgile, *La Chine et la formation de l'esprit philosophique en France (1640-1740)*, Paris :

Libraire Orientaliste Paul Geuthner, 1932.
Pinot, Virgile, *Documents inédits relatifs à la connaissance de la Chine en France de 1685 à 1740*, Paris : Libraire Orientaliste Paul Geuthner, 1932.
Qian Zhongshu, "China in the English Literature of the Eighteenth Century", Adrian Hsia (ed.), *The Vision of China in the English Literature of the Seventeenth and Eighteenth Century*, Hong Kong : Chinese University Press, 1998, pp. 117–213.
Rappaport, Rhoda, *When Geologists Were Historians, 1665–1750*, New York : Cornell University Press, 1997.
Rochemonteix, Camille de, *Joseph Amiot et les Derniers Survivants de la mission française à Pékin (1750–1795)*, Paris : Alphonse Picard, 1915.
Rule, Paul Anthony, *K'ung-tzu or Confucius ? The Jesuit Interpretation of Confucianism*, Sydney : Allen and Unwin, 1986.
Sacy, Jacques Silvestre de, *Henri Bertin dans le sillage de la Chine, 1720–1792*, Paris : Éditions Cathasia, les Belles Lettres, 1970.
Saraiva, Luis (ed.), *Europe and China : Science and the Arts in the 17th and 18th Centuries*, Singapore : World Scientific, 2012.
Saussure, Leopold de, "La chronologie chinoise et l'avènement des Tcheou", *T'oung pao*, 23 & 29, 1924, pp. 287–346 & 1932, pp. 276–386.
Simon, Renée (ed.), *Antoine Gaubil S. J., Correspondance de Pékin, 1722–1759*, Geneva : Librairie Droz, 1970.
Song, Shun Ching, *Voltaire et la Chine*, Aix-en-Provence : Université de Provence, 1989.
Spence, Jonathan, "Claims and Counter-Claims : The Kangxi Emperor and the Europeans (1661–1722)", David Mungello (ed.), *The Chinese Rites Controversy : Its History and Meaning*, Nettetal : Steyler Verlag, 1994, pp. 15–28.
Standaert, Nicolas, "Jesuit Corporate Culture as Shaped by the Chinese", John W. O'Malley (ed.), *The Jesuits : Cultures, Sciences, and the Arts, 1540–1773*, vol. 1, Toronto : University of Toronto Press, 1999, pp. 352–63.
Standaert Nicolas, "The Classification of Sciences and the Jesuit Mission in Late Ming China", Jan de Meyer & Peter Engelfriet (eds.), *Linked Faiths : Essays on Chinese Religions and Traditional Culture in Honour of Kristofer Schipper*, Leiden : Brill, 2000, pp. 287–317.
Standaert, Nicolas (ed.), *Handbook of Christianity in China*, vol. 1 (635–1800), Leiden, Boston : Brill, 2001.
Standaert, Nicolas, "The 'Edict of Tolerance' (1692) : A Textual History and Reading", Arthur K. Wardega & António Vasconcelos de Saldanha (eds.), *In the Light and Shadow of an Emperor : Tomás Pereira, SJ (1645–1708)*, Newcastle upon Tyne : Cambridge Scholars Publishing, 2012, pp. 308–58.
Standaert, Nicolas, "Jesuit Accounts of Chinese History and Chronology and Their Chinese Sources", *East Asian Science, Technology, and Medicine* 35, 2012, pp. 11–88.
Standaert, Nicolas, *The Intercultural Weaving of Historical Texts : Chinese and European Stories about Emperor Ku and His Concubines*, Leiden ; Boston : Brill, 2016.
Sutcliffe, Adam, *Judaism and Enlightenment*, Cambridge : Cambridge University Press, 2003.
Tchen, Ysia, *La musique chinoise en France au XVIIIe siècle*, Paris : Publications Orientalistes De

France, 1974.
Thuillier, Jean, *Franz Anton Mesmer, ou, L'extase magnétique*, Paris : R. Laffont, c. 1988.
Van Kley, Edwin, "Europe's 'Discovery' of China and the Writing of World History", *The American Historical Review*, 76 (2), 1971, pp. 358-85.
Van Kley, Edwin, "Chinese History in Seventeenth-Century European Reports", *Actes du IIIe colloque international de sinologie*, Paris : Les Belles Lettres, 1983, pp. 195-210.
Waley-Cohen, Joanna, "China and Western Technology in the Late Imperial Eighteenth Century", *The American Historical Review*, 98, 1993, pp. 1525-44.
Waley-Cohen, Joanna, *The Culture of War in China : Empire and the Military under the Qing Dynasty*, London : I. B. Tauris, 2006.
Walker, Daniel Pickering, *Studies in Musical Science in the Late Renaissance*, Leiden : Brill, 1978.
Wang Bing & Pinto, Manuel Serrano, "Thomas Pereira and the Knowledge of Western Music in the 17th and 18th Centuries in China", Luis Saraiva (ed.), *Europe and China : Science and the Arts in the 17th and 18th Centuries*, Singapore : World Scientific, 2012, pp. 135-52.
Waquet, Françoise & Bots, Hans, *La République des lettres*, Paris : Belin, 1997.
Wilcox, Donald J., *The Measure of Times Past : Pre-Newtonian Chronologies and the Rhetoric of Relative Time*, Chicago : The University of Chicago Press, 1987.
Willeke, Bernward Henry, *Imperial Government and Catholic Missions in China during the Years 1784-1785*, New York : Franciscan Institute, 1948.
Witek, John, W., "Chinese Chronology : A Source of Sino-European Widening Horizons in the Eighteenth Century", *Actes du IIIe colloque international de sinology*, Paris : Les Belles Lettres, 1983, pp. 223-52.
Yates, Frances Amelia, *Giordano Bruno and the Hermetic Tradition*, Chicago : Chicago University Press, 1964.
Yee, Cordell D. K., "Traditional Chinese Cartography and the Myth of Westernization", J. B. Harley & David Woodward (eds.), *Cartography in the Traditional East and Southeast Asian Societies*, vol. 2, Book 2, Chicago : The University of Chicago Press, 1994, pp. 170-202.
Županov, Ines G.,""One Civility, But Multiple Religion". Jesuit Mission among St. Thomas Christians in India (16th-17th Centuries)", *Journal of Early Modern History*, vol. 9, 3/4, 2005, pp. 284-325.

(3) 中　文

安定洲「薬王的由来」『中国道教』1995 年第 1 期，57-8 頁。
常建華編著『乾隆事典』台北：遠流，2008 年。
陳国棟「養心殿総監造趙昌——為康熙皇帝照顧西洋人的内務府成員之一」『故宮文物月刊』第 343 号，2011 年，44-51 頁。
陳国棟「康熙小臣養心殿総監造趙昌生平小考」，馮明珠編『盛清社会与揚州研究』台北：遠流出版，2011 年，269-309 頁。
陳国棟「武英殿総監造赫世亨——活躍於「礼儀之争」事件中的一位内務府人物」『故宮学術季刊』第 30 巻第 1 号，2012 年，257-90 頁。
陳青松「趙昌家世及其与伝教士的往来——兼述其在康雍時期的際遇前掲論文」『亜洲研究』第 6 期，2009 年，1-23 頁。

陳受頤『中欧文化交流史事論叢』台北：台北商務印書館，1970 年。

陳万鼐『『清史稿楽志』研究』北京：人民出版社，2010 年。

戴念祖『朱載堉——明代科学和芸術巨星』北京：人民出版社，1986 年。

戴念祖『天潢真人朱載堉』鄭州：大象出版社，2008 年。

董少新『形神之間——早期西洋医学入華史稿』上海：上海古籍出版社，2008 年。

方豪『中西交通史』上巻，上海：上海人民出版社，2008 年（初版は台北：中華文化出版事業委員会，1953-1954 年）。

馮文滋『中外音楽交流史』湖南：湖南教育出版社，1998 年。

耿昇「遣使会伝教士在華活動考述」『中西文化研究』第 20 期，2008 年，1-18 頁。

龔発達・肖玉編『聖蹟図』武漢：湖北教育出版社，1994 年。

韓琦「白晋的「易経」研究和康熙時代的「西学中源」説」『漢学研究』第 16 巻第 1 期，1998 年，185-201 頁。

韓琦・呉旻校注『熙朝崇正集・熙朝定案（外三種）』北京：中華書局，2006 年。

何新主編『孔子聖蹟図』北京：中国書店，2012 年。

胡建華『百年禁教始末——清王朝対天主教的優容与厲禁』北京：中共中央党校出版社，2014 年。

黄愛平・黄興濤共編『西学与清代文化』北京：中華書局，2008 年。

黄一農『両頭蛇——明末清初第一代的天主教士大夫』新竹：国立清華大学出版社，2005 年。

黄正謙『西学東漸之序章——明末清初耶蘇会史新論』香港：中華書局，2010 年。

吉澤誠一郎「康有為之幾何公理——『実理公法全書』与追究普遍真理之夢想」，黄寛重主編『基調与変奏——七至二十世紀的中国』第 2 冊，台北：国立政治大学歴史系，2008 年，325-37 頁。

李奭学『中国晩明与欧州文学——明末耶蘇会古典型証道故事考詮』台湾：中央研究院，2005 年。

李奭学『訳述　明末耶蘇会翻訳文学論』香港：香港中文大学出版社，2012 年。

李天綱「「補儒易仏」——徐光啓的比較宗教観」『上海社会科学院学術季刊』1990 年第 3 期，128-33 頁。

李天綱『跨文化的詮釈——経学与神学的相遇』北京：星出版社，2007 年。

李孝聡「記康熙『皇輿全覧図』的測絵及其版本」『故宮学術季刊』第 30 巻第 1 期，2012 年，55-86 頁。

林富士主編『中国史新論：宗教史分冊』台北：中央研究院・聯経出版，2010 年。

林金水『利瑪竇与中国』北京：中国社会科学出版社，1996 年。

劉耘華『詮釈的円環——明末清初伝教士対儒家経典的解釈及其本土回応』北京：北京大学出版社，2005 年。

竜雲「銭徳明与『御製盛京賦』翻訳」『外交評論』第 93 期，2006 年，60-3 頁。

竜雲「銭徳明之『孔子伝』創作意図分析」，呉建民主編『学術前沿与学科発展——外交学院二〇〇五年科学週論文集』北京：世界知識出版社，2006 年，515-24 頁。

竜雲「論伝教士銭徳明対中国音楽的接受」，趙進軍主編『外交学院二〇〇八年科学週論文集』世界知識出版社，2009 年。

竜雲「従銭徳明与中国音楽的関係看其文化身分的変化」，劉樹森編『基督教在中国——比較研究視角下的近現代中西文化交流』上海：上海人民出版社，2010 年，21-35 頁。

竜雲『銭徳明——一八世紀中法間的文化使者』北京：北京大学出版社，2015 年。

孟華『伏爾泰与孔子』北京：新華出版社，1993 年。
明暁艶・魏揚波主編『歴史遺踪——正福寺天主教墓地』北京：文物出版社，2007 年。
潘鳳娟「孝道，帝国文献与翻訳——法籍耶蘇会士韓国英与『孝経』」『編訳論叢』第 5 巻第 1 期，2012 年，71-99 頁。
申庚「旧京理髪業」『北京工人』1998 年第 7 期。
陶亜兵『明清間的中西音楽交流』北京：東方出版社，2001 年。
王氷「『律呂纂要』之研究」『故宮博物院院刊』総 102，2002 年第 4 期，68-81 頁。
王氷「『律呂纂要』内容来源初探」『自然科学史研究』第 33 巻第 4 期，2014 年，411-26 頁。
王汎森『権力的毛細管作用——清代的思想，学術与心態』聯経出版事業，2013 年。
王国維『今本竹書紀年疏証』上海：倉聖明智大学，1916 年。
翁攀峰「関於「康熙十四律」思想来源的初步探討」『文化芸術研究』第 6 巻第 1 期，2013 年，32-41 頁。
呉伯婭『康雍乾三帝与西学東漸』北京：宗教文化出版社，2002 年。
呉伯婭「従新出版的清代檔案看天主教伝華史」『清史論叢』2005 年号，118-45 頁。
呉軍「老剃頭匠的絶活——端打推拿」『文史博覧』2012 年第 6 期。
呉莉葦『当諾亜方舟遭遇伏羲神農——啓蒙時代欧洲的中国上古史論争』北京：中国人民大学出版社，2005 年。
肖玉秋「清季俄羅斯文館延聘俄人教習研究」『史学月刊』2008 年第 12 期，80-8 頁。
許瑜翎「明代孔子「聖蹟図」研究——以伝世正統九年本『聖蹟図』為中心」，修士論文（国立台湾師範大学美学系），2009 年。
楊珍『歴程・制度・人——清朝皇権略探』北京：学苑出版社，2015 年。
于家富『乾隆朝「国語」保護制度論』北京：中国政法大学出版社，2013 年。
余三楽「西洋館宇・巧暦匠心——紀念南堂創建四百周年」『国際漢学』第 14 期，2006 年。
章文欽『澳門与中華歴史文化』澳門：澳門基金会，2005 年。
張西平『中国与欧洲早期宗教和哲学交流史』北京：東方出版社，2001 年。
張西平「西方漢学的奠基人羅明堅」『歴史研究』2001 年第 3 期，101-15 頁。
張西平主編『萊布尼茨思想中的中国元素』北京：大象出版社，2010 年。
張先清「清代乾嘉道時期天主教徒的社会網路」，林富士主編『中国史新論：宗教史分冊』台北：中央研究院・聯経出版，2010 年，439-64 頁。
周美華「趙撝謙『六書本義』『六書説』述要」『中国文哲研究通訊』第 12 巻第 3 期，2002 年，175-200 頁。
祝平一「劉凝与劉壎——考証学与天学関係新探」『新史学』第 23 巻第 1 期，2012 年，57-104 頁。
朱謙之『中国哲学対欧洲的影響』福建：福建人民出版社，1985 年。

（4）音声資料（CD）

Picard, François, Jean-Christophe Frisch, Ensemble Meihua Fleur de Prunus, Chœur du Centre Catholique Chinois de Paris, & XVIII-21 Musique des Lumières, *Joseph-Marie Amiot (1718-1793) : Messe des Jésuites de Pékin*, France, 1998.
XVIII-21 Musique des Lumières, & Fleur de Prunus, *Chine : Jésuites & Courtisanes*, France, 1999.
Frisch, Jean-Christophe, Chœur du Beitang, & XVIII-21 Musique des Lumières, *Vêpres à la Vierge en Chine*, France, 2004.